AMV

DR. MED. O. F. EHM

TAUCHEN – NOCH SICHERER!

*Leitfaden der Tauchmedizin
für Sporttaucher, Berufstaucher und Ärzte*

*Mit 89 Zeichnungen und Diagrammen
und 12 Tabellen*

*Unter Mitarbeit von:
Dr. Max Hahn, Bruno Ryrko
und Werner DeHaas*

3., vollständig überarbeitete und auf den neuesten Stand gebrachte Auflage

ALBERT MÜLLER VERLAG
RÜSCHLIKON-ZÜRICH · STUTTGART · WIEN

 – ISBN 3 275 00537 5. – 1/7-84. – Printed in Switzerland. – Umschlagphoto von Fredy Knorr, Zeichnungen von Beni Laroche.

Inhaltsverzeichnis

III Tauchausrüstung 39
(von Max Hahn)

IV Physiologie des Tauchens 55

X Tauchunfälle

XI Wiederbelebung als Erste Hilfe 289

XII Tauglichkeitsuntersuchungen 306

Vorwort zur ersten Auflage

Das Sporttauchen und mit ihm die Tauchmedizin haben in den letzten Jahren mit Riesenschritten die Pionierzeit hinter sich gelassen. Eine zeitgemäße Bearbeitung des Themas drängte sich schon deshalb auf. Auch unsere Kenntnisse in der Tauchmedizin sind in den letzten Jahren um einiges erweitert worden. Das Buch versucht daher, sich dem Stand des heutigen Wissens anzugleichen. Es möchte dem vermehrten Informationsbedürfnis der Sport- und Berufstaucher von heute gerecht werden und wurde deshalb auf ein möglichst breites und anspruchsvolles Wissensniveau gestellt. Weiter will es der zunehmenden Zahl von Ärzten, die sich mit der Tauchmedizin befassen, als Leitfaden zur Hand gehen.
Besondere Fortschritte wurden in den letzten 10 Jahren auf dem Gebiet des Tieftauchens erreicht. Die hier gewonnenen Kenntnisse haben zwar noch keine direkten Auswirkungen auf das Sporttauchen. Aber etwa wie die Weltraumflüge die Luftfahrt, werden sie das Sporttauchen beeinflussen können. Wenn auch die tauchmedizinischen Probleme für alle Tauchbereiche Gültigkeit haben, wurden in diesem Buch doch in erster Linie die Belange des Sporttauchens berücksichtigt.
Unkenntnis ist der schlimmste Feind des Tauchers. Es genügt heute nicht mehr, die einfachen physikalischen und medizinischen Grundlagen des Tauchens zu beherrschen. Ein guter Taucher und in jedem Fall ein Moniteur muß die Ursachen und Symptome eines Tauchunfalles kennen; er muß auch eine genauere Diagnose stellen können und in der Lage sein, entsprechende Maßnahmen einzuleiten. Deshalb wurde der Symptomatik und der Behandlung von Tauchunfällen ein größerer Raum gewidmet.

Ein Großteil der Manuskripte dieser Arbeit wurde in fruchtbarer Zusammenarbeit mit einem Physiker, Dr. Max Hahn, Düsseldorf, einem Lungenphysiologen, Dr. med. Gerhard Utz, Heidelberg, einem Ingenieur, Bruno Ryrko, Freiburg, und einem Zoologen, Dr. Hajo Schmidt, Heidelberg, alle langjährige erfahrene Sporttaucher, durchgesehen mit dem Ziel, auch allen praktischen Belangen des Tauchens gerecht zu werden.

Dr. med. O. F. Ehm

Vorwort zur zweiten Auflage

Die erste Auflage dieses Buches lief fast gleichzeitig aus, als das «Gesetz über Einheiten des Meßwesens vom 2. Juli 1969» in Kraft trat. Seit dem 1. Januar 1978 gelten zwingend in fast allen Ländern der Erde die 1960 und 1971 von der «Conférence Générale des Poids et des Mesures» beschlossenen Grundeinheiten, das Système International d'Unités oder SI-Einheiten.
Dadurch ergab sich zwangsläufig für die neue Auflage eine Änderung der bisher verwendeten Maßeinheiten. Für den Taucher ist dabei die Umgewöhnung von der atm auf bar gar nicht so schwierig, da der praktische Unterschied gering ist (s. Tabelle S. 101).
Über diese Änderungen hinaus wurde durch vielfache Ergänzungen versucht, den Stoff dem neuesten Stand der rasch fortschreitenden Entwicklung anzugleichen. Für die wertvolle Mithilfe dabei bin ich *Dr. Max Hahn, Bruno Ryrko* und *Werner DeHaas* zu besonderem Dank verpflichtet.
Damit das Buch weiterhin, besonders für die Gegebenheiten des Sporttauchens, zeitnahe bleibt, sind auch in Zukunft Anregungen aus dem Leserkreis sehr willkommen. Möge das Buch dazu beitragen, das Tauchen noch sicherer zu gestalten.

Dr. med. O. F. Ehm

Vorwort zur dritten Auflage

Für die meisten Naturwissenschaften, besonders in der Biologie und für viele Sparten der Medizin, verdoppelt sich heute die Zahl der Informationen in einem Zeitraum von 5–10 Jahren. Seit der Erstauflage dieses Buches 1974 ist

auch die Tauchmedizin durch eine Fülle neuer Erkenntnisse bereichert worden. Eine grundlegende Neubearbeitung dieses Buches war deshalb erforderlich.
So enthält die vorliegende Neuauflage auch eine neue Dekompressionstabelle. Die bisher weitgehend verwendeten US-Tabellen sind über 25 Jahre alt. Seither sind international ungezählte Messungen und Versuche an Tieren und Menschen in Druckkammern und Freigewässern gemacht worden, mit dem Ergebnis, daß mit der Dekompression schon tiefer begonnen werden müßte. *Prof. A. A. Bühlmann,* Druckkammerlabor Zürich, hat die Ergebnisse hunderter experimenteller Kammerfahrten und Tauchgänge mit Versuchspersonen beiderlei Geschlechts und breit gestreuter Altersgruppierungen in einem Koeffizientensatz zusammengefaßt.
Die neuen Austauchtabellen im Anhang wurden von Dr. Hahn daraus berechnet und sie dürften, bei strikter Einhaltung, noch weniger Risiken übriglassen als die bisher gebräuchlichen Tabellen.
In ausgezeichneter Zusammenarbeit haben auch diesmal *Dr. Max Hahn* und *Bruno Ryrko* mitgeholfen, der Praxis des Sporttauchers und seinem erweiterten Informationsbedürfnis Rechnung zu tragen. *Dr. Helmut Kettenmann* danke ich für die Beratung bei neurobiologischen Fragestellungen.
In der Geschichte des Tauchens haben die Fortschritte der Tauchmedizin ganz entscheidend zu dessen Sicherheit beigetragen. Autor und Mitarbeiter hoffen, daß auch die dritte Auflage dieser Entwicklung gerecht wird.

Heidelberg
Dantestraße 13

Dr. med. O. F. Ehm
Präsident der Commission Médicale der CMAS
(World Underwater Federation)

I Sicherheit beim Tauchen

Die persönlichen Voraussetzungen

Wer sich zum Tauchen entschließt und sich damit in ein uns zunächst fremdes Lebenselement begeben will, geht aus freien Stücken ein Risiko ein. Die Risiken beim Tauchen sind wahrscheinlich nicht größer als die beim Bergsteigen oder beim Sportfliegen. Als vernünftiger Mensch wird man bestrebt sein, dieses Risiko auf ein Mindestmaß zu beschränken. Die Voraussetzungen für das Tauchen, besonders für das Sporttauchen, können in drei Forderungen zusammengefaßt werden:

1. Vertrautheit mit der Technik des Tauchens;
2. Grundkenntnisse über das Verhalten des menschlichen Organismus in den veränderten Umgebungsverhältnissen;
3. ein gesunder, funktionstüchtiger Organismus sowie eine psychische Ausgeglichenheit.

Diese Bedingungen konfrontieren den Taucher mit der Verantwortung gegenüber sich selbst. Die Technik des Tauchens und die physikalischen und physiologischen Grundkenntnisse über die veränderten Umweltbedingungen lassen sich heute leicht in den Tauchclubs oder Tauchschulen erwerben. Bei der dritten Forderung wird allzuoft und zu leicht vergessen, daß der menschliche Körper das wesentlichste Instrument beim Tauchen ist. Dieses Instrument, das für die verschiedensten Aufgaben konstruiert ist, stellt einen sehr komplexen Apparat dar, der nicht nur einem Alterungsprozeß, sondern auch laufenden biologischen Einflüssen unterworfen ist. Bei jedem technischen Apparat wird die Sicherheit der Funktion vom Hersteller garantiert und von technischen Überwachungsorganen kontrolliert. Unvorhersehbare Mängel oder ein technisches Versagen kann zwar der Hersteller auch nicht ausschließen. Für die Funktion seines Organismus ist der Taucher allein verantwortlich. Wenn er ihm die gleiche Sorgfalt entgegenbringt wie seinem Tauchgerät, dann hat er die wichtigste Sicherheitsmaßnahme für das Tauchen erfüllt. Das

ist der Sinn der ärztlichen Tauglichkeitsuntersuchung, auf die im letzten Kapitel näher eingegangen wird.
Aber auch der leistungsfähigste Organismus hat, ganz abgesehen von seinen Unberechenbarkeiten, seine Grenzen. Man spricht zu Unrecht von einem «Unfall», wenn ein Taucher mit Preßluft 100 m tief taucht und dort einem Tiefenrausch oder einer Sauerstoffvergiftung erliegt. Hier handelt es sich nicht mehr um einen Unfall, sondern um ein voraussehbares Versagen eines Organismus, dessen Funktionsgrenzen überschritten wurden. Wenn ein 42jähriger Taucher in 2 m Wassertiefe tot aufgefunden wurde und die Sektion einen hochgradigen Verschluß der Herzkranzarterien ergab, dann handelt es sich nicht um einen Tauchunfall. Dieser Tod im Wasser ist einer fehlenden oder unzureichenden ärztlichen Untersuchung vor dem Tauchen zuzuschreiben.
In der dritten Forderung, die eine der Voraussetzungen bildet, wird eine psychische Ausgeglichenheit verlangt. In den folgenden Kapiteln wird immer wieder darauf hingewiesen werden, wie sehr psychische Momente Einfluß auf körperliche Vorgänge nehmen können. Angst, Aufregungen und seelische Spannungen rufen Umstellungen der vegetativen Regulationsvorgänge hervor, die Atmung, Herz und Kreislauf, Blutzusammensetzung und Muskeltonus beeinflussen. Sie wirken sich auch auf die Reaktionsfähigkeit des Nervensystems aus.
Allen Kreaturen, den Menschen wie den Tieren, ist eine Existenzangst gemeinsam. Diese Existenzangst ist eine natürliche Reaktionsform auf äußere Gefahren. Das Tier verhält sich in der Angstsituation nach seinem Instikt in spezifisch festgelegten Verhaltensschemata. Der Mensch ist in seiner Verhaltensweise bei Gefahrensituationen nicht festgelegt; er kann wählen, kann sich entscheiden. Hierin liegt einerseits die Möglichkeit, mit der Angst fertig zu werden, das was man als echten Mut bezeichnet. Die andere Möglichkeit ist die lähmende Verwirrung, die Panik, die zu widersinnigen und gefährdenden Verhaltensweisen führt (s. S. 211).
Das Wasser ist und bleibt für den Menschen, genauso wie der Luftraum, ein fremdes Element. Aber der Mensch ist das anpassungsfähigste aller Wesen. Beim Schwimmenlernen verliert sich die anfängliche Angst mit dem zunehmenden Sicherheitsgefühl. Beim Tauchen ändert sich mit dem zunehmenden Sicherheitsgefühl oft, und besonders bei jungen Menschen, vergleichbar mit der steigenden Selbstsicherheit beim jungen Autofahrer, die Verhaltensweise. Anstelle der Angst als einer normalen Reaktionsform zum Selbstschutz tritt

das Ignorieren oder die Unterschätzung der Gefahr, die zum Leichtsinn und zur Leichtfertigkeit führen. Kommt nun beim Tauchen in der oft nicht überschaubaren Weite des Raums und im Dunkel der Tiefe eine unvorhergesehene Situation hinzu, so wird es beim Unerfahrenen und beim Leichtfertigen, die beide zu Fehlschätzungen der Gefahren neigen, zu einer Panikstimmung kommen. Nach einer australischen Beobachtung *(G. Davis)* entstehen 80% aller tödlichen Unfälle durch Panik. Auch nach einer Unfallstatistik der Royal Navy werden 80% aller Tauchunfälle durch Unvorsichtigkeit, also durch menschliches Versagen verursacht. Diesem Versagen liegen in den meisten Fällen mangelnde Ausbildung, Leichtsinn, Unkenntnis oder bewußtes Ignorieren der Gefahren und Panik zugrunde.
Bei Berufstauchern und bei den Tauchern der Marinen sind ernstliche Zwischenfälle selten. Überwachungs- und Sicherheitsmaßnahmen sind hier am besten gewährleistet. Das gewerbliche Tauchen unterliegt den Richtlinien der Unfallverhütungsvorschriften der Berufsgenossenschaft. Für die Marine gelten eigene Sicherheitsbestimmungen. Ihr Geltungsbereich soll hier nicht berührt werden; die folgenden Hinweise beziehen sich also nur auf das Sporttauchen.

Allgemeine Sicherheitsvorkehrungen

Die Sicherheitsmaßnahmen bei einem Tauchgang betreffen zunächst den Ort des Tauchens und die Verhältnisse unter Wasser. Talsperren und Gewässer mit technischen Anlagen oder Kabeln bilden unüberschaubare Gefährdungen. Auskunft über starke Strömungen, Einleitungen von Abwässern, Gefahren durch Haie oder Giftfische kann man am besten von Einheimischen bekommen. Liegt die Wassertemperatur unter 21°C, so sollte man nicht ohne ausreichenden Kälteschutz tauchen.
Zum Gerätetauchen ist die Beherrschung der Schnorcheltauchtechnik die beste Voraussetzung. Denn auch beim Versagen des Apparates spielt das taucherische Können, verbunden mit Gelassenheit, die entscheidende Rolle. Die Sicherheit beginnt mit der Auswahl und Pflege des Gerätes. Sauerstoff- und Mischgasgeräte gehören nur in die Hand speziell ausgebildeter Taucher. Bei Preßlufttauchgeräten müssen die Druckgasflaschen den Sicherheitsbestimmungen des jeweiligen Landes entsprechen; ihre Füllung darf nur aus einwandfreier gereinigter Luft bestehen, und Reserveschaltungen oder eine

Warnvorrichtung müssen das Ende der Luftfüllung anzeigen. Die Tragevorrichtung soll mit einem Sicherheitsverschluß ausgestattet sein, der es ermöglicht, das Gerät notfalls rasch und mühelos abzulegen. Natürlich wird ein Taucher im Notfall nur ungern sein kostbares Tauchgerät abwerfen, weil es vielleicht unwiederbringlich verlorengehen kann, aber auch der Pilot zögert nicht, sein Flugzeug zu verlassen, wenn dies die einzige Rettungsmöglichkeit ist. Vor Anlegen eines Gerätes prüfe man den Luftvorrat durch Druckkontrolle mit einem Prüfdruckmanometer, die Dichtigkeit der Flaschenventile und Anschlüsse, das einwandfreie Funktionieren des Lungenautomaten und die Stellung der Reserveschaltung.
Auftrieb und Gewicht des Tauchers werden durch Bleigewichtsgürtel und die Tarierweste ausbalanciert (s. S. 45). Der Gürtel muß über den Gerätegurten so angelegt werden, daß er notfalls zuerst abgeworfen werden kann. Wird ein Naßtauchanzug getragen, so ist es wegen seiner Volumenänderung je nach Tauchtiefe unbedingt ratsam, die dadurch entstehenden Auftriebsdifferenzen durch eine Rettungs- oder Sicherheitsweste auszugleichen (s. Kapitel Tauchausrüstung).

Planung und Durchführung des Tauchgangs

Sind bei einem Tauchgang Dekompressionszeiten zu erwarten, so soll man einen Tauchplan aufstellen, der die Austauchzeiten und -stufen vorher errechnet und festlegt. Um die Austauchstufe mühelos und in der richtigen Tiefe einzuhalten, genügen die gebräuchlichen Tiefenmesser meist nicht. Man muß vielmehr für ein Haltetau sorgen, das am zweckmäßigsten mit Markierungen der zutreffenden Wassertiefe versehen ist (z. B. ein Grundtau mit Boje, ein gewichtsbeschwertes Stufentau oder das Ankertau eines Bootes). Außerdem sollte bei solchen Einsätzen an der Oberfläche mindestens ein Reservegerät zur Verfügung stehen. Sollte z. B. der Luftvorrat eines Gerätes vorzeitig erschöpft sein, so kann ein weiterer Taucher sofort mit dem Ersatzgerät nachtauchen, womit ein dekompressionsloser Notaufstieg vermieden wird. Ist keine Druckkammer am Tauchort, so soll man wenigstens über den Standort der nächsten Druckkammer und die gegebenen Transportmöglichkeiten informiert sein. Wird mehr als einmal innerhalb von 12 Stunden oder in Bergseen getaucht, so sind die entsprechenden besonderen Austauchvorschriften (s. S. 195) zu berücksichtigen. Eine Tauchtiefe von 40 bis 50 m sollte möglichst nicht überschritten werden. Sehr nützlich für Planung und Durchführung von Tauchgängen sind die kompletten Checklisten von *N. Gierschner*: Sicherheit für Taucher, Albert Müller Verlag, Rüschlikon-Zürich 1980.

Tauche nie allein

Für die Sicherheit unter Wasser gilt der Grundsatz: «Tauche nie allein.» In unvorhergesehenen und meist unübersehbaren Situationen wie z. B. bei Festhaken des Gerätes in einem Wrack, einer Höhle oder einem Fischnetz, Versagen des Geräts oder des Organismus kann sich der Taucher meist nicht alleine helfen. Jeder Taucher einer Gruppe ist auf den anderen angewiesen. Die Führung und Verantwortung für die Gruppe soll der Erfahrenste übernehmen. Er muß auch dafür sorgen, daß die Verbindung untereinander nie verlorengeht. Die gegenseitige Verständigung in der «Welt des Schweigens» erfolgt durch die Zeichensprache, deren wichtigste Zeichen international festgelegt sind und jedem bekannt sein müssen. Eventuelle zusätzliche Verständigungszeichen sind vor dem Tauchgang zu verabreden.

Besondere Einsätze

In Gewässern mit schlechten Sichtverhältnissen oder starken Strömungen mag es sehr schwer sein, die unbedingt erforderliche gegenseitige Verbindung aufrechtzuerhalten. Sie kann in solchen Fällen dadurch gesichert werden, daß zwei Taucher mit einer Verbindungsleine von zirka 1,5 m Länge (sogenannte Buddyline) an den Handgelenken verbunden bleiben. Schwierige Taucheinsätze – Tauchen in Höhlen, unter Eis oder unter unüberschaubaren Verhältnissen – bedingen besondere Sicherheitsmaßnahmen. Hier ist eine Sicherheitsleine, die den Taucher mit der Oberfläche verbindet, unbedingt erforderlich. Sie muß von einem erfahrenen Tauchwart unter Kontrolle gehalten werden, und unmißverständlich vereinbarte Verständigungssignale sind laufend auszutauschen. Für das Höhlentauchen sei auf das Kapitel 5 des Internationalen Handbuches des Tauchens der C. M. A. S. hingewiesen.
Alle Sicherheitsmaßnahmen sind unauflöslich an den Menschen gebunden. Er trifft sie und muß sie gewährleisten. Wenn der Mensch seine Kritik- und

Entscheidungsfähigkeit durch Alkohol oder bestimmte Medikamente einengt, helfen sie wenig.
Die Sicherheit beim Tauchen ist auch dann in Frage gestellt, wenn man, gleich aus welchen Gründen, ein Unbehagen oder eine unbestimmbare Abneigung vor dem Tauchgang verspürt, aber dennoch taucht.

Verhalten bei Unfällen

Eine Garantie gegen Unfälle gibt es beim Tauchen nicht, ebensowenig wie beim Bergsteigen oder beim Sportfliegen. Unfälle haben meist ein gerichtliches Nachspiel. Neben den erforderlichen Hilfeleistungen sollte man deshalb daran denken, den Unfallhergang durch Zeugen, Lageskizzen und Photoaufnahmen und durch die Sicherstellung eventuellen Beweismaterials (Tauchausrüstung) über Zeugen festzuhalten.
Der im Anhang wiedergegebene Fragebogen zur Erfassung von Tauchunfällen (s. S. 339) dient keinerlei juristischen Zwecken. Er ist ausschließlich dazu gedacht, die Probleme von Tauchunfällen klären zu helfen, ihren oft undurchsichtigen Ursachen näherzukommen, um damit die Sicherheit des Tauchens für die Zukunft und zum Nutzen aller zu erhöhen.
Die unberechenbaren Risiken beim Tauchen sind verhältnismäßig gering. Die meisten Gefahren liegen beim Menschen selbst, und Unfälle beim Tauchen lassen sich fast immer vermeiden, wenn die erforderlichen Sicherheitsmaßnahmen beachtet werden und die durch die andersartige Umgebung, den menschlichen Körper und das Gerät gegebenen Grenzen erkannt und respektiert werden.
Ein sehr detailliertes Notruf-Telefonverzeichnis, einschließlich Druckkammerstandorten wird unter der Bezeichnung Gnom Europa von der Firma W. Söhngen, D-6204 Taunusstein-Wehen, herausgegeben.

II Kondition, Training, Ernährung und Medikamente

Kondition und Training

Der Energieaufwand beim Tauchen besteht weniger in einer Kraftleistung bestimmter Muskelgruppen, als in einer Beanspruchung der Organe, die die Sauerstoffversorgung des Organismus gewährleisten, d. h. der Atmungsorgane und des Herz-Kreislaufsystems. Jede erhöhte körperliche Leistung erfordert eine vermehrte Sauerstoffaufnahme. Das gilt auch für das Tauchen, besonders für die sportliche Unterwasserjagd. Hierzu ist eine gute Kondition erforderlich, die nur durch körperliches Training erreicht werden kann. Für die Steigerung der Leistungsfähigkeit beim Tauchen sind Schwimmen, Flossenschwimmen, Schnorcheltauchtraining und Laufen am besten geeignet. Durch das Training wird eine Verbesserung der Sauerstoffaufnahme, der Technik der Bewegungsabläufe und der Muskelkraft erreicht.

Das Tauchen ist zunächst kein Leistungssport. Für das Gerätetauchen genügt eine gute körperliche Kondition. Aber auch beim Tauchen mit Gerät können Situationen entstehen, die ein Schwimmen mit leerem Gerät über längere Strecken erforderlich machen. Dazu ist eine Leistungsfähigkeit notwendig, die derartigen Anforderungen gerecht wird. – Die teils heftigen Auseinandersetzungen seit Bestehen des Tauchsports darüber, ob der Wettkampf, gleich welcher Art, zum Tauchen gehöre oder nicht, sind dadurch gegenstandslos geworden, daß der Leistungssport mit einer Reihe von Disziplinen (Flossenschwimmen, Gerätetauchen, Unterwasser-Rugby) einen großen Raum im Leben der Tauchsportverbände ausmacht und auch nicht von ihnen zu trennen ist.

Es soll deshalb hier auf einige Grundlagen der Leistungsphysiologie eingegangen werden. Für alle detaillierten Fragen sei auf die umfangreiche Literatur der Sportmedizin bzw. auf die einschlägigen Werke verwiesen.

Steigerung der Sauerstoffaufnahme

Der Energieumsatz hängt vom Sauerstoffaufnahmevermögen ab. Im Mittelpunkt der Sauerstoffversorgung des Organismus stehen die Systeme der Atmung und des Herzkreislaufs. Bei vermehrter Leistung muß die Sauerstoffaufnahme gesteigert werden, d. h. das Atemminuten- und das Herzminutenvolumen müssen erhöht werden. Durch Training läßt sich das Minutenvolumen des Herzens bei maximaler Leistung auf 25 bis 35 Liter je Minute steigern. Beim Untrainierten ist dagegen nur eine Erhöhung bis etwa 18 l/min möglich. Die Erhöhung des Minutenvolumens durch Training wird dadurch erreicht, daß das Herz harmonisch wächst. Das Schlagvolumen wird dadurch größer. Durch eine Umstimmung der vegetativen Steuerung schlägt das Herz beim Trainierten langsamer. Für die gleiche Arbeitsleistung braucht ein Trainierter somit weniger Herzschläge als der Untrainierte. Die langsamere Herztätigkeit bei gleicher Arbeitsleistung sichert dem Herzen selbst eine bessere Sauerstoffausnutzung. Auch ist die Versorgungsmöglichkeit des Herzens über seine Kranzarterien größer. Das Herz kann also vorwiegend «im Schongang» laufen. Das gilt für den trainierten alten Menschen ebenso wie für den Sportler auf der Höhe seiner Leistungsfähigkeit (s. auch Kapitel «Physiologie des Tauchens»).
Die Vitalkapazität kann durch Tauchtraining bis um 14% gesteigert werden (s. S. 60). Durch eine Steigerung der Luftaufnahmefähigkeit in den Lungen erhöht sich auch das Sauerstoffangebot. Die Atmung ist ökonomischer, wenn zur Erhöhung des Minutenvolumens nicht die Atemfrequenz wesentlich gesteigert werden muß, sondern die Lunge pro Atemzug vermehrt mit Atemluft gefüllt werden kann.

Verbesserung der Koordination

Ein Training, das auf eine Verbesserung der Leistungsfähigkeit beim Tauchen ausgerichtet ist, hat weiter die Koordinierung der Bewegungsabläufe zum Ziel. Mit einem geringeren Kraftaufwand soll der gleiche Effekt erreicht werden. Wie für jede Sportart müssen auch beim Tauchen alle Bewegungsabläufe erst eingeschliffen werden, d. h. durch laufende Übungen wird das Zusammenspiel der einzelnen Muskelgruppen so koordiniert, daß es bis zu einem gewissen Punkt automatisch abläuft. Anspannungen und Verkrampfungen nicht benötigter Muskelgruppen müssen ausgeschaltet und die Kraft der benötigten Muskelgruppen richtig dosiert werden. Je geschickter und gewandter bestimmte Bewegungen ausgeführt werden können, um so mehr Kraft wird gespart und für die beabsichtigte Leistung verwendet werden können.

Steigerung der Muskelkraft

Zur Steigerung der allgemeinen Leistungsfähigkeit muß aber zudem die Muskelkraft verbessert werden. So wie die Funktion des Muskelspiels, läßt sich auch die Kraft der Skelettmuskulatur durch Übungsreize erhöhen. Die Kraft eines Muskels hängt ab von seiner Dicke. Ein Muskel besteht aus einer Menge einzelner Muskelfasern, den Fibrillen, die ein Muskelbündel ergeben. Wiederholte Anspannung eines Muskels, die über eine bestimmte Schwelle hinausgeht, bewirkt eine Querschnittszunahme der einzelnen Muskelfibrillen. Die Zahl der Muskelfibrillen, die anlagemäßig festliegt, kann nicht vermehrt werden. Es bilden sich aber neue Kapillaren, wodurch eine bessere Blutversorgung des Muskelgewebes gegeben wird. Bei Versuchstieren fand man eine Zunahme der Kapillargefäße um etwa 40 bis 45% nach Training. Mit der Vermehrung der Kapillargefäße nimmt die Möglichkeit der Sauerstoffausschöpfung zu. Mit einer sogenannten Kapillarutilisation steigt neben der O_2-Versorgung auch die Möglichkeit des Abtransportes der bei der Muskeltätigkeit anfallenden Stoffwechselzwischen- und -endprodukte. Dadurch wird die Leistungsfähigkeit größer, und die Ermüdbarkeit verringert sich.

Leistungssteigerung und Trainingsmethode

Die Leistungssteigerung hängt ab von der Quantität, von der Qualität des Trainings und von endogenen und exogenen Faktoren. Der Unterschied der Quantität wird aus dem Diagramm deutlich, in dem die Gruppe I mit einer Leistung von 60 kJ wöchentlich, die Gruppe II mit einer dreifachen Quantität von 180 kJ wöchentlich, die Gruppe III mit 360 kJ wöchentlich und die Gruppe IV mit der zehnfachen Quantität von 600 kJ wöchentlich trainiert wurden.

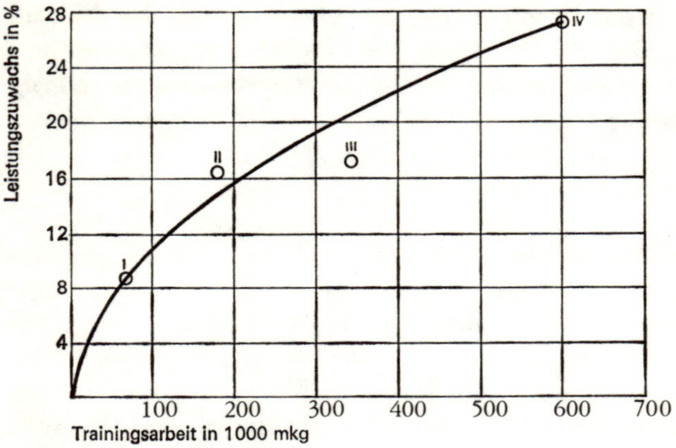

Leistungszuwachs bei 4 annähernd gleichen Gruppen, die mit unterschiedlichem Maß am Ergometer trainierten.

Bei Untersuchungen zur Qualität der Leistungssteigerung konnte *H. Mellerowicz* an eineiigen Zwillingen feststellen, daß bei gleicher Trainingsarbeit ein Training mit höherer Leistung und kurzer Dauer wirksamer ist als ein Training geringerer Leistung über längere Zeit. Bei gleicher Trainingsquantität ist ein Intervalltraining nicht wirksamer als ein Dauertraining. Beide Methoden bewirken einen großen Zuwachs der Sauerstoffkapazität und der Dauerhöchstleistung. Dauerhöchstleistungen wurden am besten durch die Kombination der beiden Methoden erreicht.

Trainingswirkungen und Leistungszuwachs werden bestimmt vom Alter, Geschlecht und der Konstitution. Die absolute Trainierbarkeit steigt im Kindes- und Jugendalter entsprechend der Entwicklung der Leistung wahrscheinlich in annähernd parabolischer Weise an, erreicht ein Maximum zwischen dem 20. und 30. Lebensjahr und fällt dann wieder ab. Für Frauen und Männer besteht in der relativen Leistungszunahme kein Unterschied der Trainierbarkeit. Das gesunde Herz ist bis zum 80. Lebensjahr trainierbar.

Praktisch lassen sich diese Leistungssteigerungen aller Organe beim Tauchen am besten durch einen Wechsel zwischen Intervall- und Distanztraining erreichen. Nach mäßiger bis hoher Kraftanstrengung von 2 bis 10 Minuten Dauer wird eine gleichlange Pause bis zur nächsten Arbeitsperiode eingeschaltet. Trainingsprogramme für das Flossenschwimmen lassen sich nach

den existierenden Programmen für das Schwimmen oder für den Langlauf leicht variierend aufstellen. Um sich an anhaltende Belastungen zu gewöhnen, ist ein sogenanntes Distanztraining geeignet, wobei sich ein mäßiger Kraftaufwand über ein bis zwei Stunden erstrecken soll (Stromschwimmen, Flossenschwimmen über 2 bis 5 bis 20 km).
Für Gerätetaucher fanden *L. G. Goff* und *R. G. Bartlett* eine deutlich höhere CO_2-Spannung in der Ausatemluft bei trainierten Tauchern im Vergleich zu untrainierten. Dies wurde mit der rationelleren Atmung und geringeren Ventilation (langsames und tiefes Atmen mit längerer Pause) in Zusammenhang gebracht.

Sportschäden

Nach Meinung maßgebender Sportphysiologen ist es nicht möglich, bei einem gesunden trainierten Menschen des 3. Lebensjahrzehnts durch eine noch so hohe körperliche Beanspruchung einen organischen Schaden zu verursachen. Vorausgesetzt ist dabei allerdings, daß keine Dopingmittel gebraucht werden. Schäden treten vor allem dann auf, wenn Herzfehler oder Streuherde (von chronischen Mandelentzündungen usw. s. S. 138) vorliegen und körperliche Belastungen im Zustand einer Infektion oder in der Rekonvaleszenz durchgeführt werden. Bei Übertraining wie auch bei plötzlichem Trainingsabbbruch können sich funktionelle, vegetative Fehlsteuerungen einstellen, die dem Bild einer vegetativen Dystonie entsprechen.
Bei übermäßiger einseitiger Belastung der Gelenke in Verbindung mit unphysiologischen Bewegungen, meist verursacht durch eine falsche Technik und eine unsachgemäße Trainingsweise, kann es zu chronischen Reizzuständen kommen. Eine Arthrose (degenerative Gelenkerkrankung), die oft dem Sport angelastet wird, ist anlage- und schicksalsbedingt und wird durch den Sport nicht hervorgerufen. So wurde bisher auch nicht nachgewiesen, daß Arthrosen der Sprung- und Kniegelenke durch Langzeitflossenschwimmen entstanden sind. Nervenreizungen und Muskelverspannungen bei Wirbelsäulenveränderungen, die nach Meinung von *J. R. Lederer* bei Tauchern häufiger beobachtet werden, sind sicher nicht ursächlich durch das Tauchen entstanden, sondern auf die heutigen Zivilisationseinflüsse wie die Vibrationen durch Autofahren usw. entstanden. Durch Schwimmen und Tauchen werden sie im allgemeinen gebessert.

Körperliches Training und Alter

Der menschliche Körper ist für die Aktivität konstruiert. Die Bewegungsarmut ist eine der Haupttodesursachen in den Industrieländern. Sie führt neben anderen Zivilisationskrankheiten hauptsächlich zu Herz- und Kreislauferkrankungen. Der Ruheblutdruck bei Alterssportlern liegt niedriger als bei der Durchschnittsbevölkerung. Die aktiven Ruderer von Oxford und Cambridge haben eine durchschnittlich 5 Jahre höhere Lebenserwartung als die Normalbevölkerung. Der Sport verliert seine für den Kreislauf günstigen Auswirkungen, wenn er nur auf die Zeit der Jugend beschränkt bleibt. Nur ein regelmäßiges Training wirkt sich lebensverlängernd aus. Nach eingehenden Studien von *E. Jokl* besteht kein Zweifel, daß trainierte alte Leute

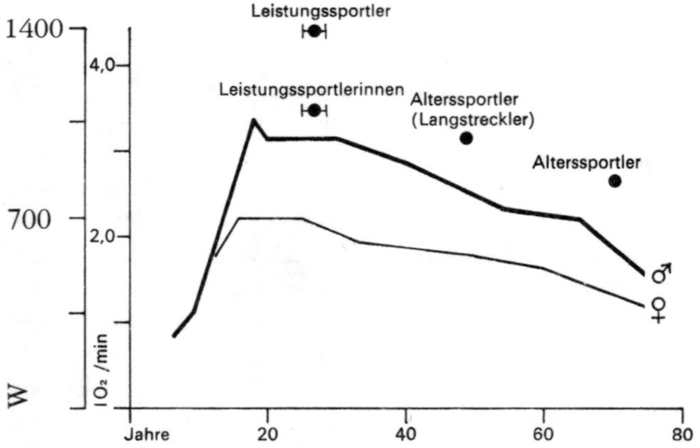

Maximales Sauerstoffaufnahmevermögen untrainierter Männer (♂) und Frauen (♀) im Verlauf des Lebens. Zum Vergleich einige Werte von Sportlern.

leistungsfähiger sind als untrainierte junge. Durch Training kann man sich auch im Alter von 60 Jahren noch die gleiche maximale Sauerstoffaufnahmefähigkeit erhalten wie ein untrainierter Mann von 25 Jahren (s. Abb.). Körperliches Training verlangsamt den Rückgang der Kondition, der im Alter auftritt, und bremst die so häufig auftretende Übergewichtigkeit. Körperliches Training schützt weiter vor einer Anzahl von Erkrankungen, die man bisher für eine natürliche Folge des Alterungsvorgangs hielt. *Cla-*

rence De Mar, ein Amerikaner, genannt Mister Marathon, nahm im Laufe von 50 Jahren an über 1000 Langstreckenläufen und an 100 echten Marathonläufen teil. Bei seinem letzten Marathonlauf im Alter von 66 Jahren kam er noch auf den 78. Platz bei insgesamt 133 Teilnehmern. Er starb im Alter von 70 Jahren an einem Dickdarmkrebs. Bei der Sektion fand man nicht nur sein Herz in ausgezeichnetem Zustand; die Herzkranzgefäße waren auch sehr viel weiter als die eines gleichaltrigen Mannes. Zwei frühere Weltrekordschwimmer, Arne Borg und Johnny Weißmüller, schwammen mit 50 Jahren 100 m in 60 sec.
Dagegen ergibt Training keine vermehrten Abwehrkräfte gegenüber bösartigen Tumoren und infektiösen Krankheiten. Die Empfänglichkeit gegenüber Infektionskrankheiten ist also bei Sportlern nicht geringer als bei Nichtsportlern.

Altersgrenzen für das Tauchen

Eine Altersbegrenzung für das Sporttauchen ist schwer anzugeben. Die obere Altersgrenze ist von Fall zu Fall verschieden und hängt in erster Linie vom Gesundheitszustand des Tauchers ab.
Die Frage der Altersgrenze Jugendlicher für das Tauchen ist ebenfalls schwer zu entscheiden. Die Commission Médicale der C. M. A. S. (Confédération Mondiale des Activités Subaquatiques; World Underwater Federation) ist der Meinung, daß eine Altersgrenze für das Tauchen bei Jugendlichen und Kindern nicht durch die körperlichen Eigenschaften, sondern nur durch die psychischen Besonderheiten gegeben ist.
Die psychischen Besonderheiten werden durch die geistige und psychische Reife bestimmt. Hierdurch ist eine Grenze für das Tauchen mit Atemgeräten gegeben. Einmal deshalb, weil dies ein Minimum an Grundkenntnissen über das Verhalten des menschlichen Organismus in der veränderten Umwelt voraussetzt. Zum anderen sind mit der Benutzung eines Tauchgerätes Risiken verbunden, die zu übernehmen eine gewisse psychische Reife voraussetzt, eine Reife, die etwa vergleichbar ist mit der Altersbegrenzung für den Erwerb eines Führerscheins. Die geistigen und körperlichen Erfordernisse, ein 50 oder 100 PS starkes Kraftfahrzeug zu steuern, sind schon bei einem 14jährigen gegeben. Das hierzu erforderliche Verantwortungsbewußtsein ist aber offensichtlich in diesem Alter noch nicht vorhanden.

Im Weltverband (CMAS) sind Wettkämpfe mit Gerät – Geräteschnelltauchen über 100 Meter – ab dem 12. Lebensjahr erlaubt. Das Jugendtauchsportabzeichen – ab dem 10. Lebensjahr möglich – erlaubt ebenfalls Übungen mit dem Tauchgerät ab 12 Jahren.

Kann die Verantwortung beim Tauchen von einem Erwachsenen voll übernommen werden, so ist auch gegen ein Tauchen mit Gerät in offenen Gewässern selbst vor dem 10. Lebensjahr nichts einzuwenden.

Auf Veranlassung der Commission médicale der CMAS wurde von *R. Razvodowsky* eine großangelegte Studie nach modernen sportmedizinischen Kriterien an 100 Jugendlichen im Alter von 9 bis 18 Jahren in Moskau über 2 Jahre durchgeführt. Nach den Ergebnissen, über die 1979 in Monaco berichtet wurde, war kein nachteiliger Effekt auf die körperliche Entwicklung nachzuweisen. Die positiven Auswirkungen am Herz-Kreislaufsystem ließen sogar eine höhere Trainingsbelastung zu.

Die große Verschiedenheit der Jugendlichen in ihrer Entwicklung macht es fast unmöglich, Normen aufzustellen, nach denen von ärztlicher Seite eine Altersbegrenzung durchgeführt werden könnte.

Nach neueren Untersuchungen *(Reindell, Roßkamm, Gerschler)* hat das Verhältnis von Herzvolumen zum Körpergewicht in allen Altersbereichen denselben Mittelwert. Die kleinen Herzen der Kinder und Jugendlichen sind, wenn sie auch in Ruhe relativ schnell schlagen, bei Belastung im Verhältnis zu ihrer Größe genauso leistungsfähig wie die Herzen Erwachsener. Der wachsende Organismus verfügt aber nicht über die großen Reserven der Energiegewinnung, die von den Erwachsenen eingesetzt werden können. Durch Training steigt die Herzgröße erheblich.

Training mit altersentsprechend dosierter Belastung regt die körperliche Entwicklung an und bildet einen Wachstumsreiz für Breite und Umfang von Rumpf und Extremitäten. Das normale Längenwachstum wird durch Sport kaum beeinflußt. Die motorische Koordination beginnt mit der Ausreifung des Nervensystems erst mit dem 9. Lebensjahr voll harmonisch zu werden.

Die Frau und der Tauchsport

Die Auffassungen über die sportliche Leistungsfähigkeit der Frau haben sich in den letzten Jahrzehnten grundlegend gewandelt. Auch die medizinischen Kenntnisse hierüber haben sich damit stark erweitert. Die Anzahl der

Olympia-Teilnehmerinnen ist von 1912 bis 1972 auf das 40fache gestiegen. 1968 in Tokio waren 12%, 1972 in München 20% der Teilnehmer Frauen. Die Menstruation (Periodenblutung) bringt keine Einschränkung der Leistungsfähigkeit im Sport. Wohl bestehen Schwankungen der Leistungsbreite in dieser Zeit. Mit Hilfe von Vaginaltampons ist auch während der Periode Schwimmen und Tauchen möglich und ungefährlich. Die weitverbreitete Furcht, durch Blutspuren könnten Haie angelockt werden, ist unbegründet. Nach den Statistiken über Haiangriffe muß eher das Gegenteil angenommen werden. Die Fortpflanzungsfunktion der Frau wird durch Sport nicht nachteilig beeinflußt. Statistische Folgerungen der USAF School of Aerospace Medicine, nach denen Frauen für Dekompressionsunfälle dreimal mehr gefährdet seien, sind nicht bestätigt.
Mit der Schwangerschaft kommt es allerdings zur Umstellung des gesamten weiblichen Organismus. Sie ist schon für sich eine funktionelle Höchstleistung. So sollte mit Eintritt der Schwangerschaft, spätestens ab 3. Monat, jedes Leistungstraining eingestellt werden. Sportliche Betätigungen, vor allem das Schwimmen, haben aber mit Sicherheit keinen nachteiligen Einfluß auf die Schwangerschaft, den Geburtsablauf und die Stillperiode.
Über mögliche Schäden der Leibesfrucht durch das Tauchen gibt es noch keine ganz gesicherten Zahlen. Nach Tierversuchen der letzten Jahre kommt es mit zunehmender Tauchtiefe zu vermehrter Gasblasenbildung im Fötus. Selbst nach einer Tauchtiefe entsprechend 18 m waren in Föten von Schafen noch Gasblasen zu finden.
L. Barthelémy hat in Druckkammerversuchen mit trächtigen Kaninchen und Ratten Gasblasen in der Plazenta gefunden, nicht dagegen im Blutkreislauf des Fötus. Diese Gasblasen führten zu Plazentaablösungen und damit zu einem Abort. Die Plazenta ist zu den langsamen Geweben zu zählen, und die Stickstoffentsättigung vollzieht sich hier langsamer als in den übrigen Geweben. Eine Arbeitsgruppe der Undersea Medical Society (1978) empfahl, schwangeren Frauen vom Tauchen abzuraten, bevor nicht gegenteilige gesicherte Ergebnisse vorliegen.

Sport und Ernährung

Zu allen Zeiten hat die Frage der Ernährung des Sporttreibenden eine große Rolle gespielt. Die Ansichten hierüber wechselten je nach der jeweiligen

Zeitströmung oder den persönlichen Erfahrungen der Sportler. Nach *Nöcker* kann durch eine optimale und gezielte Ernährung das Leistungsstreben des Sportlers ganz erheblich unterstützt, aber das Training nicht ersetzt werden. Wir wissen heute, daß als Hauptenergielieferanten für vermehrte körperliche Leistung Kohlehydrate und Fett am besten geeignet sind. Eiweiß wird bei körperlicher Arbeit nicht zur Verbrennung herangezogen. Der Körper ist aber auf eine ständige Eiweißzufuhr angewiesen, da alle Stellen des Organismus für ihren Neubau fortgesetzt Eiweiß benötigen. Um den täglichen Eiweißbedarf zu decken, sind beim Erwachsenen je kg Körpergewicht etwa 1 g Eiweiß nötig, Kinder etwas mehr. Bei einer Eiweißaufnahme unter 0,8 g/kg Körpergewicht zeigt sich kein Trainingseffekt mehr. Durch vermehrte Eiweißaufnahme bis zu 2,0 g/kg Körpergewicht läßt sich die Trainingswirkung steigern, nicht allerdings ohne gleichzeitiges Trainieren.

Den höchsten biologischen Wert hat eine Mischkost, in der tierisches und pflanzliches Eiweiß vorkommt. Dabei sind auch sämtliche Mineralstoffe enthalten. Eine Leistungssteigerung durch vermehrte Zufuhr eines Vitamins ist bisher nicht nachgewiesen.

Die sogenannten Anabolika bewirken in hohen Dosen einen Muskelzuwachs. Anabolika bestehen aus chemisch abgewandelten männlichen Keimdrüsenhormonen (Testosteron). Sie haben bei Frauen, über längere Zeit angewandt, eine virilisierende (vermännlichende) Wirkung. Der Nachteil einer künstlichen Vermehrung der Muskelsubstanz liegt darin, daß die Sehnen in keinem ausgewogenen Verhältnis zu den zugehörigen Muskeln mehr stehen und bei starker Belastung reißen können.

Fett hat mit 39 kJ/g den höchsten Energiewert. Fliegende Heuschrecken wandeln z. B. Kohlehydrate in Fett um und speichern dadurch Energie für lange Flüge. Auch beim Menschen ist Fett als gespeicherte Energiequelle den Kohlehydraten überlegen. Kohlehydrate sind aber schneller abbaufähig, und bei schwerer Arbeit gewinnt ihre Verbrennung an Bedeutung.

Für die praktische Ernährung bedeutet das, daß für körperliche Hochleistungen unter einer Stunde Dauer Kohlehydrate und Fette in einer normalen Mischkost, die leicht und verdaulich zusammengesetzt sein soll, ausreichend sind. Sind größere Anstrengungen von über einer Stunde Dauer vorgesehen, so ist es wichtig, am vorangehenden Tag reichlich Kohlehydrate zu sich zu nehmen. Bei Dauerleistung mit mäßigem Kraftaufwand, wie bei vielen Tauchunternehmungen, ist ein bestimmtes Depot an Fett zweckmäßiger. In der Zeit der Überernährung in den Industrieländern wird gerade der erhöhte

Fettverbrauch für die Zunahme der Kreislauferkrankungen verantwortlich gemacht. Das trifft auch zu, wenn dadurch ein Übergewicht entsteht. Wird aber durch ausreichende Bewegung das zugeführte Fett wieder verbrannt, so kommt es zu keinen Schädigungen durch Ablagerungen in den Gefäßen. Athleten der Olympischen Spiele nahmen täglich große Mengen teils fettreicher Nahrung zu sich, bis zu 21 MJ ohne daß dabei eine «Verfettung» der inneren Organe oder äußerlich auftrat. Der Kalorienbedarf für einen Erwachsenen ohne irgendwelche Muskelarbeit wird mit 10 MJ angenommen. Bei körperlicher Arbeit liegt er zwischen 12 MJ und 25 MJ. Die Aquanauten im Unternehmen Précontinent III wurden mit einer Kost entsprechend 16 MJ ernährt (zur Einheit Joule siehe Seite 238).

Der Taucher wird aber seine Nahrung nicht mit Hilfe einer Jouletabelle zusammenstellen, sondern sich nach seinem Hunger bzw. Sättigungsgefühl richten. Die Zusammensetzung seiner Mahlzeiten richtet er vorwiegend nach seinen Eßgewohnheiten. – Sind keine Hochleistungen vorgesehen, sollte man mehr Gewicht auf eine eiweißreiche Kost legen; sie beugt einem Übergewicht vor. Bei der deutschen Normalkost soll der Anteil an Eiweiß etwa 18%, der an Fett 30% betragen, während auf die Kohlehydrate 52% entfallen. Dieses Verhältnis läßt sich aber ohne weiteres umkehren, indem man über die Hälfte des Kalorienbedarfs aus Eiweiß deckt und die andere Hälfte auf etwa 30% Fett und 20% Kohlehydrate verteilt. Zur Aufrechterhaltung des Zuckerbedarfs genügen ohne körperliche Arbeit 60 g Kohlehydrate, entsprechend ca. 5 Scheiben Brot, bei körperlicher Anstrengung etwa das Doppelte.

Eskimos leben fast ausschließlich von Eiweiß und Fett und verzehren bis zu 3 kg Fleisch (= 300–500 g Eiweiß) pro Tag. Sie sind dabei leistungsfähiger als Völker, die sich vorwiegend von Kohlehydraten ernähren und mit dem Eiweiß ihrer Nahrung oft unter dem Existenzminimum von 70 g pro Tag bleiben.

Die Arbeit der Verdauung stellt aber schon eine Allgemeinbelastung des Organismus dar, und die Müdigkeit oder verminderte Leistungsfähigkeit nach dem Essen ist ein normaler physiologischer Vorgang. Baden oder Tauchen im Anschluß an eine Mahlzeit bedeutet also eine zusätzliche Arbeit, die über die Grenzen der Belastbarkeit des Organismus gehen kann, besonders wenn man die Einwirkung von Temperatur und Wasser berücksichtigt (s. S. 280).

Ein Vitaminmangel verschlechtert das Leistungsvermögen. Aber erst eine vitaminlose Kost über eine Zeit von acht Tagen führt zu einem Vitaminmangel. Heute besteht bei einer normalen Kost diese Gefahr nicht.

Doping und Sport

Ein Doping ist aber weder durch Vitamine noch durch irgendein anderes Medikament zu erwarten, d. h. es gibt kein Mittel, das die absolute Leistungsfähigkeit zu steigern vermag. Der Glaube an dieses oder jenes Mittel oder an eine bestimmte Tablette wird zwar nie auszurotten sein; und es ist auch nichts dagegen einzuwenden, solange die Wirkung allein durch den Glauben gegeben ist und keine Schädigungen dadurch hervorgerufen werden. Zur Verhinderung des Dopings auch bei Tauchsportwettkämpfen gibt es heute eine Liste der sogenannten Doping-Mittel. Einnahme dieser Mittel vor dem Wettkampf führt zur Disqualifizierung. Es ist der Labormedizin heute möglich, jedes Doping-Mittel im Urin oder Blut nachzuweisen. Alle Doping-Mittel wirken vorwiegend enthemmend und psychisch stimulierend. Medikamente, die eine starke Weckwirkung haben, sind die Mittel der Benzedrin-Pervitin-Gruppe, die Amphetamine. Sie erhöhen zwar die Sinnenwachheit und täuschen über eine körperliche Ermüdung hinweg, können aber echte Kraftreserven nicht mobilisieren. Da sie zur Sucht führen, unterliegen sie in fast allen Ländern einer strengen Rezeptpflicht.

Autogenes Training

Eine Möglichkeit der Leistungsverbesserung, die nicht nur erlaubt, sondern auch zu empfehlen ist, liegt im autogenen Training. Für eine optimale Leistung spielt beim koordinierten Bewegungsablauf die emotionale Beteiligung an der Bewegung eine wesentliche Rolle. Auf die emotionale Verhaltensweise kann das autogene Training entscheidenden Einfluß nehmen, und viele Spitzensportler bedienen sich seit Jahren dieser Möglichkeit. Um in die geeignete psychische Verfassung zu gelangen, hat es sich bewährt, 20 Minuten vor dem Start 7 Minuten lang eine autogene Trainingsübung durchzuführen. Auch das Startfieber, das oft zu Fehlstarts führt, ist durch innere Unruhe, Angst und eine Labilität der vegetativen Funktionen gekennzeichnet. Hier können Entspannungsübungen mit dem autogenen Training Abhilfe schaffen. Das autogene Training ist eine Autosuggestion, die vor gut 30 Jahren von *I. H. Schultz* von der Hypnose abgeleitet und entwickelt wurde. Im Gegensatz zum autogenen Training ist die Hypnose eine Beeinflussung des Denkens, Fühlens und Handelns durch einen anderen unter

Umgehung der kritischen Persönlichkeitsanteile. Zu welch außerordentlichen Leistungen ein Mensch mit Hilfe des autogenen Trainings fähig ist, hat der Arzt *H. Lindemann* bewiesen, als er im Faltboot den Atlantik überquerte.

Medikamente und Tauchen

Da sich heute im Tauchsport der Personenkreis erheblich erweitert hat (s. S. 288), wird es mehr und mehr Taucher geben, die auf Medikamente eingestellt sind. Alle Medikamente, die eine Wirkung haben, zeigen auch unerwünschte Nebenwirkungen. Diese sind im allgemeinen ausreichend bekannt. Weniger oder gar nicht ist dagegen bekannt, wie sich Medikamente unter erhöhtem Druck und beim Tauchen auswirken. Ihr Einfluß auf das menschliche Verhalten unter erhöhtem Druck ist nicht vergleichbar mit Verhältnissen unter Normaldruck und nicht vorhersehbar.

Untersucht wurden bisher nur wenige Medikamente unter Tauchbedingungen, so zum Beispiel Aspirin. Bis zu einer Tauchtiefe von 55 m bewirkte es keine Veränderungen des psychischen Verhaltens. Auch Dramamine (ein Mittel gegen die Seekrankheit, s. unten) wurde mit dem gleichen Ergebnis getestet. Bei anderen Mitteln gegen die Reisekrankheit, außer den Vitamin-B_6-Präparaten (s. S. 36), kann die Tendenz zum Tiefenrausch verstärkt werden.

Unter den Medikamenten zur Senkung eines erhöhten Blutdrucks ist von den sogenannten Beta-Rezeptorenblockern (Dociton, Lopresor etc.) nachgewiesen, daß sie über Wasser die Reaktions- und Konzentrationsfähigkeit nicht beeinflussen. Sie senken aber die körperliche Leistungsfähigkeit um etwa 10%. Da ihre Nebenwirkungen individuell sehr verschieden sind, muß dem Einzelnen ihre Verträglichkeit schon einige Zeit vor dem Tauchen bekannt sein.

Beruhigungsmittel der Benzodiazepinreihe (Valium, Adumbran und eine Unzahl anderer) beeinträchtigen die Reaktionsabläufe. Ebenso wirken andere Sedativa, Tranquilizer und auch Antidepressiva.

Alkohol und Drogen, wie Marihuana, stören nicht nur die motorische und psychische Koordination, sie blockieren auch die Gefäßreaktionen der Haut gegen Kälte.

Bei einer Diabeteseinstellung mit Sulfonamidderivaten (Euglucon, Glutril etc.) oder Insulin besteht bei Reisen zu entfernteren Tauchzielen die Gefahr der Hypoglykaemie durch Zeitverschiebung und Umstellung der Kost. Kaffee hat in üblichen Dosen keine nachteilige Wirkung.

Die Reisekrankheit

Antihistaminika sind auch in den Präparaten gegen See- und Reisekrankheiten, wie Dramamine, Vomex A und Novamina, Peremesin, enthalten. Man muß also nach Einnahme dieser Mittel mit einer vermehrten Müdigkeit rechnen. Frei von Nebenwirkungen, wenn auch nicht in allen Fällen gleich wirksam, sind die Vitamin-B_6-Präparate (Hexobion und Benadon). Unter diesem Begriff der Reisekrankheiten wird die See-, Luft- und Autokrankheit zusammengefaßt. Es handelt sich dabei um Störungen im Gleichgewichtsorgan, die durch eine ungewohnte Reizung der Sinneszellen in den Bogengängen hervorgerufen werden. Durch scheinbar widersprechende Informationen wird das System der Gleichgewichtsregulierung überfordert. 80 bis 90% der Menschen können – natürlich abhängig von der Stärke der auslösenden Momente – reisekrank werden. Durch Gewöhnung ist eine große Unempfindlichkeit der Gleichgewichtsorgane zu erreichen, wie dies die Beispiele von Seeleuten, Piloten, Eiskunstläufern und Ballettänzern zeigen.
Der, dem eine solche Gewöhnung nicht gelingt, ist zur Verhütung auf die oben erwähnten Mittel angewiesen. Sie wirken aber nur, wenn sie vorher (etwa 1 Stunde) eingenommen werden. Bei Auftreten der Erscheinungen kann man einen Versuch mit Zäpfchen der gleichen Medikamente machen. Wenn das nicht zum Erfolg führt, helfen nur Injektionen.
Bei bestehender Seekrankheit ist vom Tauchen abzuraten, wiewohl mit Aufhören der Schlingerbewegungen Brechreiz und Übelkeit unter Wasser meist nachlassen.

Alkohol

Wie im Straßenverkehr spielt der Alkohol auch bei Tauchunfällen keine geringe Rolle. Er wird rasch im Magen resorbiert und erscheint innerhalb weniger Minuten im Blut. Seine Aufnahme wird beeinflußt durch seinen Verdünnungsgrad und den Füllungszustand des Magens. Infolge Gewöhnung können zwar die äußeren Anzeichen von Trunkenheit nur schwach

erkennbar sein, aber schon nach Dosen von 10 bis 20 g Alkohol (= ½ l Bier, ¼ l Wein oder 2 Glas Sekt) erfolgt eine Erregung des Atemzentrums, eine mäßige Blutdrucksteigerung und eine Erweiterung der Hautgefäße.
Die akute Gefahr des Alkohols liegt in seiner psychischen Wirkung. Durch eine meist eintretende Euphorie wird die Selbstkritik geschwächt, das Selbstgefühl gesteigert. Aufgaben oder Anforderungen scheinen leichter durchführbar. Nachgewiesenermaßen werden aber die körperlichen und geistigen Leistungen schlechter, auch wird die sogenannte Schrecksekunde verlängert. Die notwendige Kritikfähigkeit und eine ständige Wachheit für alle beim Tauchen möglichen Gefahren sind unter Alkoholeinfluß nicht mehr gegeben. Insbesondere die Wirkungen des Tiefenrausches werden durch einen erhöhten Blutalkoholgehalt gesteigert; auch die Anfälligkeit gegenüber der Caissonkrankheit kann durch die unter Alkoholeinfluß veränderte Durchblutung gesteigert sein. Da der Abbau des Alkohols im Körper verhältnismäßig langsam vor sich geht, sollte die Tauchpause entsprechend der genossenen Alkoholmenge ausreichend lange sein.

Rauchen und Nikotin

Die Wirkungen des Nikotins sind sehr komplex. Auf das unwillkürliche Nervensystem wirkt es stimulierend und in höheren Dosen lähmend. Klinisch nachgewiesen ist sein nachteiliger Effekt auf die Blutgefäße, besonders auf die Herzkranzgefäße. Die Zahl der koronaren Herzerkrankungen ist bei Rauchern etwa doppelt so hoch wie bei Nichtrauchern.
Mit dem Tabakrauchen wird aber außer Nikotin auch eine Reihe anderer Substanzen (insgesamt 261) inhaliert, darunter ist das Kohlenmonoxid mit etwa 4% beteiligt. Am gefährlichsten sind aber die krebserzeugenden Substanzen, insbesondere das 3,4 Benzpyren. Von den Rauchern sterben etwa 11mal so viele an Lungenkrebs wie unter Nichtrauchern. Die Rauchpartikel schädigen aber nicht nur die Schleimhaut im Nasen-Rachen-Raum (s. S. 151), sondern auch die der Bronchien. Die Flimmertätigkeit des «Haar»-Besatzes der Bronchialschleimhaut, die die Funktion hat, Fremdkörper wieder nach außen zu befördern, wird durch das Rauchen gelähmt. In den kleinsten Bronchiolen erhöht sich durch das Rauchen der Widerstand, und dadurch wird eine Bronchitis und ein Emphysem begünstigt. Besonders diese Schädigungen wirken sich für die Leistungsfähigkeit beim Tauchen nachteilig aus.

Reisen und Impfungen

Bei Reisen mit dem Flugzeug in Ost-West-Richtung oder umgekehrt müssen die Zeitverschiebungen berücksichtigt werden, die unseren Tag-Nacht-Rhythmus stören. Das wirkt sich nicht nur auf das Schlafen, sondern auch auf fast alle vegetativen Funktionen und somit auch auf die Leistungsfähigkeit aus. Bei Ortsveränderungen über 9 Zeitzonen (z. B. von Europa nach Tokio) werden etwa 4 Tage benötigt, um sich wieder auf einen normalen Tagesrhythmus einzustellen. Bei Reisen über 5 Zeitzonen (z. B. nach New York) beträgt die Anpassungszeit 2½ Tage. Die Adaptation nach der Rückreise verläuft etwas schneller.

Vor Antritt der Reise wird von den Reiseunternehmen schon auf die erforderlichen Schutzimpfungen aufmerksam gemacht. Schutzimpfungen werden vor allem für ansteckende Krankheiten wie Gelbfieber, Cholera und Typhus verlangt. Die Bestimmungen richten sich oft nach jeweiligen Infektionsherden.

Die Vorsorge gegen nichtansteckende Krankheiten bleibt dem Reisenden selbst überlassen. Sie richtet sich wiederum nach dem jeweiligen Reiseland. Eine Vorbeugung gegen Malaria ist durch rechtzeitige Einnahme von Tabletten (Resochin) möglich. Gegen eine Erkrankung mit infektiöser Gelbsucht (Hepatitis-A) ist eine Injektion mit Antikörpern (Gamma-Globulin) vor Antritt der Reise wirksam (5 ml Beriglobin intramuskulär geben einen Schutz für etwa 4 Monate). Unbedingt wichtig ist eine Immunisierung gegen den Wundstarrkrampf oder Tetanus. Die Infektionsgefahr ist in der ganzen Welt gegeben. Die Erkrankung ist zwar nicht häufig, aber sie führt in 30 bis 50% zu einem – meist qualvollen – Tod. Tetanusbazillen finden sich hauptsächlich in Staub und Erde, und für den Taucher besteht eine besondere Gefährdung, da er oft barfuß läuft. Jede, auch die geringste Verletzung der Haut kann das Eindringen von Tetanusbazillen ermöglichen. Der einzige wirksame Schutz ist die aktive Immunisierung gegen Tetanus. Sie wird durch eine zweimalige Impfung von 0,5 ml Tetanus-Antitoxin (Tetanol) erreicht, der ein Jahr später eine Auffrischimpfung folgen soll. Danach besteht eine Immunität für etwa 10 Jahre. Weitere Auffrischimpfungen geben einen lebenslänglichen Schutz.

III Tauchausrüstung

(von Max Hahn)

In diesem Kapitel sollen kurz Hilfsmittel beschrieben werden, die zum Tauchen benötigt werden, bzw. die uns den Aufenthalt unter Wasser ermöglichen. Dies in erster Linie, um die Zusammenhänge mit den übrigen Kapiteln des Buches im Hinblick auf ihre physikalischen und medizinischen Gegebenheiten besser verständlich zu machen. Weitere technische Details liegen nicht im Rahmen dieses Buches und sind der entsprechenden Literatur zu entnehmen.
Der Schnorchel oder das Tauchgerät ermöglichen die Atmung beim Tauchen. Die Tauchermaske erlaubt das Sehen unter Wasser und die Tarierweste die Herstellung des hydrostatischen Gleichgewichts. Da wir weder Sinnesorgane für den hydrostatischen Druck noch für den Sättigungsgrad unseres Körpers mit gelöstem Gas besitzen, sind wir hierfür auf Informationen durch den Tiefenmesser und die Taucheruhr oder den Dekompressiometer angewiesen.

Die Grund- oder Abc-Ausrüstung

Der Schnorchel
Durch den Schnorchel wird unsere Atemöffnung an den Hinterkopf verlegt. Wir können also wie Wale und Delphine atmen, d. h. wir können, ohne für die Atmung den Kopf aus dem Wasser heben zu müssen, von der Oberfläche die Unterwasserwelt ständig im Auge behalten. Der Schnorchel ist aber kein Tauchgerät. Versucht man mit einem verlängerten Schnorchel tiefer unter Wasser zu atmen, so führt dies schnell zu Bewußtlosigkeit (s. S. 127).

Länge und Durchmesser des Schnorchels
Einerseits muß ein Schnorchel lang genug sein, um einem Taucher, der mit dem Tauchgerät an der Oberfläche schwimmt, eine ruhige Atmung zu ermöglichen. Ein Gerätetaucher wird durch seine Preßluftflaschen gut 10 cm

tief unter die Wasseroberfläche gedrückt. Die Atmung ist dadurch, z.B. bei längerem Schwimmen mit Gerät, so erschwert, daß es ohne Schnorchel sehr rasch zu einer vorzeitigen Erschöpfung käme. Mit einem Schnorchel von maximal 35 cm Länge ist es dagegen möglich, mit Gerät auch bei Wellengang störungsfrei zu atmen. Jede Verlängerung eines Schnorchels über 35 cm hinaus erhöht den Strömungswiderstand des Schnorchels, der dann bei größerem Luftbedarf, z.B. bei schnellerem Schwimmen, eine erhebliche Mehrleistung an Atemarbeit erfordert.
Der Innendurchmesser eines Schnorchels läßt sich ebenfalls nicht beliebig erweitern, obwohl damit sein Strömungswiderstand erheblich verkleinert werden könnte. Ein gebräuchlicher Schnorchel hat ein inneres Volumen von höchstens 150 cm^3. Bei einer Verdoppelung des Innendurchmessers würde das Volumen auf 0,6 l anwachsen. Bei ruhigem Atmen, ohne daß es zu einer Verwirbelung der Luft im Schnorchel kommt, stünden nach der Ausatmung 0,6 l verbrauchte Luft im Schnorchel, die beim nächsten Atemzug wieder eingeatmet würden. Das Volumen dieser «Pendelatmung» von 0,6 l Luft wäre ein gefährlich großer Anteil am normalen Luftbedarf von etwa 1 l Luft pro Atemzug bei ruhigem Schnorcheln. Als optimaler Innendurchmesser des Schnorchels ergeben sich aus diesen Forderungen 20 bis 23 mm.
Der Schnorchel soll darüber hinaus möglichst stumpfe Winkel ohne scharfe Knickung haben. Faltenschläuche als Verbindungsstück zwischen Schnorchel und Mundstück führen zu unnötiger Wirbelbildung. Günstig ist das sogenannte «Klarinettenmundstück» mit seitlichem Anschluß des Schnorchelrohres. Eine grelle Farbe, zumindest am oberen Ende, erleichtert das Erkennen eines Schnorcheltauchers im Wasser. Das Gummimundstück sollte ein bequemes Festhalten zwischen Lippen und Zähnen ermöglichen. Wesentlich ist weiter, daß der Schnorchel während des Tauchens mit Gerät vor Verlieren gesichert werden kann (DIN 7878).
Schnorchelkonstruktionen mit Ballventilen, die ein Eindringen von Wasser in den Schnorchel vermeiden sollen, behindern meist nur die Atmung und sind bei Beherrschung der Schnorcheltechnik unnötig und überflüssig.

Die Tauchermaske

Die Maske ermöglicht durch die Herstellung einer ebenen Grenzfläche zwischen Wasser und unseren Augen ein Sehen unter Wasser wie in ein Aquarium (s. S. 95). Die Scheibe soll, um das durch die geringere Beweglichkeit des Kopfes (Tauchanzug, Mundstück des Gerätes, Atemschläuche) und

den höheren Brechungsindex des Wassers schon eingeengte Gesichtsfeld nicht weiter einzuschränken, möglichst dicht vor den Augen liegen. Der Luftinhalt im Maskenraum sollte so klein wie möglich gehalten werden, um beim Tauchen möglichst wenig Luft für den Druckausgleich in der Maske aufbringen zu müssen. Das gilt vor allem für den Schnorcheltaucher, der diesen Druckausgleich ja aus dem Luftvorrat seiner Lungen bestreiten muß. Wird bei zunehmendem Außendruck der Unterdruck in der Maske nicht ausgeglichen, so kommt es zum Barotrauma (s. S. 129). Eine Voraussetzung dafür, den Druckausgleich in der Maske durchführen zu können, besteht darin, daß die Nase in die Maske einbezogen ist. Masken mit einem Nasenerker erleichtern den Druckausgleich, wenn dieser nach der Valsalva-Methode vollzogen wird (s. S. 148). Der Wert einer Maske hängt weiter von ihrem Sitz und ihrer Dichtigkeit ab. Über die Möglichkeiten, Fehlsichtigkeit durch Brillengläser in Masken auszugleichen, wird im Kapitel «Physiologie des Tauchens» (S. 97) eingegangen (DIN 7877).
Schwimmbrillen, die nur die Augen bedecken, sind zum Tauchen ungeeignet, da hier kein Druckausgleich möglich ist. Berufstaucher verwenden meist Vollgesichtsmasken, bei denen zur Verringerung des Totraums Mund und Nase durch eine eigene Maske vom Totraum der Vollgesichtsmaske abgeschlossen sein sollen. – Masken mit angebautem Schnorchel, bei denen aus der Maske geatmet wird, sind nicht nur wegen des sehr großen Volumens der Pendelluft, sondern auch wegen der Unmöglichkeit des Druckausgleichs zum Tauchen nicht brauchbar.

Schwimmflossen

Mit Hilfe von Flossen ist die Fortbewegung im Wasser wesentlich erleichtert. Der Wirkungsgrad der Kraftübertragung ist bei Verwendung von Flossen etwa 40%, er ist damit erheblich besser als beim Kraulbeinschlag ohne Flossen, wenn auch nur halb so groß wie bei Schiffsschrauben. Flossen mit abgewinkeltem Blatt verlängern den Fuß in der Achse des Beines. Dadurch ist der Kraftbedarf für die Auf- und die Abwärtsbewegung etwa gleich groß, und die Schubkräfte wirken in Richtung der Körperlängsachse.
Schwarze Flossen enthalten Ruß als Füllstoff, wie Autoreifen. Bei gleichzeitig guter Gummiqualität ist so neben langer Haltbarkeit auch weitestmögliche Elastizität garantiert. Die Kraft, mit der ein Flossenblatt beim Schlag verbogen wird, wird durch die Elastizität bei der Bewegungsumkehr wiedergewonnen und geht nicht durch innere Reibung im Material verloren.

Die Wirkung verschiedener Längen eines Flossenblattes läßt sich mit der Gangschaltung eines Autos vergleichen. Lange Blätter entsprechen dem großen Gang. Sie gestatten ein schnelleres Schwimmen mit langsamem Beinschlag, der allerdings auch einen größeren Kraftaufwand erfordert. Die Verluste durch Randwirbelbildung sind bei langen Flossen, wie bei den langgestreckten Flügeln der Segelflugzeuge, geringer. Lange Blätter eignen sich deshalb besonders für Flossenschwimmen. Für schnelleres und wendiges Manövrieren unter Wasser, wie es beim Tauchen mit Gerät erforderlich ist, sind solche Flossen nicht geeignet. Zum Schnorchel- und auch zum Gerätetauchen sind deshalb mittellange Flossen mit mittelhartem Blatt zu bevorzugen.
Flossen mit geschlossenem Fußteil haben gegenüber solchen mit Fersenbändern den Vorteil, daß sie vor Seeigelstacheln und scharfen Steinen schützen. Flossenhalter (sogenannte «Straps») sind dabei empfohlen, da sie ein Verlieren von Flossen verhindern. Gerätetaucher, insbesondere wenn sie dicke Füßlinge tragen, schätzen Fersenbandflossen, die sich leicht an- und ausziehen lassen. Wesentlich für den Wert einer Flosse ist ihr einwandfreier Sitz am Fuß. Der Fußteil darf nicht zu viel Spiel haben und andererseits keinerlei Druckstellen aufweisen. Schon eine anfangs gering erscheinende Druck- oder Scheuerstelle am Knöchel oder an den Zehen kann nach einer halben Stunde Schwimmen unerträglich werden (DIN 7876).

Die zusätzliche Ausrüstung für das Gerätetauchen

Der Tiefenmesser
Der Tiefenmesser ist ein Manometer für den Wasserdruck. Er enthält ein starrwandig abgeschlossenes Volumen mit einer elastischen Membran, über die der Wasserdruck das Volumen zu verkleinern sucht. Eine geringfügige Verbiegung der Membran lenkt einen Zeiger aus, der für jedes bar Druckzuwachs 10 m Tiefe mehr anzeigt.
Vorteilhaft sind Tiefenmesser mit Skalen, die zwischen 0 und 15 m stärker gestreckt sind, damit die Aufstiegsgeschwindigkeit und die Einhaltung der Dekompressionsstufen genauer kontrolliert werden können. Besonders wartungsarm und robust sind Konstruktionen, bei denen sich der Wasserdruck über den flexiblen Gehäuseboden auf eine innere Ölfüllung überträgt.
Ein Schleppzeiger erleichtert die Dokumentation von Tauchgängen.

In naher Zukunft wird es elektronische Tiefenmesser geben, die wesentlich genauer als mechanische messen und anzeigen. Mit einem Zeitgeber kombiniert, können sie die unter Wasser verbrachte Zeit anzeigen sowie vor Überschreitung der zulässigen Aufstiegsgeschwindigkeit von 10 m/min und/oder der Nullzeit warnen. Die Funktion des Schleppzeigers übernimmt eine Anzeige gespeicherter Werte von Maximaltiefe und Tauchzeit nach dem Auftauchen.

Dekompressiometer
Die gegenwärtig sehr verbreiteten pneumatischen Dekompressiometer sind kleine Analogrechner, in denen die Gassättigung (s. S. 109) unseres Körpers nachgeahmt wird. Gas in einem flexiblen Plastikbeutel wird durch den Wasserdruck langsam durch ein Stück Sinterkeramik in einen starrwandigen Raum gedrückt. Der Druck in diesem Raum wird mit einem Manometer angezeigt.

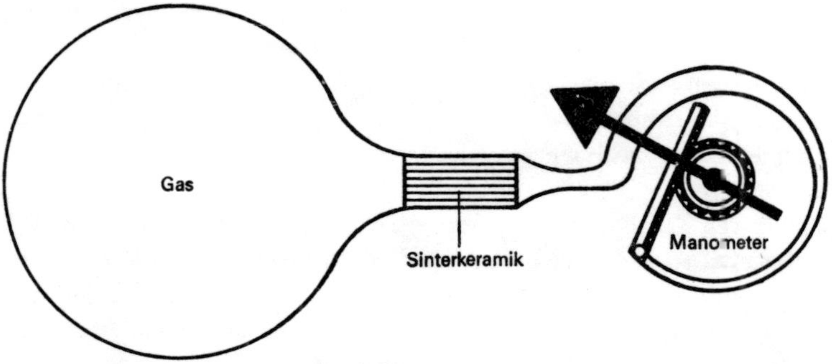

Pneumatischer Dekompressiometer.

Je länger und tiefer wir tauchen, um so höher steigt der Druck hinter dem Sinterkörper, und das Manometer unterrichtet uns zahlenmäßig über die fortschreitende Sättigung unseres Körpers.
Ein Dekompressiometer kann die erforderliche Dekompressionszeit dann wesentlich genauer ermitteln, als es mit Tabellen möglich ist, wenn während eines Tauchgangs die Tauchtiefe ständig geändert wird. Das geschieht beim Sporttauchen weitaus häufiger als bei beruflichen Einsätzen. Weiter gestattet das Dekompressiometer die bequeme Ablesung der noch verbleibenden

Restsättigung nach dem Austauchen und berücksichtigt diese automatisch bei Wiederholungstauchgängen (s. S. 195).
Allerdings kann dieser pneumatische Dekompressiometer nur eine mittlere Halbsättigungszeit für den gesamten menschlichen Körper berücksichtigen, wie sie der untenstehenden Kurve entspricht.

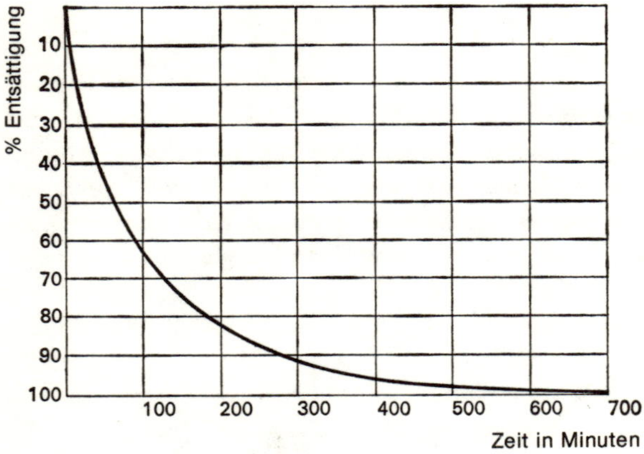

Kurve der Stickstoffentsättigung des gesamten menschlichen Körpers.

Bei sehr langen Tauchgängen in geringer Tiefe und bei kurzen Tauchgängen in sehr großer Tiefe stimmt deshalb die Anzeige des Dekompressiometers nicht mehr mit den Werten der Dekompressionstabellen überein, da diese verschieden lange Halbsättigungszeiten mit unterschiedlichen Übersättigungstoleranzen berücksichtigen. Man sollte sich deshalb nicht nur auf den Dekompressiometer verlassen.

Elektronische Dekompressiometer
Zur Zeit sind zwei Dekompressiometer auf dem Markt, die Stickstoff-Lösungsdrucke in mehreren Kompartimenten («Geweben») unterschiedlicher Halbsättigungszeiten mit einem Mikroprozessor berechnen, bzw. gespeicherte Tabellenwerte gemäß dem Druck-Zeit-Profil des Tauchgangs abrufen. Dekompressions-Tiefen und -Zeiten, die unter Wasser verbrachte Gesamtzeit und die maximal erreichte Tiefe sind auf Flüssig-Kristall-Anzeigen für den Taucher ablesbar. Trotz des gegenwärtig noch recht hohen

Preises (die Geräte kosten fast doppelt so viel wie die teuersten Taschenrechner) werden insbesondere halbprofessionelle Taucher (z. B. Biologen, Archäologen, Tauchlehrer), die pro Tag mehrere Tauchgänge mit unter Umständen sehr unterschiedlichen Tiefe-Zeit-Profilen machen, solche Geräte schätzen lernen.

Zukünftige Dekompressionsrechner sollten einige Eigenschaften kombiniert aufweisen, die zur Zeit bei den genannten Geräten nur einzeln zu finden sind:

1. Wiederaufladbare Stromquelle, die gegebenenfalls wochenlangen Betrieb ohne Datenverlust erlaubt.
2. Auslegemöglichkeit sämtlicher Gewebesättigungen auch nach Verlassen des Wassers, z. B. nach einem Unfall.
3. Warnung bei Aufstiegsgeschwindigkeiten größer als 10 m/min für Tiefen geringer als 25 m.
4. Warnung bei Unterschreitung des niedrigst zulässigen Außendrucks, jedoch erst nach einer Wartezeit von (je nach Unterschied zwischen Ist- und Solldruck) 1–2 Minuten.
5. Nach Verlassen des Wassers taktweise Anzeige der Wartezeit, bis ein Außendruck von 0,58 bar (Flugzeugkabine) zulässig ist.
6. Kontrollmöglichkeit des Drucksensors (z. B. durch Anzeige des Luftdrucks mit einer Genauigkeit von ± 10 mbar.

Darüberhinaus erschiene es logisch, wenn für die Umrechnung des gemessenen Drucks in Tiefe allgemein eine Wasserdichte von 1,02 kg/l unterstellt würde, da auch in neueren Dekompressionstabellen eine Tiefenzunahme von 10 m einem Druckzuwachs von 1 bar zugeordnet wurde.

Auch sollte bei länger als 5 min andauernder Unterschreitung des kleinsten zulässigen Außendrucks eine nur schwer (z. B. nur durch Herausnahme der Stromquelle oder durch einen externen Magneten über Reed-Schalter) löschbare Warnung eingeschaltet und die normale Abschaltmöglichkeit aufgehoben werden. Keinesfalls aber darf in diesem Fall die normale Anzeigefunktion gelöscht oder unterbrochen werden, damit auch in Notfällen dem Taucher alle Informationen angeboten werden, die er für seine Entscheidungen braucht.

Tarier- und Rettungswesten

Wie auf S. 105 zahlenmäßig erläutert wird, lassen sich die Auftriebsdifferenzen beim Gerätetauchen nur mit einer Tarier- oder Sicherheitsweste bequem

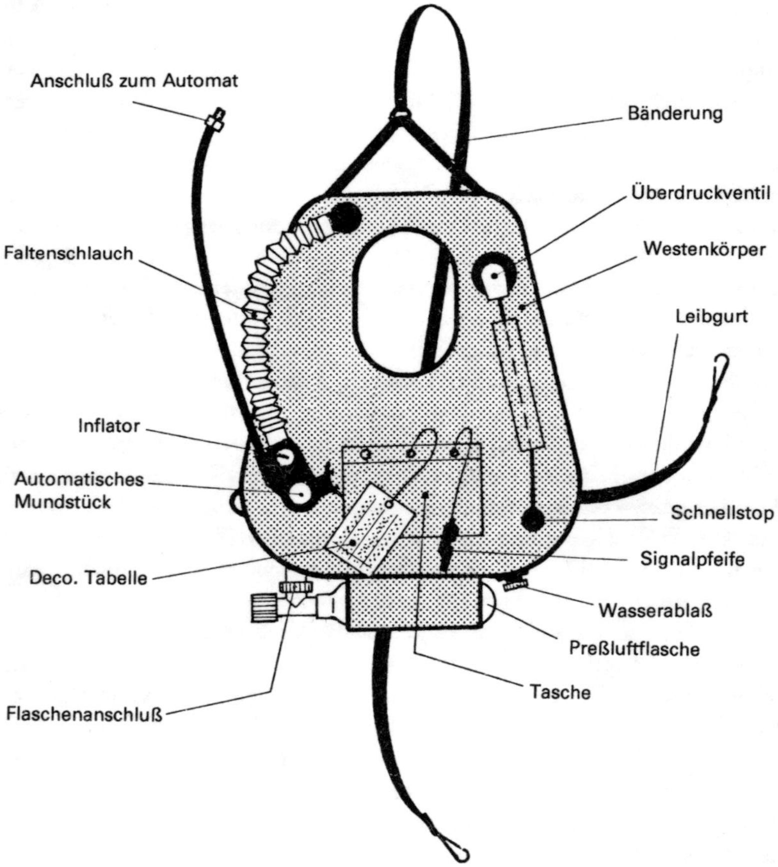

Tarierweste

ausgleichen. Das ist vor allem für das Einhalten der Dekompressionsstufen in 6 und 3 m, d. h. für die Sicherheit des Austauchens wesentlich. Ohne eine Tarierweste muß sowohl in der Tiefe wie bei den Dekompressionsstufen unter Umständen ein Schub von 50 N mit den Flossen ständig aufgebracht werden, um ein weiteres Absinken oder ein unbeabsichtigtes Auftauchen zu verhindern.

Gute Tarierwesten haben einen leuchtend orangeroten Mantel mit einem Gummibeutel von zirka 15 bis 18 l Volumen. Sie besitzen eine bis auf 200 bar füllbare Preßluftflasche mit 90 barl Luftinhalt, einen leicht erreichbaren Faltenschlauch, dessen Mundstück zum Füllen der Weste mit Ausatemluft auch mit Handschuhen leicht zu bedienen ist. Bei unzureichendem O_2-Partialdruck (Pendelatmung, CO_2-Füllung) darf nicht aus der Weste geatmet werden. Die Form und der Sitz des Luftbeutels müssen so konstruiert sein, daß sie den Kopf eines Tauchers auch bei Bewußtlosigkeit über Wasser halten. Weiter haben die Tarierwesten ein Überdruckventil und einen dosierbaren Schnellablaß (DIN 7875).

Ein zu schneller Aufstieg kann durch ein spezielles Ablaßventil gebremst werden. Diese Ventile lassen bei besonders hoher Druckabnahmegeschwindigkeit Luft ab.

Damit ist die Gefahr des völlig unkontrollierten «Durchschießens» gebannt. Allerdings sprechen diese Ventile erst bei einem Vielfachen der empfohlenen Auftauchgeschwindigkeit von 10 m/min an.

Kleine Auftriebsfehlbeträge lassen sich nicht mit der Weste sondern nur mit der Atmung ausgleichen, da eine stabile Tarierung allein mit einem flexiblen Luftsack unmöglich ist.

Ist man z. B. zu leicht, dann atmet man etwas flacher oder verkürzt die Einatemphase gegenüber der Ausatemphase. Die Beobachtung kleinster Schwebeteilchen im Wasser gibt dabei viel rechtzeitigere Auskunft über Steigen oder Fallen als der Tiefenmesser.

Ein Inflator ist eine Verbindung zwischen der Druckminderstufe eines Lungenautomaten und dem Westenbeutel. Ein Druckventil erlaubt, die Weste mit Luft aus dem Preßlufttauchgerät aufzublasen.

Benutzt man einen Inflator (auch Bypass genannt), so wird ein 40 m-Tauchgang bei einem AMV von 20 l/min nur um 36 Sekunden kürzer. Die Lufteinsparnis bei Verzicht auf einen Inflator dürfte, besonders in sehr kaltem Wasser, durch die (das AMV erhöhenden) Belastungen der häufigen Mundstückwechsel zunichte gemacht werden.

Abschließend soll betont werden, daß präzise Tarierung und Handhabung der Tauchweste sehr sorgfältig geübt werden müssen, um die «Tücke» der stark nicht-linearen Tiefenabhängigkeit des Auftriebs (Boyle-Mariotte-Gesetz) unschädlich zu machen.
Da sich im feuchten Luftbeutel Bakterien und Pilze ansammeln können, sollte dieser von Zeit zu Zeit mit einer Desinfektionslösung (z. B. Sagrotan) ausgespült werden, um Selbstinfektionen beim Atmen aus der Tarierweste zu vermeiden.

Tauchgeräte

Sauerstoffkreislaufgeräte

Die ersten funktionsfähigen «schlauchlosen» Tauchgeräte kann man in den U-Boot-Tauchrettern sehen. Sie bestehen aus einem gas- und wasserdichten Atembeutel, der aus einer kleinen Sauerstoff-Flasche von zirka 120 barl Inhalt gefüllt werden kann. Der Sauerstoff wird über einen Faltenschlauch aus diesem Atemsack eingeatmet. Die Ausatemluft gelangt über einen zweiten Faltenschlauch, durch Ventile gesteuert, wieder zurück in den Atembeutel. Sie passiert dabei einen Behälter mit «Atemkalk», der das Kohlendioxid (CO_2) der Atemluft absorbiert. Der in der Atemluft unverbraucht gebliebene Sauerstoff kann dann erneut aus dem Beutel eingeatmet werden. Es besteht somit ein geschlossener Kreislauf. Nach jedem Atemzug nimmt das Sauerstoffvolumen im Atembeutel um den vom Organismus verbrauchten Anteil ab, bis es schließlich ganz verbraucht ist. Durch Öffnen des Ventils der Sauerstoff-Flasche wird der Atembeutel erneut mit Sauerstoff gefüllt. Die für die Atmung erforderliche Druckangleichung an die jeweilige Wassertiefe erfolgt über den Atembeutel. Dieser gummierte, sauerstoffgefüllte Sack wird durch den Druck der jeweils ihn umgebenden Wassertiefe auf den «Umgebungsdruck» gebracht, der so eine normale Atmung ermöglicht.
Aus den U-Boot-Tauchrettern, die in einfacher Ausführung nur einen Schlauch mit Pendelatmung besitzen, wurden die Sauerstoffkreislauf-Tauchgeräte entwickelt. Sie haben größere Druckflaschen (bis 300 barl) und ein zusätzliches Dosierungsventil, welches ständig Sauerstoff in einstellbarer Menge nachströmen läßt. Sie wurden im letzten Weltkrieg von den Kampfschwimmern verwendet und nach dem Kriege anfangs auch noch von Sporttauchern benutzt. Auch heute noch sind sie für militärische Zwecke unent-

behrlich, da sie keine verräterischen Luftblasen abgeben. Sie haben weiter den Vorteil eines geringen Gewichts, da in den Druckflaschen ja nur der physiologisch erforderliche Sauerstoff mitgeführt werden muß. Neuere Geräte haben sogar eine automatisch über die Atemausdehnung des Brustkorbs gesteuerte Sauerstoffzufuhr, die besondere Sparsamkeit des Sauerstoffverbrauchs gewährleistet.

Den bestehenden Vorteilen der Sauerstoffkreislaufgeräte stehen jedoch so viele Nachteile gegenüber, daß sie von Sporttauchern nicht mehr benutzt werden.

1. ist bei Verwendung von Sauerstofftauchgeräten die praktische Tauchtiefe auf etwa 10 m begrenzt, da sonst die Gefahr einer Sauerstoffvergiftung besteht (s. S. 164).

2. besteht die Gefahr eines Sauerstoffmangels, nämlich dann, wenn der Atembeutel des Gerätes und die eigene Lunge vor dem Tauchen nicht «leergeatmet» wurden. Enthält der Atembeutel atmosphärische Luft und damit zum Großteil Stickstoff, und wird beim Tauchen die in der Lunge befindliche Luft mit ihrem Stickstoffanteil noch in den Beutel hineingeatmet, so enthält der Atembeutel nach einiger Zeit nur noch Stickstoff. Der Sauerstoff im Atembeutel wird ja verbraucht, und da die Füllung der Lungen möglich ist und das CO_2 absorbiert wird, kommt eine Atemnot nicht auf (s. S. 71). Schließlich wird nur noch Stickstoff geatmet. Durch den so entstandenen Sauerstoffmangel kommt es unmerklich und plötzlich zu Bewußtlosigkeit. Vor dem Tauchen darf deshalb der Atembeutel nur Sauerstoff enthalten, und durch mehrmaliges Spülen muß möglichst jeder Stickstoff aus den Lungen entfernt werden. Auch nach vorschriftsmäßigem «Leeratmen» entsteht die gleiche Gefahr, wenn zwischen Tauchgängen an die Oberfläche zurückgekehrt und z. B. zum Sprechen das Mundstück herausgenommen und Luft geatmet wird. Nur wenn jetzt vor dem neuen Abtauchen wiederum das Gerät und die Lungen völlig «leergeatmet» werden, kann man einem Sauerstoffmangel entgehen.

3. ist die Absorption von Kohlendioxid dann nicht mehr gewährleistet, wenn der Atemkalk zu naß geworden ist. Das passiert, wenn z. B. beim Abnehmen des Mundstücks ohne Schließen des Absperrventils Wasser in den Atemkalk eindringt. Auch ein unsachgemäßes Einfüllen des Atemkalks vor dem Tauchen führt entweder zu einer unzureichenden CO_2-Absorption oder zu einem erhöhten Atemwiderstand. Durch all diese Fehler kann es zu einer Kohlendioxidvergiftung kommen (s. S. 171).

Preßlufttauchgeräte (PTG)

Das heute in aller Welt verbreitete Preßluftgerät geht auf eine Konstruktion der Franzosen *J. Y. Cousteau* und *Gagnan* im Jahre 1940 zurück. Ein von ihnen erfundenes spezielles Ventil, der Lungenautomat, gibt normale Luft aus Druckflaschen so lange frei, wie der Taucher einatmet, d. h. solange er im Einatemschlauch einen schwachen Unterdruck aufrechterhält. Die ausgeatmete verbrauchte Luft wird einfach ins Wasser abgegeben.

So einfach dieses System erscheint, so ist es technisch doch keine leichte Aufgabe, den schwachen Atemunterdruck so auszunutzen, daß er zum raschen, sicheren und laufenden Betätigen eines Hochdruckventils ausreicht. Dem beim Einatmen entstehenden Unterdruck von zirka 5 mb steht ein Druck in den Preßluftflaschen von 200 bar = 200000 mb gegenüber, der also 40000mal größer ist. Die Entwicklungsarbeiten an den Lungenautomaten sind auch 40 Jahre nach ihrer Erfindung noch nicht abgeschlossen.

Einstufenautomaten

Der Unterdruck bei der Einatmung wirkt auf eine Membran, deren ca. 100 cm^2 große Fläche bei 5 mb eine Stellkraft von 5 N für den Hebelmechanismus bereitstellen muß, mit dem das Hochdruckventil geöffnet werden soll. Wenn diese Kraft durch die Kniehebel 4fach verstärkt wird, also auf 20 N – die Verschiebung der Membran muß dann 4mal so groß wie der Hub des Hochdruckventils sein –, so darf die vom Dichtrand des Hochdruckventils

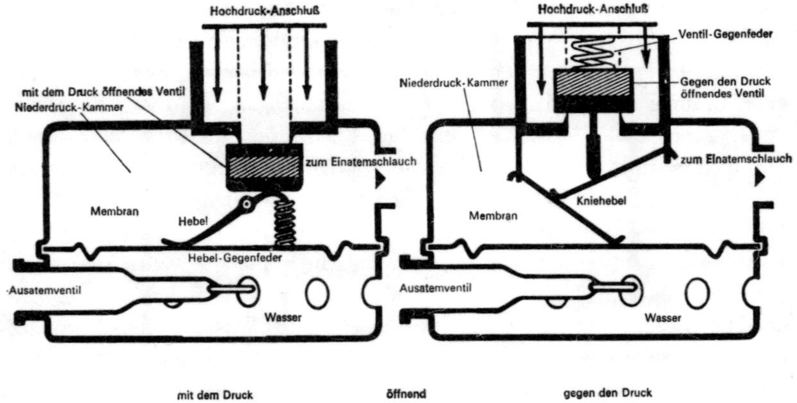

Zwei einstufige Lungenautomaten, die der ursprünglichen Konstruktion von Cousteau und Gagnan entsprechen.

umschlossene Fläche dennoch nur $\frac{1}{1000}$ der Membranfläche ausmachen, also 1 mm^2. Zum Öffnen gegen den Druck von 200 bar = 20 N/mm^2 der Preßluftflasche werden dann gerade 20 N Kraft benötigt.
Lungenautomaten dieses einstufigen Typs sind durch ihre sorgfältige Konstruktion, durch ihre langjährige Erprobung und ihr einwandfreies seewasserbeständiges Material international berühmt geworden, weil sie fast ohne Wartung in jeder Tiefe störungsfrei arbeiten. Bei abnehmendem Flaschendruck wird die zur Ventilöffnung erforderliche Kraft immer kleiner, wenn das Ventil «gegen den Druck» öffnet, wie dies bei der auf S. 50 abgebildeten Ventilbauart der Fall ist. Damit das Ventil bei fast leerer Flasche nicht unkontrolliert abbläst, wird es von einer Gegenfeder belastet.

Zweistufenautomaten

Die Probleme der sehr kleinen Hochdruckventilquerschnitte wurden mit der Konstruktion von zweistufigen Lungenautomaten umgangen.
Hierbei wird zunächst durch ein federbelastetes Druckminderventil, wie es sie in ähnlicher Form an der Sauerstoff-Flasche eines Schweißgerätes gibt, in einer Zwischendruckkammer Preßluft mit einem mittleren Druck von ca. 7

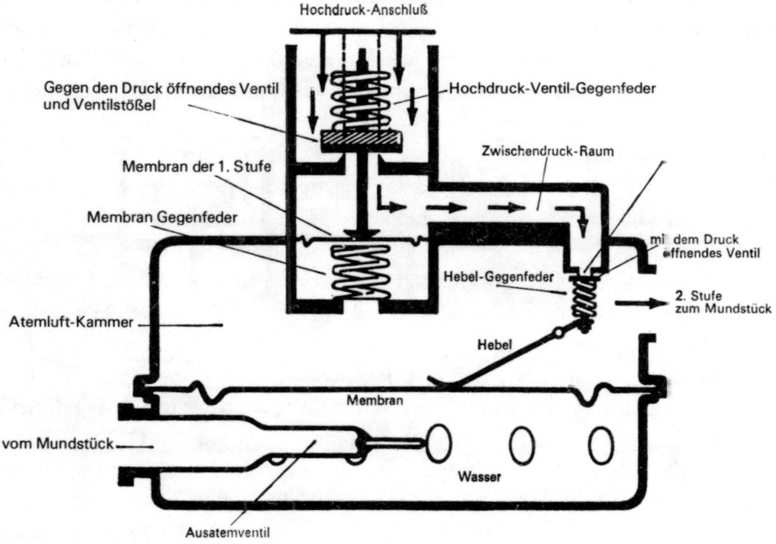

Abbildung des zweistufigen Lungenautomaten.

bis 10 bar bereitgestellt. Die Dosiereinrichtung, jetzt «zweite Stufe» genannt, die vom Unterdruck bei der Einatmung gesteuert wird, kann nun mit einem viel größeren Querschnitt ausgestattet werden. Sie liefert daher leicht größere Luftmengen und ist einfacher herzustellen. Der zweistufige Automat enthält allerdings mehr Einzelteile, und er ist nur bei sehr sorgfältiger Materialauswahl wartungsarm.
Die bisher beschriebenen Lungenautomaten sind in einem dosenartigen Gehäuse untergebracht. Durch Löcher in diesem Gehäuse kann die Ausatemluft entweichen und der äußere Wasserdruck auf die Membran einwirken. Die Luft, die von dem atemgesteuerten Ventil freigegeben wird, gelangt über einen Einatemschlauch in den Mund. Die Fließrichtung der Luft wird durch sehr leicht gängige Ventile bestimmt. Ein Entenschnabelventil in der Ausatemkammer verhindert weiter, daß Wasser in den Ausatemschlauch eindringt. Die Ausatemluft muß durch einen zweiten Schlauch wieder in das Membrangehäuse geführt werden.
Wenn die Ausatemöffnung direkt in Höhe des Mundstücks läge, bestünde bei entsprechender Schwimmlage des Tauchers im Einatemschlauch ein Unterdruck von 30 mb gegenüber der Membran, und der Automat gäbe ungehemmt Luft ab. Der Ansprechdruck solcher Zweischlauchlungenautomaten läßt sich unter Wasser leicht prüfen, indem man das Mundstück über die Höhe des Membrangehäuses anhebt. Auf diese Weise läßt sich auch Wasser aus dem Mundstück entfernen oder eine Amphore mit Luft füllen.

Einschlauchautomaten

Bei den Einschlauchautomaten wurden die beiden Stufen des zweistufigen Automaten konstruktiv getrennt. Die erste Stufe, das federbelastete Druckminderventil, blieb wie bisher am Flaschenventil, bzw. bei Zweiflaschengeräten auch an der Verbindungsleitung, der «Brücke» zwischen beiden Flaschen. Die zweite Stufe wurde am Mundstück angebracht, so daß nunmehr auch die Ausatemöffnung dort liegen konnte. Anstelle von Ein- und Ausatemschläuchen wurde die Luft über einen relativ dünnen Druckschlauch mit Niederdruck (ca. 7 bar + Außendruck) der zweiten Stufe am Mundstück zugeführt. Zweckmäßigerweise wird die erste Stufe mit einem gegen den Druck öffnenden Ventil ausgestattet, während die zweite Stufe ein mit dem Druck öffnendes Ventil enthält (s. Abb. S. 53). Dabei verläuft die Druckabhängigkeit der Öffnungskraft für beide Ventile gegensinnig, und der Einatemwiderstand für alle Flaschendrucke bleibt etwa konstant. Eine Undichtigkeit des

Ventils der ersten Stufe würde so nur zum gelegentlichen Abblasen an der zweiten Stufe führen. Diese öffnet ja, wenn der Druck im zweiten Schlauch nennenswert über den von der Ventilfeder der zweiten Stufe gehaltenen Wert ansteigt. Ein Sicherheitsventil an der ersten Stufe kann damit gespart werden.

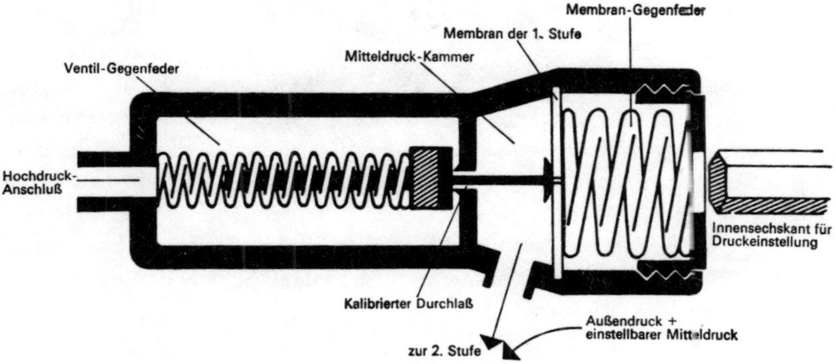

1. Stufe eines Einschlauch-Automaten.

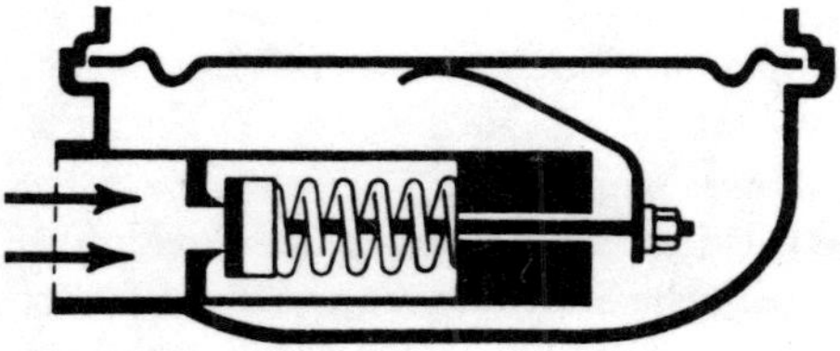

2. Stufe eines Einschlauch-Automaten.

Kompensiertes Ventil

Mit der sogenannten «kompensierten» Erststufe (s. Abb. S. 54) wird eine vom Flaschendruck völlig unabhängige Öffnungskraft erreicht. Hierbei ist der Ventilstößel sowohl am Ventilsitz wie auf der Gegenseite mit der gleichen Querschnittfläche dem Mitteldruck ausgesetzt, so daß keine aus dem Druckunterschied resultierende Kraft verbleibt, die sonst die Ventilöffnungskraft vom Druck in der Flasche abhängig machte.

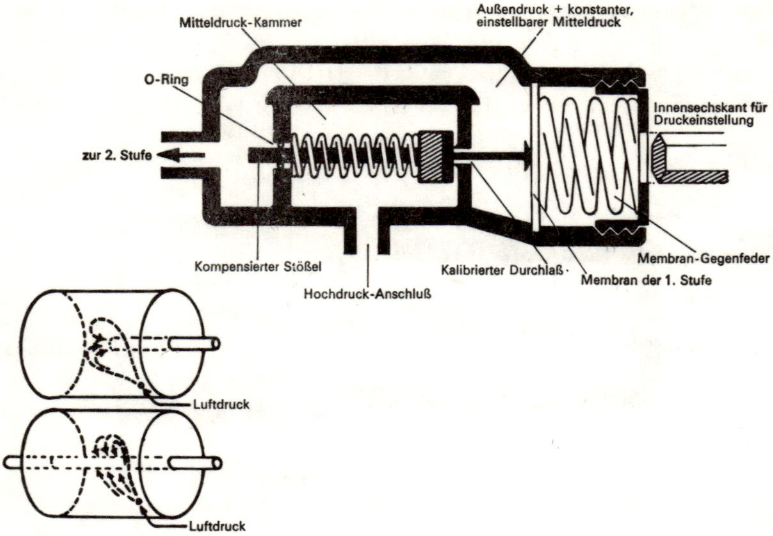

Kompensierte 1. Stufe eines Einschlauch-Automaten.

Preßluftflaschen

Die gebräuchlichsten Preßlufttauchgeräte haben eine oder zwei Druckgasflaschen mit je 7 oder 10 l Innenvolumen und 200 bar Fülldruck. Es stehen somit 1400, 2000, 2800 oder 4000 barl Luft zur Verfügung. Die Preßluftflaschen sollen möglichst mit einer Reserveschaltung ausgestattet sein, die durch ein federbelastetes Ventil die Preßluft bei einem Druck von 40 bar zurückhält (bei einem Zweiflaschengerät 80 bar in einer Flasche). Das entspricht in jedem Falle 20% des gesamten Luftvorrats beim Tauchen, die erst nach Betätigung des Reserveschalthebels freigegeben werden. Wird ein Einflaschengerät durch Anschluß einer zweiten Preßluftflasche erweitert, so muß die Reserveventilfeder durch eine Feder mit doppelter Stärke ersetzt werden, da sonst nur 10% Luftreserve zur Verfügung stehen. Aus der Graphik zur Ermittlung des Luftbedarfs auf S. 192 läßt sich einfach entnehmen, wie lange und wie tief mit einer entsprechenden Luftmenge getaucht werden kann. Die für die Dekompressionszeiten und -stufen erforderliche Atemluft ist in dieser Graphik mitberücksichtigt.

IV Physiologie des Tauchens

Allgemeine physiologische Prinzipien

Unser Körper besteht aus Billionen kleinster Zellen. Diese Zellen benötigen zum Leben und zur Funktion Energie. Das Brennmaterial hierfür wird aus der Nahrung entnommen und mit Hilfe des Sauerstoffs verbrannt oder oxidiert. Dabei entstehen Kohlendioxid, Wasser, Abfallprodukte und Wärme.
Mit den Vorgängen dieser Funktionen im menschlichen oder tierischen Körper befaßt sich die Physiologie. Im Prinzip gleichen die physiologischen Grundlagen unserer Körperzellen denen der einzelligen Lebewesen im Weltmeer. Bei dieser Urform des Lebens erfüllt der Ozean drei Funktionen: die einer Nährlösung, die eines unerschöpflichen Sauerstoffreservoirs und drittens die einer Kloake, die die Abfallprodukte des Stoffwechsels aufnimmt und verwertet. Die Hülle der Zelle ist eine semipermeable Membran, d. h. sie ist für bestimmte Stoffe durchlässig. Durch aktive Pumpen in dieser Zellmembran kann die Zelle die Konzentration von Stoffen und Ionen im Inneren verändern. Sie ist dadurch in der Lage, lebenswichtige Stoffe anzureichern und zu verwerten. Darüberhinaus entsteht durch die unterschiedlichen Konzentrationen der Ionen über der Zellmembran ein elektrisches Potential, das bis zu 50–100 mV erreichen kann. Viele Zellen, insbesondere die Nervenzellen, benötigen dieses Potential zur Reiz- und Signalübertragung. Die physiologischen Grundprinzipien der Einzeller im Weltmeer gelten auch für höher organisierte Lebewesen, also auch für den Menschen. Nur steht unseren Zellen nicht mehr so viel umgebende Flüssigkeit zur Verfügung wie den Einzellern im Meer. So mußte dann im Laufe der Evolution bis hinauf zum Menschen ein gewaltiger Aufwand an Reglermechanismen entwickelt werden, die die Aufgabe des Weltmeeres übernahmen, nämlich den Raum um die Zelle mit Sauerstoff, Nährsubstanz und Mineralien zu versorgen, und Stoffwechselabbauprodukte wie Kohlendioxid und

Säuren abzutransportieren. Diese Funktion des Weltmeeres übernahm das Blut. Der Verdauungskanal wurde entwickelt, um Nahrung aufzunehmen und aufzubereiten, das Harnsystem zur Ausscheidung von Wasser und Stoffwechselabfällen und die Atmungsorgane zur Aufnahme des Sauerstoffs und zur Abgabe des Kohlendioxids. Das Herz wurde als Umwälzpumpe entwickelt, und der Kreislauf bekam die Funktion eines Transportorganes. Um den Lebensprozeß unseres Körperzellverbandes aufrechtzuerhalten, sind die Funktionen der einzelnen Organsysteme aufeinander abgestimmt, und sie werden über chemische Stoffe (Fermente, Hormone) und über das Nervensystem willentlich oder unwillkürlich reguliert.

Die Systeme der Sauerstoffaufnahme

Beim Tauchen ist in erster Linie die Funktion der Sauerstoffaufnahme verändert. Wenn wir uns die einzelnen Phasen der Sauerstoffversorgung unseres Organismus ansehen, wird uns klar, mit welchen vorwiegend daran beteiligten Systemen wir uns näher befassen müssen.
Wie das Schema erkennen läßt, wird zunächst Sauerstoff in Form von Frischluft der Lunge zugeführt. In der Lunge tritt der Sauerstoff der Atemluft in das Blut über. Das Blut besorgt den Weitertransport des Sauerstoffs in die Gewebe. Hier wird der Sauerstoff an die Gewebsflüssigkeit abgegeben.

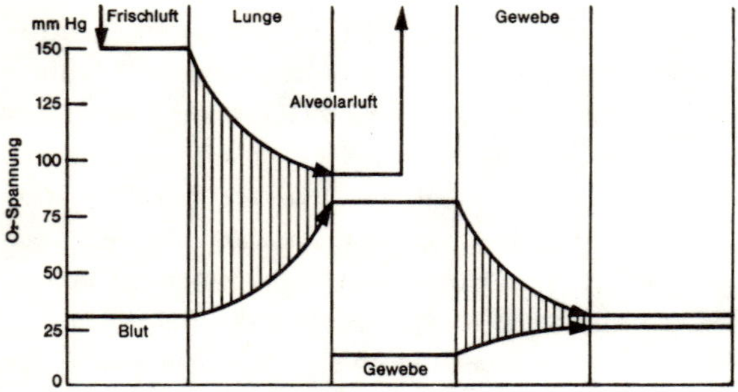

Schema des Diffusionsvorganges in Lunge und Gewebe.

Die letzte Phase kann man als innere Atmung bezeichnen, im Gegensatz zur äußeren Atmung, dem Übertritt des Sauerstoffs von der Lunge ins Blut. Der Sauerstoff ist für die Verbrennungsvorgänge in der Zelle unentbehrlich.

Hierbei entsteht Kohlendioxid, das auf dem umgekehrten Wege der Lunge zugeführt wird, um nach außen abgegeben zu werden.

Der Aufbau der Lunge und die Mechanik der Atmung

An dem ganzen Vorgang der Sauerstoffversorgung sind also die Atmungsorgane, das Blut und, als Umwälzpumpe, das Herz-Kreislaufsystem beteiligt. Zum Verständnis ihrer Funktion müssen wir uns zunächst mit dem Aufbau dieser Organe, ihrer Anatomie, beschäftigen. Das eigentliche Atmungsorgan besteht aus den beiden Lungenflügeln, den Bronchien und den oberen Luftwegen. Die Lungen kann man sich als einen großen Schwamm vorstellen, wobei die Hohlräume von Millionen kleiner Lungenbläschen, den Alveolen, gebildet werden. Zwischen den Alveolen liegen elastisches und Binde-Gewebe sowie Blutgefäße. Alle Alveolen stehen über das Bronchialsystem mit der Außenwelt in Verbindung. Sie sind mit den Blättern eines weitverzweigten Baumes zu vergleichen. Die Hauptbronchien der beiden Lungenflügel münden in die Luftröhre oder Trachea. Diese schließt nach oben mit der Stimmritze im Kehlkopf ab. Daran schließen sich die oberen Luftwege mit dem Nasen-Rachen-Raum und der Mundhöhle an. Die oberen Luftwege sind im Abschnitt «Die Kompressionsphase» (S. 136) näher beschrieben. Die Lungen liegen im Brustkorb. Dieser wird von den Rippen

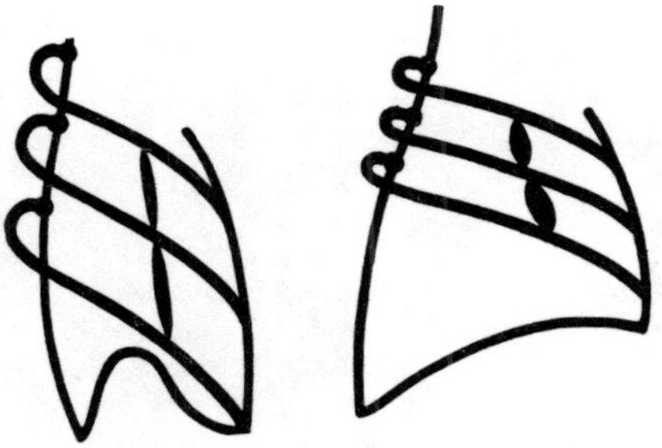

Der Brustkorb und die Zwischenrippenmuskeln bei der Ein- und Ausatmung.

gebildet, die gelenkartig mit der Brustwirbelsäule verbunden sind und vorne am Brustbein ansetzen. Dieser knöcherne Korb kann durch Muskeln in den Zwischenrippenräumen seinen faßförmigen Raum vergrößern oder verkleinern.

Nach unten, gegen den Bauchraum zu, wird der Brustkorb durch den wichtigsten Atemmuskel, das Zwerchfell, abgeschlossen. Diese kuppelförmige Muskelschicht tritt durch Anspannung nach unten und vergrößert so weiter den Brustkorb, in dem die Lungen eingespannt liegen. Die Innenflächen des Brustkorbs und die Oberflächen der Lungen sind mit dem Rippenfell oder der Pleura ausgekleidet. Der hermetisch geschlossene Raum zwischen diesen beiden Pleurablättern ist mit einer dünnen Flüssigkeitsschicht ausgefüllt. Erweitert sich nun bei der Einatmung der Brustkorb, so entsteht in dem Flüssigkeitsspalt ein Unterdruck. Das Lungengewebe folgt diesem Sog und entfaltet sich, d. h. die Lungenbläschen erweitern sich. Mit dieser Erweiterung saugen sie Luft über das Bronchialsystem an. Die beiden Lungenhälften bilden zwei in sich abgeschlossene Räume. Durch seine elastischen Fasern hat das Lungengewebe die Tendenz, sich zusammenzuziehen. Würde, wie dies bei Verletzungen des Brustkorbs der Fall ist, Luft in den Pleuraspalt eindringen, müßte die Lunge zusammenschrumpfen.
Das Eindringen von Luft in den Brustkorb (Thorax) nennt man einen Pneumothorax. Er kann z. B. bei einem Lungenüberdruckunfall entstehen, wenn Lungenbläschen an der Oberfläche der Lunge zerreißen und Luft in den Pleuraspalt eindringt. Der Druck im Pleuraspalt beträgt in Ruhe und bei der Ausatmung minus 3 mb, und bei der Einatmung vergrößert er sich auf minus 6 mb (siehe das U-Rohr der Abbildung). Wir können uns den Atmungsvorgang wie die Arbeit eines Blasebalgs vorstellen. Allerdings wird

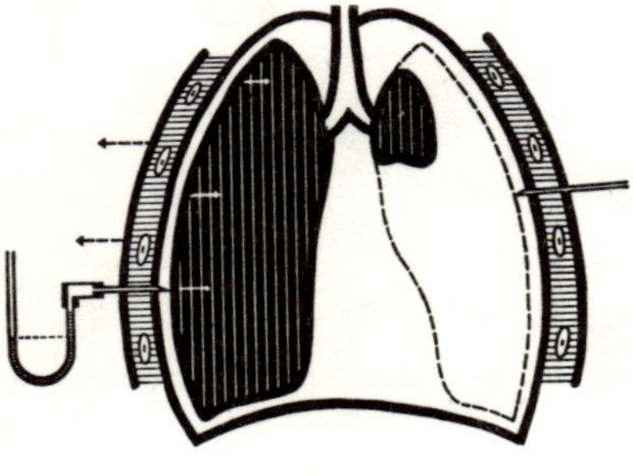

Lunge und Pleuraspalt: im Normalzustand und bei Lufteintritt in den Pleuraspalt.

nur die Einatmung durch aktive Muskelarbeit bewirkt. Bei der Ausatmung sorgen die elastischen Kräfte des Brustkorbs und der Lungen für eine Rückkehr in die Ausgangsstellung. Nur bei extremer Ausatmung oder beim Husten werden zusätzlich die Bauchmuskeln herangezogen. Bei sehr tiefer Einatmung wird der Brustkorb darüber hinaus noch durch den Einsatz der

Halsmuskulatur vergrößert. Den Vorgang der Atemluftbewegung oder Belüftung der Lunge nennt man Ventilation.

Um die Atemluft zu bewegen, muß – mechanisch gesehen – ein Druckgefälle hergestellt werden, d. h., um Luft in die Lungen aufzunehmen, muß in ihnen ein niedrigerer Druck herrschen als in der umgebenden Atmosphäre, und bei der Ausatmung muß der Druck in den Lungenbläschen höher sein als außen. Bei der Einatmung liegt denn auch der Druck in der Lunge 2 mb unter dem Außendruck. Bei der Ausatmung steigt er auf plus 6 mb an. Die Atemarbeit, die zur Ventilation notwendig ist, ist das Produkt aus Druckdifferenz und Volumen. Der Druck muß die elastischen Widerstände des Brustkorbs und der Lunge, die Reibungswiderstände der Luft in den Atemwegen und die der Gewebe überwinden. Die elastischen Widerstände, die normalerweise nur bei der Einatmung zu überwinden sind, bleiben auch bei vermehrter Atmung die gleichen.

Veränderlich aber sind die Widerstände, die sich aus der Gasströmung in den Atemwegen ergeben. Die Größe dieses Strömungswiderstandes ist abhängig von der Beschaffenheit der Atemwege (krankhafte Veränderungen bei Bronchitis, Asthma oder alten Narben), der Strömungsgeschwindigkeit, der Dichte und Viskosität des bewegten Gasvolumens und der Strömungsart (laminäre oder turbulente Strömung). Diese Strömungswiderstände nehmen einmal bei vermehrter Atmung und damit bei größerem Volumen zu, aber auch wenn das Atemgas dichter wird, wie das ja mit zunehmender Tauchtiefe der Fall ist. Die Atemarbeitsleistung, die in Ruhe etwa 0,065 W ausmacht, kann bei schwerer körperlicher Arbeit bis 1,4 W betragen.

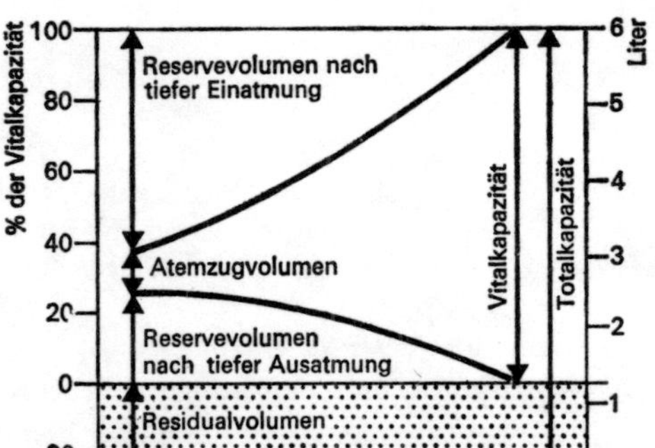

Die Lungenvolumina beim Mann zwischen 20. und 30. Lebensjahr.

In Ruhe und bei normaler Atmung beanspruchen wir nur einen geringen Teil unseres Ventilationsvermögens. Das Atemzugvolumen, also das Volumen, das bei jedem Atemzug gewechselt wird, beträgt in Ruhe nur etwa 500 ml (1 Liter = 1000 Milliliter oder ml). Wir atmen dabei etwa 12mal in der Minute. Aus dieser Frequenz und dem Zugvolumen ergibt sich das Atemminutenvolumen, das somit 6000 ml beträgt. Bei Arbeit werden sowohl das Zugvolumen als auch die Frequenz erhöht.
Die Reserven, die noch für die Ein- und die Ausatmung bleiben, werden voll beansprucht, wenn wir maximal ein- und ausatmen. Das gibt dann unsere Vitalkapazität. Sie ist abhängig von Alter, Geschlecht, Größe und Gewicht des einzelnen. Die Normwerte, für die es Tabellen und Formeln gibt, liegen zwischen 3000 und 6000 ml/min. Nach dem dreißigsten Lebensjahr nimmt die Vitalkapazität durch Nachlassen der Elastizität der Lunge langsam ab. Sie ist auch eingeschränkt bei allen Erkrankungen der Lunge. Durch Training, vor allem durch Schwimmen und Schnorcheltauchen, läßt sie sich beim jungen Menschen bis um 14% des Ausgangswertes steigern.
Auch nach maximaler Ausatmung verbleibt immer noch ein Rest Luft in der Lunge, die wir als Restluft oder als Residualluft bezeichnen. Sie beträgt noch etwa 1200 ml. Vitalkapazität und Residualluft zusammen ergeben die Totalkapazität. Das Verhältnis des Residualvolumens zur Totalkapazität soll normal 30% nicht übersteigen. Sein Anteil ist wesentlich vom Alter und von krankhaften Lungenveränderungen abhängig. Bei 15- bis 25jährigen beträgt er etwa 19% der Vitalkapazität, bei 55- bis 65jährigen 30,8%. Beim Schnorcheltauchen spielt das Residualvolumen für die erreichbare Tiefe eine Rolle (s. S. 130).

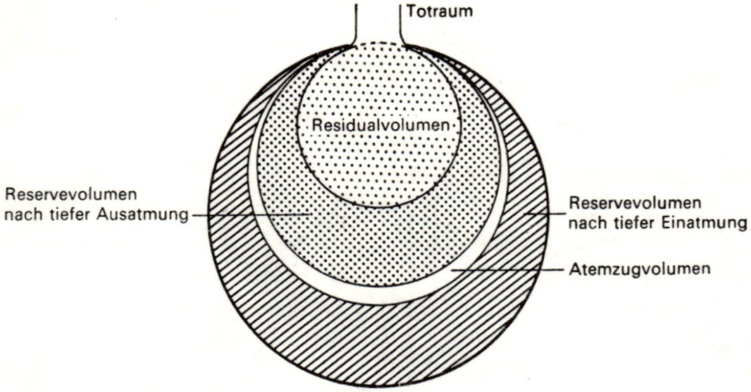

Schema des Verhältnisses der einzelnen Lungenvolumina zueinander.

Das Wichtigste über den Gasaustausch

Die Atemarbeit mit dem Zweck der Ventilation hat die Aufgabe, den Alveolen genügend Frischluft und damit Sauerstoff zuzuführen. In den Alveolen und nur hier findet der Gasaustausch statt. Ein weitverzweigtes Blutgefäßnetz, das um den Alveolarraum liegt, gestattet den Übertritt des Sauerstoffs in das Blut. Die Zellen unserer Haut, die zwar direkt mit der Außenluft Kontakt haben, sind hierzu nicht befähigt, und die immer wieder vorgebrachte «Hautatmung» existiert praktisch nicht. Zwischen dem Eintritt der Atemluft und den Alveolen liegt noch eine Strecke, die am Gasaustausch keinen Anteil hat und deshalb als Totraum bezeichnet wird. Der Totraum besteht aus dem Nasen-, Mund-, Rachen- und Bronchialraum, der etwa ⅓ der Einatemluft aufnimmt. Dieser Raum hat die Aufgabe, die eingeatmete Luft zu reinigen, zu erwärmen und anzufeuchten. Das Volumen dieses Totraums beträgt mit einem Drittel des Atemruhevolumens etwa 170 ml. So gelangen also nur ⅔ der Einatemluft zum Gasaustausch in die Alveolen. Schon bei Verwendung eines Schnorchels wird dieser Totraum um das Volumen des Schnorchels vergrößert. Verwendet man nun noch überlange Schnorchel oder gar Masken mit eingebautem Schnorchel, so wird dieser Totraum unnötig vergrößert. Die Pendelluft, die beim Ein- und Ausatmen in diesem Raum entsteht, verringert natürlich den Anteil der Frischluft. Ein Schnorchel sollte deshalb höchstens 45 cm lang sein und einen Durchmesser von 25 mm haben. Um diesen durch den Schnorchel künstlich verlängerten Totraum zu kompensieren, muß der Taucher, vor allem aber der Flossenschwimmer, sein Atemzugvolumen erhöhen, d. h. er muß pro Atemzug mehr Luft ventilieren. Auch bei Lungenautomaten ergibt sich besonders bei Faltenschläuchen eine Vergrößerung des physiologischen Totraums. (s. S. 40).

Der Gasaustausch in den Alveolen

Aus Zeichnung und Schema S. 62 lassen sich der Aufbau und die Funktion der Lungenalveolen erkennen. Um die Lungenbläschen liegt ein Netz von Gefäßen. Dies ist die Endstrombahn mit den Kapillaren oder Haargefäßen, in denen das Blut von den Arterien herankommt und durch die Venen zum Herzen zurückfließt. Die Alveole ist innen mit einer dünnen Membran ausgekleidet. Durch diese diffundiert die Atemluft nach rein physikalischen

Prinzipien, d. h. die Gase wandern durch die Membran vom Orte des höheren Druckes zum Ort des niedereren Druckes. Die atmosphärische Luft enthält:

Stickstoff = N_2: 79,04% (einschließlich der Edelgase)
Sauerstoff = O_2: 20,93%
Kohlendioxid = CO_2: 0,03%

Bei der Einatmung geht O_2 in das Kapillarblut über und CO_2 diffundiert aus dem Blut in den Alveolarraum. Die Ausatemluft enthält noch etwa 16% O_2 und 4% CO_2, der Rest sind Stickstoff und Edelgase.

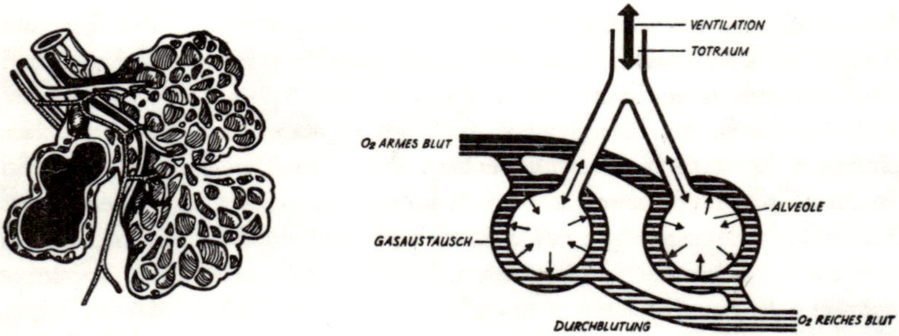

Aufbau der Alveolen und Schema des Gasaustausches in den Lungenbläschen.

Für die physiologische Wirkung verschiedener Bestandteile des Atemgases ist nicht deren prozentualer Anteil, sondern der sogenannte Partialdruck maßgebend. Beträgt z. B. der atmosphärische Luftdruck 1,013 bar, so haben die 20,93% O_2-Gehalt den Partialdruck von 20,93% · 1,013 bar = 0,2093 · 1013 mbar = 212 mbar. Die Luft besteht aber nicht nur aus Gasen, sondern auch aus einem wechselnden Anteil von Wasserdampf. In der Lunge ist er allerdings als konstant anzusehen, da die Temperatur hier ja konstant ist und praktisch, wegen der dortigen Feuchtigkeit, eine Wasserdampfsättigung besteht, d. h. der Partialdruck des Wasserdampfes ist gleich seinem Dampfdruck bei 37°C, nämlich 62,7 mbar. Damit verringert sich der oben genannte, auf trockene Luft bezogene relative Anteil des O_2 und der Partialdruck pO_2 in der Lunge berechnet sich zu (1013 mbar – 63 mbar) · 0,2093 = 199 mbar.

In den Alveolen fällt aber der O_2-Druck durch die Vermischung mit der dort noch vorhandenen Restluft weiter auf etwa 173 mbar ab. Ein Partialdruck von 173 mbar Sauerstoff steht in den Lungenbläschen einem Druck von 53 mbar im Kapillarblut jenseits der Alveolarmembran gegenüber. Dieses Druckgefälle gleicht sich nun weitgehend aus, so daß am Ende im sauerstoffgeladenen Blut in der Arterie ein Druck von 127 mbar und in der Alveole ein Druck von 133 mbar besteht. Das Kohlendioxid diffundiert in umgekehrter Richtung, also vom Kapillarblut mit einem Druck von 61 mbar in den Alveolarraum, in dem praktisch nur ein Druck von wenigen mbar CO_2 besteht.

Wenn wir diesen Diffusionsvorgang nach dem Henryschen Gesetz berechnen, würde nur 0,3 ml O_2 in 100 ml Blut hineindiffundieren. Das Blut vermag aber ca. 70mal mehr O_2 zu binden als etwa Wasser. Diese Fähigkeit beruht auf der chemischen O_2-Bindungskapazität des Blutes, und sie hängt vom Hämoglobingehalt des Blutes ab.

Hämoglobin ist der rote Blutfarbstoff, der in allen roten Blutkörperchen enthalten ist. Das Hämoglobin enthält Eisen, und an dieses Eisen wird Sauerstoff lose gebunden. Man spricht so von einer Oxygenisation des Hämoglobins und nicht von einer Oxidation, da keine Wertigkeitsänderung des Eisens eintritt. – Kohlenmonoxid, das unter anderem im Leuchtgas enthalten ist, lagert sich mit etwa 250mal größerer Affinität an das Hämoglobin an. Im Falle einer schweren Kohlenmonoxidvergiftung wäre das ganze Hämoglobin blockiert und stünde für eine O_2-Bindung nicht mehr zur Verfügung. Um einem Vergifteten mit totaler Blockierung des Hämoglobins genügend O_2 anzubieten, müßte man ihn unter einen Druck von 3 atm reinen Sauerstoffs setzen. Erst unter diesen Bedingungen löst sich so viel O_2 im Blut, wie normalerweise unter atmosphärischem Druck an das Hämoglobin gebunden wird.

Von den roten Blutkörperchen oder Erythrozyten hat der Erwachsene normalerweise ca. 5 Millionen im mm^3 Blut, bei einem Gesamtvolumen von 5 bis 6 Liter. 100 ml des Blutes enthalten 14,5 g Hämoglobin bei der Frau und 15,3 g beim Mann. Ein Gramm Hämoglobin bindet 1,34 ml O_2, so daß in 100 ml Blut ca. 18 bis 20 ml O_2 gebunden sind.

Das Blut transportiert den Sauerstoff in alle Gewebe. Dort vollzieht sich der Gasaustausch oder die innere Atmung nach dem gleichen Prinzip. Der Sauerstoff diffundiert von dem Ort des höheren Druckes, der bis in die Endstrombahn von 127 mbar bis auf 53 mbar absinkt, zu dem Ort des niedereren Druckes in den Zellen mit etwa 16–37 mbar. Von der Gewebsflüssigkeit nimmt nun das Blut CO_2 auf. In der Zelle wird, wie schon mehrfach erwähnt, Sauerstoff zur Oxidation gebraucht, und beim Stoffwechsel der Zelle entstehen unter anderem Kohlendioxid und Wasser. Je höher der Stoffwechsel einer Zelle ist, wie z. B. bei vermehrter Arbeit, um so größer ist auch der Anfall an CO_2 und somit auch dessen Partialdruck im venösen Blut, der auf 60–80 mbar ansteigen kann. Nach seinem Übertritt in das Blut wird der größte Teil des Kohlendioxids zu Kohlensäure (H_2CO_3) und lagert sich an das Hämoglobin an. Nur ca. 1,2% des Kohlendioxids bleiben physikalisch gelöst. (Das Schema auf S. 56 zeigt in einfacher Form das Prinzip des Diffusionsvorgangs.) Durch den Anfall an Kohlensäure würde sich das Säure-Basen-Gleichgewicht im Blut zur sauren Seite hin verschieben, bestünde nicht eine Reihe von Puffersystemen, die dafür sorgen, daß die Reaktion des Blutes möglichst konstant auf einem pH von 7,2 im venösen Blut gehalten wird. Im Kapillarblut der Alveolen löst sich das CO_2 wieder aus einer Säurebindung und diffundiert nach dem Ort des niedereren Drukkes, dem Alveolarraum. Im venösen Blut beträgt der Kohlendioxiddruck etwa 60 mbar, im Alveolarraum dagegen nur 53 mbar.

Herz und Kreislauf, die Transportorgane für den Sauerstoff

Das in den Lungen mit Sauerstoff aufgeladene und kohlendioxidarme Blut gelangt über die Lungenvenen in den Vorhof des Herzens, von dort in die linke Kammer, die die stärkste Muskelwandung des Herzens hat. Von hier wird das Blut über die große Körperschlagader, die Aorta, in den großen Kreislauf gepumpt, bis in das Kapillarbett der Peripherie, d. h. bis in die feinsten Haargefäße jedes Organs und jeder Körperstelle. Über die Venen, die sich im Bauch- und Brustraum zu den großen und unteren Hohlvenen vereinigen, wird das Blut aus den Haargefäßen der Gewebe wieder gesammelt. Es gelangt dann in den Vorhof des rechten Herzens und von dort in die rechte Herzkammer. Die rechte Herzkammer pumpt das Blut in den kleinen oder Lungenkreislauf. Mit Sauerstoff aufgeladen, erreicht es nun den linken Vorhof und von dort die linke Herzkammer. Der Kreislauf von der linken Kammer bis zum rechten Vorhof wird großer Kreislauf oder Körperkreislauf genannt. Durch ventilartige Klappen zwischen den Vorhöfen und Kammern wird die Strömungsrichtung des Blutes gesichert. Durch das rhythmische Zusammenziehen des Hohlmuskels wird das Blut gleichzeitig aus dem rechten Herzen in die Lungen und aus dem linken Herzen in den Körperkreislauf gepumpt. Das geschieht in Ruhe 60- bis 80mal in der Minute. Bei starker Anstrengung kann die Herzfrequenz bis auf 180/min und mehr ansteigen. Die Umlaufgeschwindigkeit des Blutes, also z. B. die eines roten Blutkörperchens durch den gesamten Kreislauf, beträgt dabei nur 20 Sekunden. Die linke Kammer wirft in Ruhe 70 ml Blut pro Herzschlag – das ist das Schlagvolumen – aus. Wird durch vermehrte Arbeit eine raschere Umwälzung des Blutes erforderlich, so kann einmal die Herzschlagfrequenz gesteigert wer-

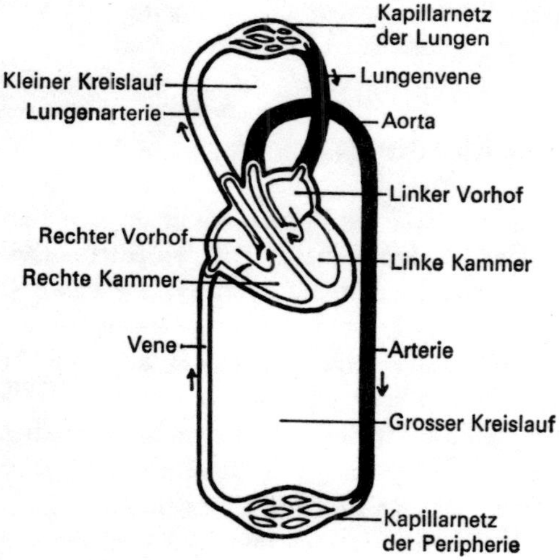

Schema des Herzens, des großen und kleinen Kreislaufs.

den. Ein Herz in gutem Trainingszustand wird aber zunächst das Schlagvolumen erhöhen. Wie bei einer alten Dorfpumpe ist die Förderleistung dabei ergiebiger und ökonomischer, als wenn das Herz rasch und mit kleinen Schlägen pumpen würde. Man kann den Trainingszustand seines eigenen Herzens leicht dadurch kontrollieren, daß man die Pulsfrequenz bei einer öfter wiederholten, genau bestimmten Leistung vergleicht. Die beiden Organsysteme, die Lunge und das Herz-Kreislaufsystem, die die Versorgung des Organismus mit O_2 und die Elimination von CO_2 gewährleisten, müssen für ihr Zusammenspiel koordiniert sein. Hierfür gibt es eine Reihe von Reglersystemen in der Peripherie, die in übergeordneten Zentren im Gehirn koordiniert werden.

Wird bei vermehrter Arbeit der Bedarf an Sauerstoff größer und der Anfall an CO_2 höher, müssen die Leistungen beider Systeme, der Atmung und des Herz-Kreislaufsystems, erhöht werden. Gibt es in einem der Systeme einen Defekt, so kann eine volle Leistung nicht mehr erbracht werden. Kann die Lunge bei Erkrankungen oder Narben nicht genügend belüftet werden, so wird nicht genügend Sauerstoff aufgenommen. Wenn die Herz- oder Kreislaufleistung unzureichend ist, kann der Sauerstoff nicht schnell genug transportiert werden. Bei einer Blutarmut, also wenn zu wenig rote Blutkörperchen oder zu wenig Hämoglobin für den Transport zur Verfügung stehen, ist ebenfalls eine volle Leistung des Organismus nicht mehr möglich.

Arterien, Venen und der Blutdruck

Der Kreislauf ist ein geschlossenes System von Röhren mit dem Herzen als Pumpe. Alle Gefäße, die das Blut vom Herzen in die Peripherie leiten, nennt man Arterien; alle, die es zum Herzen hinführen, Venen. Dazwischen liegt ein Kapillarnetz, ein weitverzweigtes Haargefäßbett, das die Organe feinmaschig durchzieht, um sie mit Blut zu versorgen. Eines der Kapillarnetze haben wir schon in den Lungenalveolen kennengelernt.

Im Gegensatz zu den Venen stehen die Arterien unter einem beträchtlichen Druck. Ihre Wandungen sind deshalb aus mehreren Schichten aufgebaut: eine wird aus elastischen Fasern, eine andere durch eine Muskelschicht gebildet. Die Arterien können dadurch Druckschwankungen abfangen und durch die Muskelschicht ihren Durchmesser vergrößern oder verkleinern. Wenn sich das Herz zusammenzieht und Blut auswirft – man nennt diese Phase der Kontraktion die Systole –, so steigt der Druck in den großen Arterien. Der Druck dieses Momentes entspricht dem systolischen, dem oberen Blutdruckwert. Nach Beendigung der Systole, wenn die Herzkammern das Schlag-Volumen ausgeworfen haben, schließen sich die Herzklappen, um ein Zurückfließen des Blutes in das Herz zu verhindern. Die daran anschließende Phase, in der sich das Herz erneut mit Blut füllt, nennt man die Diastole. In dieser Zeit muß der Druck in den Arterien wieder absinken. Der Wert, der in diesem Moment gemessen wird, ist der diastolische Druck. Der Blutdruck unterliegt also einem dauernden Druckwechsel, der von der Pumpleistung des Herzens, vom Füllungszustand des Kreislaufs und der Spannung der Arterienwände abhängt. Der Druckwechsel in den Arterien vollzieht sich entsprechend der Schlagfrequenz des Herzens 60- bis 80mal in der Minute. Der Blutdruck läßt sich praktisch zu gleicher Zeit messen und beträgt im Durchschnitt beim jungen Menschen 120 Torr (160 mbar) für den systolischen und 80 Torr (107 mbar) für den diastolischen Druck. Die Notierung lautet dann: 120/80 Torr (160/107 mbar). Der Puls, den wir gewöhnlich an der Beugeseite des Handgelenks auf der Seite des Daumens tasten, läßt uns den Füllungszustand der Gefäße und die Druckwelle fühlen, die über den Arterienschlauch hinwegläuft. Jede Druckwelle entspricht einem Herzschlag, und die Herzfrequenz kann damit gezählt werden.

Zu hoher und zu niedriger Blutdruck

Auch der Blutdruck wird über Reglersysteme kontrolliert und eingestellt. Einer der Regler, der Carotis-Sinusknoten, ein Pressorezeptor, liegt an der Abzweigung der Kopfarterien oberhalb des Schlüsselbeins. Er hilft mit, besonders nach Lagewechsel, den Blutdruck auf die jeweils erforderliche Höhe einzustellen. Eine Störung der Blutdruckeinstellung, die sehr komplexer Natur sein kann, führt zu einem Bluthochdruck. Durch einen erhöhten Blutdruck kommt es auf die Dauer zu Veränderungen der Arterienwände im Sinne einer Arteriosklerose, und es besteht die Gefahr, daß eines Tages ein Verschluß einer Kranzarterie (Herzinfarkt) auftritt oder ein kleines Gefäß im Gehirn reißt. Das führt dann zum Schlaganfall. Auch muß bei erhöhtem Blutdruck das Herz dauernd gegen einen vermehrten Druck arbeiten, ohne daß dabei seine Leistungsfähigkeit verbessert wird. Im Gegensatz zum Leistungssport, bei dem das Herz ebenfalls vermehrt arbeitet, wird beim Bluthochdruck die Durchblutung des Herzens nicht verbessert. Es kommt damit früher oder später durch eine Herzmuskelschwäche zu einer unzureichenden Herzleistung. Durch das Tauchen wird der Blutdruck nicht wesentlich verändert.

Ein dauernd erniedrigter Blutdruck mit Krankheitswert ist selten. Häufiger gibt es aber, besonders bei jungen Menschen mit vegetativer Labilität, eine Fehleinstellung des Kreislaufs, die sich vor allem nach längerem Stehen auf einer Stelle, aber auch bei Aufregungen und Angstzuständen bemerkbar macht. Die Blutdruckeinstellung ist bei ihnen sehr labil. Sie wechselt zwischen überschießend erhöhten Werten und einem vorübergehenden Absinken des Blutdrucks. Wird dabei das Gehirn, das am empfindlichsten auf eine

Minderdurchblutung reagiert, unzureichend durchblutet, kommt es zu einer Bewußtlosigkeit. Der Betroffene kollabiert, d. h. er bricht zusammen. Die einfachste Form eines solchen Kollapses ist die Ohnmacht. Durch das Umsinken des Ohnmächtigen erreicht den nun tiefer liegenden Kopf wieder mehr Blut, und das Bewußtsein setzt nach kurzer Zeit wieder ein, die Blässe der Haut verschwindet, der Puls ist wieder tastbar. Durch Hochheben der Beine kann man den Rückfluß des Blutes zum Gehirn begünstigen.

Der Schockzustand

Tauchunfälle sind fast immer von mehr oder weniger ausgeprägten Schockzuständen begleitet. Der Organismus versucht dabei, eine lebensbedrohliche Störung zu kompensieren. Diese besteht in einer akuten Störung der Mikrozirkulation (einer Durchblutungsstörung in der Endstrombahn des Gefäßsystems) lebenswichtiger Organe, die durch Sauerstoffmangel zu schweren Organveränderungen führt.
Für das Verständnis des Wesentlichen des sehr komplexen Schockgeschehens und für die Aufgaben der Ersten Hilfe spielt es keine Rolle, ob die Störung der Mikrozirkulation primär durch eine akute Abnahme der Förderleistung des Herzens, wie beim Herzinfarkt, oder durch ein vermindertes venöses Blutangebot an ein gesundes Herz durch Blutverlust verursacht wird.
Sowohl der Kreislaufvolumenmangel als auch die akute Schädigung im Herzmuskel haben einen Rückgang des Herzvolumens zur Folge. Störungen der Mikrozirkulation und Verminderung des Herzzeitvolumens sind also die wesentlichen Momente des Schockgeschehens.
Im Schock versucht der Organismus zunächst die Leistungsfähigkeit des Herzens durch Steigerung der Kontraktionskraft und der Frequenz zu verbessern: Der Puls ist rasch, mehr als 100 Schläge/ min. Durch Kontraktionen der kleinen Venen wird der Rückstrom des Blutes zum Herzen gesteigert: Die Haut wird blaß.
Reicht dies nicht aus, das Herzzeitvolumen genügend zu vergrößern, kommt es zu einer Aktivierung der Sympathicusnerven am Herzen und den Gefäßen über eine gesteigerte Ausschüttung von Nebennierenhormonen (s. S. 92).
Dies führt unter anderem zu einer Engerstellung der Arteriolen (kleinen Arterien) besonders in der Peripherie. Diese Drosselung der Peripherie dient der vorrangigen Durchblutung der lebenswichtigen Organe, des Herzens

und Gehirns (sogen. Kreislaufzentralisation): Die Haut wird kalt und feucht. Der Betroffene wird unruhig und friert.
Diesen Zustand kann der Organismus nur eine gewisse Zeit durchhalten (sogen. kompensierter Schock). Durch den Sauerstoffmangel im Gewebe kommt es wegen der unzureichenden Verbrennung zur Anhäufung von sauren Stoffwechselendprodukten, besonders von Milchsäure. Diese Übersäuerung (metabolische Acidose) bewirkt eine Weiterstellung der Arteriolen. Die Kreislaufzentralisation bricht zusammen, der Blutdruck sinkt rasch ab. Der Puls ist jetzt flach und leicht unterdrückbar (sogen. Stadium der Dekompensation). – Durch Sauerstoffmangel im Gehirn kommt es schließlich zur Bewußtlosigkeit, zum Atemstillstand und zum Tod.
Die allen Schockformen gemeinsame Störung der Mikrozirkulation kann am besten durch eine Verringerung des – absoluten oder relativen – Volumenmangels beeinflußt werden. Sie wird durch Zufuhr (Infusion) von Blut oder Plasmaexpander bewirkt (s. S. 218 und Kapitel Erste Hilfe S. 303).

Etwas über Stoffwechsel und Energieumsatz

Den Stoffaustausch, den jeder Organismus mit seiner Umgebung dauernd vollzieht, nennt man Stoffwechsel. Er dient der Freisetzung von Energie innerhalb des Organismus. Das Brennmaterial für diese Energie stammt aus den Nährstoffen. Um sie in Energie umzusetzen, werden ihre Endprodukte oxidiert. Da für eine bestimmte Nährsubstanz eine feste Beziehung zwischen Verbrauch der Substanzmenge, aufgenommener O_2-Menge, abgegebener CO_2-Menge und freigesetzter Energie besteht, genügt es, allein die Menge des verbrauchten O_2 oder des gebildeten CO_2 zu bestimmen, um die umgesetzte Energiemenge zu berechnen. Der Respiratorische Quotient ist das Verhältnis der abgegebenen Kohlensäure zur aufgenommenen O_2-Menge. Für Kohlehydrate ist er gleich 1, d. h. es fällt genausoviel CO_2 an wie O_2 verbraucht wird. Für Fette beträgt er 0,7 und für Eiweiß 0,8. Umgerechnet in physiologische Brennwerte, liefern Kohlehydrate 17,2 kJ/g, Fette 39 kJ/g und Eiweiß 17,2 kJ/g. Um 1 g Fett zu verbrennen und damit 39 kJ/g freizusetzen, werden 2 l Sauerstoff verbraucht und 1,4 l CO_2 freigesetzt. Knapp 1 l Sauerstoff liefert 21 kJ.
Bei der Muskelarbeit wird in erster Linie Traubenzucker, der als Glykogen in der Muskulatur und Leber gespeichert ist, als Energielieferant gebraucht. Bei

plötzlich einsetzender Arbeitsleistung wird aber zunächst das Mehr an Energie ohne Sauerstoff freigesetzt. Man nennt dies die anaerobe Phase (d. h., übersetzt: Phase ohne Luft). Dabei bleibt die Milchsäure unverbrannt liegen. Sie muß, sobald Atmung und Kreislauf angekurbelt sind und wieder genügend O_2 zur Verfügung steht, zu CO_2 und H_2O abgebaut werden. Die anaerobe Phase führt zu einer Sauerstoffschuld, die maximal 12 bis 15 Liter O_2 betragen kann und nur etwa 30 bis 60 Sekunden dauert. Ein Sprinter könnte also eine Strecke von 100 oder auch 200 m anaerob bestreiten. Nach dieser Leistung muß er eine Zeitlang durch vermehrte Atmung Sauerstoff aufnehmen, um die Sauerstoffschuld abzutragen. Wird eine Arbeit über die anaerobe Phase hinaus fortgesetzt, so muß zur weiteren Energiebeschaffung vermehrt Sauerstoff aufgenommen werden. Es beginnt die aerobe Phase, die Energielieferung mit Sauerstoff.

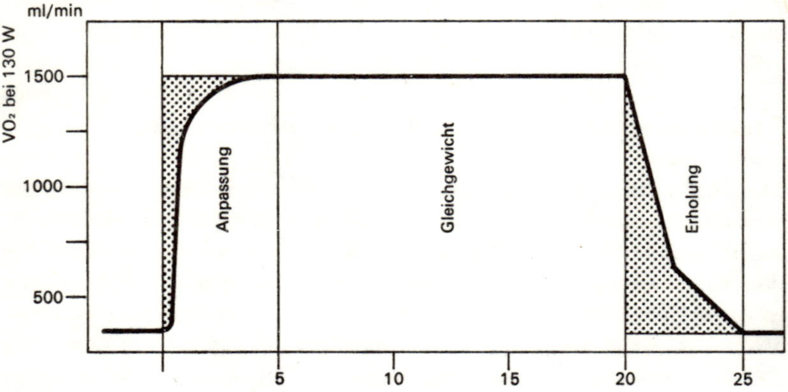

Arbeitsleistung mit anfänglichem Eingehen einer Sauerstoffschuld.

Ein Gleichgewicht besteht dann, wenn Energielieferung und Verbrauch sich die Waage halten. Wird mehr Arbeit geleistet, als O_2 aufgenommen werden kann – bei einem Leistungssportler maximal 5 Liter in der Minute –, so steigt die Sauerstoffschuld und mit ihr die Milchsäureanhäufung in Blut und Muskulatur. Diese Übersäuerung macht sich als der sogenannte «tote Punkt» bemerkbar. Atemnot, Muskelschmerzen und Herzklopfen treten auf. Durch Training läßt sich der tote Punkt weitgehend ausschalten (s. S. 92).

Vom Sauerstoff- und Energieverbrauch beim Schwimmen und Tauchen

Nach allem, was wir bisher über die Atmung und über die Diffusion der Gase gehört haben, könnte man annehmen, daß mit zunehmender Tauchtiefe und dem damit steigenden Partialdruck des O_2 auch mehr Sauerstoff aufgenommen wird und wir damit z. B. in 10 m Tiefe, also bei doppeltem Druck, nur halb soviel zu atmen brauchten. Das ist leider nicht der Fall. Wenn wir an der Oberfläche mit einem Atemzugvolumen von 500 ml eine bestimmte Anzahl Moleküle O_2 einatmen, dann ist bei gleichem Atemzugvolumen in 10 m Tiefe aus dem Preßluftgerät die Anzahl der O_2-Moleküle doppelt so groß. Das Hämoglobin wird dabei bald bis 100% gesättigt sein, und ein kleiner Teil des Sauerstoffs wird sich je nach Druck und der Dauer des Verbleibs in den Lungenalveolen physikalisch im Blut lösen. Wir werden aber trotz des jetzt noch vorhandenen Sauerstoffvorrates in den Lungen den Atem nicht länger anhalten können, sondern mindestens nach dem gleichen Zeitraum wie an der Oberfläche wieder ausatmen. Hierfür ist nicht ein Sauerstoffmangel verantwortlich, sondern der Anstieg des Kohlendioxiddruckes im Blut. Er ist ein maßgebender Faktor für die Atmung (s. S. 75). Theoretisch könnte man nun einfach die Hälfte des Luftvolumens wie an der Oberfläche einatmen, um damit Luft einzusparen; die Anzahl der O_2-Moleküle würde den Sauerstoffbedarf ja decken. Praktisch träte dabei aber eine Atemnot auf, die zu tieferem Einatmen zwingen würde. An die Atemzentren wird nämlich über Rezeptoren in der Zwischenrippenmuskulatur der Grad einer ausreichenden Einatmung signalisiert, wenn ein bestimmter Füllungszustand der Lungen erreicht ist. Wir brauchen also, ganz unabhängig von der Anzahl der angebotenen O_2-Moleküle, ein bestimmtes Luftvolumen. Und dies nicht nur zur «Befriedigung» des Atemzentrums, sondern auch, um genügend Luftvolumen für die Aufnahme des CO_2 aus dem Blut zur Verfügung zu haben. Die Menge Sauerstoff, die vom Organismus gebraucht wird, ist also unabhängig vom Druck der eingeatmeten Luft.

Dies bedeutet, daß beim Tauchen in 10 m Tiefe, unter einem Druck von 2 bar, doppelt soviel Luft aufgenommen wird für den gleichen Energieverbrauch wie an der Oberfläche. Anders ausgedrückt, kann von dem O_2-Angebot in der eingeatmeten Luft nur die Hälfte «genutzt» werden im Vergleich zur Atmung an der Oberfläche. Wenn wir «oben» bis auf 7,8% Sauerstoff der Atemluft entnehmen können, sind es in 15 m Tiefe nur noch

3,1%. Mit zunehmender Tiefe wird die O_2-Ausnutzung der Atemluft schlechter. Dieses unökonomische Verhältnis liegt aber beim Untrainierten besonders ungünstig. Nach Untersuchungen von *Krastev* und Mitarbeitern lag der Luftverbrauch für einen Tauchabstieg beim Trainierten zwischen 21 und 26 l Luft, die Sauerstoffausnutzung damit zwischen 4,7% und 5,25%. Untrainierte brauchten für den gleichen Tauchabstieg 58 l, das entspricht einer «O_2-Ausnutzung» von nur 2,7%. Die «Verschwendung» der Atemluft beim Untrainierten liegt nun nicht in einer eventuell schlechteren körperlichen Kondition; sie ist vielmehr nur durch ein unökonomisches Verhalten der Atmung beim Tauchen bedingt. Die Unerfahrenheit und Angst beschleunigen die Atmung, und die Atemluft wird schlechter ausgenutzt. Wie die Untersuchungen von *Krastev* zeigen, kann durch eine Verbesserung der Atemtechnik die Ventilation halbiert und damit die Ausnützung der Atemluft verdoppelt werden. Die Ausnützung an O_2 betrug bei intensivem Atmen 2,05%. Bei normaler Atmung dagegen 4,6%.
Nach *Guy Poulet* hat sich bis zu einer Tauchtiefe von 40 m folgende Atemtechnik bewährt: Einatmen 2 sec, Atem anhalten 2 sec, Ausatmen 2 sec und Atem anhalten 1 sec oder 8 Atemzüge pro Minute. Bei Anstrengungen soll versucht werden, diese Frequenz beizubehalten und nur die Atemtiefe zu ändern. Seine langjährige Taucherfahrung hat ihn gelehrt, daß Taucher mit schlechter und unausgeglichener Atmung in Gefahr sind und in einen Zustand der Atemnot und Erschöpfung kommen können.
Im Vergleich zu anderen Sportarten liegt der Energieverbrauch schon beim Schwimmen relativ hoch; beim Tauchen und Unterwasserschwimmen ist er noch beträchtlicher. Dagegen bleibt der Sauerstoffverbrauch bei Helmtauchern relativ niedrig. Ohne Wärmeschutz führt allein ein Aufenthalt im Wasser bei 24°C zu einer Steigerung des Atemminutenvolumens um 32,5% und des O_2-Verbrauchs um 33,2%.

	Sauerstoffverbrauch in Litern/Minute	Atemminutenvolumen in Litern
Absolute Ruhe	0,25	6,00
Gehen 3 km/Stunde	0,65	15,00
Schwimmen 15 m/Minute	0,75	17,50
Schwimmen 30 m/Minute	1,75	39,00
Laufen 12000 m/Stunde	1,85	46,50
Schwimmen 40 m/Minute	2,60	65,00

Beim Streckentauchen mit Gerät ist der Energieverbrauch doppelt so hoch wie beim Flossenschwimmen über Wasser. Er entspricht etwa dem Energieumsatz beim Rudern, Radfahren oder Skilaufen. In der untenstehenden Tabelle wurde eine Strecke von 220 m aus versuchstechnischen Gründen in langsamem Tempo durchschwommen, um keine Sauerstoffschuld entstehen zu lassen. Die Tabelle läßt erkennen, daß der O_2- und der Energieverbrauch mehr denn doppelt so hoch sind wie beim Schwimmen über Wasser. Auch hier läßt sich durch Training der Luftverbrauch reduzieren, allerdings weniger als beim Tieftauchen.

Gasaustausch bei Geräte-, Flossen- und Brustschwimmen (nach *Krastev*):

Schwimmart	Zeit des Durchschwimmens der Strecke in Minuten	Atemminutenvolumen barl/min.	Verbrauch O_2-Menge für die ganze Strecke barl	Energieverbrauch für den Schwimmer kJ
Streckentauchen mit Gerät in 2 m Tiefe	16:00	32,2	26,600	557
Flossenschwimmen/ Oberfläche	8:23	26,48	10,660	147
Brustschwimmen	9:00	22,6	12,700	264

Über die Apnoe und das Hyperventilationssyndrom

Die Dauer des Tauchens ohne Gerät hängt von der Länge der Apnoe ab. Unter Apnoe versteht man ganz allgemein ein Aussetzen der Atmung, gleichgültig ob das willkürlich geschieht oder unwillkürlich, wie z. B. in Fällen von Bewußtlosigkeit. Wir sprechen hier nur vom bewußten, willkürlichen Atemanhalten. Die maximale Dauer einer willkürlichen Apnoe ist bei den Individuen sehr unterschiedlich und variiert zwischen 40 Sekunden und 4 Minuten. Ein Gesunder soll bei tiefer Einatmung in Ruhe den Atem über 40 Sekunden anhalten können, nach Ausatmung wenigstens 20 Sekunden lang. Die Länge der Apnoe hängt ab von zahlreichen Faktoren, insbesondere:

– von der Zusammensetzung der Alveolarluft bei Beginn der Apnoe. Diese wird wiederum bestimmt von der Ventilation oder von den dem Versuch

vorausgegangenen Anstrengungen, weiter von der Luftfüllung oder dem Volumen in der Lunge;
- nach Ausatmung steht weniger Reservesauerstoff zur Verfügung und weniger Gasvolumen als nach der Einatmung, in das CO_2 diffundieren kann;
- vom Sauerstoffverbrauch und der anfallenden Menge CO_2, d.h. von der Arbeit oder vom erhöhten O_2-Bedarf durch Kälte, Angst etc.;
- von der Toleranz der Reglerorgane für die Atmung;
- von psychischen Faktoren.

Eine Unterbrechung der Apnoe, d.h. ein Zwang zum Einatmen, tritt auf jeden Fall ein, wenn der arterielle CO_2-Druck 80 mbar übersteigt oder der O_2-Druck im Blut unter 48 mbar abfällt, oder wenn das Lungenvolumen zu klein wird. Weiter spielen nervöse Reflexe eine große Rolle. Durch Training kann die Toleranz für eine Hyperkapnie verschoben werden (s. S. 170).

Während ein Untrainierter durchschnittlich 50 bis 60 Sekunden den Atem anhalten kann, liegt der Durchschnitt beim trainierten Taucher um 110 Sekunden. Es sind aber auch schon Zeiten von 4 Minuten und 31 Sekunden in Ruhe unter Wasser erreicht worden. Bei Arbeit während des Tauchens verkürzt sich natürlich die Zeit der Apnoe durch den Verbrauch an Sauerstoff und die vermehrte CO_2-Produktion.

Die längste Atemanhaltezeit unter Wasser erreichten der amerikanische Anästhesist Dr. Keats mit 13 min, 35 sec und sein Schüler Robert Forster mit 13 min, 42,5 sec. Sie hatten sich allerdings vorher 30 min lang mit reinem Sauerstoff über eine Narkosemaske beatmen lassen. Durch die passive Beatmung brauchte die Atemmuskulatur keine aktive Arbeit zu leisten. Dabei wurde noch bis zur «Pfötchenstellung» der Hände hyperventiliert, so daß sie die Hände am Ende nicht mehr öffnen konnten (s. S. 78). Weiter hatten sie vorher 2 Stunden ausgestreckt in völliger Ruhe verbracht. In einem Neoprenanzug legten sie sich aufs Wasser, ließen sich mit Bleigewichten beschweren, um ohne eigene Anstrengung in einem wohltemperierten Hallenbad auf den Grund in 1,50 m Tiefe zu sinken. Durch das lange Voratmen mit 100% Sauerstoff bestand die ganze Alveolarluft nur noch aus reinem O_2. Durch Vermeidung jeglicher Anstrengung und Reduzierung des Wärmeverlustes wurde weiter Sauerstoff gespart und die Kohlendioxidproduktion verlangsamt.

Was geschieht beim Hyperventilieren?

Alle Taucher pflegen vor dem Abtauchen mehrmals ein- und auszuatmen, oder wie man das medizinisch nennt, zu hyperventilieren. Dadurch kann die Dauer der Apnoe an der Oberfläche um 60% verlängert werden. Bei Arbeit unter Wasser, also z. B. beim Streckentauchen, wird die Apnoe nach vorherigem Hyperventilieren noch um 40% hinausgedehnt. Wie kommt dies zustande?

Die Atmung wird von mehreren Reglermechanismen gesteuert. Ein Zentrum, in der «Medulla oblangata», dem «verlängerten Rückenmark», gelegen, gewährleistet die normale Rhythmik, die aber laufend von chemischen Impulsen oder Nervenreizen moduliert wird. Am stärksten sprechen die Atemzentren auf eine Veränderung der CO_2-Spannung im Blut an. Die Rolle des Kohlendioxids als stärkster Atemreiz wird durch folgenden Versuch klar. Atmet man aus einer luftgefüllten Fußballblase hin und her, dann steigen die Atemfrequenz und die Atemtiefe rasch an, und es kommt zum Gefühl der Atemnot. Diese Hyperventilation kommt in unserem Versuch dadurch zustande, daß das Kohlendioxid im Beutel angereichert wird, während gleichzeitig der Sauerstoffgehalt abnimmt.

Füllen wir die Blase statt mit Luft mit reinem Sauerstoff, so kommt es ebenfalls zur Hyperventilation, und eine Atemnot tritt zum gleichen Zeitpunkt auf. Der Atemreiz wird also nicht durch einen Sauerstoffmangel, wie es im ersten Versuch möglich gewesen wäre, sondern durch eine Anreicherung von CO_2 ausgelöst. Wenn wir aber durch eine Alkalipatrone das ausgeatmete Kohlendioxid absorbieren, dauert es wesentlich länger, bis eine Hyperventilation auftritt.

Diese Versuche zeigen, daß die Verminderung des O_2-Gehaltes in der Atemluft einen sehr viel geringeren Atemreiz darstellt als die Erhöhung des CO_2-Gehaltes und damit der CO_2-Spannung im Blut. Es genügt schon eine Steigerung des Kohlendioxiddruckes im arteriellen Blut um 2,7–3,3 mbar, um die Atmung zu verdoppeln (s. Abb. S. 169). Die im Versuch eingetretene Hyperventilation stellt die sinnvolle Reaktion des Reglersystems dar, durch eine vermehrte Lungenbelüftung das angereicherte CO_2 abzuatmen, um wieder normale Verhältnisse im Blut zu schaffen. Für die Regulierung der Atmung ist aber nie nur ein Faktor entscheidend, sondern immer die Summe der verschiedenen Funktionen, die sog. Reizsumme. Bei der wechselseitigen Abhängigkeit von Atmung und Kreislauf ist es einleuchtend, daß zwischen

beiden Systemen eine enge Kopplung besteht, die wiederum durch Reglerkreise eine feine Abstimmung erfährt.
Im Gegensatz zur Herzaktion können wir die Atmung über die automatisch ablaufende, unwillkürliche Steuerung hinaus auch willkürlich beeinflussen. Wir können willkürlich, wenigstens vorübergehend, den Atem anhalten, vertieft oder beschleunigt ein- und ausatmen. Bei einer willkürlichen Hyperventilation wird – umgekehrt wie im ersten Versuch – das Kohlendioxid aus der Lunge abgeatmet und die CO_2-Spannung im Blut gesenkt. Dadurch fehlt ein wesentlicher Antrieb zum Atmen, und die Luft kann länger angehalten werden, so lange, bis wieder eine bestimmte Mindestspannung des Kohlendioxids im Blut vorhanden ist. Durch den steten Verbrauch des Sauerstoffs im Gewebe fällt aber mittlerweile der O_2-Druck im Blut erheblich ab, so daß es zu einem Sauerstoffmangel, einer Hypoxie kommen kann. Ein isolierter O_2-Mangel kann also eine Bewußtlosigkeit verursachen, ohne daß vorher ein imperativer Zwang zur Unterbrechung der Apnoe auftritt, d. h. ohne vorangehende Atemnot.
Der wirksamste Atemreiz für die Steuerung der Ventilation ist also die CO_2-Spannung im Blut. Durch eine willkürliche Hyperventilation wird nicht, wie meist angenommen, der Sauerstoffvorrat erhöht. Unter normalem atmosphärischem Druck ist beim Gesunden das Hämoglobin im arteriellen Blut zu 97% mit O_2 gesättigt. Ein vermehrtes Atmen könnte also die Sauerstoffsättigung um höchstens 3% erhöhen. Ein Sauerstoffdepot oder eine Reserve läßt sich durch Hyperventilieren nicht anlegen. Die geringfügige Mehrsättigung des Blutes fällt für die Länge der Apnoe nicht ins Gewicht. Mit dem willkürlichen Hyperventilieren wird jedoch vermehrt Kohlendioxid ausgeatmet, und mit dem Absinken des CO_2-Gehaltes in den Alveolen geht auch die Kohlendioxidspannung im Blut zurück. Damit nimmt der am stärksten wirksame Antrieb ab. Erst wenn die CO_2-Spannung im Blut wieder auf einen bestimmten Wert angestiegen ist, reizt sie das Atemzentrum, und ein Atemzwang setzt ein.

Der Schwimmbad-Blackout

Unter dieser Bezeichnung sind in den letzten Jahren zahlreiche Unfälle, meist in Schwimmbädern, bekannt geworden. Der Schwimmbad-Blackout ist eine Bewußtlosigkeit unter Wasser, die durch einen Sauerstoffmangel verursacht wird. Zu einem solchen O_2-Mangel kann es kommen, wenn beim Streckentauchen in ehrgeizigem Bestreben, ein bestimmtes Ziel zu erreichen, eine aufkommende Atemnot unterdrückt wird. In den meisten Fällen wird aber die Bewußtlosigkeit durch ein dem Tauchen vorangegangenes Hyperventilieren ausgelöst.

Die Hyperventilation führt über die sogenannte Hypokapnie – das ist eine herabgesetzte Kohlendioxidspannung im Blut – noch zu weiteren Veränderungen. Wie schon erwähnt, geht CO_2 beim Austritt aus dem Gewebe in das Blut durch Wasseraufnahme zum größten Teil in H_2CO_3, die Kohlensäure, über. Die Puffersysteme im Blut, an denen das Hämoglobin wesentlich beteiligt ist, verhüten eine Übersäuerung und sorgen dafür, daß die neutrale Reaktion des Blutes konstant erhalten bleibt. Die Konstanterhaltung der neutralen Reaktion im Blut ist aber für alle Lebensvorgänge von grundsätzlicher Bedeutung. Die Puffersysteme vermögen auch Stöße von Säure- oder Basenangeboten abzufangen; die Feinregulierung der neutralen Reaktion geschieht in erster Linie aber durch Variationen der CO_2-Abgabe in der Lunge. Somit ist es verständlich, daß beim Hyperventilieren durch eine Verminderung des CO_2 das Säure-Basen-Gleichgewicht gestört werden muß, und zwar mit einer Verschiebung zur basischen (alkalischen) Seite. Man spricht deshalb von einer Alkalose.

Zu der ersten Wirkung der Hyperventilation, der Hypokapnie, und der zweiten, der Alkalose, tritt als dritter Effekt eine Minderdurchblutung des Gehirns durch eine Verengung der Hirngefäße hinzu. Die Kohlensäurespannung ist nämlich Stimulans nicht nur für die Atmung, sondern auch für die Hirndurchblutung. Ein erhöhter CO_2-Druck steigert die Durchblutung des Gehirns, und bei einer Senkung des Kohlensäuredrucks im Blut um die Hälfte geht die Hirndurchblutung fast proportional um etwa 50% zurück. Als viertes Moment bewirkt die Hyperventilation in vielen Fällen eine Senkung des Blutdrucks. Schließlich kommt es durch eine über 15 Minuten lang forcierte Hyperventilation zu einer Tetanie: die bisher aufgeführten Faktoren und eine Inaktivierung von Calcium im Blut als Folge der Alkalose führen zu einer vermehrten Reizbarkeit der Nerven und der Muskulatur, die schließlich so gesteigert wird, daß ein krampfartiger Zustand, eine Tetanie, auftritt. Der Calciummangel ist dabei nur funktionell, und der Körper verliert nicht, wie oft angenommen wird, Calcium als Substanz. Die ersten Zeichen nach einer – für den einzelnen unterschiedlich langen – Hyperventilation machen sich durch ein Kribbeln in den Händen und ein Pelzigwerden um den Bund bemerkbar. Wird dann noch weiter übergeatmet, so treten zunächst eine pfötchenartige Krampfstellung der Hände und dann rhythmische Zuckungen der Gliedmaßen auf. In diesem Zustand besteht meist schon Bewußtlosigkeit.

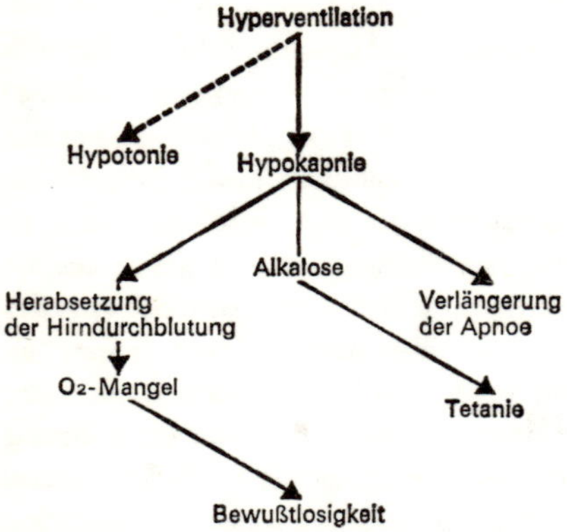

Schema der Folgeerscheinungen nach Hyperventilation.

Es ist aber nicht der Endzustand der Tetanie, der nach Hyperventilieren zu den Unfällen beim Tauchen führt. Sehr viel früher – auf die individuell unterschiedlichen Zeitspannen wird noch eingegangen – tritt unmerklich eine Bewußtlosigkeit ein, die unter Wasser zum Verhängnis wird, wenn man in diesem Zustand nicht sofort aus dem Wasser gezogen werden kann. Beim Tauchen, und besonders beim Streckentauchen, steigt durch die körperliche Arbeit des Schwimmens und durch die vermehrte Wärmeabgabe im Wasser der Sauerstoffverbrauch rasch an. Der O_2-Gehalt im Blut nimmt ab und kann auf Werte absinken, die eine ausreichende Gewebesättigung nicht mehr gewährleisten. Die Chemorezeptoren beginnen zwar den Sauerstoffmangel im Blut an das Atemzentrum zu signalisieren. Dieses reagiert aber wegen der als Folge der vorangegangenen Hyperventilation herabgesetzten Hirndurchblutung nur schwach und wartet auf den stärkeren Reiz der Kohlensäurespannung, die noch herabgesetzt ist. Die Hirnzellen, und damit auch die Regulationszentren im Gehirn, reagieren jedoch auf einen Sauerstoffmangel am empfindlichsten und antworten mit einer unmerklich einsetzenden Bewußtlosigkeit. Kann nun der Bewußtlose innerhalb einer Minute aus dem Wasser gezogen werden, so setzt meist an der Luft die Atmung spontan

wieder ein, und das Bewußtsein kehrt rasch zurück. Gelingt dies nicht, so ist meist ein anschließendes Ertrinken die Folge.
Eine Bewußtlosigkeit unter Wasser durch vorangegangenes Hyperventilieren kann grundsätzlich bei jedem Taucher auftreten, ja, sie läßt sich mit experimenteller Sicherheit bei jedem herbeiführen. Ausschlaggebend ist dabei einmal das Ausmaß der Hyperventilation, zum anderen die Labilität der vegetativen Regulationszentren. Beim gesunden, vegetativ ausgeglichenen Menschen ist ein längeres Hyperventilieren erforderlich (s. S. 81). Bei vegetativ Labilen ist oft ein vorheriges Überatmen nicht notwendig. Besteht bei ihnen z. B. ein sogenanntes nervöses Atemsyndrom *(P. Christian)* – auch als chronisches Hyperventilationssyndrom *(B. J. Lewis)* oder als Atmungstetanie *(P. H. Rossier)* bezeichnet –, so kann schon unter normalen Verhältnissen das Atemminutenvolumen um 83% bis 96% über dem Sollwert liegen. Es handelt sich hierbei um eine im Unbewußten verhaftete, vegetative Störung der Atemregulation, die im Rahmen der vegetativen Dystonie recht häufig auftritt, und bei der eine unwillkürliche, dauernde, leichte Hyperventilation besteht. Alle oben angeführten Veränderungen durch die Hyperventilation bestehen in mehr oder weniger ausgeprägtem Maße hier auch ohne bewußtes Überatmen. Eine Bewußtlosigkeit unter Wasser kann daher in diesen Fällen auch ohne vorhergehendes bewußtes Hyperventilieren auftreten

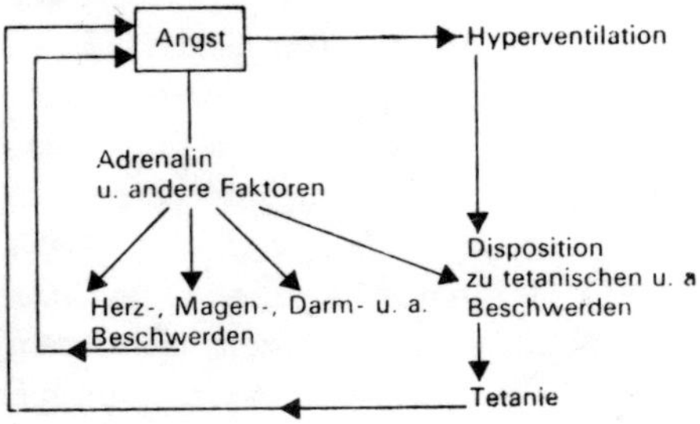

Angst führt zum Hyperventilationssyndrom mit all seinen Folgen.

Die Abbildung läßt erkennen, daß vor allem Angst zur Hyperventilation führen kann. Bei unerfahrenen Tauchern kann sie schon beim Anlegen der Ausrüstung auftreten. Auch starke Schmerzen, bestimmte Hormone wie das Adrenalin (s. S. 93), Fieber oder eine Schilddrüsenüberfunktion bewirken eine Hyperventilation. Das Hyperventilationssyndrom ist eine Funktions-

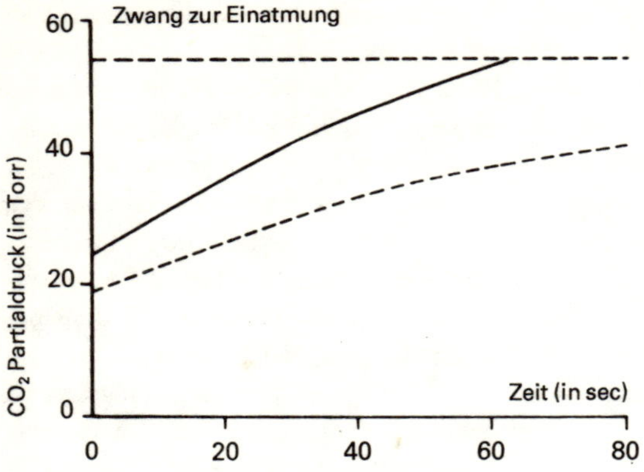

CO_2-Druck in Apnoe.
CO_2-Teildruck in der Alveolarluft während «normaler» Apnoe (ausgezogene Linie) und nach Hyperventilieren (gestrichelte Linie) (nach *A. Craig*).

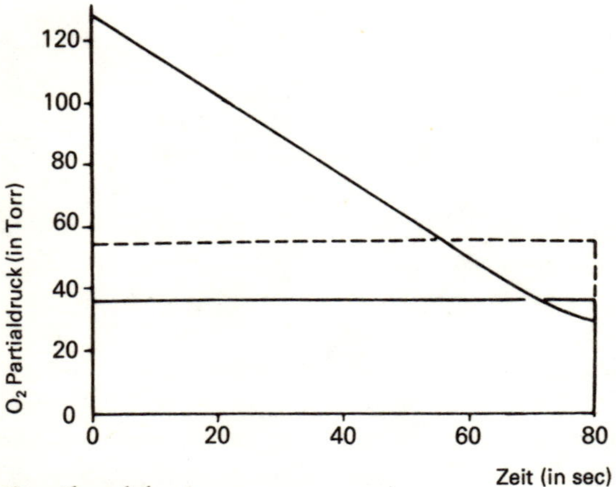

O_2 während der Apnoe.
Sinkt der Sauerstoffpartialdruck in der Lunge unter die gestrichelte Linie, ist mit Beeinträchtigungen zu rechnen. Unterhalb der ausgezogenen Linie ist eine Bewußtlosigkeit schon sehr wahrscheinlich (nach *A. Craig*).

störung, die durch verschiedene Faktoren ausgelöst werden kann und eine Reihe vegetativer Regulationsmechanismen einbezieht.
Charakteristisch für die Bewußtlosigkeit unter Wasser durch einen Hyperventilationsmechanismus ist die unmerklich, ohne jede Vorwarnung einsetzende Bewußtlosigkeit, die oft nach Erreichen des Zieles, d. h. kurz vor dem Auftauchen, eintreten kann, und die rasche Rückkehr des Bewußtseins nach einigen Atemzügen.

Darf man vor dem Tauchen hyperventilieren?

Soll ein Taucher überhaupt nicht hyperventilieren? Nun, Bewußtlosigkeiten nach Hyperventilation können beim Streckentauchen auftreten, beim Tieftauchen sind sie sehr viel seltener. Beim Schnorcheltauchen in Apnoe steigt ja mit zunehmender Tiefe der Druck im Brustkorb und damit der Partialdruck des Sauerstoffs (s. S. 133). Allerdings kommt es auch beim Tieftauchen zur Bewußtlosigkeit durch eine Hypoxie; hier spielt aber weniger eine vorangegangene Hyperventilation eine Rolle. Da besonders beim Streckentauchen doch von den meisten hyperventiliert wird, hat *R. Sciarli,* ein französischer Tauchmediziner, einen Kompromiß vorgeschlagen. Um zu ermitteln, wie lange der einzelne hyperventilieren kann, ohne daß es zur Bewußtlosigkeit unter Wasser kommt, empfiehlt er folgenden Versuch: Man hyperventiliere nach der Stoppuhr, bis man ein Kribbeln in den Fingern, Schwindel oder Kopfweh verspürt, nehmen wir an, drei Minuten lang. Ein Drittel dieser Zeit, also eine Minute Hyperventilation mit der gleichen Atemfrequenz und -tiefe ist dann vor dem Tauchen erlaubt, ohne daß man damit in den Gefahrenbereich der Bewußtlosigkeit kommt. Absolut sicher ist diese Methode nicht; sie berücksichtigt aber die individuelle Reaktionslage. Sie ist auch nur gesunden Personen zu empfehlen, die keinerlei Zeichen einer vegetativen Störung haben. Am besten ist es, sich selbst zu testen. Eine Strecke von 50 m kann von gut trainierten Tauchern bis etwa zum 50. Lebensjahr auch ohne nennenswertes Hyperventilieren durchtaucht werden. Alle Versuche sollten aber immer nur in Schwimmbädern und unter gleichzeitiger Begleitung, am besten von zwei Schwimmern an der Wasseroberfläche, durchgeführt werden.

Der Preßdruck

Durch eine sogenannte Preßatmung kommt es zu Kreislaufumstellungen, die bei Menschen mit Regulationsstörungen zum Kollaps führen können. Beim Tauchen tritt eine Preßatmung einmal beim Schnorcheltauchen auf, wenn während des Abtauchens der Druckausgleich mit der Valsalva-Methode ausgeführt wird (s. S. 148). Zu einem maximalen Preßdruck kommt es aber auch bei jeder größeren Anstrengung, etwa bei dem Versuch, einen schweren Gegenstand (Anker, Amphore) vom Grund aufzuheben oder einen erlegten Zackenbarsch aus einer Höhle zu ziehen. Zu einer ausgeprägten Preßatmung kommt es ebenso bei bestimmten Arbeiten oder bei Sportarten wie z. B. beim Gewichtheben. Dabei entsteht ein plötzlicher Druckanstieg im Brust- und Bauchraum, und dadurch wird der Blutrückstrom aus den großen Körpervenen zum Herzen behindert. Beim Gesunden kommt es während einer Preßatmung zu einer Kreislaufumstellung, wobei der Blutdruck zunächst absinkt und der Strömungswiderstand in der Peripherie steigt. Nach Beendigung des Preßdruckes steigt der Blutdruck dann erheblich an, normalisiert sich aber rasch wieder. Bei vegetativ Labilen, vermehrt bei jüngeren Menschen, bleibt aber der Blutdruckanstieg nach dem Preßdruck aus, ja, es kommt zu einem weiteren Abfall, damit zu einer Minderdurchblutung lebenswichtiger Organe und zum Kollaps. Im Anschluß an Infektionskrankheiten kann eine derartige Regulationsstörung auch bei Leistungssportlern vorübergehend auftreten. Während eine vorübergehende Bewußtlosigkeit an Land meistens ohne ernstere Folgen bleibt, führt sie unter Wasser fast immer zum Tode. Bei Tauglichkeitsuntersuchungen für das Tauchen wird das Kreislaufverhalten unter Preßdruck mit Hilfe des Flacktestes untersucht (s. S. 315). Dieser Test hat den Zweck, vegetative Kreislaufregulationsstörungen zu erkennen.

Warum sind Wale und Delphine bessere Taucher als der Mensch?

Nicht nur das Streckentauchen, auch das Tieftauchen in Apnoe ist mit Risiken belastet (s. S. 76 u. S. 130). Wie gelingt es aber unseren Vorläufern in der Entwicklungsgeschichte, bestimmten Säugetieren, erheblich länger und beachtlich tiefer zu tauchen, ohne daß es zu Zwischenfällen kommt? Ein See-

Elefant (Mirounga angustirostris) taucht bis 6 Minuten, ein Seehund (Phoca vitulina) und der Biber (Castor canadensis) bis 15 Minuten, ein Pottwal (Physeter catodon) bis 75 Minuten und der Entenwal (Hyperoodon) sogar bis 120 Minuten.

Die Nagetiere, wie die Biber, sind noch relativ schlechte Taucher; die Wale dagegen tauchen laufend bis 200 m und die Pottwale wahrscheinlich sehr viel tiefer; 355 m sind sicher belegt. Es wurden aber auch schon Tiefen von 1000 m angegeben, als ein Pottwal, der sich in einem Kabel verfangen hatte, 1932 von dem Kabelleger «All America» aus dieser Tiefe geborgen wurde. Diese Taucher sind Säugetiere, sie haben ein Kreislaufsystem und decken ihren Sauerstoffbedarf aus der Luft über Lungen wie andere Säugetiere und wie der Mensch.

Welche Besonderheiten befähigen sie aber, so lange und so tief unter Wasser zu gehen? Die anatomischen Unterschiede sind nicht einmal so erheblich. Hier einige dieser Unterschiede. Bei den am besten tauchenden Säugetieren, den Walen, fehlt einmal das Brustbein. Dadurch kann der Brustkorb bei steigendem Umgebungsdruck stärker zusammengedrückt werden als beim Menschen oder auch bei den Bibern oder den Robben. Die Atemöffnungen liegen meist im oberen Teil des Kopfes in Höhe der Augen und somit beim Schwimmen an der Oberfläche über Wasser. Sie sind durch verschiedene anatomische Mechanismen gut verschließbar und verhindern das Eindringen von Wasser. Die Bronchien und Bronchiolen haben ein relativ großes Kaliber und sind mit festen Knorpelspangen ausgerüstet. Die Lungen sind reich an elastischen Fasern und können große Drücke aushalten. Die Alveolen haben zwei Schichten von Kapillaren und nicht nur ein einfaches Kapillarnetz wie bei Landsäugetieren. Das Herz zeigt anatomisch keine großen Unterschiede, dagegen gibt es häufiger arteriovenöse Kurzschlüsse, und vor allem ist die Vena cava, die große Körpervene, die das Blut zum Herzen führt, enorm groß und kann damit sehr viel mehr Blut aufnehmen. Sie besitzt darüber hinaus einen Schließmuskel, der den Rückfluß des Blutes zum Herzen verlangsamen kann. Weiter gibt es sogenannte Wundernetze (Rete mirabile), weitverzweigte Arteriengebiete an mehreren Körperstellen. Über ihre Funktion sind sich die Biologen noch nicht einig. Einige halten sie für Reservoire für sauerstoffgesättigtes Blut, andere glauben, daß sie die Aufgabe haben, während des Tauchens gewisse Organe von der Blutzufuhr zu drosseln.

Eines haben aber alle tauchenden Säugetiere gemeinsam. Im Moment des Abtauchens geht die Herzfrequenz zurück, bei der Robbe z. B. auf ein

Sechstel der Herzschlagfolge an der Wasseroberfläche. Wenn hier das Herz 120mal in der Minute schlug, geht die Herzfrequenz sofort nach dem Abtauchen auf 20 Schläge/min zurück. Sobald das Tier wieder aufgetaucht ist, steigt die Herzschlagfolge wieder an.
Trotz des sehr langsamen Herzschlags während des Tauchens bleibt der Blutdruck normal, weil sich die Blutgefäße in der Peripherie zusammenziehen. Der Sinn dieser Maßnahme ist offenbar eine Einsparung an Sauerstoff.

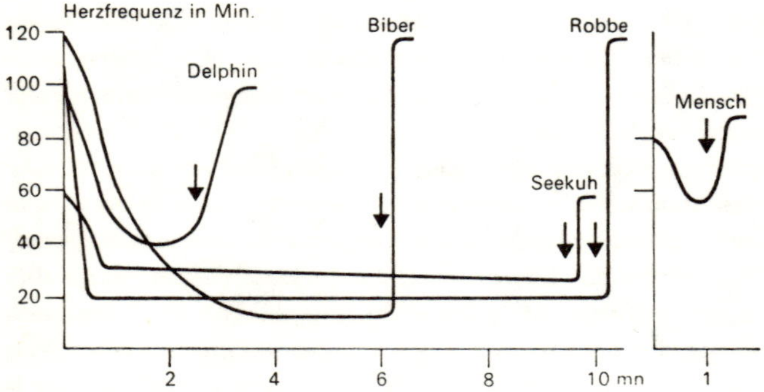

Mit dem Abtauchen setzt eine starke Abnahme der Herzfrequenz ein.

Das Blut wird jetzt nur noch langsam umgewälzt. Aber wo bezieht nun die Muskulatur ihre Energie her? Jeder Muskel kann eine gewisse Sauerstoffschuld eingehen, d.h. er kann Energie liefern, ohne hierzu für die Verbrennung Sauerstoff zu benötigen. Die Höhe einer Sauerstoffschuld, die ein Muskel eingehen kann, ist nicht unbegrenzt (s. S. 70). In welcher Höhe sie von den tauchenden Säugetieren eingegangen werden kann, wissen wir nicht genau, jedenfalls ist sie nicht, wie man vielleicht erwarten könnte, sehr groß. Physiologen haben genaue Berechnungen über die Totalreserve an O_2 aufgestellt, mit der eine Robbe abtaucht. Nach diesen Berechnungen könnte sie nur 5 Minuten unter Wasser bleiben und ein Wal höchstens 15. In Wirklichkeit tauchen aber beide Tiere länger. Wahrscheinlich wird dies dadurch erreicht, daß die für einen Sauerstoffmangel empfindlichen Organe, Herz und Zentralnervensystem, während des Tauchens vom Rest des Kreislaufs abgeriegelt werden. Es entsteht so eine Art «Herz-Lungen-Zentralnervensystem-Kreislauf», indem der mitgeführte Sauerstoff vorwiegend diesen lebenswichtigen Organen vorbehalten bleibt. Diese funktionelle Anpassung des

Kreislaufs fehlt beim Menschen fast völlig. Der Sauerstoffbedarf für die Muskelarbeit wird dabei wahrscheinlich aus O_2-Reserven bestritten, die an das Myoglobin gebunden sind. Die Muskeln der tauchenden Säugetiere enthalten sehr viel Myoglobin. Entsprechend dem Hämoglobin belädt sich das Myoglobin mit O_2, das aber nur der Arbeit im Muskel zur Verfügung steht. Etwa 50% des Sauerstoffs, den eine Robbe vor dem Tauchen aufgenommen hat, ist im Myoglobin gespeichert. – Weiter haben die Nervenzentren dieser Säugetiere eine hohe Toleranz gegenüber der Hyperkapnie.

Die Fähigkeit, nach dem Tauchen sich schnell wieder mit Sauerstoff aufzusättigen und Kohlensäure abzugeben, ist bei den tauchenden Säugetieren auch ungleich viel günstiger als bei den auf dem Lande lebenden Säugern. Der Robbe z. B. gelingt es, mit einem Atemzug 50% der Alveolarluft zu erneuern, dem Delphin sogar 80 bis 90% (beim Menschen sind es nur 10%). Die Ausnutzung der Atemluft mit einer O_2-Aufnahme von 10% ist damit sehr viel höher als bei den Landsäugetieren mit nur 3 bis 4%. Der Kohlendioxidanteil ist mit 8 bis 10% CO_2 höher als bei den Landsäugetieren, sinkt aber nach einigen raschen Atemzügen schnell auf 2% ab. Die Zahl der roten Blutkörperchen liegt bei 6 bis 10 Millionen/mm^3 (beim Menschen beträgt die Norm 4 bis 5 Millionen/mm^3). Dadurch ist die O_2-Transportfunktion wesentlich verbessert. Das Prinzip dieser ganzen Einrichtung geht darauf hinaus, den Organismus unter Wasser auf Sparfunktion einzustellen. Bei einer Verlangsamung des Kreislaufs werden allerdings lebenswichtige Organe, wie Gehirn, Herz und Nieren, vorrangig versorgt. Nach dem Auftauchen wird durch eine optimale Ventilation möglichst rasch CO_2 abgegeben, das O_2-Defizit ausgeglichen und neuer Sauerstoffvorrat aufgetankt.

Bei Walen und Delphinen gibt es keine Dekompressionsunfälle

Nun unterliegen die tiefer tauchenden Säugetiere wie die Robben und Wale genau den gleichen physikalischen Gesetzen wie wir. Eine Robbe kann aber ohne weiteres 75 m tief tauchen und nach einem Tauchgang von ungefähr 10 Minuten ohne Austauchzeiten – oder Austauchstufen – auftauchen. Sie erleidet keinen Dekompressionsunfall. Verbringt man sie aber in eine Überdruckkammer unter entsprechend hohem Luftdruck und setzt dann den Druck schnell herab, so kommt es bei einer Robbe zu genau denselben

Dekompressionserscheinungen wie beim Menschen. Das Geheimnis der tauchenden Säugetiere besteht nun darin, daß sie praktisch beim Tauchen keine Luft mitnehmen und Stickstoff sich somit nicht vermehrt in den Geweben löst. Während der Mensch beim Tauchen mit Geräten dauernd Atemgase unter erhöhtem Druck entsprechend dem Umgebungsdruck einatmet, tauchen die Wale, Robben und anderen Tiere in Apnoe. Der Luftvorrat in der Lunge, aus dem auch noch Stickstoff in das Gewebe hinüberdiffundiert, wird stark reduziert. Der Brustkorb ist, da kein Brustbein vorhanden, stark zusammendrückbar. Dadurch entgehen die Tiere der Gefahr eines Unterdrucks in der Lunge (s. S. 126). Ein Großteil der Lungenluft wird in den Totraum hineingedrückt, wo der Gaswechsel praktisch gleich Null ist und damit auch kein Stickstoff resorbiert werden kann.

Beim Preßlufttaucher steigt die Diffusion der Gase mit zunehmender Tiefe. Beim Wal dagegen erreicht sie ein Maximum in ca. 40 m Tiefe, und in 100 m Tiefe ist sie gleich Null. Dadurch gibt es beim Wal keinen Tiefenrausch (s. S. 172), keine Sauerstoffvergiftung (s. S. 159) und keine Stickstoffembolie oder Dekompressionskrankheit (s. S. 189) beim Auftauchen. Die Natur hat hier

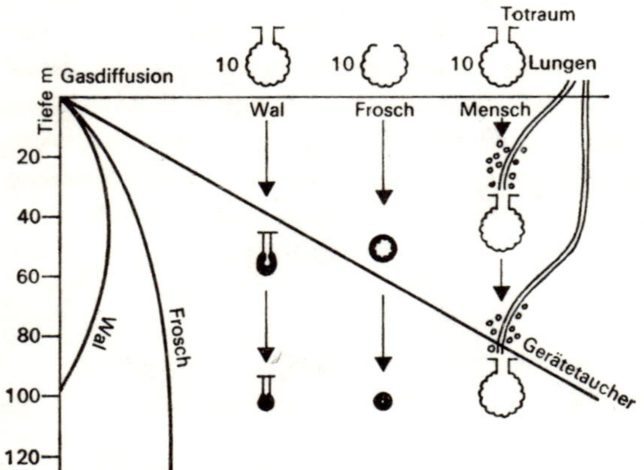

Das Schema zeigt die unterschiedliche Gasdiffusion in Abhängigkeit zur Tauchtiefe beim Gerätetaucher, beim Frosch und beim Wal. Beim Menschen bleibt das Lungenvolumen unverändert. Beim Wal ist in 100 m Tiefe die Luft aus den Lungen in den Totraum verlagert. Zwischen Mensch und Wal steht der Frosch, der nur über einen geringen Totraum verfügt. Er nimmt also im Gegensatz zum Wal weiter Atemgase und damit auch Stickstoff auf. Bei ihm käme es also, wie bei uns, zu Dekompressionserscheinungen, wenn er entsprechend lange und tief tauchen könnte.

einmal durch Anpassung in der anatomischen Entwicklung, zum anderen aber einfach durch eine entsprechende Ausnutzung der allgemeinen physiologischen Prinzipien Möglichkeiten zum Tauchen geschaffen, zu denen wir leider nicht im gleichen Ausmaß befähigt sind. Um größere Tiefen zu erreichen, brauchen wir Apparate. Immerhin ist aber auch für das Schnorcheltauchen in den letzten Jahren eine Anpassung für das Tieftauchen in Apnoe erfolgt, die die Physiologen noch vor 20 Jahren für undenkbar gehalten hätten. Sind doch Tauchtiefen über 70 m in Apnoe von drei Menschen erreicht worden (s. S. 131). Ja, ein französischer Tauchmediziner, *E. Guillerm* in Brest, war der Meinung, daß das Tieftauchen mit Helium und Mischgasapparaten in eine Sackgasse geraten sei, daß sich ab bestimmten Tiefen immer mehr unüberwindliche Hindernisse ergäben, und er schlägt vor, die Fähigkeit, die in uns noch aus tierischer Vorfahrenzeit schlummert, zu aktivieren. Er spricht von einer Physiologie der Hypoaerobie und ist der Meinung, daß wir fähig wären, uns an einen verminderten Sauerstoffanteil zu gewöhnen. Hierfür sprechen seiner Meinung nach die olympischen Sporterfolge in der sauerstoffarmen Höhe von Mexiko, die Tatsache, daß viele Menschen in Höhen von 5000 m, also mit der Hälfte des Sauerstoffdruckes in Meereshöhe, leben, und daß wir als Fötus im Mutterleib bei ausgesprochener Sauerstoffarmut uns zu einem differenzierten Lebewesen entwickelt haben. Er schlägt vor, in Zukunft mit flüssigkeitsgefüllter Lunge zu tauchen, durch pharmakologische Beeinflussung des Stoffwechsels den Sauerstoffbedarf des Organismus zu reduzieren und durch Anpassung die O_2-Aufnahmefähigkeit zu verbessern.

Mäuse als Fische

Seit 1961 führt *J. A. Kylstra* in Holland und Amerika Versuche durch, bei denen er Säugetiere mit Flüssigkeit anstatt mit Luft atmen läßt. Er ging davon aus, daß alle luftatmenden Tiere, einschließlich des Menschen, sich einmal aus wasseratmenden Tieren entwickelt haben und daß die Lungen auch wieder als Kiemen funktionieren könnten. – Wenn wir uns nochmals die kleinste Einheit der Lunge, die Alveole, vor Augen führen, so besteht ja ihre Trennwand aus einer semipermeablen Membran, auf deren einer Seite Flüssigkeit, nämlich das Blut, und auf der anderen Seite, im Innenraum der Alveole, Luft ist. Ein Lungenatmer ertrinkt einmal, weil eingeströmtes

Süßwasser nicht dem Salzgehalt des Blutes entspricht und so in das Blut hineindiffundiert, oder, wenn es sich um Meerwasser handelt, weil Flüssigkeit aus dem Blut in die Alveole tritt (s. S. 274), zum anderen aber, weil Wasser 44mal weniger Sauerstoff enthält als Luft unter gleichem Druck und die Diffusion von O_2 und CO_2 mehr als 5000mal langsamer verläuft als unter gleichen Bedingungen in der Luft. Die Aufnahmebedingungen für Sauerstoff an der Luft sind somit wesentlich leichter, und eigentlich müßte ein Fisch an der Luft besser atmen können als im Wasser. Und doch erstickt er, einmal aus seinem Element gebracht, bekanntlich rasch. Dieses Paradoxon liegt in der empfindlichen Struktur der Kiemen begründet, die in der Luft zusammenfallen und sich aneinanderlegen. Die Möglichkeit zu atmen entfällt, da kaum noch Oberfläche zur Diffusion von O_2 zur Verfügung steht. Die Fische ersticken also an der Luft, obwohl mehr Sauerstoff vorhanden ist als im Wasser.

Auch bei Lungenatmern tritt der Tod beim Ertrinken durch einen Sauerstoffmangel ein. In Meereshöhe enthält die Luft ca. 200 ml Sauerstoff pro Liter, in Wasser unter dem gleichen Luftdruck sind dagegen nur 7 ml O_2 pro Liter gelöst. Diese Menge Sauerstoff entspricht einer Höhe von 23 000 m in der Luft, wo kein Lungenatmer mehr leben kann.

Nach dem Henryschen Gesetz ist der Gasgehalt einer Flüssigkeit direkt proportional dem Partialdruck des Gases an der Flüssigkeitsoberfläche. Bei einem Luftdruck von 8 ata enthält eine Flüssigkeit etwa die gleiche Anzahl O_2-Moleküle wie das gleiche Volumen Luft in Meereshöhe. *Kylstra* nahm nun für seine Versuche eine isotonische Salzlösung, das ist eine Flüssigkeit, die in ihrer Salzzusammensetzung der des Blutes entspricht, und setzte diese unter einen Überdruck von 8 ata. In diese isotonische Salzlösung, die unter einem Druck von 8 ata genügend Sauerstoff enthielt, setzte er Mäuse hinein. Unter den Atemzügen entleerten die Lungen ihre Luft und füllten sich mit Wasser. Die Mäuse «ertranken» aber nicht, sondern sie atmeten Wasser ein und aus wie vorher Luft. Eine Maus lebte 18 Stunden auf diese Weise. Weitere Versuche wurden dann mit Hunden gemacht, die ebenfalls Flüssigkeit atmeten. Das Wasser in den Lungen wurde dank seiner isotonischen Zusammensetzung ohne weiteres vertragen, und die O_2-Versorgung der Tiere war gewährleistet. Schwierigkeiten ergaben sich aber für die CO_2-Abgabe. Wasser ist ca. 800mal dichter als Luft. Durch diese höhere Dichte der «Atemflüssigkeit» ist die Atemarbeit natürlich schwerer. Ein junger gesunder Taucher, der 200 l Luft in der Minute ventilieren kann, könnte nur

5 l Wasser in der gleichen Zeit atmen. Die Kohlendioxidabgabe war also bei den Versuchstieren durch eine verminderte Ventilation erschwert und reduziert. – Nun gibt es aber synthetische Flüssigkeiten, wie z. B. Fluorocarbon, die 3mal mehr CO_2 und 30mal mehr O_2 zu lösen vermögen als Wasser. Auch ist die Viskosität von Fluorocarbon geringer als die einer isotonischen Salzlösung; das bedeutet eine geringere Atemarbeit.

Nach diesen Experimenten ist es durchaus denkbar, daß eines Tages Menschen mit flüssigkeitsgefüllten Lungen tauchen. Unsere Lungen wären in der Lage, genügend Sauerstoff aus dem Wasser aufzunehmen, wenn ein entsprechender Partialdruck an O_2 besteht. Das bei einer solchen Atmung unzureichend eliminierte CO_2 könnte, wenigstens vorübergehend, auf chemischem Wege (durch Gaben von Trishydroxymethylaminomethan – THAM) neutralisiert werden. So utopisch diese neue Tauchmethode auch erscheinen mag, sie ist theoretisch realisierbar und hätte den ungeheuren Vorteil, daß es keinen Tiefenrausch und keine Dekompressionserscheinungen mehr gäbe, weil Stickstoff oder irgendein anderes Inertgas an der Atmung nicht mehr beteiligt wäre (s. Abschnitt «Die Dekompressionsphase», S. 184).

Der Tauchreflex

Kehren wir aber zurück zu den uns von der Natur gegebenen Möglichkeiten. Gleich allen tauchenden Tieren, einschließlich Reptilien und Tauchvögeln, haben wir aus unserer Vorfahrenreihe einige Fähigkeiten behalten, unseren Organismus auf das Tauchen umzustellen. – Der Reflex, der eine Verlangsamung der Herztätigkeit auslöst, wurde zuerst von *Paul Bert* (1870) bei Enten entdeckt, und *Irving* hat ihn dann 1941 auch beim Menschen nachgewiesen. Inzwischen ist durch viele sorgfältige Untersuchungen bestätigt worden, daß eine Bradycardie, das ist ein langsamer Herzschlag, mit Eintauchen des Gesichts in das Wasser einsetzt. Auch schon das Anhalten des Atems, also die Apnoe, bewirkt eine Verlangsamung des Herzschlags. Sie wird aber noch ausgeprägter, sobald das Gesicht ins Wasser kommt. Die Rezeptoren für diesen Reflex liegen vorwiegend um den Mund und die Nase und werden wahrscheinlich durch Äste des Gehirnnerven Nervus trigeminus gebildet. Gleichzeitig mit der Herabsetzung der Herzschlagfolge kommt es zu einer Verminderung der Durchblutung in beiden Unterarmen. Die Stärke des Reflexes ist um so ausgeprägter, je niedriger die Wassertemperatur ist.

Aus der Abbildung von *Strømme* und Mitarbeitern wird deutlich, daß die Bradycardie zunimmt, sobald die Tauchmaske abgenommen wird. Bei diesen Versuchen wurde einmal ein Herzschlag von nur 9 Schlägen in der Minute beobachtet, der langsamste Puls, der bisher bei einem Gesunden festgestellt wurde. Das Ausmaß der Bradycardie ist allerdings von Individuum zu Individuum verschieden ausgeprägt. Es ist auch bei ein und derselben Person tageweise unterschiedlich. Nichttaucher zeigen keinen Unterschied gegenüber Tauchern. Die Bradycardie, die schon nach Atemanhalten einsetzt, wird über Dehnungsrezeptoren in der Thoraxmuskulatur ausgelöst. Hier, bei diesem Apnoereflex, zeigen trainierte Taucher allerdings eine stärkere Reaktion als untrainierte Versuchspersonen. Die Herzschlagfolge geht bei ersteren bis um 15% zurück, bei den letzteren nur um 6%. Bei radiotelemetrischen Untersuchungen an 16- bis 20jährigen Schülern fand *K. Jung* eine starke Verlangsamung des Herzschlags beim Apnoetauchen, der auch bei Belastung anhielt, nicht dagegen beim Streckentauchen mit Preßluftgerät. Bei mehr als der Hälfte der Untersuchten traten Herzrhythmusstörungen auf, besonders beim Apnoetauchen. Diese sind auch bei anderen Leistungssportlern bekannt, verschwinden wieder und haben keine krankhafte Bedeutung.

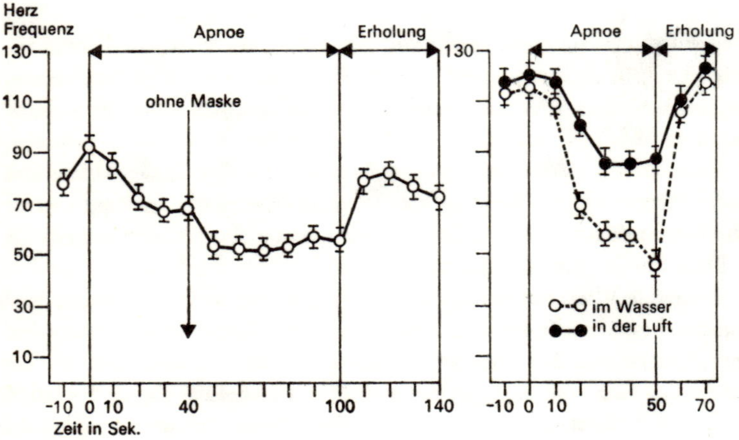

Die Herzfrequenz geht schon beim Atemanhalten zurück. Die Verlangsamung des Herzschlages wird aber noch ausgeprägter, wenn das Gesicht unbedeckt ins Wasser eintaucht. (Nach Strømme und Mitarb.)

Beim Eintauchen des Gesichts ins Wasser erfährt auch der Kreislauf eine Umstellung. So wurde nachgewiesen, daß eine Vasoconstriction, das ist eine Engerstellung der Gefäße, im Unterarm und in den Fingern auftritt. Unter Erhöhung des Gefäßwiderstandes geht die Blutversorgung in diesen Gebieten zurück. Diese Drosselung des Blutdurchflusses in der Peripherie wird, wie die Bradycardie, auch schon beim Atemanhalten beobachtet, verstärkt sich aber durch das Eintauchen des Gesichts ins Wasser. Nach dem «Auftauchen» erfolgt innerhalb einer Minute wieder ein normaler Blutdurchfluß. Der Blutdruck bleibt auch während der Bradycardie und der Vasoconstriction normal.

Über welchen Mechanismus diese Umstellung, die Verlangsamung der Herzschlagfolge und die Drosselung des Blutdurchflusses in der Peripherie, ausgelöst durch Atemanhalten und verstärkt durch Eintauchen des Gesichts in das Wasser, zustande kommen, ist noch nicht ganz klar. Es handelt sich hier offenbar um einen Reflex, der uns aus unserer stammesgeschichtlichen Entwicklung belassen wurde. Er dient, wie bei den tauchenden Tieren, der Sauerstoffeinsparung. Wir benötigen diesen Mechanismus schon sehr früh, nämlich beim Eintritt in diese Welt. Während der Geburt besteht für das Kind, für eine gewisse Zeit, bis zum ersten Schrei, eine Phase des Sauerstoffmangels. Je ausgeprägter er ist, um so stärker ist die Bradycardie. Nun fand man, daß nach der Geburt der Milchsäurespiegel im Blut stark ansteigt und sich dann langsam wieder normalisiert. Wir haben auf S. 70 gehört, daß die Milchsäure ein Produkt der anaeroben Muskeltätigkeit ist. Der Milchsäureanstieg beim Neugeborenen läßt nun darauf schließen, daß unter der Geburt, während der Zeit des Sauerstoffmangels, die Durchblutung in der Peripherie und damit in der Muskulatur gedrosselt wird und sich dabei Milchsäure anhäuft. Nach der ersten Atmung wird sie dann eliminiert. Das Kind scheint auf die Durststrecke der O_2-Versorgung vorbereitet zu sein, und es stellt für diese Phase seinen Kreislauf auf Spardrosselung.

P.F. Scholander, der zusammen mit *Irving* grundlegende Untersuchungen bei tauchenden Säugetieren durchgeführt hat, machte auf diese Zusammenhänge aufmerksam. Er fand bei australischen Perltauchern, die seit der Kindheit tauchten, die gleichen sauerstoffsparenden Phänomene bestätigt. Die Herzschlagfolge ging bei ihnen während des Tauchens sogar bis auf die Hälfte zurück, während der Blutdruck normal blieb. Verschiedentlich trat auch ein unregelmäßiger Herzschlag auf. Auch bei diesen Tauchern stieg der Milchsäurespiegel im Blut nach dem Auftauchen akut an, wie dies erst einige

Jahre später experimentell gesichert wurde, und nach dem Auftauchen setzte mit der stärkeren Durchblutung der Muskulatur der Abtransport der Milchsäure ein.
Für uns resultiert daraus, daß wir auf die Anpassungsmöglichkeiten unseres Organismus über den «Tauchreflex» nicht verzichten sollten, indem wir z. B. mit einer Vollgesichtsmaske tauchen. Die Mundpartie sollte beim Tauchen immer möglichst unbedeckt bleiben.

Die Einflüsse von Hormonen, Nerven und Streß

Alle bisher besprochenen Funktionen des Kreislaufs und der Atmung unterliegen hormonellen und nervösen Einflüssen. Hormone sind Botenstoffe, Informationsüberträger, die von bestimmten Organen, wie z. B. der Hypophyse (Hirnanhangdrüse), der Schilddrüse, dem Inselorgan der Bauchspeicheldrüse oder den Nebennieren gebildet werden. Durch Mitwirkung des Insulins aus der Bauchspeicheldrüse werden u. a. die Kohlehydrate der Nahrung als Glukose im Muskel und in der Leber deponiert, weiter fördert Insulin auch die Glukoseverbrennung. Ein Zuckerkranker kann den Zucker nicht verwerten. Er muß Insulin durch tägliche Injektionen zuführen oder Tabletten einnehmen, die die Insulinproduktion in der Bauchspeicheldrüse anregen. Ist ein Zuckerkranker nicht richtig «eingestellt» – wenn er z. B. mehr Insulin zuführt, als er verbraucht –, kommt es zu einer Hypoglykämie, das ist ein zu niedriger Blutzuckergehalt. Eine ausgeprägte Hypoglykämie führt zum Koma, zur Bewußtlosigkeit. Ein Abfall des Blutzuckers entsteht auch nach schweren körperlichen Anstrengungen, wenn der Glukosevorrat im Körper erschöpft ist. Zusammenbrüche von Hochleistungssportlern beruhen meistens auf einer Hypoglykämie. Solche bedrohliche Zusammenbrüche, die oft mit dem «toten Punkt» parallel laufen, können durch die Hormone des Nebennieren-Hypophysen-Systems überwunden werden. Wie bei allen Streßsituationen wird in solchen Fällen vermehrt Nebennierenhormon, vor allem Adrenalin, ausgeschüttet. Dieses ist u. a. das Hormon der Notfallsituation, das alle lebenswichtigen Funktionen aktivieren kann. Dazu gehört auch die Mobilisierung von neuen Glykogenreserven. Ausgelöst wird diese Aktivierung mehr durch psychische als durch physische Momente. Die Überwindung des «toten Punktes», auch als «second wind» bezeichnet, läßt einen abgesunkenen Blutzuckerwert wieder ansteigen. Dieses «second-wind-

Phänomen» ist ein komplexes Geschehen, das durch äußerste Willensanstrengung in Gang gesetzt werden kann. Der Vorgang ist ein frappierendes Beispiel dafür, daß die ganzen komplizierten Reglersysteme unserer körperlichen Funktionen, die des Kreislaufs, der Atmung und des Stoffwechsels, von der Psyche her entscheidend beeinflußt werden können. Das hat für das Tauchen eine weittragende Bedeutung. Wie wir es schon für das nervöse Atemsyndrom erkennen gelernt haben, wird auch ohne körperliches Erfordernis Adrenalin vermehrt bei Angstzuständen ausgeschüttet und dadurch der Organismus in eine Streßsituation gebracht (s. S. 79).

Der Streß im ursprünglichen Sinne *Selyes* ist die Antwort des Organismus auf verschiedene Reize, auch Stressoren genannt. Das unspezifische Antwortmuster soll den Organismus für eine physische Aktivität, wie Kampf oder Flucht, vorbereiten. Eine typische Streß-Situation vollzieht sich bei einer Begegnung von Hund und Katze. In der heutigen Industriegesellschaft spielen vor allem emotionale und vegetative Stressoren die Hauptrolle. – Das Streßverhalten, im Stammhirn koordiniert, ist grundsätzlich geschlechtsspezifisch angelegt. Das heißt, durch die zyklische Hormonproduktion bei der Frau ist die Ausgangslage eine andere als beim Mann, der eine gleichmäßige Hormonproduktion hat. Eine Gewöhnung an Stressoren, zum Beispiel Fluglärm, ohne Störungen oder Schädigungen ist möglich. Entscheidend für das Streßverhalten ist es, ob ein Reiz als positiv oder negativ empfunden wird. Dominierend über die Reaktion des Stammhirns sind also die höheren Hirnzentren.

Beim Tauchen begeben wir uns in ein für unsere Struktur fremdes Element. Die Anpassung an die körperlichen, auch vegetativen Umstellungen der Atmung, Wärmeregulation, der Fortbewegung usw. werden durch Training erreicht. Genauso wesentlich ist aber die Anpassung an die emotionalen Stressoren, die ungewohnte Umgebung, Angst vor der Tiefe und dem Dunkeln usw. Ist die Anpassung unvollständig, kommt es zu Unfällen (s. Kap. X, Tauchunfälle, S. 284).

Das Sehen unter Wasser

Beim Normalsichtigen werden die einfallenden Lichtstrahlen durch die «brechenden Medien» des Auges – das sind die Hornhaut, das Kammerwasser, die Linse und der Glaskörper – so gebrochen, daß sie sich auf dem bildaufnehmenden Organ, der Netzhaut, vereinigen. Das Auge kann im Ruhezustand ein Objekt in der Ferne wahrnehmen (s. Abb. A). Will es dagegen einen Gegenstand in der Nähe betrachten, muß sich die Linse stärker wölben, um damit ihre Brechkraft zu erhöhen (s. Abb. B). Mit steigendem Lebensalter läßt die Brechkraft der Linse nach. Der Nahpunkt rückt immer ferner, so daß für die Nähe eine (Lese-)Brille benötigt wird.

Bei Kurzsichtigkeit ist durch eine Verlängerung des Augapfels auch die Achse des Auges zu lang, und parallel einfallende Strahlen werden vor der Netzhaut vereinigt. Dadurch ist das Bild für die Ferne unscharf, und nur Objekte in einer bestimmten Nähe werden scharf gesehen. Wenn durch einen Kurzbau

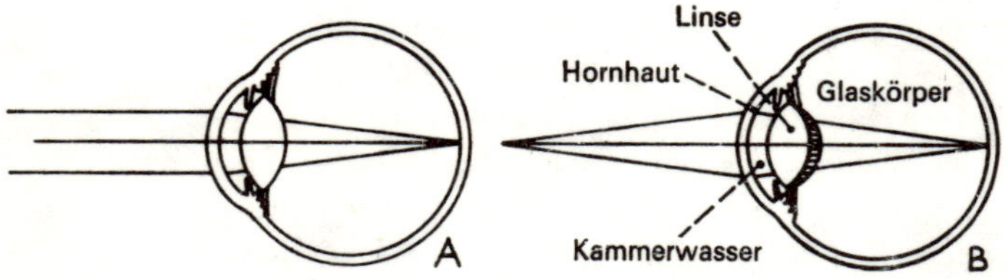

Normalsichtiges Auge beim Sehen in die Ferne und beim Betrachten eines Nahpunktes.

des Augapfels die Achse verkürzt ist, fallen parallele Strahlen mit ihrem Schnittpunkt hinter der Netzhaut zusammen. Das kann in der Jugend durch eine Wölbung der Linse, was mit einer dauernden Anspannung der Ciliarmuskulatur verbunden ist, korrigiert werden. Trotzdem ist der Nahpunkt für diese «Weitsichtigen» in die Ferne gerückt. Durch entsprechende Gläser, die die Lichtstrahlen entweder sammeln oder zerstreuen, lassen sich diese Brechungsanomalien korrigieren.

Die Brechkraft oder Refraktion eines optischen Systems und so auch der Linse wird in Dioptrien = D angegeben. Eine Dioptrie ist die Brechkraft, die parallel einfallende Strahlen in 1 m Abstand zur Vereinigung bringt. Beträgt die Brennweite einer Linse 50 cm, so besitzt sie eine Stärke von 100:50 = 2 D. Die brechenden Medien unseres Augens sind für den Lichtwelleneinfall in der Luft gebaut. Wird das Licht vom Auge durch ein anderes, dichteres Medium als Luft, z. B. durch Wasser, aufgenommen, so fallen die Lichtwellen hinter der Netzhaut zusammen. Im Wasser entsteht mit unbewaffnetem Auge somit eine hochgradige Weitsichtigkeit von 50 Dioptrien. Das liegt daran, daß Wasser einen anderen Brechungsindex hat als Luft. Dieser Bre-

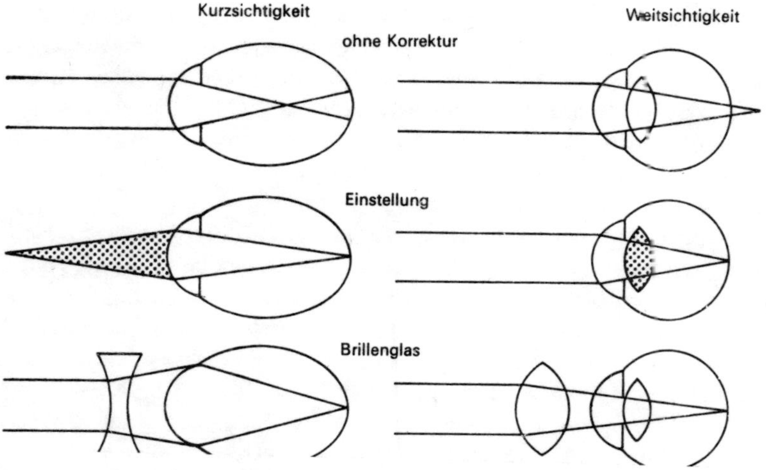

Der Kurzsichtige sieht nur in einer bestimmten Nähe scharf. Der Weitsichtige muß auch für die Ferne seine Linse wölben.

chungsindex ist fast derselbe wie der des Auges. Beim Sehen unter Wasser wird somit die Brechkraft des Auges aufgehoben, und die Sehschärfe geht dabei von 6/6 auf 1/60 zurück.

Für unser Auge ist es daher erforderlich, zwischen Hornhaut und Wasser eine Luftschicht zu legen, die von einer ebenen Scheibe begrenzt wird. Dadurch wird die normale Refraktion unseres Auges wiederhergestellt.

Das kann man auf verschiedene Arten bewerkstelligen. Fischer verwenden hierzu eine Blechtonne mit einem Glasboden. Der gleiche Zweck, eine Luftschicht zwischen Wasser und Hornhaut zu legen, wird mit Tauchbrillen oder Tauchmasken erfüllt. Bei Kontaktlinsen, die eine Luftkammer enthalten, ist die Luftschicht noch weiter verringert. Bei derartigen Kontaktlinsen ist zwar das Gesichtsfeld erweitert, sie sind aber zur Zeit noch sehr kostspielig und bringen auch für den üblichen Gebrauch beim Tauchen keine anderen Vorteile.

Eine Luftschicht zwischen Wasser und Hornhaut stellt also die normale Refraktion des Auges wieder her. Nun entsteht aber an der Grenzfläche Wasser – Luft, getrennt durch eine Glasscheibe, eine Brechung der Lichtwellen, die zu zwei Sekundäreffekten führt. Die Lichtwellen, die vom Unterwasserobjekt ausgehen, werden an der Wasser-Luft-Grenzfläche gebrochen (s. S. 117). Dadurch kommt es erstens zu einer veränderten Wahrnehmung der Distanz. Auf der Netzhaut entsteht ein Bild, das ¾ der wirklichen Entfernung zwischen Objekt und Zwischenschicht beträgt. Das Objekt erscheint um ¼ näher als in Wirklichkeit. Zweitens erscheint das Objekt etwa 30% größer als in Wirklichkeit. Dies führt zu dem Phänomen, daß alle Dinge unter Wasser näher und größer gesehen werden.

Zum Glück ist auch hier unsere Anpassungsfähigkeit sehr groß. Nach Untersuchungen von *Kinney* und *Luria* werden schon nach 15 Minuten unter Wasser bei Testaufgaben weniger Fehler gemacht als am Anfang. Bei Tauchern, die einigermaßen mit einem Aufenthalt unter Wasser vertraut sind, gibt es nach 30 Minuten keine Hand-Augen-Koordinationsfehler mehr. Völlig Ungeübte brauchen allerdings unter Wasser hierzu länger.

Die Einschätzung von Entfernungen wird weiter durch die Sichtmöglichkeiten unter Wasser beeinflußt. Bei trübem Wasser werden größere Entfernungen überschätzt, geringere Entfernungen unterschätzt. Bei einer reellen Entfernung von 1,20 m entsprechen die Schätzungen am meisten der Wirklichkeit.

Das Blickfeld hängt entscheidend von der Art der verwendeten Tauchbrillen oder Masken ab. Wie die Abbildung zeigt, schränken Tauchbrillen nicht nur das binokulare (zweiäugige), sondern auch das monokulare (einäugige) Gesichtsfeld stark ein. «Panorama»-Tauchmasken lassen ein gutes binokula-

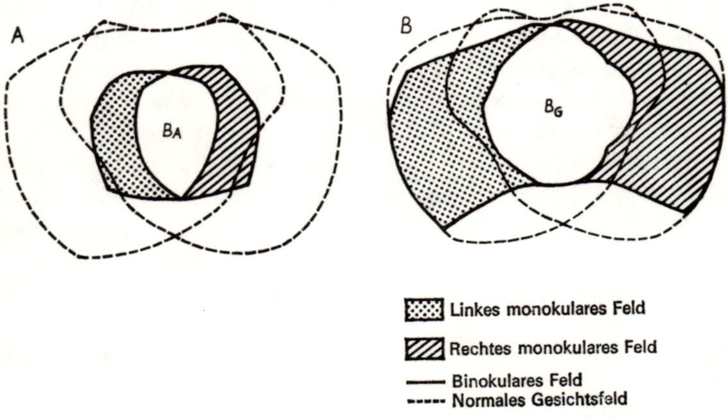

Die Unterschiede des Gesichtsfeldes bei Tauchbrillen (A) und Tauchmasken (B).

res und weites monokulares Gesichtsfeld zu. Aber auch hier entspricht das monokulare Gesichtsfeld noch nicht dem Blickfeld über Wasser.

Für Brillenträger ergeben sich heute genügend Möglichkeiten, die Brechungsanomalien auch in der Tauchmaske auszugleichen. Entweder kann man Spezialmasken mit in der Scheibe eingeschliffenen Brillengläsern verwenden oder binokulare Masken mit auswechselbaren Scheiben, die durch entsprechende Brillengläser ersetzt werden können. Weiter lassen sich Brillengläser mit einem besonderen Klebstoff auf dem Inneren der Maskenscheibe befestigen. Schließlich gibt es Brillenrahmen, die in der Maske angebracht werden können. Kontaktlinsen sollten nicht unter einer Tauchmaske getragen werden. Sie können zu leicht im Wasser, im Boot oder am Strand verlorengehen. Darüberhinaus kommt es bei Trägern von harten (Polymetylmethacrylat) Kontaktlinsen in der Dekompressionsphase zur Schädigung der Hornhautoberschicht in Form fleckförmiger Aufquellungen (Oedem). Nur bei gefensterten harten Linsen oder bei weichen Kontaktlinsen wurden keine Schädigungen nachgewiesen.

Beim Tauchen muß das Ablesen der Instrumente – Uhr, Tiefenmesser usw. – gewährleistet sein und an der Wasseroberfläche muß sich der Taucher auf große Entfernungen orientieren können. Besonders aus letzterem Grunde empfiehlt *H. Kalthoff* eine Korrektion in der Tauchmaske bei beidseitiger Kurzsichtigkeit über 1 dpt. Ist die Sehschärfe auf einem Auge voll erhalten, kann auf eine Korrektur verzichtet werden. Die Weitsichtigkeit kann von jungen Menschen gut ausgeglichen werden. Erst bei Brechungsfehlern über 3 bis 4 dpt. sind Plus-Gläser notwendig. – Da zur Zeit noch keine Zwei-Stärken-Gläser in Tauchmasken eingearbeitet werden, muß bei Unterwasserkorrektur der Alterssichtigkeit häufig improvisiert werden, indem ein Auge für die Nähe und das andere für die Ferne eingestellt wird.

Bei hochgradiger Kurzsichtigkeit besteht die Gefahr einer Netzhautablösung. Neben einer Veranlagung kann sie durch mechanische Faktoren begünstigt werden. Besonders ungünstig wirken sich Erschütterungen bei schnellem Motorbootfahren und Wasserskilaufen bei unruhigem Wasser aus. Im Gegensatz zu einer einzeln stehenden früheren Ansicht hat das Tauchen keinerlei nachteiligen Einfluß. Nach Untersuchungen von *Kalthoff* kommt es beim Tauchen nur zu geringen Schwankungen des Augeninnendrucks, im wesentlichen aber zu Drucksenkungen. Netzhautablösungen zeigen sich fast immer durch Vorboten an, die bei laufender augenärztlicher Kontrolle erfaßt werden können.

Das Glaukom oder der grüne Star beruht auf einer krankhaften Steigerung des Augeninnendrucks, meist über eine Vermehrung des Kammerwassers. Nur bei Menschen mit engem Kammerwinkel (etwa 1 bis 3%) als Ursache eines Engwinkelglaukoms kann es nach Notaufstiegen beim Tauchen zu einem akuten Glaukomanfall kommen. Beim sogenannten chronischen Glaukom wird durch das Tauchen jedoch keine unmittelbare Gefährdung gegeben.

V Physikalische Grundlagen

(von Max Hahn)

Der Druck und seine Maßeinheiten

Unter Wasser hat der erhöhte Umgebungsdruck für den Taucher die weittragendsten Auswirkungen. Wir wollen uns deshalb zunächst mit der Definition und den Maßeinheiten des Druckes beschäftigen und dann verschiedene mechanische Druckwirkungen an Hand von Beispielen berechnen.

Druck ist Kraft/Fläche

Unter dem Begriff «Druck» verstehen wir hier immer das Verhältnis von Kraft : Fläche. Von der Kraft ist dabei nur der auf die Fläche senkrecht wirkende Anteil zu berücksichtigen. Maßeinheiten für Druck erhält man, indem Maßeinheiten für Kraft durch Flächenmaße geteilt werden:
Früher z.B.:

$$\frac{1 \text{ Kilopond}}{\text{cm}^2} = 1 \text{ Atmosphäre (at).}$$

Seit 1978 gibt es die Krafteinheit Kilopond nicht mehr. Heute werden Kräfte in Newton (N) gemessen.
1 N ist die Kraft, mit der eine Masse von 102 g (also eine verpackte Tafel Schokolade) auf ihre Unterlage drückt. Die für Taucher wichtigste Druckeinheit ist jetzt das bar, es gilt:

$$\frac{10 \text{ N}}{\text{cm}^2} = 1 \text{ bar } (= 1{,}02 \text{ at})$$

Der Unterschied von nur 2% gegenüber der früher üblichen Druckeinheit at ist so unerheblich, daß er in der Praxis des Tauchens meist vernachlässigt werden kann.

Masse und Gewicht

Mit unseren Waagen messen wir natürlich Kräfte, nämlich Gewichte. Was uns aber meist interessiert, ist die Stoffmenge. Deshalb sagen wir auch: Das Tauchgerät «wiegt» 29 Kilogramm. Jeder weiß aber, daß diese 29 kg Masse sich aus der Menge Stahl und Preßluft ergeben, und daß sich diese Masse nicht etwa durch Eintauchen ins Wasser vermindert. Die Gewichts*kraft* nimmt aber durch Eintauchen ins Wasser ab.

Das Wort Gewicht wird also hier immer im Sinne von Gewichtskraft gebraucht. Gewichte werden demgemäß konsequent in der seit dem 1. 1. 78 allein zulässigen Krafteinheit Newton (N) angegeben. Diese Krafteinheit ist nicht mehr – wie das früher verwendete Kilopond – extra auf die Schwerkraft der Erde zugeschnitten. Das N ist die Kraft, die eine Masse von 1 kg in einer Sekunde um 1 m/sec beschleunigen kann, und erst 9,81 N (= 1 kp) würden die Masse von 1 kg so beschleunigen wie beim freien Fallen. Unser Tauchgerät von 29 kg Masse wiegt also an Land $9{,}81 \cdot 29\ N = 284{,}5\ N \approx 290\ N$. Für alle Berechnungen im Tauchsport ist dabei genau genug, wenn 1 kg Masse ein Gewicht (= Gewichtskraft) von 10 N zugeordnet wird. Wie man berechnen kann, wieviel das Tauchgerät im Wasser wiegt, wird auf S. 105 ausgeführt.

Atmosphärischer Luftdruck

Etliche der älteren Maßeinheiten für Druck bestanden in der Angabe der Höhe einer Flüssigkeitssäule. *Torricelli* stellte 1643 fest, daß der Druck der atmosphärischen Luft am Erdboden so groß ist wie der Druck am Grunde eines 76 cm tiefen Quecksilbersees. Die gesamte Erdatmosphäre wiegt also genausoviel wie eine die ganze Erde bedeckende 76 cm dicke Quecksilberschicht. Über jedem Quadratzentimeter (cm^2) stehen dann 76 cm^3 Quecksilber (Hg), die ein Gewicht von 10,13 N haben. Ersetzt man das Quecksilber durch Wasser, so würden 1033 cm^3 Wasser über einem cm^2, als eine 10,33 m hohe Wassersäule (WS) «aufgestapelt», den gleichen Druck erzeugen. Drücke lassen sich also auch durch Angabe der «Dicke» einer Flüssigkeitsschicht oder Höhe einer Flüssigkeits«säule», deren Gewicht pro Flächeneinheit gleich dem zu bezeichnenden Druck ist, angeben. Da der atmosphärische Luftdruck und auch andere Drücke – wie z.B. die Werte des Blutdruckes – früher mit Quecksilbermanometern gemessen wurden, hatte man zu Ehren *Torricellis* den Druck einer 1 mm Hg-Schicht mit 1 Torr bezeichnet. Den mittleren Luftdruck in Meereshöhe hat man die «physikalische Normalatmosphäre» = 1 atm genannt. Für die «technische Atmosphäre» wird die

Abkürzung at gebraucht. Das oben erwähnte bar ist das 100 000fache der für die Praxis unhandlich kleinen Druckeinheit Pascal = N/m^2. Vergleicht man die einzelnen Druckeinheiten, so ergibt sich für den mittleren atmosphärischen Luft-Druck in Meereshöhe: 1 atm = 760 Torr = 10,33 mWS = 1,013 bar = 1,033 at = 101 300 N/m^2.

Einen Vergleich und eine Umrechnung dieser verwirrenden Fülle «historisch gewachsener» Druckeinheiten gestattet die nachstehende Tabelle, aus der auch ersichtlich ist, welche Vereinfachung der Wegfall der alten Einheiten erbringt.

Umrechnungstabelle für verschiedene Druckeinheiten

Beispiel: Gegeben 2800 lb/in^2; gesucht: dieser Druck in bar
Gesuchter Druck: 2800 lb/in^2 = $2800 \cdot 6{,}8948 \cdot 10^{-2}$ bar = 193 bar

	bar	Pa	at	atm	Torr	cm WS	psi
bar	1	10^{-5}	1,0197	0,98692	750,06	1019,7	14,504
Pa	10^{-5}	1	$1{,}0197 \cdot 10^{-5}$	$9{,}8692 \cdot 10^{-6}$	$7{,}5006 \cdot 10^{-3}$	$1{,}0197 \cdot 10^{-2}$	$1{,}4504 \cdot 10^{-4}$
at (= kp/cm^2)	0,98067	98067	1	0,96784	735,56	10^3	14,223
atm	1,01325	101325	1,03323	1	760	1033,26	14,696
Torr (= mm Hg)	$1{,}3332 \cdot 10^{-3}$	133,322	$1{,}3595 \cdot 10^{-3}$	$1{,}3158 \cdot 10^{-3}$	1	1,3595	$1{,}9337 \cdot 10^{-2}$
cm WS	$9{,}8064 \cdot 10^{-4}$	98,064	10^{-3}	$9{,}6781 \cdot 10^{-4}$	0,7355	1	$1{,}4223 \cdot 10^{-2}$
psi (= lb/in^2)	$6{,}8948 \cdot 10^{-2}$	6894,8	$7{,}0307 \cdot 10^{-2}$	$6{,}8046 \cdot 10^{-2}$	51,715	70,309	1

Die stark eingerahmten Felder enthalten die seit 1.1.78 allein gültigen SI-Einheiten.
Für alle Druckberechnungen im Tauchsport gilt 1 bar ≈ 1 at ≈ 1 atm ≈ 760 Torr.

Berechnung der Druckzunahme mit steigender Wassertiefe

Eine Schicht von 10 m reinem Wasser von 4° C erzeugt also einen Druck von genau 1 at; 10 m Meerwasser mit einer Dichte von 1,03 kg/l erzeugen zufällig mit einem Fehler von nur 1% einen Druck von 1 bar. Damit läßt sich der Druck p in der Meerestiefe T nach der jetzt allein zulässigen Druckeinheit «bar» unter Mitberücksichtigung des Druckes der atmosphärischen Luft (≈ 1 bar) nach folgender Formel berechnen:

$$p\,(T) = \left(\frac{T}{10\ \text{m}} + 1\right) \text{bar (lies: p von T gleich ...)}$$

$$\text{Beispiel:}\quad p\,(40\ \text{m}) = \left(\frac{40\ \text{m}}{10\ \text{m}} + 1\right) \text{bar} = 5\ \text{bar}$$

Obwohl die Dichte des Wassers schwach von der Temperatur abhängt und der Luftdruck aus meteorologischen Gründen bekanntlich ebenfalls um einige Prozent schwankt, ist obige Formel hinreichend genau. Es ist leicht zu ersehen, daß der Druck in 20 m Wassertiefe 3mal so hoch wie an der Oberfläche ist. Das ist eine Tiefe, die ein trainierter Taucher in Apnoe, d.h. ohne Tauchgerät, erreichen kann. In Druckkammerversuchen haben Menschen auch schon bei einem Druck über 60 bar einige Stunden sinnvoll arbeiten können. Daraus kann man schließen, daß der Druck allein keine nachteilige Wirkung auf unseren Organismus hat. Nach physikalischen Überlegungen ist das auch nicht zu erwarten, so lange sichergestellt ist, daß der Druck auf die gesamte äußere und innere Oberfläche unseres Körpers gleich stark einwirkt. Wirkt nämlich zu jeder Kraft auf ein beliebiges kleines Oberflächenstück eine immer gleich große Gegenkraft an der gerade gegenüberliegenden Stelle, so heben sich die Kräfte gegenseitig auf.

Druckdifferenzen wirken schädigend

Immer dann, wenn dieses Gleichgewicht der Kräfte nicht mehr besteht, also bei Druckdifferenzen, bewirken die nicht kompensierten Kräfte im Körper eines Tauchers Verschiebungen von festen Strukturen, Flüssigkeiten und gelösten Gasen in Richtung des Druckgefälles. Die Schädigungen durch solche Substanzverschiebungen, je nach Art, Ort, Ausmaß und Geschwindigkeit, werden in den folgenden Kapiteln beschrieben. – Gleich ob es sich um einen schmerzhaften Druck in den Ohren bei unvollkommenem Druckausgleich in der Paukenhöhle, um eine Schröpfkopfwirkung beim Absturz eines Helmtauchers, das sogenannte äußere Blaukommen, oder um das Freisetzen von Gasblasen in Blutgefäßen bei zu rascher Abnahme des Außendrucks handelt: immer wird fester, flüssiger oder gasförmiger Stoff durch die Druckdifferenz derart verlagert, daß es zu Schädigungen des Organismus kommt.

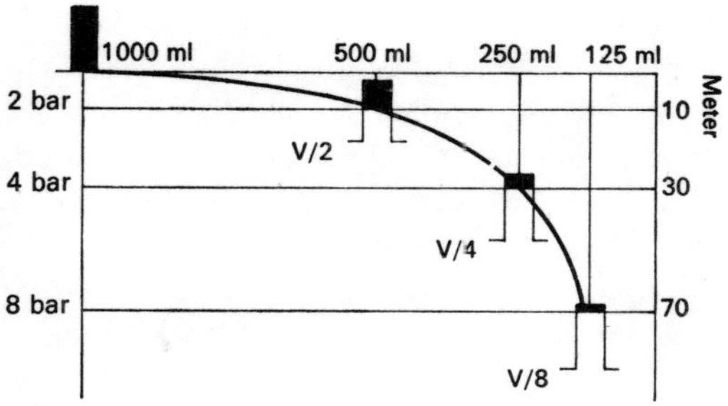

Das Gesetz von Boyle-Mariotte

«Bei gleichbleibender Temperatur ist das Produkt aus Druck p mal Volumen V für eine abgeschlossene Gasmenge konstant ($p \cdot V = const.$).» So lautet das von *Robert Boyle* und *Edmé Mariotte* in der zweiten Hälfte des 17. Jahrhunderts formulierte Gesetz, eines der wichtigsten für alle Taucher. Oft wird übersehen oder mißverstanden, daß dieses Gesetz nur für eine «abgeschlossene» Gasmenge gilt. Gemeint ist damit, daß neben der Temperatur auch die Menge (also die Anzahl der Moleküle) bzw. die Masse des betrachteten Gases konstant gehalten werden muß, wenn das Gesetz gültig sein soll. Das betrachtete Volumen muß also so «abgeschlossen sein», daß Gas weder entweichen noch von außen hineingelangen kann. Die in der Formel $p \cdot V = const.$ mit «const.» gemeinte Zahl ist ein Maß für die Menge Gas, die sich in dem «abgeschlossenen» Raum befindet (z.B. die Anzahl der Gasmoleküle oder die Menge des Gases in kg).

Maßeinheit für die Gasmenge: das Barliter

Da normalerweise alle Drücke in bar und alle Volumina in Liter gemessen werden, ist es zweckmäßig, Gasmengen anstatt in Gramm oder in Molekülzahlen in Barliter (= barl) anzugeben. Wenn also im folgenden Abschnitt von 1 barl gesprochen wird, wird damit «1 Liter Luft bei 1 bar» oder gleichbedeutend 1,2 g Luft von 20° gemeint. Die Vorteile einer Mengenangabe in barl werden bei jeder zahlenmäßigen Berechnung (s. S. 106f.) offenkundig.*

* Fachkundige Leser, die eine Mengenangabe mit der Dimension «Energie» vielleicht stört, werden auch erkennen, daß dadurch die unten folgenden Berechnungen wenigstens «dimensionsrichtig» werden.

Flexibel eingeschlossene Gasmengen

Ein von außen wirkender Druck kann sich nur dann der abgeschlossenen Gasmenge mitteilen, wenn die Wandungen des Raumes, die das Gas enthalten, flexibel genug sind, um eine Volumenänderung zuzulassen. Sowohl die Lunge des Schnorcheltauchers als auch die Tarierweste eines Gerätetauchers und auch die Luftbläschen eines Naßtauchanzuges stellen solche flexiblen abgeschlossenen Lufträume dar, deren Volumen sich nach dem Boyle-Mariotteschen Gesetz umgekehrt proportional zum Druck ändern (s. Abb. S. 103).

Starr eingeschlossene Gasmengen

Ist dagegen eine Gasmenge in einem starrwandigen Raum eingeschlossen, so kann sich deren Druck nicht dem Umgebungsdruck anpassen, weil die nach dem Boyle-Mariotteschen Gesetz nötige Volumenänderung nicht möglich ist. Die nun entstehende Druckdifferenz zwischen der Umgebung und dem gasgefüllten Hohlraum führt zu den oben erwähnten Substanzverlagerungen, die zum Ziele haben, die Druckdifferenzen wenigstens teilweise auszugleichen. Zahlenbeispiele hierfür bringt der folgende Abschnitt.

Das Gesetz von Archimedes

«Ein Körper verliert in einer Flüssigkeit so viel an Gewicht, wie die von ihm verdrängte Flüssigkeit wiegt.» Multiplizieren wir das eingetauchte Volumen des Körpers mit dem spezifischen Gewicht $\left(= \frac{\text{Gewicht}}{\text{Volumen}}\right)$ der Flüssigkeit und subtrahieren den so erhaltenen Gewichtsbetrag vom Gewicht des Körpers, so kann das Ergebnis gleich, größer oder kleiner als Null (d. h. Null, positiv oder negativ) sein. Die so ermittelte Restkraft auf den eingetauchten Körper nennen wir im zweiten Fall (positive Kraft) «Abtrieb», im dritten Fall (negative Kraft) «Auftrieb», da sie den Körper ja sinken oder steigen läßt. Selbstverständlich werden diese Kräfte in Newton angegeben. Dabei machen wir nur einen unerheblichen Fehler von 1%, wenn wir den Auftrieb für 1 l verdrängtes Seewasser mit 10 N ansetzen. Ein sich selbst überlassener Körper sinkt durch Abtrieb auf den Grund. Bei Auftrieb steigt er an die Oberfläche und schwimmt so weit nach oben, bis er nur genausoviel Flüssigkeitsgewicht verdrängt, wie er selbst an Gewicht hat. Die beim Tauchen mit Gerät und Kälteschutzanzug ständig wechselnden Auf- und Abtriebskräfte können nur mit einer Tarierweste gut kompensiert werden.

Alle 4 Körper verdrängen 75 l Wasser der Dichte:

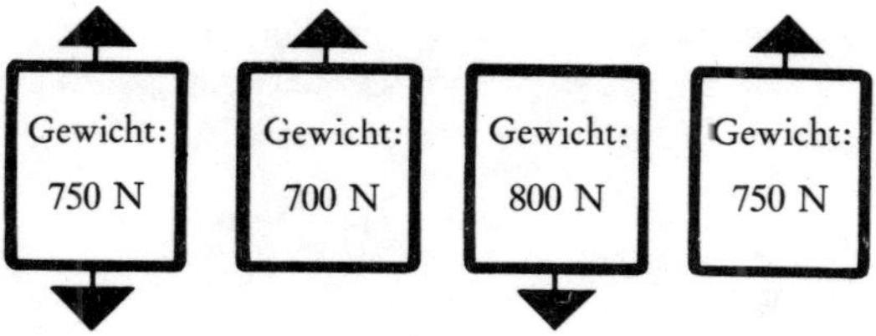

Körpergewicht:	750 N	700 N	800 N	750 N
– verdrängtes Wassergewicht:	750 N	750 N	750 N	772,5 N
Restkraft:	0 N	– 50 N	+ 50 N	– 22,5 N
Tarierung:	neutral	Auftrieb	Abtrieb	Auftrieb

Die Veränderungen des Auf- und Abtriebs während eines Tauchgangs mit Preßlufttauchgerät (PTG)

Betrachten wir ein Zahlenbeispiel der ziemlich erheblichen Änderungen von Auf- und Abtrieb für einen Taucher, der mit PTG und Kälteschutzkleidung aus Zellkautschuk («Neopren») taucht. Wir nehmen an, was realistisch ist, daß der komplette Neopren-Anzug erst bei Beschwerung mit einem 8 kg-Bleigurt im Wasser gerade absinkt. Das kompakte Neopren (also ohne die eingeschlossenen Luftbläschen) hat ungefähr die gleiche Dichte wie Wasser. Der Auftrieb des Anzugs von 80 N wird somit nur von den eingeschlossenen 8 barl Luft verursacht. Das 2 × 10 l-PTG soll leer 24 kg wiegen. Seine Metallmasse aus Stahl und Messing (Dichte 8 kg/l) verdrängt 3 l Wasser, der Hohlraum in den Flaschen weitere 20 l. Von 240 N Gerätegewicht werden 230 N verdrängtes Wassergewicht abgezogen, das leere Gerät hat 10 N Abtrieb. Die Luftfüllung von 4000 barl wiegt ca. weitere 50 N. Um bei fast leerem Gerät für etwaige Dekompressionsstufen richtig tariert zu sein, wird der Taucher 7 kg Blei mitnehmen. Zum Austarieren des Luftgewichts im PTG wird er zunächst 5 l Luft brauchen, d.h. noch in seine Tarierweste blasen, um hydrostatisches Gleichgewicht herzustellen, um also weder Auf- noch Abtrieb zu haben. Will er nun abtauchen, muß er lediglich für kurze

Zeit ausatmen, um damit sein Körpervolumen zu verkleinern, also Abtrieb zu bekommen. In wenigen Sekunden sinkt er auf 5 m Tiefe ab. Die Luftblasen in seinem Anzug haben jetzt nur noch

$\frac{8 \text{ barl}}{1{,}5 \text{ bar}} = 5{,}3$ l Volumen, die Luft in der Tarierweste noch $\frac{5 \text{ barl}}{1{,}5 \text{ bar}} = 3{,}3$ l Volumen.

Seit Verlassen der Oberfläche hat somit der Taucher bereits 4,3 l Volumen verloren, er kann sich jetzt durchaus einen tiefen Atemzug von 4 l leisten, ohne seinen Abtrieb dadurch ganz aufzuheben. In 39 m Tiefe hat er noch $\frac{13 \text{ barl}}{4{,}9 \text{ bar}} = 2{,}6$ l Luftvolumen im Anzug und Weste, folglich 130 N – 26 N = 104 N Abtrieb!

Der Taucher tariert sich jetzt durch Einblasen von zusätzlich 10,4 l · 5 bar = 52 barl Ausatemluft in die Tarierweste, die dann 57 barl Luft enthält. Mit einem Atemminutenvolumen (AMV) von 20 l/min hat der Taucher nach 30 Minuten 2950 barl Luft verbraucht und muß mit dem Aufstieg beginnen, da er den Rest der Luft für die Dekompression benötigt.

Um Auftrieb zu vermeiden, wird der Taucher zum Ausgleich des veratmeten Luftgewichts von ca. 36 N (1000 barl wiegen 12 N) während des Aufenthaltes in 39 m schon 3,6 · 5 bar = 18 barl Luft aus der Weste ablassen; zu Beginn des Aufstiegs sind deshalb noch 39 barl in der Weste. Um die den Dekompressionstabellen zugrunde gelegte Auftauchgeschwindigkeit von 10 m/min nicht zu überschreiten, muß beim Auftauchen immer wieder Luft aus der Weste abgelassen werden. Auf der ersten Dekompressionsstufe des hier angenommenen Tauchgangs in 9 m Tiefe ergibt sich die Aufstiegsbilanz (≙ heißt «entspricht»):

PTG	leer im Wasser		+ 10 N
Luft	1000 barl		+ 12 N
Anzug	$\frac{8 \text{ barl}}{1{,}9 \text{ bar}}$	= 4,21 l	≙ – 42 N
Blei	8 kg		≙ + 80 N
			+ 60 N Abtrieb.

Die Weste muß somit 6 l Wasser verdrängen, d. h. es müssen 6 l · 1,9 bar = 11,4 barl Luft noch darin sein. Beim Aufstieg mußten also 39 barl – 11,4 barl = 27,6 barl abgelassen werden. Damit auch die Dekompressionspause von 14 min in 3 m bequem und sicher abgewartet werden kann, muß der Taucher mit praktisch leerem Gerät in dieser Tiefe tariert sein:

PTG leer			+ 10 N
Anzug:	$\frac{8 \text{ barl}}{1{,}3 \text{ bar}}$	= 6,2 l	$\triangleq$ – 62 N
Blei:	8 kg		+ 80 N
Weste:	$\frac{36{,}4 \text{ barl}}{1{,}3 \text{ bar}}$	= 28 l	$\triangleq$ – 28 N
			± 0

Hier wird erkennbar, daß der Taucher auch mit 5 kg Blei auskommen kann, denn in 3 m braucht bei leerem PTG keine Luft in der Weste zu sein. (Die angenommenen Daten des obigen dekompressionspflichtigen Tauchgangs, bei dem insgesamt 3890 barl Luft verbraucht werden, sind allerdings extrem. Insbesondere sollte normalerweise nicht der gesamte Luftvorrat «verplant» werden.)
Den Luftbedarf von ca. 60 barl für die Tarierweste aus deren Notflasche mit insgesamt nur 90 barl zu nehmen, wäre leichtsinnig.

Gewichtslosigkeit – Schwerelosigkeit
Wenn ein Taucher «tariert» ist, d. h. wenn er weder Auftrieb noch Abtrieb hat, so ist er gewichtslos. Gewicht ist die Kraft, mit der ein Körper unter dem Einfluß der Erdanziehung auf seine Unterlage drückt. Ist diese Kraft durch Auftriebskräfte kompensiert, sprechen wir von «Gewichtslosigkeit». Es handelt sich hier nicht, wie oft angenommen wird, um Schwerelosigkeit. Schwerelosigkeit besteht nur dann, wenn ein Körper sich völlig frei von äußeren Kräften, d.h. frei fallend bewegt. Das gilt z. B. für alle sich antriebslos bewegenden Raumfahrtgeräte. Bei der Gewichtslosigkeit wird das Gewicht eines Körpers durch den Auftrieb, also von äußeren Kräften, gerade aufgehoben. Eine halb mit Flüssigkeit gefüllte Flasche kann so tariert sein, daß sie unter Wasser schwebt, sie ist dann gewichtslos, aber nicht schwerelos.

Deshalb steht der Flüssigkeitsspiegel in der Flasche durchaus waagrecht, und die Flüssigkeit ist selbstverständlich im unteren Teil der Flasche. In einem antriebslos fliegenden Raumfahrzeug läge die Flüssigkeit überall der Flaschenwandung an, und in der Mitte würde die Luft eine ovale Blase bilden. Auch die Steinchen in den Bogengängen unseres Statolithen-Apparates (im Gleichgewichtsorgan, s. S. 139) sind nur bei einer Raumfahrt schwerelos. Die Lage der Steinchen ist dann von zufälligen Kopfbewegungen abhängig, und der Raumfahrer lernt erst durch ein gewisses Training und Bewegungsdisziplin, mit den anfänglich dabei auftretenden Schwindelgefühlen fertig zu werden. Bei Gewichtslosigkeit unter Wasser werden jedoch die Statolithen keineswegs schwerelos, und unser Lagesinn ist nicht gestört.

Der Partialdruck und seine Definition durch Dalton

Bei dem Experiment «Physalie VI» der COMEX in Marseille atmeten 2 Versuchspersonen in einer Druckkammer bei einer simulierten Tiefe von 610 m 80 Minuten lang ein Gasgemisch aus 99,15% Helium (He), 0,65% Sauerstoff (O_2) und 0,17% Stickstoff (N_2). Unter atmosphärischem Druck würde ein Mensch schon bei einem O_2-Anteil (qO_2) von 11% bewußtlos werden. Wenn bei dem angeführten Versuch nur 0,65% O_2 schadlos vertragen wurden, so wird daraus deutlich, daß offenbar nicht der prozentuale Mengenanteil q_i einer Gasart «i» maßgebend ist für seine physikalische, chemische und physiologische Wirkung. Die wirklich maßgebende Größe, der Partialdruck p_i, wurde schon von dem englischen Physiker *Dalton* (1766–1844) definiert: Der (etwa mit einem Manometer meßbare) Totaldruck P eines Gasgemisches setzt sich additiv aus den Partialdrücken p_i der Bestandteile i zusammen. Der Index i wird zur Kennzeichnung jeder einzelnen Komponente durch deren chemisches Symbol ersetzt. Der Partialdruck des Stickstoffs wird also mit pN_2, der des Sauerstoffs mit pO_2 und der des Heliums mit pHe bezeichnet. Es gilt also $P = p_1 + p_2 + \dots p_n$, wenn die Gasmischung n chemisch verschiedene Bestandteile hat. Außerdem gilt für die prozentualen Mengenanteile q_i selbstverständlich $100\% = q_1 + q_2 + \dots q_n$, für die n Komponenten.

Daraus folgt dann für irgendeine Komponente i der Partialdruck

$$p_i = \frac{q_i}{100\,\%} \cdot P$$

Die Partialdrucke kann man natürlich nicht mit dem Manometer messen, da dieses mechanische Gerät ja keine chemischen Unterschiede feststellen kann.

In dem oben erwähnten Druckkammerversuch erhalten wir nach dieser Rechnung mit P = 62 bar entsprechend 610 m Meerestiefe:

$$pHe = \frac{99{,}15\,\%}{100\,\%} \cdot 62 \text{ bar} = 61{,}47 \text{ bar}$$

$$pO_2 = \frac{0{,}65\,\%}{100\,\%} \cdot 62 \text{ bar} = 0{,}403 \text{ bar}$$

$$pN_2 = \frac{0{,}17\,\%}{100\,\%} \cdot 62 \text{ bar} = 0{,}1054 \text{ bar}$$

Die an 100 Prozent fehlenden, hier nicht angegebenen 0,03% setzen sich aus Argon (Ar), Wasserdampf (H_2O) und Kohlendioxid (CO_2) zusammen. Trotz des sehr kleinen Mengenanteils O_2 war also in der Druckkammer der Sauerstoffpartialdruck pO_2 mehr als doppelt so groß wie in der Atmosphäre, wo er ca. 0,2 bar beträgt. Die Versuchspersonen waren also völlig ausreichend mit Sauerstoff versorgt.

Wie im Kapitel «Isopressionsphase» eingehend erläutert, darf in einem Gasgemisch, das längere Zeit geatmet wird, der pO_2 nicht über 1,5 bar und der pN_2 nicht über 4 bis 5 bar betragen. Für das Tieftauchen müssen deshalb die Mengenanteile von O_2 und N_2 mit steigendem Druck vermindert werden. Wenn man am Ende eines Tauchgangs den im Körper gelösten Stickstoff möglichst rasch entfernen will (Dekompression), kann man, ohne den Totaldruck zu senken, den Partialdruck von Stickstoff gleich 0 setzen, indem man reinen Sauerstoff atmen läßt.

Das Gesetz von Henry

Was unter dem Begriff «gelöster Stickstoff» zu verstehen ist, erklärt uns das Gesetz, das der englische Arzt *William Henry* Anfang des 19. Jahrhunderts aufgestellt hat: «Die in einer Flüssigkeit gelöste Menge eines Gases ist (im Gleichgewicht) seinem Partialdruck an der Flüssigkeitsoberfläche proportional.»

Gase lösen sich in Flüssigkeiten nach anderen Gesetzen als Feststoffe. Wir wissen, daß sich z. B. Zucker in Wasser (bei gegebener Temperatur) nur bis zu einem bestimmten prozentualen Gewichtsanteil löst. Gibt man in eine so «gesättigte» Zuckerlösung weiteren Zucker, so bleibt er ungelöst darin liegen. Bei Gasen dagegen ist eine Sättigung der Lösung dann erreicht, wenn

bei einem gegebenen Partialdruck sich keine weiteren Mengen des angebotenen Gases mehr in der Flüssigkeit lösen. Es besteht dann ein Gleichgewicht. Erhöht man aber den Partialdruck des gleichen Gases, so löst sich eine weitere Menge des Gases in der Flüssigkeit, entsprechend dem Henryschen Gesetz, ohne daß je eine absolute Grenze zu erreichen wäre.
Will man berechnen, welche Menge einer Gasart sich pro Einheit des Partialdruckes in einer gegebenen Menge einer bestimmten Flüssigkeit löst, muß man noch den Löslichkeitskoeffizienten α dieser Gasart (i) für die betrachtete Flüssigkeit (j) kennen. Diesen Koeffizienten $\alpha_{i,j}$ erhält man durch Division der bei Sättigung (d.h. Gleichgewicht) gelösten Menge Q_i eines Gases der Art i durch das Volumen V_j der Flüssigkeit der Art j und den angebotenen Partialdruck p_i des Gases.

$$\alpha_{i,j} = \frac{Q_i}{V_j \cdot p_i}$$

Diese Koeffizienten sind für jede Paarung i, j von Gas- und Flüssigkeitsart verschieden und nehmen mit steigender Temperatur ab. Für die in der Tauchphysiologie vorkommenden Temperaturen (37°C), Gase (N_2, He, O_2, CO_2, Ar) und Flüssigkeiten (H_2O, Blut, Lymphe, div. Öle und Fette) sind sie seit langem durch Messungen bekannt.

Gelöste Gasmengen

Das Henrysche Gesetz läßt sich durch Auflösung der obigen Gleichung nach der im Gleichgewichts-(=«Sättigungs»-)Zustand gelösten Gasmenge somit schreiben:

$$Q_i = p_i \cdot \alpha_{i,j} \cdot V_j$$

Als Beispiel läßt sich die Heliummenge, die in den Körpern der Versuchspersonen bei dem oben genannten Experiment «Physalie VI» gelöst war, nach dem Henryschen Gesetz wie folgt berechnen: Bei 38°C ist

$$\alpha_{He,\,H_2O} = 0{,}0087$$
$$\alpha_{He,\,Oliven\ddot{o}l} = 0{,}0148$$

Für unsere Berechnung können wir ohne größeren Fehler anstelle eines menschlichen Körpers von 70 kg Masse 55 l Wasser und 15 l Olivenöl einsetzen. Wir können auch annehmen, daß die beiden Taucher nach einem Aufenthalt von 3 Tagen unter einem Partialdruck pHe = 51,2 bar vollständig mit He gesättigt waren. Der Heliumgehalt Q_{H_2O} des wässrigen und $Q_{Öl}$ des fettartigen Gewebes ist nach obenstehender Gleichung

$$
\begin{aligned}
Q_{H_2O} &= 0{,}0087 \cdot 55\,\text{l} \cdot 51{,}2\,\text{bar} = 24{,}5\,\text{barl} \\
Q_{Öl} &= 0{,}0148 \cdot 15\,\text{l} \cdot 51{,}2\,\text{bar} = \underline{11{,}5\,\text{barl}} \\
& \qquad\qquad\qquad\qquad\qquad\quad 36{,}0\,\text{barl}
\end{aligned}
$$

Bei Normluftdruck (bar) hätte diese Heliummenge also ca. 36 l Volumen. Bei einer plötzlichen Druckentlastung würden bis zu 35,3 l Helium aus der Lösung ausperlen, wie beim Öffnen einer Sprudelflasche. Das hätte sicher den Tod des Tauchers zur Folge. Wie im Kapitel «Dekompressionsphase» ausgeführt, führen sogar schon relativ kleine Gasbläschen im Blut und Gewebe zu Schädigungen.

Die Gasspannung

Will man beim Tauchen das Auftreten gefährlicher Gasblasen vermeiden, so darf die sogenannte «Gasspannung», auch als «Lösungsdruck» bezeichnet, in keinem Gewebe den Totaldruck um mehr als die «erlaubte Überspannung» oder «Übersättigungstoleranz» überschreiten. Seit etwa 100 Jahren arbeiten Wissenschaftler vieler Länder daran, Methoden zu finden, mit denen diese Forderungen bei Aufenthalten von Menschen unter veränderten Druckbedingungen möglichst sicher erfüllt werden können. Dazu werden die erlaubten Überspannungen im allgemeinen experimentell ermittelt und die «Gasspannungen im Gewebe» an Hand von Modellvorstellungen berechnet. Daraus werden in Tabellen gefaßte Vorschriften für stufenweises Auftauchen abgeleitet, deren Einhaltung keine gefährlichen Gasblasen auftreten läßt. Außer der stufenweisen Herabsetzung des Totaldrucks können zusätzlich die Partialdrücke einzelner Gase durch Änderung der Mischungsverhältnisse im Atemgas so eingestellt werden (s. S. 164), daß die Entsättigung gefahrlos beschleunigt wird.

Die Sättigung einer Flüssigkeit mit einem Gas wird sich, wenn die Oberfläche der Flüssigkeit groß ist, bei gleichem Partialdruck schneller vollziehen als bei der gleichen Flüssigkeitsmenge, die nur mit kleiner Oberfläche dem Gas

ausgesetzt ist. Das heißt, die Flüssigkeitsmenge in einer flachen Schale (s. Abb.) wird eher mit einem Gas gesättigt sein als die Flüssigkeit, die, wie in einer enghalsigen Flasche, dem Gas nur eine kleine Oberfläche darbietet.
Der menschliche Körper verhält sich für die Gasaufnahme ähnlich wie die enghalsige Flasche. Das Gasangebot an die Körpergewebe erfolgt beim Menschen ja nur über die Lunge und den Blutkreislauf. Sie bilden in diesem Sinne den Flaschenhals. Das weniger gut durchblutete Fettgewebe mit einem relativ hohen Löslichkeitskoeffizienten wird deshalb viele Stunden brauchen, bis es die dem Henryschen Gesetz entsprechende Gasmenge aufgenommen

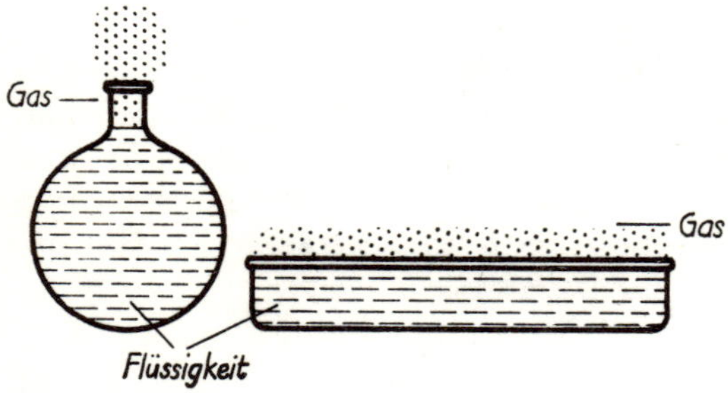

Die Flüssigkeit in der Schale sättigt sich schneller mit dem Gas als in der Flasche.

hat. Bei den relativ kurzen Tauchzeiten beim Sporttauchen kommt es nie zu einer Sättigung der langsamen Gewebe (z.B. Fettgewebe). Um aber die im Gewebe gelöste Gasmenge bei dieser «Teilsättigung» angeben zu können, definiert man als «Gasspannung im Gewebe» $P_{iG} = \frac{c_i}{\alpha_{iG}}$ das Verhältnis der Konzentration

$$c_i = \frac{\text{gelöste Gasmenge der Art i in Normlitern}}{\text{Volumen des Gewebes in Liter}}$$

zu dem für Gasart und Gewebetyp maßgebenden Löslichkeitskoeffizienten α_{iG}. Somit gibt P_{iG} denjenigen Partialdruck der Gasart i an, der nach langer Zeit, d.h. bei Sättigung, die gleiche Konzentration c_i verursachen würde, die im Gewebe gegenwärtig herrscht. Die Geschwindigkeit, mit der Gas vom Blut ins Gewebe übergeht, ist proportional der Differenz zwischen der momentanen Gasspannung im Gewebe und der Gasspannung in dem fast vollständig gesättigten Blut (Ficksches Diffusionsgesetz). Im Anfang, wenn die Differenz noch groß ist, wächst die Gasspannung im Gewebe rascher, später immer langsamer. Nach dem gleichen Gesetz vollzieht sich z.B. die Füllung eines Schleusenbeckens durch Überströmen von der Oberwasserseite oder die Ladung eines elektrischen Kondensators über einen Widerstand (s. Abb.). Mit der Zeit nähert sich die Gasspannung P_{iG} dem seit $t = 0$ angebotenen Partialdruck P_i gemäß dem Exponentialgesetz von Haldane

$$P_{iG} = P_i \left[1 - (\tfrac{1}{2})^{\frac{t}{t_{1/2}}}\right]$$

Dabei ist $t_{1/2}$ die sog. Halbsättigungszeit, d.h. für $t = t_{1/2}$ ist gerade die Hälfte der Gasmenge gelöst wie bei vollständiger Sättigung, die erst für $t \gg t_{1/2}$ erreicht wird (s. Abb. S. 115).
Die Halbsättigungszeit einer Gasart i für ein bestimmtes Gewebe hängt also sowohl von dessen Löslichkeitskoeffizienten α_{iG} wie auch von dessen spezifischer Durchblutung ab, sie ist also nicht allein durch die Gewebsart gegeben.

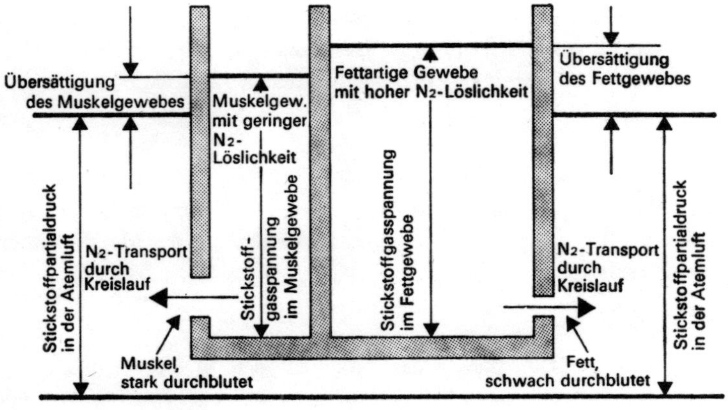

Hydraulisches Modell zur Entsättigung.

Die «erlaubte Überspannung»

Die «erlaubte Überspannung» $\hat{P}_{iG}$ ist diejenige Differenz zwischen Gasspannung P_{iG} und Totaldruck P, deren Überschreitung zu Dekompressionserscheinungen führt (s. S. 189). Es muß also immer $P_{iG}-P \leq \hat{P}_{iG}$ bleiben. Die Werte für $\hat{P}_{iG}$ müssen rein empirisch in Druckkammerversuchen und experimentellen Tauchgängen ermittelt werden, bei denen die Geschwindigkeit der Druckentlastung bis zum ersten Auftreten von Beschwerden gesteigert wird. Für mittlere Halbsättigungszeiten und geringe Totaldrücke liegen sie bei 1 bar entsprechend der schon von Haldane festgestellten Tatsache, daß aus ca. 10 m Wassertiefe auch nach längerem Aufenthalt eben noch beschwerdefrei aufgetaucht werden kann. Heute rechnet man für lange Halbsättigungszeiten mit kleineren, für kurze mit größeren Werten für $\hat{P}_{iG,}$ die außerdem mit steigendem Totaldruck linear zunehmen und für Helium kleiner sind als für Stickstoff. Für die Berechnung werden nur Stickstoff und Helium berücksichtigt, da der Sauerstoff im Gewebe verbraucht wird und seine Gasspannung deshalb immer etwas unter der Spannung für die Inertgase liegt (s. S. 184).

Das Gesetz von Gay-Lussac

Ein Preßluftgerät, das auf einen Druck von 210 bar gefüllt war, kann wenige Minuten nach Eintauchen ins Wasser unter Umständen nur noch einen Druck von 180 bar aufweisen. Dieses Phänomen läßt sich mit dem Gesetz erklären, das der französische Physiker *L.J. Gay-Lussac* zu Beginn des 19. Jahrhunderts formulierte: «Der Druck einer abgeschlossenen Gasmenge nimmt bei konstantem Volumen je °C Erwärmung um $\frac{1}{273}$ des Druckes bei 0°C zu.» Umgekehrt vermindert sich der Druck bei Abkühlung in entsprechendem Ausmaß.

Gleichung des idealen Gases

Besonders übersichtlich wird dieses Gesetz, wenn es mit dem Gesetz von Boyle-Mariotte (s. S. 103) kombiniert und als Gleichung des idealen Gases geschrieben wird:

$$p \cdot V = M \cdot 0{,}082\ T_K$$

Dabei ist p der Druck in bar, V das Volumen in l, M die Gasmenge im abgeschlossenen Raum in barl und T_K die Temperatur, gemessen in Kelvin-Graden (°K). Die Kelvin-Temperatur T_K, auch die absolute Temperatur

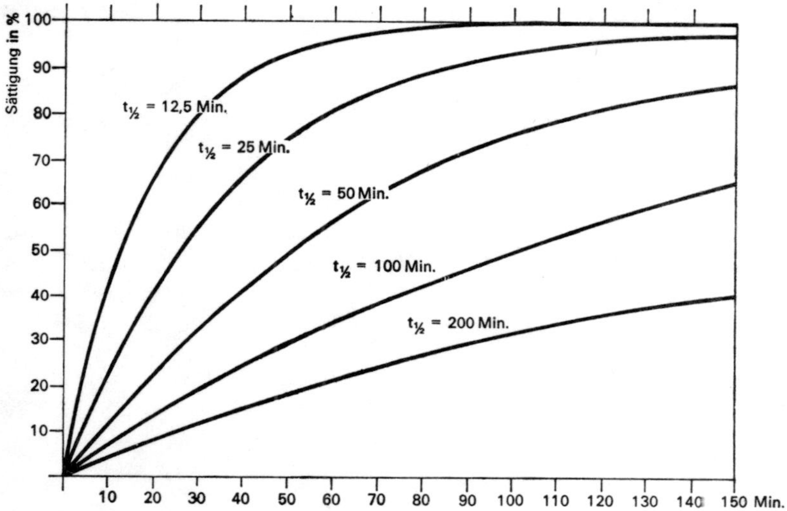

Sättigungsvorgang

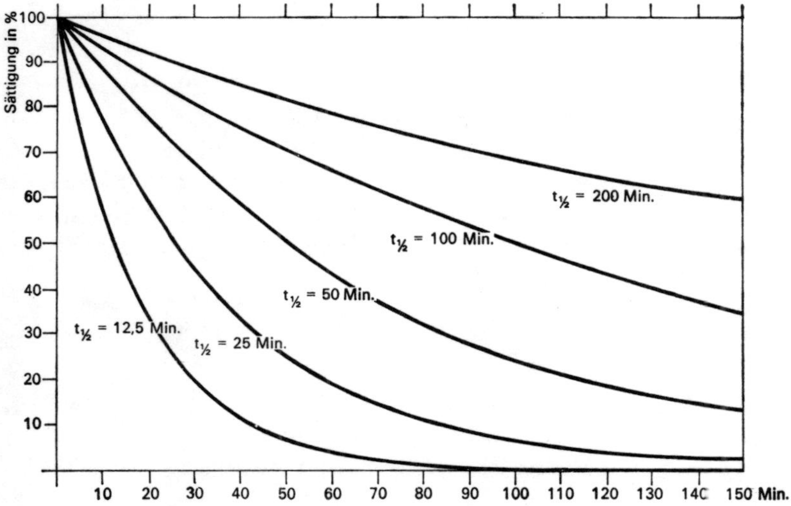

Entsättigungsvorgang

genannt, erhält man aus der Celsiustemperatur durch einfache Addition von 273°:

$$T_{Kelvin} = T_{Celsius} + 273°$$
$$T_{Celsius} = T_{Kelvin} - 273°$$

Im obigen Beispiel ist V und M konstant, so daß p proportional zu T_K ist. Nehmen wir nun an, daß nach dem Füllen die Luft im Tauchgerät den Druck $p_1 = 210$ bar und die Temperatur $T_1 = 54°C$ hatte und sich im Wasser auf $T_2 = 7°C$ abkühlte, so ergibt sich der jetzige Luftdruck im Tauchgerät p_2 wie folgt:

$$p_2 = p_1 \cdot \frac{T_2 + 273°}{T_1 + 273°} = 210 \text{ bar} \cdot \frac{280\ °K}{327\ °K} = 180 \text{ bar}$$

Atmen wir nun aus unserem Gerät die entspannte Luft ein, so erwärmt sich diese sofort auf die Körpertemperatur, d.h. auf ca. 37°C, und dehnt sich entsprechend aus. Dem Taucher steht also in jedem Fall ein Luftvolumen zur Verfügung, welches einer Flaschentemperatur von 37°C entspricht.

Fülldruck, Prüfdruck, Berstdruck

Der Fülldruck der in Deutschland gebräuchlichen Preßluftflaschen beträgt im allgemeinen 200 bar, der Prüfdruck 300 bar. Mit Hilfe des Gay-Lussacschen Gesetzes läßt sich auch errechnen, auf welche Temperatur eine normal gefüllte Preßluftflasche erwärmt werden müßte, um den Prüfdruck zu überschreiten. Ist eine Preßluftflasche bei 15°C auf 225 bar gefüllt, so wäre eine Erwärmung auf 111°C erforderlich, um den Prüfdruck zu erreichen:

$$T_{K_2} = T_{K_1} \cdot \frac{300 \text{ bar}}{225 \text{ bar}} = 288\ °K \cdot \frac{4}{3} = 384\ °K = 111\ °C$$

Da der Berstdruck einer Preßluftflasche ungefähr das Doppelte des Prüfdrucks beträgt, kann eine vorschriftsmäßig gefüllte Preßluftflasche, vorausgesetzt, daß keine inneren Schäden (Rostinseln) bestehen, auch in der prallen Sonne liegen, ohne daß dabei eine Explosionsgefahr besteht.

Sehen unter Wasser

Streuung und Absorption

Das ins Wasser einfallende Licht, im allgemeinen Sonnenlicht oder diffuses Himmelslicht, erfährt beim Durchgang durchs Wasser eine Reihe von Veränderungen.

1. wird das Licht gestreut, d.h. von einem ursprünglich aus Parallelstrahlen bestehenden Lichtbündel wird durch unzählige kleine Richtungsänderungen einzelner Lichtstrahlen immer mehr Energie in alle möglichen Richtungen abgelenkt.

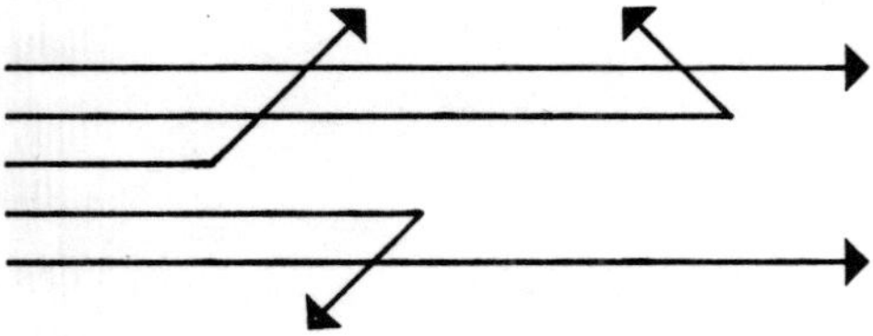

Lichtstreuung

2. Das Licht wird absorbiert, d.h. pro Meter Wegstrecke wird ein bestimmter Anteil der Lichtenergie in andere Energieformen, vornehmlich in Wärme, umgewandelt.

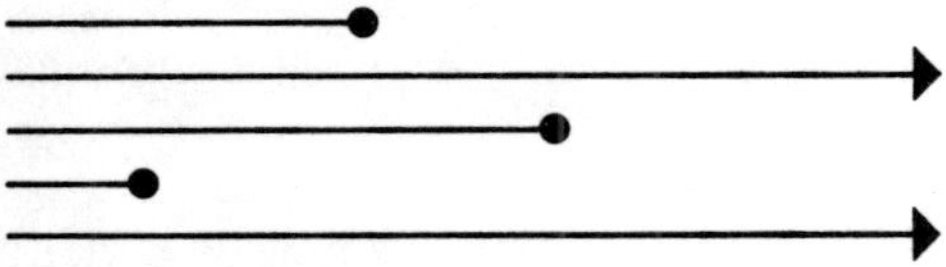

Lichtabsorption

Das Ausmaß sowohl der Streuung wie der Absorption ist selbst für reines Wasser von der Lichtfarbe, also von der Wellenlänge abhängig.

Licht unter Wasser

In der folgenden Tabelle sind die Strecken angegeben, die parallel einfallendes Licht in reinem Wasser durch Streuung und Absorption jeweils auf die Hälfte seiner ursprünglichen Intensität reduzieren.

Wellenlänge in nm (in Luft)		400	450	500	550	600	650	700
entsprechende Farbe		violett	blau	blau	grün	gelb	orange	rot
Schwächung auf die Hälfte nach s Metern	s	8,66	17,33	18,23	14,7	3,53	2,22	1,18
Von der Gesamtschwächung verursacht durch Streuung c%	c	45	56	39	21,3	3,6	1,6	0,7
durch Absorption a%	a	55	44	61	78,7	96,4	98,4	99,3

Farben unter Wasser

Wir sehen, daß rotes, langwelliges Licht in erheblichem Maße schon durch reines Wasser verschluckt wird. Nur blaues Licht kommt durch, das Wasser wirkt wie ein Blaufilter, es hat eine blaue Eigenfarbe. Ein roter Gegenstand kann naturgemäß nicht mehr rot aussehen, wenn das Licht, das ihn beleuchtet, keinen Rotanteil mehr enthält. Rote Gegenstände erscheinen deshalb schon in 15 m Wassertiefe schwarzgrau, wenn sie nur vom Tageslicht beleuchtet werden. Im Licht einer dicht davorgehaltenen Unterwasserlampe, deren Licht nur eine kurze Wegstrecke durchs Wasser läuft, erscheinen die roten Farben alle wieder. Die Farben Orange, Gelb, Grün und Blau werden in der genannten Reihenfolge mit der Wassertiefe zunehmend dunkler. Hellblau kann aber noch in 50 m Tiefe als Farbe erkannt werden. Wegen der guten Adaptationsfähigkeit des Auges können bei starker Farbsättigung und ausreichender Gesamthelligkeit noch bis 30 m Tiefe alle Spektralfarben erkannt werden. (B. Hahn u. Mitarbeiter, 1972)

Selbstverständlich erscheinen rot fluoreszierende Farben, z.B. mit sogenannten Schockfarben markierte Schnorchelenden, die blaues Licht absorbieren und dafür rotes Licht aussenden, auch in großer Tiefe in ihrem Rot, da die roten Lichtwellen dann nur einen kurzen Weg durch Wasser laufen. Es muß hier auch erwähnt werden, daß unsere subjektive Farberkennung oft so stark von Erfahrung und Erwartung beeinflußt wird, daß physikalische Gegebenheiten fast jeden Einfluß verlieren. Ein weißes Blatt Papier erscheint eigenartigerweise sowohl bei Tages- wie bei Lampenlicht weiß. Die Notwendigkeit, für Tages- und Kunstlicht verschiedene Farbfilme einzusetzen, ist nur durch die unterschiedliche psychologische Bewertung von Bild und Wirklichkeit entstanden.

Selbstverständlich werden die oben für reines Wasser angegebenen Wegstrekken für die Schwächung der Intensität auf die Hälfte wesentlich kürzer, wenn Schwebeteilchen (z.B. Plankton) und gelöste Stoffe (z.B. Humussäuren)

Streuung und Absorption erhöhen. Da auch hiervon gewisse Wellenlängen stärker betroffen werden als andere, wird auch die Farbe des Wassers geändert, meistens nach Grün, zuweilen auch nach Braun hin. Da diese Veränderungen je nach Art und Menge der im Wasser vorhandenen Stoffe, die wieder von der Art und Lage des Gewässers und von der Jahreszeit abhängen, verschieden sind, entziehen sie sich einer allgemein gültigen quantitativen Darstellung.

Sichtweiten

Vornehmlich durch die Lichtstreuung, aber auch durch Kontrastmangel gegenüber dem Hintergrund, wie auch durch Lichtmangel, ist unter Wasser das Erkennen entfernter Gegenstände nicht möglich. Wie im dichten Nebel ist die Orientierung unter Wasser deshalb stark erschwert. Selbst in den planktonarmen warmen Meeren (Mittelmeer, Rotes Meer) kann unter günstigen geologischen und meteorologischen Verhältnissen ein Taucher nur in ca.

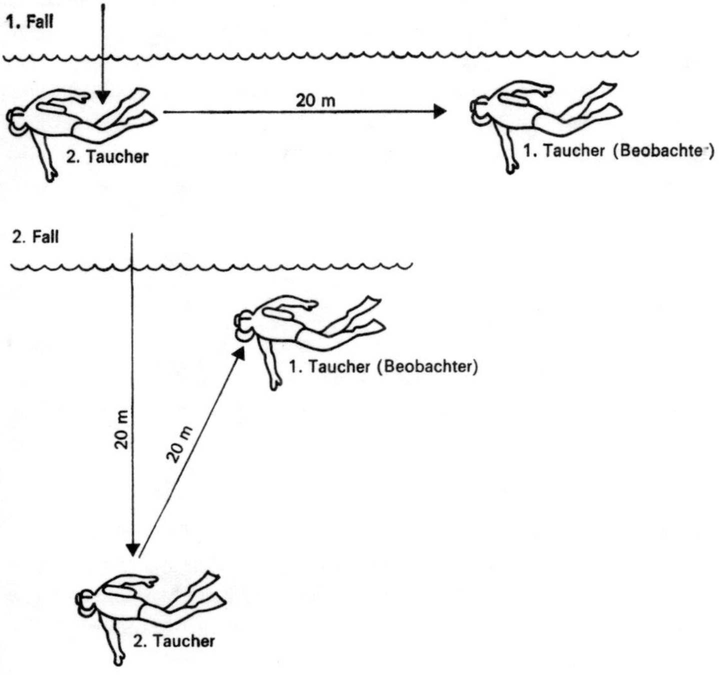

40 bis 50 m Entfernung erkannt werden. In Binnengewässern schrumpft diese Distanz oft auf 3 bis 6 m zusammen. Zuweilen wird auch noch bei nur 1 m Sicht getaucht.

Für die Erkennbarkeit spielt sowohl die Entfernung wie auch die Beleuchtung eines Gegenstandes im Wasser eine Rolle. Es ist deshalb nicht gleich, ob ein Taucher einen zweiten Taucher etwa 20 m vor sich, in geringer Wassertiefe, sieht oder 20 m unter sich. Im ersten Fall wird der zweite Taucher von kaum geschwächtem Tageslicht beleuchtet, das bis zum Beobachter noch 20 m Weg im Wasser zurücklegen muß und dabei gefiltert wird. Im zweiten Fall wird der zweite Taucher bereits von Licht getroffen, das durch 20 m Wasser gefiltert wurde. Auf dem Weg zum Auge des Beobachters durchläuft das vom zweiten Taucher reflektierte Licht weitere 20 m und wird wiederum gefiltert (s. Abb. S. 119).

Für die Erkennbarkeit ist in der Praxis auch der Kontrast zwischen Objekt und dem Hintergrund wichtig. Schwimmt im zweiten Fall der Taucher dicht über hellem Sandgrund, und trägt er einen dunklen Schaumgummianzug, wird er trotz der geringen Beleuchtungsstärke besser erkennbar sein als im ersten Fall.

Schließlich kann eine stark getrübte Oberflächenschicht bereits so viel Tageslicht absorbieren, daß in der Tiefe auch in klarem Wasser einfach aus Lichtmangel kaum etwas erkannt werden kann. Gerade in diesen in heimischen Gewässern relativ häufigen Fällen hilft der Einsatz von Unterwasserlampen weiter.

Hören unter Wasser

Die Schallgeschwindigkeit ist im Wasser wegen seiner fast 800mal größeren Dichte und der verschwindend kleinen Kompressibilität knapp 4½mal so hoch wie in der Luft (332 m/sec in der Luft und 1450 m/sec im Wasser). Auch ist die Schallabsorption im Wasser wesentlich kleiner als in der Luft.

Mit unserem Hörzentrum im Gehirn können wir die Richtung eines Geräusches aus dem kleinen Zeitunterschied erkennen, mit dem die Töne am schallzugewandten Ohr früher eintreffen als am schallabgewandten. Die höhere Schallgeschwindigkeit im Wasser läßt diesen Unterschied auf weniger als ¼ zusammenschrumpfen, und das Zeitauflösungsvermögen unseres Hörzentrums ist damit überfordert.

Daher ist es fast unmöglich, unter Wasser die Richtung, aus der ein Geräusch kommt, zu erkennen. Wenn z.B. an Land eine Richtung sich noch mit einer Genauigkeit von ±4° orten läßt, ist im Wasser das Richtungshören bereits mit einer Ungenauigkeit von ±18° belastet.
Auch die Entfernung einer Geräuschquelle läßt sich unter Wasser sehr schwer einschätzen. Durch die geringe Schallabsorption sind entferntere Schallquellen nur wenig leiser als gleichartige nahe.
Geräusche aus der Luft (z.B. Flugzeuge, Gewitter, Rufen) sind unter Wasser kaum zu hören, und umgekehrt gilt das gleiche für Geräusche, die unter Wasser entstehen, wenn sie in der Luft gehört werden sollen.
Dies beruht auf dem starken Unterschied zwischen den Schallgeschwindigkeiten in Luft und Wasser. Dadurch werden nämlich Schallwellen an den Grenzflächen (Luft-Wasser) größtenteils reflektiert und durchdringen die Oberfläche kaum.

VI Die Auswirkungen des Druckes beim Tauchen

Die Unterteilung der Druckwirkungen in drei Phasen

Über die hydrostatischen Druckwirkungen hinaus wirkt sich beim Tauchen der Überdruck auf unseren Organismus nur über die Gase aus, die wir mitzunehmen gezwungen sind. Diese Druckwirkungen lassen sich deutlich in drei Phasen unterteilen:

1. Die Kompressionsphase beim Abtauchen,
2. die Isopressionsphase während des Aufenthaltes unter Wasser,
3. die Dekompressionsphase beim Auftauchen.

Die Reihenfolge dieser Phasen entspricht auch dem Ablauf eines Tauchgangs. In der Kompressionsphase kommt es zum Anstieg des Gesamtdruckes. Er wirkt sich auf die luftgefüllten Körperhöhlen aus und führt bei einer Druckdifferenz zwischen diesen Höhlen und der Körperoberfläche zu Schädigungen, die man Barotrauma nennt. Zu Druckdifferenzen und damit zum

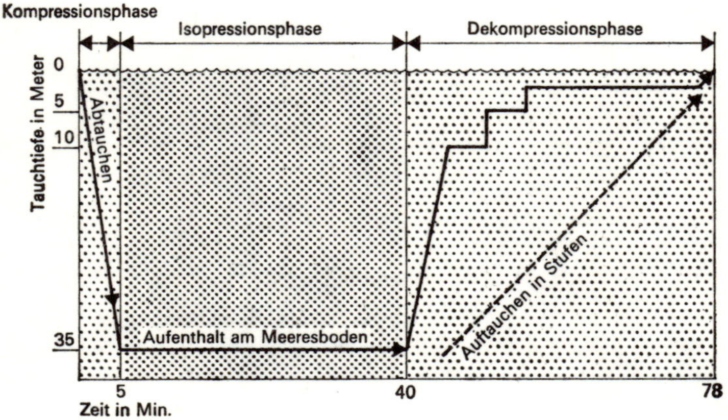

Die drei Phasen der Druckwirkungen beim Tauchen.

Barotrauma kommt es in der Regel beim Abstieg. Eine der Ausnahmen, oft die folgenschwerste, ist der Lungenüberdruckunfall, ein Barotrauma, zu dem es nur beim Aufstieg kommt. Da es hierbei meistens auch zu Luftembolien kommt, wird dieses Barotrauma aus Gründen der Übersicht im Kapitel «Dekompressionsphase» abgehandelt.
In der Isopressionsphase, während einer kontinuierlichen Einwirkung der Atemgase unter erhöhtem Partialdruck, kann es zu Vergiftungserscheinungen wie dem Tiefenrausch und der Sauerstoffvergiftung kommen. Das Auftreten dieser Intoxikationserscheinungen hängt von der Höhe des Partialdruckes der einzelnen Gase und der Dauer ihrer Einwirkung ab.
In der Dekompressionsphase, also beim Aufstieg, wirkt sich der Abfall des Gesamtdruckes rein physikalisch aus. Es kann dabei zur Entstehung von Gasblasen im Körper kommen. Diese Erscheinung und ihre Folgen nennt man Caisson- oder Dekompressionskrankheit. Sie tritt beim Tauchen nur während des Aufstiegs auf.

Hydrostatische Druckwirkungen

In Meereshöhe lastet durch den Luftdruck von 1 atm = 1,013 bar eine Kraft von ca. 180 kN auf unserem Körper, berechnet auf eine Körperoberfläche von 1,80 m^2 bei einem Menschen von 70 kg Masse und 170 cm Größe. In 10 m Wassertiefe ist diese Kraft verdoppelt und beträgt schon 360 kN, in 90 m Tiefe sogar 1800 kN. So imposant diese Zahlen auch aussehen, so dürfen sie doch nicht dazu verführen, sich die Kraft von 180 kN wie bei normalem atmosphärischem Druck die einer Last auf unseren Schultern vorzustellen. Diese Druckkräfte wirken von allen Seiten gleich und werden nicht als Belastung empfunden. Dies gilt auch für den Überdruck in 90 m Wassertiefe, der ebensowenig als Druck empfunden wird.
Die Druckzunahme beim Tauchen wirkt sich auch rein mechanisch auf unseren Körper nicht aus. Der Mensch ist als flüssigkeitsgefüllter Zellverband ebenso wie Flüssigkeiten weitgehend inkompressibel (s. S. 102). Indessen ist es für uns schwer vorstellbar, daß die ungeheure Druckzunahme beim Tauchen ganz ohne Folgen bleiben soll. In der Tat führen sehr hohe hydrostatische Drücke auch zu verschiedenen Wirkungen, die biologische Prozesse beeinflussen können. Gele werden in Sole umgewandelt, die Dissoziation von Elektrolyten nimmt zu, das pH nimmt ab, und die Eiweißhydro-

lyse wird begünstigt. Bei etwa 1000 bar werden Enzyme inaktiv, und bei höheren Drücken hören Eiteilungen auf. Bei 2000 bar verändern rote Blutkörperchen ihre Form; allerdings beträgt die größte Tiefe des Ozeans etwa 11000 m, entsprechend 1100 bar, so daß derartig hohe Drücke praktisch nie auf den Menschen einwirken können.

Experimentelle Untersuchungen über die rein hydrostatischen Druckwirkungen auf Lebewesen mit Lungenatmung sind dadurch erschwert, daß die Gase der Atemluft ja unter dem gleichen Umgebungsdruck stehen müssen und die Funktionen der Zellen dann auch durch diesen erhöhten Gasdruck beeinflußt werden. Bei den Versuchen von *Kylstra* mit Mäusen, die sauerstoffangereicherte Flüssigkeit anstelle von Luft atmeten (s. S. 88), wurden unter Drücken von 61 bis 68 bar teilweise vorübergehend Muskelkrämpfe beobachtet. Nach Experimenten mit Organteilen kam es unter hohen Drükken bei fast allen Zellarten zunächst zu einer Steigerung der Erregbarkeit, dann zu einer Lähmung der Funktion. Die empfindlichsten Organe, wie das Zentralnervensystem und das Reizleitungssystem des Herzens, reagierten jedoch hierbei erst bei Drücken über 200 bar mit einer Erregbarkeitssteigerung. Isolierte Froschherzen zeigten unter Drücken bis zu 400 bar eine Steigerung der Herzfrequenz, und bei 600 bar und selbst bei 800 bar bestand noch ein kräftiger Herzschlag. Allerdings war auch das kräftigste Herz nach solchen Druckeinwirkungen, wenn sie mehrmals oder über längere Zeit erfolgten, nicht mehr normal. Offenbar gibt es aber aquatische Lebewesen, die unter hohen Drücken leben können. In einer Tiefe von 9835 m wurde im Marianengraben von Piccard aus dem Tauchboot «Trieste» noch ein Fisch gesehen, was man lange Zeit nicht für möglich gehalten hatte. Selbst Warmblüter und Lungenatmer, wie z.B. die Pottwale, sind wahrscheinlich in der Lage, bis zu 1000 m Tiefe zu tauchen. Für den Menschen scheint bei seinem Vorstoß in die Tiefe die hydrostatische Druckwirkung wenigstens bis 1000 m Tiefe nicht der begrenzende Faktor zu sein. Bei Druckkammerversuchen im Mai/Juni 1972 in Marseille blieben zwei Taucher 80 min unter einem Druck entsprechend einer Tiefe von 661 m. Atmen wir jedoch bei normalem atmosphärischem Druck, so wirkt sich der hydrostatische Überdruck schon in der Badewanne oder beim Schwimmen aus. Wenn man bis zum Hals im Wasser sitzt oder liegt, kommt es zu verschiedenen Veränderungen. Die Totalkapazität der Lunge nimmt ab, da vermehrt Blut in die Lungengefäße verlagert wird. Diese Zunahme des Blutvolumens im Thorax stimuliert Rezeptoren im linken Herzvorhof, die dann die Ausschüttung von Adiuretin

(ein die Wasserausscheidung hemmendes Hormon des Hypophysenhinterlappens) hemmen bzw. verlangsamen. Dadurch kommt es über verschiedene Reflexe zu einer vermehrten Diurese (Harnausscheidung). Dies hat wiederum eine Zunahme des Plasmavolumens im Kreislauf zur Folge. Die Elektrolyte bleiben weitgehend unbeeinflußt.
Daher kommt es bei längerem Schnorcheltauchen besonders bei Unterwasserjägern, die häufig abtauchen, zu einer vermehrten Harnausscheidung; nicht dagegen bei Preßlufttauchern oder Langstreckenschwimmern. Die Kälteeinwirkungen haben, abgesehen von dem anfänglichen Kältereiz, eher einen gegenteiligen Effekt. Sie bewirken bei Aufenthalten im Wasser in den ersten 3 Stunden sogar eine Minderung der Diurese um 14%.

Die Kompressionsphase

Das Prinzip des Barotraumas
Der menschliche Körper besitzt mehrere luftgefüllte Hohlräume, die alle mit der Außenluft in Verbindung stehen. Nur die Luftblase im Magen und die Gasansammlung im Darm haben keine ständige Verbindung mit der Außenluft. Die luftgefüllten Hohlräume lassen sich in elastische und starrwandige einteilen. Die Lunge stellt durch die sehr nachgiebige Brustwandung und das gut verschiebliche Zwerchfell eine elastische Körperhöhle und zugleich den größten luftgefüllten Hohlraum dar. Starrwandige Hohlräume sind die Nasennebenhöhlen und weitgehend auch die Paukenhöhle im Mittelohr. Ist die Verbindung mit der Außenluft unterbrochen, so gehorchen all diese Luftansammlungen im menschlichen Körper bei Druckänderungen dem

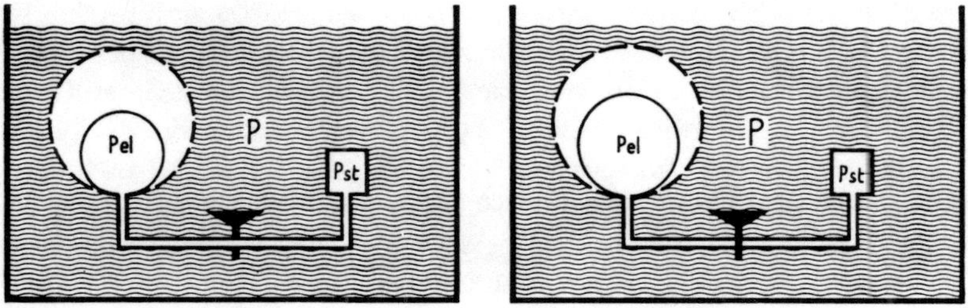

Druckausgleich zwischen elastischen und starrwandigen Hohlräumen.
P = Umgebungsdruck. Pel stellt einen elastischen Hohlraum (die Lunge) dar und Pst eine starrwandige Höhle, wie z. B. die Nasennebenhöhlen.

Boyle-Mariotteschen Gesetz (s. S. 103), d.h. ihr Volumen ändert sich umgekehrt proportional zum Druck.
Elastische Hohlräume passen sich, wie aus der Abbildung ersichtlich, dem steigenden Umgebungsdruck durch eine entsprechende Volumenverkleinerung an. Oder, anders ausgedrückt, der elastische Hohlraum wird soweit komprimiert, bis Druckgleichheit mit dem Außendruck besteht. Für starrwandige Hohlräume besteht diese Möglichkeit der Druckanpassung nicht. Sie können ihr Volumen nicht verkleinern. Nun besteht aber zwischen dem elastischen System, der Lunge (Pel), und dem starrwandigen Hohlraum (Pst) eine Verbindung, und der Druckausgleich erfolgt dadurch, daß die Luft aus der Lunge, in der nach Erhöhung des Umgebungsdruckes P die Luft komprimiert ist, in den starren Hohlraum überfließt, bis auch hier Gleichheit mit dem Außendruck erreicht ist. Pst ist jetzt gleich Pel und gleich P. Ist die Verbindung aber unterbrochen, dann ist zwar P = Pel, der Druck in der starrwandigen Höhle Pst bleibt aber dem Druck an der Wasseroberfläche gleich. Er ist damit kleiner als P und Pel, d.h. der Außendruck ist größer als der Innendruck. Wir haben damit einen relativen Unterdruck, und für den Organismus besteht der Zwang zum Druckausgleich. Diese mechanische Sogwirkung, die mehr oder weniger stark sein kann, zwingt den Organismus, durch Verlagerung von Blut oder Gewebsflüssigkeit in die Schleimhaut den Unterdruck auszugleichen. Die Schädigung, die durch solche Druckdifferenzen entsteht, heißt Barotrauma (Baro = Druck, Trauma = Verletzung).

Das Barotrauma der Lunge

Obwohl unser größter luftgefüllter Hohlraum, die Lunge, infolge der Elastizität des Brustkorbs den Vorteil hat, sich den Druckänderungen durch Änderungen seines Volumens anpassen zu können, kann es auch bei ihm zu einem Barotrauma kommen. Versucht man durch einen überlangen Schnorchel unter Wasser zu atmen, so entsteht ein relativer Unterdruck im Brustkorb. Der Brustkorb wird wie beim Tauchen zusammengedrückt, die Luft in der Lunge aber nicht komprimiert, da sie über den Schnorchel nach oben entweichen kann. *Stigler* beschrieb als erster seine Erfahrungen, als er im Selbstversuch 1911 im Militärbad in Wien versuchte, in 2 m Wassertiefe durch ein starres Rohr Luft von der Wasseroberfläche zu atmen. Schon nach 18 sec wurde er mit Herzrasen geborgen. Einem Überdruck von 1,2 bar auf den Brustkorb stand der normale atmosphärische Druck von ca. 1 bar in den Lungen, die ja durch das Rohr mit der Wasseroberfläche verbunden waren, gegenüber. Dadurch war im Brustkorbinneren ein relativer Unterdruck von minus 0,2 bar gegeben. Der Außendruck von 0,2 bar übersteigt den maximalen Druck von ca. 11 KPa bei 112 cm Wasserdruck, den die Einatemmuskulatur noch aufbringen kann. Außerdem ist durch den langen Schnorchel der Totraum vergrößert, oder es steigt, wenn das Rohr zu eng ist, der Strömungswiderstand.

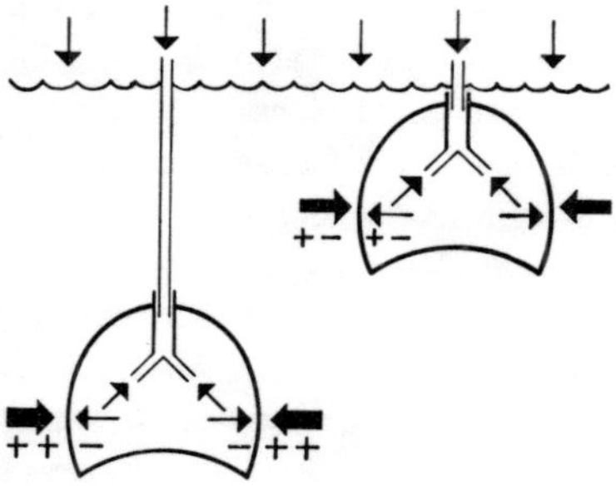

Druckverhältnisse bei überlangem Schnorchel und bei Normallänge.

Der relative Unterdruck in der Lunge wirkt sich mechanisch wie der Sog aus, der in unserem System der starrwandigen Hohlräume beschrieben wurde. Durch diesen Sog wird Blut in den großen Hohlvenen des Brustkorbs, im Lungenkreislauf und im rechten Herzen angesaugt. Der linken Herzkammer wird damit nur noch vermindert Blut angeboten. Zusätzlich kommt es noch über Reflexe zum Absinken des Blutdrucks in den Arterien. Die Hirndurchblutung kann nicht mehr aufrechterhalten werden, und es kommt zum Kollaps und zur Bewußtlosigkeit. Dieses Barotrauma der Lungen wurde früher als «inneres Blaukommen» bezeichnet. Es tritt bei Helmtauchern auf, wenn sie «abstürzen» (s. S. 128, Abb. S. 129). Praktisch ist es durch einen Schnorchel nur möglich, gegen einen Wasserdruck von maximal 70 cm Wassersäule anzuatmen. Doch wäre dabei eine normale stetige Atmung nicht mehr durchführbar. Mit Schnorchelkonstruktionen, die über diese Länge hinausgehen, wie sie auf antiken und mittelalterlichen Darstellungen zu sehen sind, kann in Wirklichkeit nie geatmet worden sein. Die gebräuchlichen Schnorchel sind deshalb auch meist auf eine Länge von 30 bis 40 cm begrenzt. Tieferes Tauchen mit Atmung über ein verlängertes Schnorchelrohr ist also ausgeschlossen. Sinngemäß entsprechend soll auch bei Tauchgeräten der Einatemwiderstand der Lungenautomaten nicht mehr als ca. 8 mm Wassersäule (= 0,8 mbar) betragen.

Die Schröpfkopfwirkung

Eine weitere Unterdruckwirkung stellt das «äußere Blaukommen» der Helmtaucher dar. Es kommt ebenfalls durch eine Sogwirkung zustande und läßt sich am einfachsten mit dem Schröpfen vergleichen. Das Schröpfen war früher eine in der Medizin sehr verbreitete Behandlungsmethode. Schröpfköpfe, meist aus Glas, wurden auf die Haut aufgesetzt, nachdem mit einer Spiritusflamme die Luft im Schröpfkopf erhitzt worden war. Beim Aufsetzen auf Rücken oder Brust entstand nach Abkühlung der Luft im Schröpfkopf ein luftverdünnter Raum, und die erfaßte Körperoberfläche wurde in das Glas eingesaugt. Beim Helmtaucher kann der starre Taucherhelm tatsächlich als Schröpfkopf wirken. Im Helm und in dem sich daran anschließenden Gummianzug muß der Luftdruck dem jeweiligen Wasserdruck entsprechen, wenn der Taucher gegen den auf dem Brustkorb lastenden Wasserdruck atmen soll. Ein zu hoher Luftdruck im Helm wird durch ein Auslaßventil ausgeglichen. Fällt aber der Luftdruck in dem geschlossenen Taucheranzug aus irgendwelchen Gründen plötzlich ab, so entsteht durch einen relativen Unterdruck in dem festen Helm eine starke Saugwirkung, Hals und oberer Brustkorb des Tauchers werden dann in den Helm gesogen, wie die Haut bei einem Schröpfkopf. Dabei schwellen die eingesaugten Körperteile stark an und werden durch Blutansammlungen in und unter der Haut dunkelblau. Man spricht deshalb vom «äußeren Blaukommen». Beim Helmtaucher tritt dies als Folge eines sogenannten Absturzes auf, d.h. wenn der Taucher seine Tiefe zu rasch vergrößert oder effektiv abstürzt, z.B. von einem Wrack, einer Plattform oder einer Schiffsleiter, während die Luftzufuhr von oben nicht schnell genug dem ansteigenden Wasserdruck angeglichen werden kann.

Gleichzeitig kommt es in solchen Fällen, wie aus der Abbildung leicht zu ersehen, auch zum inneren Blaukommen, da sich der Unterdruck auch auf die Lungen auswirkt. Für diese Vorgänge wird auch die englische Bezeichnung «squeeze» (drücken, pressen) gebraucht. Die Bezeichnung «Schröpfkopfwirkung» wird schon nach der Wortbedeutung diesen Vorgängen sicher besser gerecht.

Am Beispiel des Tauchersturzes läßt sich das Phänomen der relativen Druckänderung einleuchtend demonstrieren. Bei einem Sturz des Helmtauchers von der Wasseroberfläche auf 10 m Tiefe verdoppelt sich der Druck, und zum Druckausgleich muß noch einmal das ganze Atemvolumen der Luft nachgeliefert werden. Geschieht das nicht, so ist ein derartiger Absturz meist tödlich. Bei einem Sturz von 40 auf 50 m Tiefe (5 bar auf 6 bar, ebenfalls 10 m

Differenz) tritt aber bloß ein Volumenbedarf von ⅙ des Helmvolumens auf, der leichter gedeckt werden kann. Da es nicht auf die absolute Änderung der Tiefe und damit des Druckes ankommt, sondern auf die relative Druckänderung, ist eine rasche Tiefenänderung um so gefährlicher und hat um so größere Auswirkungen auf den Körper, je dichter an der Oberfläche sie eintritt.

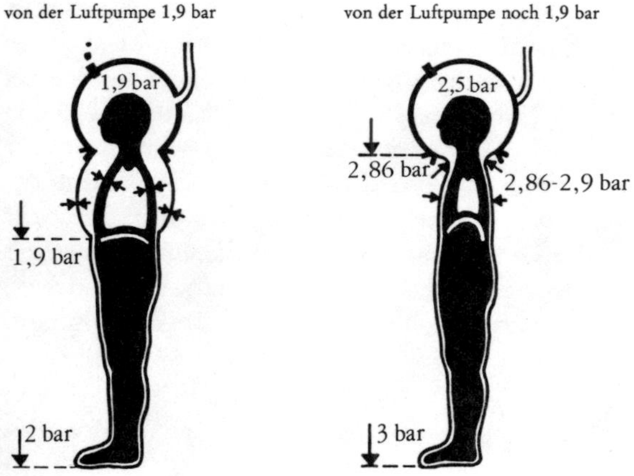

Beim Schnorcheltauchen kann eine ähnliche, allerdings schwächere Schröpfkopfwirkung auftreten, wenn eine Tauchmaske aus wenig elastischem Material verwendet und beim Abtauchen der Druck in der Maske nicht ausgeglichen wird. Dies läßt sich aber leicht mit Ausatmen durch die Nase beheben. Bei Taucherbrillen, die nur die Augen umschließen, ist allerdings ein Druckausgleich nicht durchführbar. Sie werden deshalb gewöhnlich bloß als Augenschutz zum Beobachten von der Oberfläche aus, nicht aber zum Tauchen verwendet. Wird hiermit tiefer als 3 m getaucht, so kommt es zu Blutungen in die Bindehaut und die Augenlider. Als die Amas (s. S. 132) anfingen, Taucherbrillen zu verwenden, behalfen sie sich so, daß an jedem Brillenteil luftgefüllte Gummisäckchen oder Tierblasen befestigt wurden. Beim Abtauchen drückten diese Säckchen Luft in die Brille entsprechend dem Umgebungsdruck und schufen damit den Druckausgleich.
Eine Anreicherung von Kohlendioxid im Maskenraum durch Pendelatmen, wie sie gelegentlich behauptet und für eine unter Wasser eintretende Bewußtlosigkeit verantwortlich gemacht wurde, ist dabei praktisch ausgeschlossen,

da die Einatmung ja meist durch einen von der Maske unabhängigen Schnorchel erfolgt. Die Hypothese ist rein falsch.

Das Tieftauchen in Apnoe

Zum Unterdruck im Brustkorb kommt es aber besonders beim Tieftauchen in Apnoe. Wie erwähnt, kann der Brustkorb dank seiner elastischen Wandung sein Volumen bei zunehmendem äußerem Überdruck verkleinern. Nun ist eine Verkleinerung des Brustkorbs wegen der begrenzten Beweglichkeit der Rippen durch ihre Verankerung im Brustbein nur bis zu einem bestimmten Ausmaß möglich. Sie ist beim Menschen jedenfalls geringer als bei einer Reihe der tauchenden Säugetiere, bei denen durch das Fehlen des Brustbeins die Rippen viel näher aneinander gebracht werden können (s. S. 83). Kann der Brustkorb dem einwirkenden Druck nicht mehr nachgeben, d. h. sich nicht mehr verkleinern, so muß bei weiter zunehmendem Außendruck innerhalb des Brustkorbs ein relativer Unterdruck entstehen. Taucht z. B. ein Mensch mit einem Luftvolumen von 6000 ml (Vitalkapazität + Residualvolumen)

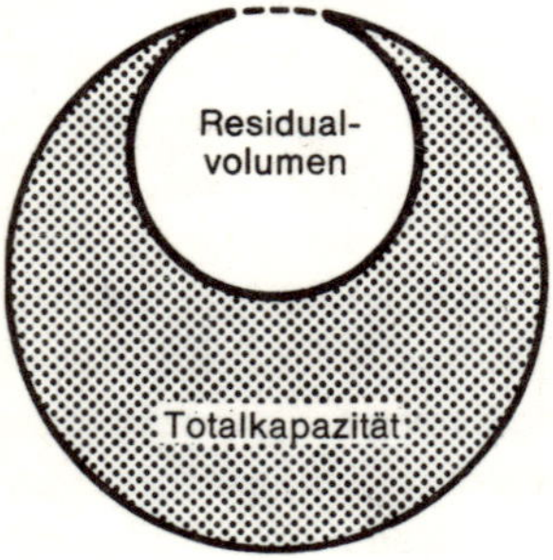

Verhältnis des Residualvolumens zur Vital- und Totalkapazität.

10 m tief, so muß sich dieses Volumen – entsprechend der Druckzunahme auf das Doppelte – auf die Hälfte verkleinern, also auf 3000 ml. In 20 m Wassertiefe geht das Volumen auf ein Drittel = 2000 ml und in 30 m auf ein Viertel des Ausgangsvolumens = 1500 ml zurück. Der Brustkorb befindet sich jetzt praktisch in maximaler Ausatmungsstellung, wenn auch bei mengenmäßig gleichem Luftinhalt wie an der Oberfläche. Damit nähert sich bei den meisten Menschen das verbleibende Luftvolumen dem Residualvolumen, das 20 bis 30% der Vitalkapazität ausmacht (s. S. 60).

Die Größe des Residualvolumens wird aber auch als die Grenze der Zusammendrückbarkeit des Brustkorbs angesehen. Taucht man über diese Grenze hinaus, so muß in der Lunge ein – im Vergleich zum Außendruck – negativer Druck bzw. Unterdruck entstehen.

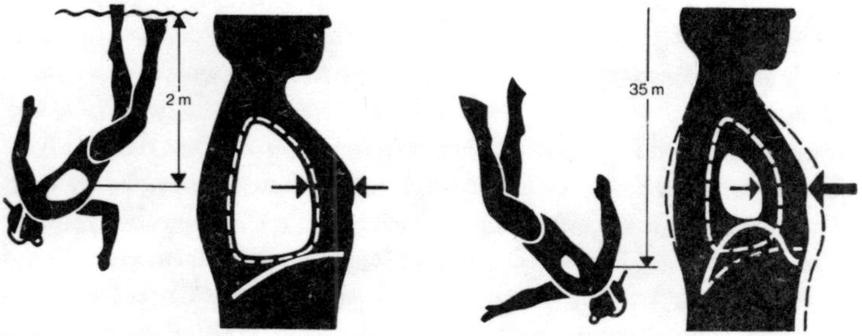

Der Organismus hat jetzt nur noch die Möglichkeit, den Druckunterschied dadurch auszugleichen, daß er den Raum mit Flüssigkeit ausfüllt. Dies ist einmal möglich durch einen Austritt von Gewebeflüssigkeit aus den die Alveolen umgebenden Blutgefäßen, den Lungenkapillaren. Es käme dabei zu einem sogenannten Lungenödem, einem Zustand, der dem Ertrinken ähnlich ist, da ja auch hierbei die Alveolen mit Flüssigkeit gefüllt sind (s. S. 274).

Alle Physiologen nahmen bis vor einigen Jahren noch an, daß die Grenze des Tieftauchens allein von der Kompressibilität des Brustkorbs abhinge und daß diese sich nach dem Verhältnis der Totalkapazität zum Restvolumen berechnen ließe. Nun haben in der Tat die drei Rekordtieftaucher, der Italiener Enzo Majorca, der Franzose Jacques Mayol und der Amerikaner Robert Croft, eine ungewöhnlich große Vitalkapazität, die um 8 l liegt. Bei einer Tauchtiefe von 50 m wäre ihr Luftvolumen auf ein Sechstel zusammengedrückt. Das entspräche noch einem normalen Restvolumen von 1330 ml. Nun sind aber alle drei Taucher schon über die 70 m-Grenze hinabgetaucht. Ja, Jacques Mayol gelang im November 1981 mit 54 Jahren der Vorstoß auf 101 m Tiefe.

Besonders eingehend wurde Robert Croft von dem Physiologen *K. E. Schaefer* untersucht. Zur Zeit seines Rekordes am 12. August 1968 war er 3[illegible] Jahre, hatte eine Vitalkapazität von 7,8 l und ein Residualvolumen von 1,3 l. Mit diesem Volumenverhältnis hätte er knapp 60 m tief tauchen können. Er tauchte in einer Zeit von 2 min und 28 sec aber 72 m tief. Um keine Luft zum Druckausgleich in einer Maske zu verbrauchen, trug er Spezial-Unterwasserkontaktlinsen und eine salzwassergefüllte Taucherbrille, die nur die Augen bedeckte. Er kam bei diesem Tauchversuch weder in eine Hypoxie noch in eine Hyperkapnie. Die Tauchtiefe wurde also nicht durch Atemnot und nicht durch einen zu hohen Kohlensäureanstieg im Blut begrenzt, sondern durch den Unterdruck im Brustkorb. Durch komplizierte Messungen konnte bei Croft festgestellt werden, daß in 39,5 m Tiefe bereits zusätzliche 850 ml Blut im Brustkorb angesammelt wurden, die den Unterdruck teilweise ausglichen. Wie Photoaufnahmen in 72 m Tiefe zeigten, war der Brustkorb stark zusammengedrückt und der Bauch erheblich eingezogen. Der Bauchinhalt hatte sich also offensichtlich unter Hochdrängen des Zwerchfells in den Brustkorb verlagert. Als Ausdruck der Verkleinerung des Brustkorbs zeigten sich um die Brust kleine Hautfalten. In Anpassung an die Druckerhöhung hatte sich ähnlich wie bei den tauchenden Säugetieren der Unterdruck im Brustkorb durch eine Blutverschiebung in die großen Hohlvenen und den Lungenkreislauf ausgeglichen, und es war offenbar nicht zu einem Austritt von Flüssigkeit in die Alveolen gekommen. Anders als bei dem Versuch *Stiglers,* durch einen überlangen Schnorchel zu atmen, war auch kein Kollaps erfolgt. In der Praxis sind auch bei Tieftauchversuchen in Apnoe bisher keine akuten Barotraumen der Lungen bekannt geworden, wohl deshalb, weil vor dem kritischen Punkt, an dem der Unterdruck in der Lunge gefährlich zu werden beginnt, Beklemmungen und Atemnot auftreten, die zum Auftauchen zwingen. Es ist ganz sicher, daß die großen Tiefen der drei Rekordtaucher das Ergebnis eines jahrelangen Trainings und einer entsprechenden Konstitution sind, wobei durch eine allmähliche Anpassung die Fähigkeit erworben wurde, den Unterdruck im Brustkorb durch weitere Volumenverkleinerungen und durch Blutverschiebungen auszugleichen. So brauchte Enzo Majorca 13 Jahre, um seine Tauchtiefe auf 80 m zu steigern. 1960 erreichte er nur 45 m Tiefe. Für den normalen Taucher sollen in Apnoe 20 bis maximal 30 m Wassertiefe nicht überschritten werden, da ab 20 m Tiefe der Druck in den Lungen schon anfängt negativ zu werden und der relative Unterdruck in 30 m etwa 33 mbar beträgt.

Das Tauchen der Amas

Ein einmaliges Beispiel für die Adaptationsfähigkeit des Menschen an das Tauchen bieten die Amas. Seit wenigstens 1500 Jahren lebt eine große Anzahl von Menschen an den Küsten Koreas und Japans von Schaltieren und eßbarem Tang, die freitauchend vom Meeresboden geholt werden. Unter den zur Zeit 30000 Tauchern, genannt Ama, sind die Männer in der Minderzahl. Die Amas beginnen mit 11 bis 12 Jahren und tauchen, Sommer wie Winter, oft bis zum 65. Lebensjahr. Schwangerschaft unterbricht die Arbeit nicht, es wird oft bis zum Tag der Niederkunft getaucht und später der Säugling zwischen den Tauchgängen gestillt. Zwei Taucharten werden praktiziert. «Cachido» wird die Taucherin ohne Hilfsmittel und ohne Helfer genannt. Hierbei schwimmt die Ama nach einigen tiefen Atemzügen zum Grund, sammelt, was zu finden ist, und taucht wieder auf. Im allgemeinen wird bis 6 m Tiefe getaucht, je nach Gelegenheit aber auch 15 bis 18 m tief. Sie bleibt ca. 30 sec unter Wasser, atmet an der Oberfläche wieder 30 sec lang und taucht so etwa 60mal in der Stunde. Die «Funado» arbeitet in Tiefen von 18 bis 25 m und bleibt 30 sec auf dem Grund. Sie läßt sich an einem Gewicht zu Boden sinken und wird an einer Leine von dem Helfer im Boot, meist dem Ehemann, wieder heraufgezogen. Auf- und Abtauchen dauern jeweils 15 Sekunden. Die Funado macht 30 Tauchgänge in der Stunde. Insgesamt wird etwa 4 Stunden pro Tag getaucht. Von *S.K. Hong* und *H. Rahn* wurden die Amas eingehend untersucht. Der auffälligste Unterschied zu den nichttauchenden Koreanerinnen war die ungewöhnlich große Vitalkapazität der Amas. Während des Tauchens ging die Herzfrequenz um 30 bis 40% zurück (s. S. 90). Im Gegensatz zu den Perltauchern im Tuamotu-Archipel im Südpazifik (s. S. 212) gibt es bei den koreanischen Amas keine Unfälle. Durch die langen Erfahrungen haben sie gelernt, innerhalb der Sicherheitsgrenze zu bleiben. Vielleicht äußert sich hier auch das größere Risikobewußtsein der Frau.

Über die Besonderheiten des Schnorcheltauchens

Dagegen ist die kurze Geschichte des Schnorcheltauchens, insbesondere die der Unterwasserjagd in Europa und Amerika, mit einem hohen Zoll von Unfällen belastet. Heute spielt die Unterwasserjagd außerhalb Deutschlands, wo sie durch alte Bestimmungen verboten ist, noch eine sehr große Rolle. Bei den meisten tödlichen Unfällen fiel auf, daß sie sich weniger in der Tiefe als vielmehr beim Auftauchen ab 7 m aufwärts ereigneten. Wie durch Untersuchungen an Schnorcheltauchern von *K. E. Schaefer* und *P. E. Paulev* festgestellt wurde, steigt mit zunehmender Tiefe, wie zu erwarten, durch die Kompression der Luft im Brustkorb auch der Partialdruck des O_2 an. Dadurch diffundiert in der Tiefe, entsprechend dem höheren Druckgefälle, der Sauerstoff schneller in das Blut hinüber. Beim Auftauchen fällt mit dem Rückgang des Außendrucks auch der Teildruck des Sauerstoffs ab. Ist nun in der Tiefe, beschleunigt durch höhere Anstrengung, wie das Erlegen eines

Fisches, der Sauerstoff im Blut vermehrt verbraucht, so entsteht ein allgemeiner O_2-Mangel. Er tritt aber erst beim Aufstieg stärker in Erscheinung, da jetzt der Teildruck des Sauerstoffs in der Lunge nicht mehr ausreicht, um das Defizit im Blut zu decken.

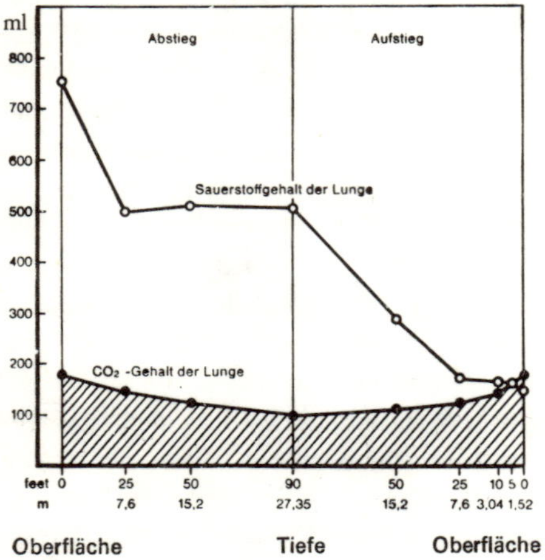

O_2- und CO_2-Gehalt der Lunge beim Schnorcheltauchen.

Das Diagramm zeigt den Gasgehalt der Lunge für O_2 und CO_2 beim Ab- und Auftauchen. In diesem Diagramm geht der Sauerstoffgehalt in der Lunge nicht gleichmäßig zurück und bleibt zwischen Tiefen von 10 bis 25 m praktisch gleich. Bei anderen Untersuchungen wurde aber wiederholt ein linearer Abfall des Sauerstoffgehaltes festgestellt, wie dies eigentlich zu erwarten ist. Beim Aufstieg geht der Sauerstoffgehalt linear zurück, und in 3 m Tiefe beträgt er nur noch 150 ml. Der Kohlendioxidgehalt der Lunge (schraffiertes Feld des Diagramms) fällt mit zunehmendem Umgebungsdruck, und entsprechend steigt der CO_2-Gehalt im Blut.
Kohlendioxid diffundiert also unter dem erhöhten Druck in umgekehrter Richtung von den Alveolen ins Blut hinein. Erst beim Aufstieg geht es wieder in die Lungenalveolen. Entscheidend für die Bewußtlosigkeit ist der O_2-Mangel, der mit nachlassendem Druck so stark wird, daß eine ausreichende Versorgung des Gehirns mit Sauerstoff nicht mehr gewährleistet ist. Eine Gewöhnung der Atemzentren an höhere CO_2-Konzentrationen ist nachgewiesen. In seltenen Fällen gibt es aber auch eine, wohl angeborene, Unterempfindlichkeit der Atemzentren gegenüber dem CO_2-Reiz (s. S. 171).

Die erhöhten CO_2-Konzentrationen im Blut wurden vor allem bei Tauchtiefen um 20 m bzw. bei Aufenthalten von 120 sec Dauer in 18,5 m Tiefe festgestellt. Aber auch nach längerer Apnoe (bis zu 4 min) unter normalem atmosphärischem Druck wurde ein deutlicher Anstieg des Kohlendioxidgehaltes im Blut und in den Geweben festgestellt. Die Milchsäure war bei diesen Versuchen leicht vermehrt. Beim üblichen Freitauchen, wie dem der Amas, aber auch bei Unterwasserjägern, nimmt die Kohlendioxidkonzentration auch nach laufend wiederholten Tauchabstiegen nicht wesentlich zu. Der Sauerstoffverbrauch beim wiederholten Tauchen entspricht der Summe aller einzelnen Tauchgänge.
Alles in allem besteht auch hier eine sehr gute Anpassungsfähigkeit des Menschen an das Tauchen. Zu Unfällen kommt es bei den Unterwasserjägern vor allem durch Unvorsichtigkeit und Überforderung. Besonders um den Zackenbarsch, der sich in tiefere Höhlen zurückgezogen hat, entzündet sich der Jagdeifer, und da dieser Fisch sich dank seiner stacheligen Rückenflossen dort festkeilen kann, bedarf es einigen Geschickes, ihn nach oben zu bringen. J. Corman, ein Weltmeister der Unterwasserjagdmeisterschaften, der nach 8 Stunden Jagen noch einen Zackenbarsch in 25 m Tiefe erlegte, kam 1959 auf diese Weise ums Leben. Er war offenbar erst beim Auftauchen bewußtlos geworden. In Tiefen unter 20 m stellt sich oft ein Gefühl der Atemnot nicht mehr ein. Von Corman stammt der Ausspruch: «Ich erschrecke vor mir selbst: in 20 bis 25 m promeniere ich, ich spanne meine Harpune, nachdem ich einen Fisch erlegt habe, und ich könnte noch viel länger unten bleiben, wenn ich wollte – es ist erschreckend.»
Sciarli berichtet über Fälle von Magenschmerzen und Brennen in der unteren Speiseröhre, die bei Schnorcheltauchern auftraten. Sie machten sich nach ein bis zwei Stunden Aufenthalt im Wasser und bei Tauchtiefen über 3 m bemerkbar und begannen mit Sodbrennen, das sich bis zu heftigem Brennen im Magen und in der Speiseröhre steigerte. Die Beschwerden verstärkten sich nach Süßigkeiten und verschwanden nach Aussetzen mit dem Tauchen unter Einhaltung von Diät etwa nach 10 Tagen. Es handelt sich offenbar um eine Magenschleimhautentzündung und/oder eine Refluxoesophagitis. Möglicherweise wird diese durch die nach Apnoetauchen beobachtete Kohlendioxidanreicherung begünstigt (s. S. 134). Der höhere Kohlensäuregehalt des Blutes wirkt sich auch auf die Säureverhältnisse im Magen aus. Oder aber es gelangt durch den erhöhten Druck im Bauchraum Magensäure in die untere Speiseröhre. Bei Untersuchungen mit Eintauchen im Wasser bis zum Hals wurde

ein erhöhter Magen-Speiseröhrengradient mit Refluxneigung von Magensaft nachgewiesen. Schnorcheltaucher mit empfindlichem Magen, die nach Tauchen Magenbeschwerden bekommen, sollten vorbeugend und nach dem Tauchen ein säurebindendes Mittel (Gelusil Lac, Phosphalugel) nehmen.

Das Barotrauma der Nasennebenhöhlen

Im Gegensatz zum Brustkorb sind die Wandungen der Nasennebenhöhlen völlig starr. Auch die Paukenhöhle im Mittelohr ist weitgehend starr, und ihr Volumen wird durch die Elastizität des Trommelfells nur geringfügig verändert. Bei Druckänderungen können diese Höhlen sich also dem Außendruck nicht durch eine Verkleinerung anpassen.

Die Nasennebenhöhlen bilden paarig angeordnete luftgefüllte Räume im Gesichtsschädel und haben knöcherne, mit einer Schleimhaut ausgekleidete Wandungen, die einem Druckwechsel nicht nachgeben können. Die Stirnhöhle liegt oberhalb der Augenhöhle und grenzt nach hinten an die vordere Schädelgrube (1). Durch den Ductus naso-frontalis, einen schmalen, unter der mittleren Nasenmuschel einmündenden Gang, steht sie mit dem Nasen-Rachenraum in Verbindung (2). Die Kieferhöhlen, die meist größten Räume, liegen unter dem Jochbein, zwischen dem unteren Augenhöhlenrand und den Zahnleisten des Oberkiefers (3). Auch ihr Zugang befindet sich unter der mittleren Nasenmuschel. Die Lage der Keilbeinhöhle wird aus der Abbildung deutlich (4). Ihre Öffnung liegt in der vorderen Wandung nahe der Nasenscheidewand (5). Die Siebbeinzellen stellen ein Labyrinth kleiner Zellen dar, die sich bis in die oberen und mittleren Nasenmuscheln erstrecken können und unter diesen einmünden (6).

Die Schleimhaut, die alle Nebenhöhlen und die Nase selbst auskleidet, ist stark mit schleimbildenden Drüsen und mit Blutgefäßen durchsetzt. Ihre

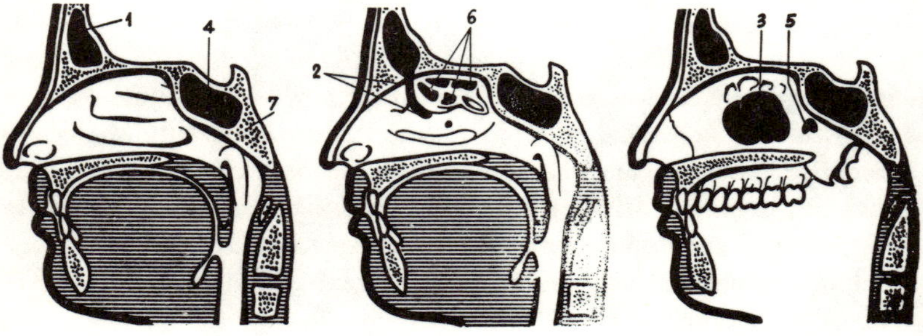

Oberfläche besteht aus einem Wald von kleinsten Cilien, wimpernartigen Fortsätzen, die teils in Richtung der Nasenöffnung, teils in Richtung Rachenraum flimmern. Weiter enthält die Schleimhaut Schwellkörper. Ihre sehr wichtige Funktion wird uns bewußt, wenn sie gestört ist, wie dies z. B. beim Schnupfen der Fall ist.

Wegen ihrer einfacheren Belüftungswege sind die Nasennebenhöhlen für ein Barotrauma weit weniger anfällig als die Paukenhöhle des Ohres. Allerdings gibt es bei ihnen keine Möglichkeit, den Druckausgleich durch Tricks oder Training zu verbessern. Sind die Verbindungen zum Nasenraum durch eine stärkere Schwellung der Schleimhäute verlegt, so ist zwar bei Überdruck in den Nebenhöhlen der Innendruck stets stark genug, um das Hindernis zu überwinden, doch anders verhält es sich bei Überdruck von außen, bei dem die Zugänge ähnlich einem Entenschnabelventil zusammengepreßt werden können.

Nimmt der Unterdruck in den Nebenhöhlen zu, so kommt es schon bei einem Überdruck von etwa 25 cm Wassersäule (WS) = 25 mbar zu einer Schleimhautschwellung und zum Ausschwitzen von Gewebsflüssigkeit (Exsudatbildung). Übersteigt der Überdruck 350 bis 500 cm WS (= 3,5 bis 5 m Tiefe = 50% Druckzunahme), so entstehen ausgedehnte Schwellungen der Schleimhaut mit Blutungen oder Blutergüssen, die zu Blutzystenbildungen führen können.

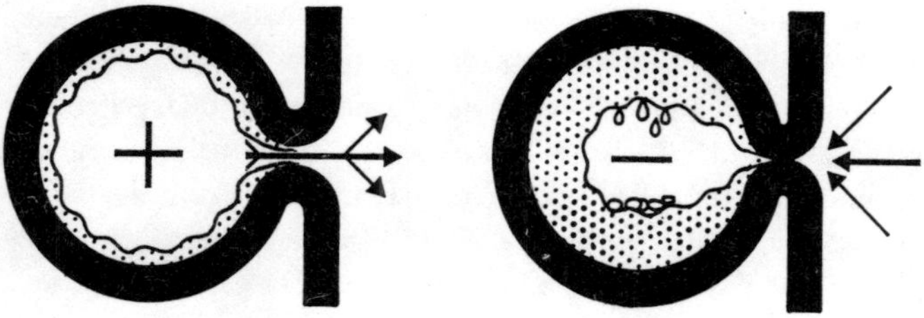

Nasennebenhöhle beim Aufstieg und Barotrauma während des Abstiegs.

Die subjektiven Erscheinungen des Nebenhöhlenbarotraumas machen sich durch heftige, stechende Schmerzen in der Stirn- und Jochbeingegend bemerkbar. Sie zwingen meist zum Auftauchen. War die Druckdifferenz nicht groß, so können Schmerzen und Blutungen bald abklingen. Da nun die Schleimhaut in ihrer Funktion gestört ist, kann es abschließend, je nach Keimbesiedelung des Nasen-Rachenraums, zu einer Entzündung der Nasennebenhöhlen kommen.

Sehr selten sind angeborene Verengungen des schmalen Gangs zur Stirnhöhle für ein Barotrauma verantwortlich. Verbiegungen der Nasenscheidewand oder andere anatomische Veränderungen sind weniger entscheidend als die Funktion der Belüftung, d. h. sie bilden keine Barotraumagefahr, wenn die

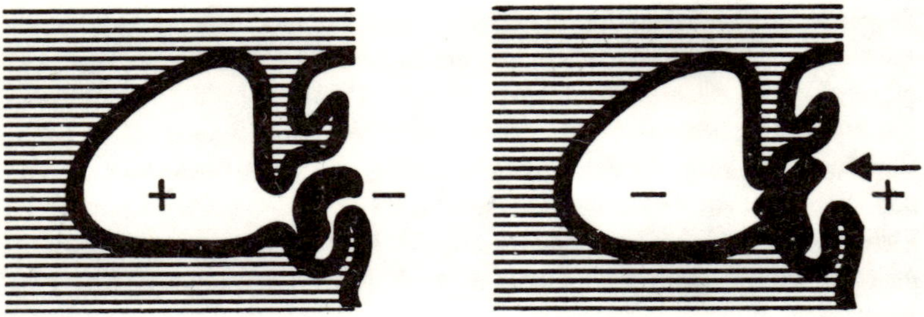

Verschluß der Kieferhöhle durch einen flottierenden Polyp.

Belüftung der Nebenhöhlen nicht eingeschränkt ist. Indessen können Polypen bei Überdruck ventilartig die Öffnung der Nebenhöhlen verschließen (s. Abb.). Liegen Polypen oder Zysten in der Nebenhöhle selbst oder ist der Zugang durch eine Entzündung beengt, kommt es auch beim Aufstieg zu Barotraumen. Nach *Edmonds* u. a. waren in 50 Fällen einer Sinusitis die Symptome in 68% beim Abtauchen und in 32% beim Auftauchen bemerkt worden, meist bei zu schnellem Aufstieg (Notaufstieg).
Die häufigste Ursache für eine Verlegung der Zugangswand bilden Entzündungen der Nase und der Nebenhöhlen, die mit einer Schwellung der Schleimhäute einhergehen. Die verbreitetste Erscheinung ist der akute Schnupfen. Er ist bekanntlich vorübergehender Natur, verbietet aber während seines Bestehens das Tauchen. Die allergischen Schnupfen wie Heuschnupfen und Rhinitis vasomotorica dauern länger. Chronischer Schnupfen kann verschiedene Ursachen haben. Sehr oft ist eine chronische Entzündung der Nasennebenhöhlen der Grund für ein Barotrauma. Sie kann keine oder nur geringe Erscheinungen machen und wird oft erst durch eine Röntgenaufnahme entdeckt. Nicht selten sind chronische Nebenhöhlenentzündungen (Sinusitis) mit einer chronischen Mandelentzündung vergesellschaftet bzw. gehen von dort aus. Bei einer chronischen Sinusitis verbietet sich das Tauchen von selbst. Chronische Mandelentzündungen bilden oft einen Herd, von dem aus laufend Bakteriengifte ins Blut streuen. Dadurch ist die Leistungsfä-

higkeit des Betroffenen eingeschränkt, oft bestehen auch vegetative Störungen, besonders von seiten des Kreislaufs. Wer laufend unbegründet schwitzt, wem beim schnellen Aufstehen schwarz vor Augen wird und wer obendrein einen schlechten Mundgeruch hat, sollte unbedingt zum Arzt gehen. Meist ist eine operative Entfernung der Mandeln nicht zu umgehen. Bei der sogenannten Rhinitis vasomotorica, die nervös-allergischer Ursache ist, kann das Tauchen, vor allem im Meer, oft eine Besserung bringen. Zuhause wirken Salzwasserspülungen oft günstig.
Die Stirnhöhle ist dreimal häufiger Sitz eines Barotraumas als die Kieferhöhlen. Die Siebbein- und Keilbeinhöhlen werden sehr selten befallen. Zwanzigmal häufiger als die Nebenhöhlen erleidet das Mittelohr ein Barotrauma. Ja, nach Ansicht maßgeblicher Hals-Nasen-Ohren-Ärzte nehmen die Barotraumen des Mittel-, vor allem aber des Innenohres in den letzten Jahren bei Sporttauchern katastrophal zu. *(G. Delonca)*

Das Barotrauma des Mittelohrs
Unser Gehörorgan wird in den äußeren Gehörgang, das Mittelohr und das Innenohr eingeteilt.
Der äußere Gehörgang besteht aus einem nach außen gelegenen knorpeligen und einem inneren knöchernen Anteil. Die dickere Haut im knorpeligen Anteil besitzt Haare und zahlreiche Drüsen, die das Ohrenschmalz absondern. Durch das Trommelfell wird der äußere Gehörgang abgeschlossen (1). Es besteht, bis auf einen kleinen Teil, aus drei Schichten: der äußeren Epidermis, einer inneren Membran aus straffen Faserbündeln und einer nach innen gelegenen Schleimhaut, die auch die restlichen Wände des Mittelohrs

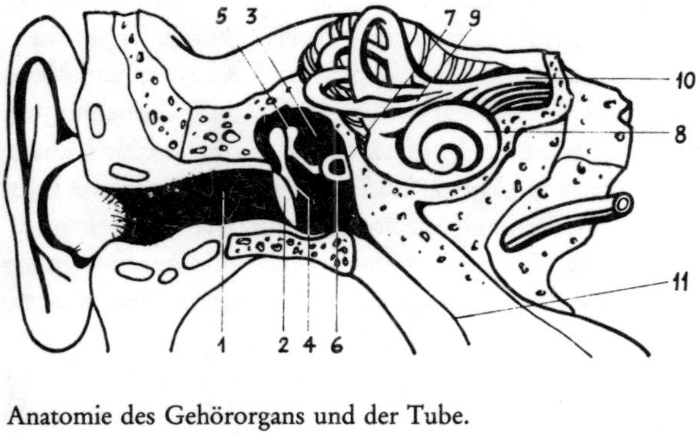

Anatomie des Gehörorgans und der Tube.

auskleidet (2). Als Mittelohr werden die mit Luft gefüllte Paukenhöhle und deren Nebenräume bezeichnet (3). In ihr liegen die Gehörknöchelchen Hammer (4), Amboß (5) und Steigbügel (6). Sie übertragen den Schall vom Trommelfell auf das Innenohr. Die knöcherne Wand zum Innenohr ist von kleinen Öffnungen, dem runden und dem ovalen Fenster, unterbrochen. In das ovale Fenster, das mit einer elastischen Membran, ähnlich der des Trommelfells, bedeckt ist, ist der Steigbügel eingefügt (7). Der Nische des runden Fensters liegt die Schnecke auf (8). Sie bildet zusammen mit dem Bogenapparat (9) das Labyrinth und stellt mit dem zum Gehirn führenden Nervus acusticus (10) das Innenohr dar. Durch die Bogengänge werden der Gleichgewichtssinn, die Empfindung der Lage und Bewegungen, aber auch der Tonus der gesamten willkürlichen Muskulatur geregelt. Die Schnecke ist der schallaufnehmende Apparat des Gehörgangs, während das äußere Ohr, das Trommelfell und die Gehörknöchelchen den schallzuleitenden Hilfsapparat bilden. Die Resonanzfähigkeit des Trommelfells hängt wesentlich von dem in der Paukenhöhle herrschenden Luftdruck ab.

Über die Eustachische Röhre, auch Tube oder Ohrtrompete genannt, wird der Luftdruck in der Paukenhöhle reguliert. Die Bezeichnung Trompete oder Röhre, wie auch viele anatomische Darstellungen dieses Organs, können dazu verleiten, sich ein starres Rohr mit einer dauernd offenen Lichtung vorzustellen (11). Die Tube ist aber ein Kanal mit einem knöchernen Anteil am Ausgang der Paukenhöhle und einem bindegewebknorpeligen Teil, der mit zwei «Lippen» in den oberen Rachenraum mündet (s. 7 in Abb. S. 136). Die Schleimhautwandungen dieses Kanals liegen in Ruhe aneinander und halten die Tube verschlossen. Wäre sie dauernd offen, so würden die Geräusche der Atmung, das Schlucken und das Kauen ständig gehört. Die Belüftung des Mittelohres ist für den normalen Hörvorgang unentbehrlich. Jeder kennt das Gefühl des «zugefallenen» Ohres beim Schnupfen. Es kommt dadurch zustande, daß beim Tubenkatarrh die Schleimhäute verkleben und die laufende Belüftung des Mittelohrs unterbrochen wird. Die Luft in der Paukenhöhle wird dann durch die dortige Schleimhaut langsam resorbiert, es entsteht ein Unterdruck, wobei das Trommelfell einwärts gezogen wird. Normalerweise wird die Belüftung und damit ein ständiger Druckausgleich während des Schluckens und Sprechens durch kleine Muskeln besorgt, die die Tube an ihren Lippen im Nasen-Rachen-Raum öffnen.

Das Volumen der Paukenhöhle ist durch das elastische Trommelfell nur gering variabel, etwa um $1/30$ bis $1/10$. Wie in den Nebenhöhlen, muß beim

Tauchen auch der Innendruck der Paukenhöhle dem Umgebungsdruck angeglichen werden. Das ist nur durch eine kurzschließende Verbindung mit dem elastischen System, der Lunge, möglich (s. Abb. S 125). Zu Traumen kommt

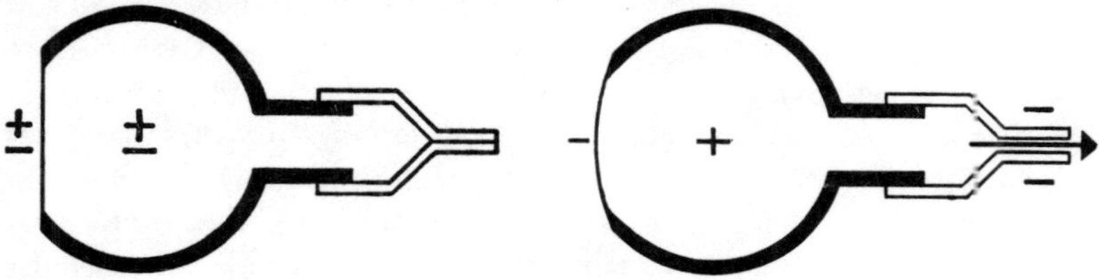

Beim Überdruck im Mittelohr öffnen sich die Tubenlippen.

es beim Mittelohr meistens beim Abtauchen, da bei Schleimhautverklebungen schon ein Überdruck von 10 bis 15 cm WS (= 10–15 mbar) in der Paukenhöhle genügt, um den Tubeneingang zu sprengen.
Beim Abtauchen steigt der Druck im Nasen-Rachen-Raum, und die Lippen der Tubenenden können gegeneinander gepreßt werden. Es bedarf dann aktiver Muskeltätigkeit, um die Tuben zu öffnen und die Luft in die Paukenhöhle eindringen zu lassen. Gelingt dies nicht und somit kein Druckausgleich, so kompensiert zunächst das Trommelfell durch Vorwölbung nach innen die Differenz. Das ist möglich bis zu einem Druck entsprechend 1 bis 2 m WS, wobei schon Schmerzen auftreten können. Steigt der Druck im Gehörgang weiter an, so kommt es, wie bei den Nasennebenhöhlen, zu Schleimhautschwellungen mit Ausschwitzungen von Gewebsflüssigkeit und zu Blutungen, die den Druckunterschied in der Paukenhöhle auszugleichen versuchen.
Schließlich, bei einem 4 bis 5 m Tiefe entsprechenden Wasserdruck, zerreißt das Trommelfell. Bei einem älteren Taucher ist die Elastizität des Trommel-

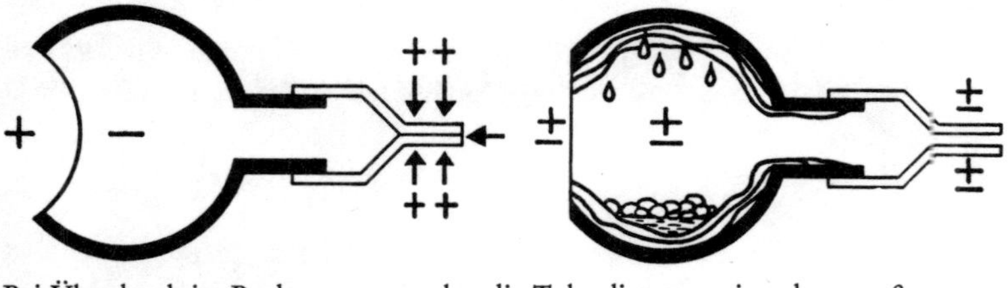

Bei Überdruck im Rachenraum werden die Tubenlippen aneinandergepreßt.

fells geringer als beim jungen Menschen, so daß es früher reißen wird. Der vorangehende heftige Schmerz läßt dann plötzlich nach, aber ins Mittelohr dringt Wasser ein und reizt durch die Kälte den Bogengangsapparat, der ja das Organ für den Gleichgewichtssinn ist. Es kommt zu starken Störungen des Gleichgewichtsempfindens, zu Drehschwindel, Übelkeit durch einen sogenannten Labyrinthschock.
Beim Abtauchen macht sich der zunehmende Wasserdruck je nach der Elastizität des Trommelfells in 2 bis 4 m Tiefe als unangenehmer Druck auf den Ohren bemerkbar. Kann der Druck nicht ausgeglichen werden, so kommt es – wie ausgeführt – zu Schmerzen, die beim Tiefertauchen zu einem unerträglichen Bohren werden «wie eine glühende Stricknadel im Ohr». Nach dem Aufstieg bleibt ein unangenehmes Gefühl zurück, als ob das Ohr voll Wasser wäre, sowie eine Hörverschlechterung, und der Taucher versucht dann, durch einen erneuten Druckausgleich sich Erleichterung zu verschaffen. Zischt es dabei im Ohr, weil die Luft nach außen entweicht, so ist dies ein sicheres Zeichen, daß das Trommelfell gerissen ist. Einem Trommelfellriß muß indessen nicht immer ein starker Schmerz vorausgehen, besonders wenn der Druckwechsel sehr rasch war, wie etwa beim Hineinspringen ins Wasser. Ja, er kann sogar unbemerkt bleiben bzw. übergangen werden und erst beim nächsten Tauchgang in Erscheinung treten, wenn durch eindringendes Wasser Schwindelgefühl und Gleichgewichtsstörungen auftreten. In den meisten Fällen besteht aber gleichzeitig ein Erguß in der Paukenhöhle mit Schmerzen und Hörverschlechterung, die auf den Schaden aufmerksam machen.
Im günstigsten Fall heilt ein Trommelfellriß in einer Woche; im allgemeinen muß man aber mit drei bis sechs Wochen rechnen. Ein Tauchverbot für zwei Monate ist in jedem Fall angezeigt. Ein Erguß kann in einigen Tagen resorbiert werden. Relativ selten wird ein Barotrauma durch eine hinzukommende Infektion, d. h. eine Mittelohrentzündung, kompliziert. In verschmutzten Gewässern ist dies häufiger der Fall als im Meer. Aber auch bei intakten Trommelfellen kommt es in schmutzigen Gewässern durch Verschleppen von Keimen – meist durch den Druckausgleich – über die Tube zu Mittelohrentzündungen. Die Behandlung soll in allen Fällen durch einen Facharzt erfolgen.

Schädigung des Innenohrs

Mit der Ausweitung des Tauchens nehmen Schädigungen des Innenohrs ständig zu. Dieses hochdifferenzierte Organ ist nicht nur für Barotraumen, sondern – nach den Erkenntnissen der letzten Jahre – auch besonders anfällig für Schädigungen in der Dekompressionsphase. Aber auch in der Isopressionsphase – allerdings in großen Tiefen zwischen 180 und 335 m – wurden Störungen wie Schwindel, Übelkeit, Erbrechen und Ohrgeräusche (Tinnitus) beobachtet.

In der Kompressionsphase sind die Schädigungen fast ausschließlich durch einen fehlerhaften Druckausgleich bedingt. Ähnlich wie für das Barotrauma des Mittelohrs (s. S. 141) beschrieben, kann es zu einem Barotrauma des Innenohrs kommen.

Aber auch Rupturen (Zerreißungen) des ovalen, mehr noch des runden Fensters wurden beschrieben.

In der Dekompressionsphase sind es arterielle und venöse Mikrobläschen, die zur Gefäßblockierung führen. In der Folge kommt es zu Blutungen und Gewebsflüssigkeitsansammlung außerhalb der Gefäße und in den lymphgefüllten Räumen des Labyrinths und der Schnecke. – Neben den Leitsymptomen Übelkeit, Drehschwindel und Ohrgeräusch kann es in beiden Fällen zu einem Hörsturz kommen. Das ist eine plötzliche Taubheit eines oder beider Ohren.

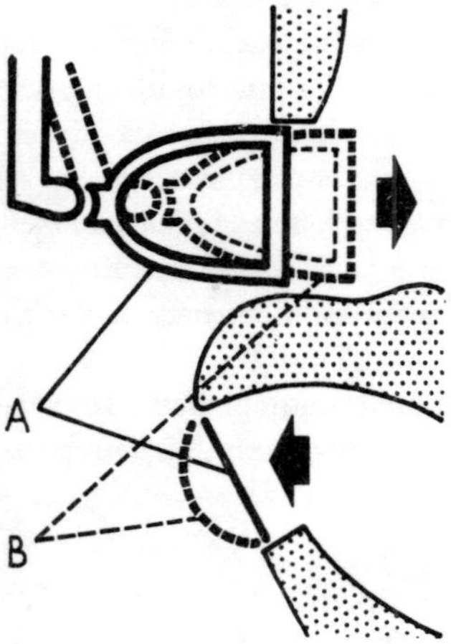

Wie ein Spritzenstempel wird der Steigbügel in das ovale Fenster gepreßt (nach *D. Delonca*).

Bei plötzlichem Druckwechsel kann der Steigbügel wie ein Spritzenstempel in das ovale Fenster hineingepreßt werden. Der Druck pflanzt sich fort auf die Endo- und Perilymphe, das ist die Flüssigkeit in bzw. um Schnecke und

Labyrinth, und drückt die Membran des runden Fensters in die Paukenhöhle. Bei A stehen Steigbügel und Membran des runden Fensters in Normalposition. B zeigt die Position des eingedrückten Steigbügels in der nach innen vorgewölbten Membran des runden Fensters. Zu dieser Situation kommt es bei stärkerem Unterdruck in der Paukenhöhle, wie sie bei nicht vollzogenem Druckausgleich entsteht. Wird nun der Druckausgleich, z. B. durch starkes Pressen, plötzlich hergestellt, so schnellen die Membranen ruckartig in ihre Ausgangsstellung (Position A) zurück und setzen die Lymphe in Schwingungen. Der Bogengangsapparat wird dadurch gereizt, und dies führt zu Drehschwindel und Übelkeit.
Barotrauma und Dekompressionsschäden des Innenohrs können zusammen vorkommen. Unterscheiden lassen sie sich durch die Zeit des Auftretens der ersten Symptome, also in der Kompressions- oder der Dekompressionsphase.
In beiden Fällen bringt nur eine unverzügliche fachärztliche Behandlung eine Aussicht auf Besserung. Ist sie zunächst nicht möglich, sollte absolute Bettruhe mit hochgelagertem Kopf unter Vermeidung von Pressen (kein Valsalva) und Lärm für 24 Stunden eingehalten werden. An Medikamenten hat sich bisher nur Diazepam (Valium) 5–15 mg (intramuskulär oder als Tablette) bewährt. Aspirin oder Cortison schaden wahrscheinlich mehr, als sie nützen. Bei sicherem Dekompressionsschaden sollte sobald als möglich eine Dekompressionsbehandlung einsetzen. Die Behandlungsstufe soll 30 m tiefer sein, als die Tiefe, in der die Symptome aufgetreten sind.
Bleiben Innenohrstörungen nach Dekompressionsunfällen zurück (Ohrgeräusche), muß vom Tauchen abgeraten werden, da ein vorgeschädigtes Innenohr beim Tauchen anfälliger ist und Schwindel und Erbrechen auftreten können.
Ein Hörsturz tritt auch bei Nichttauchern aus verschiedenen Ursachen auf. Hier scheint eine hyperbare Sauerstoffbehandlung erfolgreich zu sein (s. S. 168).

Hörverluste bei Tauchern

Zu den Innenohrschädigungen gehören auch die Hörverschlechterungen, die nach verschiedenen Autoren bei Tauchern in erhöhtem Ausmaß – manche Angaben gehen bis zu 40% der Untersuchten – gefunden werden. Sie betreffen besonders die hohen Frequenzen über 2000 Hertz. Die festgestellten Hörstörungen glichen Schädigungen durch Lärmeinwirkung und gingen oft mit leichten Störungen des Gleichgewichtsorgans einher. Die Ursachen für diese Innenohrschädigungen sind ebenfalls nicht eindeutig geklärt. Eine Ursache wird heute in der Lärmeinwirkung bei Helmtauchern gesehen, die mit dem Ein- und Ausströmen der Luft im Helm verbunden ist. Die Hörverluste für die höheren Töne liegen bei den älteren Tauchern nach anderen Untersuchungen aber nicht wesentlich über denen einer Industriebevölkerung mit gleichem Durchschnittsalter. Im übrigen ergaben Untersuchungen von modernen Sporttauchern mit 3000 und mehr Tauchstunden keine Hörverschlechterung. Nach *Delonca* zeigten regelmäßige fachärztliche Kontrollen mit Audiogrammen von etwa 30 Tauchern, die seit zirka 20 Jahren im Durchschnitt 100 bis 150 Tauchgänge im Jahr mit Gerät durchführten, keinerlei Änderungen oder Verschlechterungen des Hörens. Er führt dies ausschließlich auf die besondere Technik des Druckausgleichs zurück (s. S. 149). In der Tat ist ein regelrecht durchgeführter Druckausgleich entscheidend für die Vermeidung fast aller angeführten Schädigungen des Mittel- und Innenohrs.

Über die Funktion der Tube

Die Fähigkeit zum Druckausgleich hängt von der Funktion der Eustachischen Röhre ab. Physiologisch hat sie zwei Funktionen. Einmal führt sie der Paukenhöhle Luft zu und sorgt damit für eine Druckgleichheit beiderseits des Trommelfells. Zweitens entleeren sich über die Tube die normalen, aber auch pathologischen Schleimhautabsonderungen der Paukenhöhle. Für beides ist die regelmäßige Öffnung der Tube im Rachenraum verantwortlich. Sie ist notwendig, weil die Luft in der Paukenhöhle von der Schleimhaut langsam absorbiert wird und dadurch ein Unterdruck entsteht. Wie auf S. 140 beschrieben, wird die Tube beim Schlucken oder Gähnen durch zwei kleine Muskeln geöffnet. Dieses Spiel vollzieht sich automatisch einmal in der Minute im Wachzustand und etwa alle fünf Minuten im Schlaf.

Beim Abtauchen steigt der Druck auf das Trommelfell, und bei üblicher Abtauchgeschwindigkeit muß die Tube häufiger geöffnet werden, als dies normalerweise an der Wasseroberfläche unbewußt geschieht. Entsteht dabei eine Druckdifferenz von 60 bis 80 mbar, so wird die Tube durch Aufeinanderpressen der Tubenlippen blockiert. Die Tubenmuskeln können diese Druckdifferenz nicht mehr überwinden und sind nicht mehr in der Lage, die Tube zu öffnen. Durch heftiges Pressen lassen die Lippen sich aber noch aufsprengen. Hält der Unterdruck weiter an oder steigt er gar, schwillt die

Schleimhaut der Tube, und es kommt zu Blutungen. In diesem Stadium läßt sich die Tube nicht mehr aufsprengen.

Beim Auftauchen nimmt der Druck auf das Trommelfell ab, und in der Paukenhöhle entsteht ein positiver Druck. Schon ein leichter Überdruck von 10 bis 15 cm WS genügt, um die Tuben zu öffnen und Luft entweichen zu lassen. Es kommt somit zu keinen Schädigungen. Waren aber beim Abtauchen schon Blutungen und Schleimhautschwellungen in der Tube aufgetreten, so ist auch jetzt ein Barotrauma möglich. Meist ist einem solchen Barotrauma ein schnelles Abtauchen, z. B. bei Rettungsversuchen, oder häufig wiederholtes Abtauchen wie bei der Unterwasserjagd vorausgegangen, wobei nicht regelrecht auf einen Druckausgleich geachtet wurde. Es gibt aber auch Fälle, bei denen das Abtauchen ohne Schwierigkeiten gelang und es trotzdem beim Auftauchen zum Barotrauma kommt. Neben Schleimhautpropfen spielen hier wohl konstitutionelle Faktoren am Isthmus eine Rolle. Die schematisierte Zeichnung zeigt den Isthmus (Engstelle) im Übergang

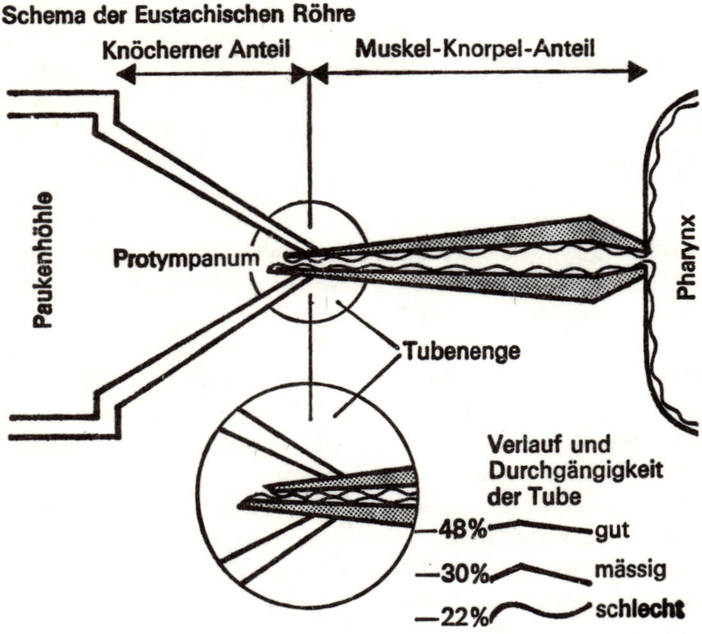

Schema der verschiedenen anatomischen Verhältnisse am Tubenisthmus.

vom knöchernen zum knorpeligen Anteil der Tube. Je nach Verlauf der Tube ergibt sich eine gute, mittlere oder schlechte Tubendurchgängigkeit. Bei 22% der Menschen ist er bogenförmig und die Durchgängigkeit schlecht. Ein dauernder, völliger Tubenverschluß ist selten. Er kann durch einen Tumor im Nasen-Rachen-Raum, durch Verwachsungen nach einer Gaumenmandeloperation oder durch einen chronischen Tubenkatarrh bedingt sein. Gelegentlich können die Lymphknoten an den Tubenlippen zu einer Art Mandel heranwuchern, die den Tubeneingang verschlossen halten. Die häufigste vorübergehende Ursache ist aber eine Entzündung im Nasen-Rachen-Raum, die gleichzeitig zu einem Tubenkatarrh führt. Die Art und der Verlauf dieser Entzündungen wurden auf S. 138 bei den Nasennebenhöhlen besprochen. Nach sehr eingehenden Untersuchungen von *R. Guillerm, R. Riu* und Mitarbeitern ist bei 7% der Untersuchten die Tubendurchgängigkeit so schlecht, daß es beim Tauchen zum Barotrauma kommen muß. Durch eine entsprechende Behandlung lassen sich aber hier noch Besserungen erzielen (s. auch S. 150). Eine unzureichende Tubenfunktion läßt sich oft durch operative Korrekturen an der Nasenscheidewand beheben. Wie große Untersuchungsreihen an mehreren tausend gesunden Soldaten in der Druckkammer zeigten, kann es aber auch bei organisch und funktionell intaktem Ventilationssystem der Tuben zu mehr oder weniger ausgeprägten Barotraumen kommen. Hier ist die mangelnde Fähigkeit, den Druck auszugleichen, der einzige Grund. Auch beim Tauchen haben Anfänger oft die gleichen Schwierigkeiten. Das Öffnen der Tuben unter erhöhtem Druck muß von vielen erst gelernt werden. Da psychologische Momente wie Angst auch hier eine Rolle spielen, kann das Üben in einer Druckkammer, wenn sie zur Verfügung steht, von Vorteil sein.

Die einzelnen Methoden des Druckausgleichs

Da für das Tauchen der Druckausgleich im Mittelohr unerläßlich ist, sollen die einzelnen Methoden hierfür eingehender besprochen werden.

1. Bei manchen Tauchern genügt ein leichtes Schlucken oder das Vorschieben des Unterkiefers bei geschlossenem Mund, um den Druckausgleich zu erzielen. Weites Öffnen des Mundes, wie es die Artilleristen beim Abfeuern der Kanone tun, oder Gähnen öffnet die Tuben ebenfalls, ist aber unter Wasser nicht anwendbar. Es gehört oft Übung und Training dazu, will man das normalerweise unwillkürliche Spiel der Tubenöffnung willkürlich beherrschen lernen.

2. Die gebräuchlichste Methode zum Druckausgleich ist der sogenannte Valsalva. Von 57 trainierten Tauchern wandten 26 sie an. *Valsalva* hatte im Jahre 1704 diese Methode beschrieben, um bei chronischer Mittelohrentzündung den Eiter aus dem Ohr zu entfernen. Bei geschlossenem Mund und gleichzeitig verschlossener Nase wird durch einen stoßartigen Ausatemversuch der Druck im Nasen-Rachen-Raum erhöht. Der Preßdruck der Lunge pflanzt sich dabei im Nasen-Rachen-Raum, in der Tube und in der Paukenhöhle fort.

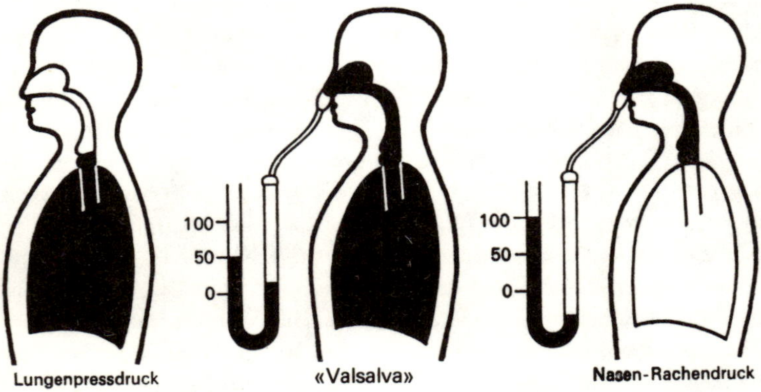

Preßdruck in der Lunge beim «Valsalva» und bei der Methode nach Frenzel.

Der Nachteil dieser Methode besteht einmal darin, daß der Druckausgleich im Mittelohr zu heftig erfolgt. Zum anderen kann der Preßdruck der Lungen nachteilige Auswirkungen auf den Kreislauf haben (s. S. 82).

3. Da bei Sturzfliegern der Deutschen Luftwaffe häufiger Barotraumen auftraten, führte *H. Frenzel* 1939 eine neue Methode ein. Durch Druck der Zunge und der Mundbodenmuskulatur nach hinten entsteht ein Nasen-Rachen-Druck, der gleichzeitig die Tuben öffnet. Während beim Valsalva-Versuch eine Druckerhöhung von 40 Torr erzeugt wurde, stieg bei dem Nasen-Rachen-Druckversuch von *Frenzel* der Druck auf 90 Torr an. Da dabei die Stimmritze willkürlich verschlossen werden muß und auch die Position der Zunge ungewohnt ist, ist diese Methode nicht ganz einfach zu erlernen. Durch dieses Verfahren wird also der Preßdruck der Lungen vermieden, die Tubensprengung wird aber unter noch größerem Druck erreicht als beim Valsalva-Versuch.

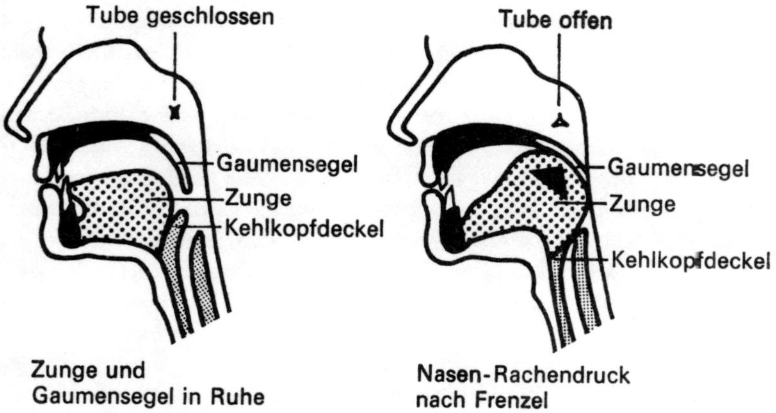

Beim Nasen-Rachen-Druckversuch nach Frenzel wird Luft durch die geöffnete Tube gepreßt.

4. Seit 1966 hat nun *G. Delonca,* Frankreich, eine Methode bei einer Gruppe von Tauchern eingeführt, die keine der angeführten nachteiligen Effekte mehr hat und als ideal zu bezeichnen ist. Er nennt sie «Béance tubaire volontaire», was etwa mit «willentlichem Offenhalten der Tube» übersetzt werden kann. Es läßt sich nach einiger Übung erlernen, die Muskeln, die die Tube öffnen, willkürlich zu betätigen. Das hat den Vorteil, daß man, ohne pressen zu müssen, ohne Mund oder Nase zu verschließen, den Druckausgleich stufenlos vornehmen kann, da sich bei offener Tube, die dann eine ständige Verbindung zwischen Nasen-Rachen-Raum und Mittelohr darstellt, der Druckausgleich laufend von selbst vollzieht. Der einzige Nachteil der Methode ist der, daß sie nicht so einfach erlernbar ist wie die des Valsalva. Sie ist geeignet für trainierte Taucher und für die Leute mit guter Tubendurchgängigkeit (das sind etwa 50% der Menschen). Auch muß man die Technik außerhalb des Wassers beherrschen, bevor man mit dieser Methode abtaucht. Wer sie aber beherrscht, kann ohne Gebrauch der Hände, die bei den anderen Verfahren meist erforderlich sind, sehr schnell und ohne Gefahr eines Barotraumas abtauchen. Zum Erlernen der Technik muß man zunächst das Gefühl der Öffnung der Tube und des Druckausgleichs kennen, wie man es z. B. beim Valsalva-Manöver spürt. Pressen unter wechselnd starkem Zuhalten der Nase vermittelt eine Dosierung des Druckausgleichs. Nun soll man versuchen, ohne Überdruck im Nasen-Rachen-Raum oder der Lunge

die Öffnung der Tube einen Moment beizubehalten. Der Anfang wird erleichtert, wenn man die Stellung des Zungenbeins kontrolliert. Oberhalb des Kehlkopfes läßt sich ein spangenförmiger Knochen, das Zungenbein, tasten. Drückt man nun die Zungenspitze gegen die obere Zahnreihe, am besten mit nach hinten gehaltenem Kopf, tritt das Zungenbein nach unten. Gleichzeitig öffnen sich fühlbar die Tuben. Der Erfolg läßt sich kontrollieren, indem man einen Laut, z. B. «äh» ausstößt, der dann in Resonanz im ganzen Kopf gehört wird. Auch das Ein- und Ausatemgeräusch wird über die eröffnete Tube dem Ohr zugeleitet. Beim Abtauchen mit geöffneter Tube soll man für einen leichten Überdruck in der Maske sorgen und beim Gerätetauchen wenigstens in den ersten 10 m in kurzem Rhythmus atmen. Auch der, dem es nicht gelingt, mit geöffneten Tuben abzutauchen, sollte zum Trainieren der Tuben diese Übungen an Land öfter vornehmen. Man trainiert damit die beim Tauchen verwundbarste Stelle des Organismus. Auch Menschen mit einer angeborenen schlechten Tubendurchgängigkeit können diese Übungen zu einer Besserung der Belüftung ihres Mittelohrs versuchen.

5. Der Vollständigkeit halber sei noch ein 1863 von *Toynbee* beschriebenes Verfahren angeführt. Es besteht darin, daß bei geschlossenem Mund und Nase geschluckt wird. Dadurch wird ein Unterdruck im Mittelohr erzeugt. Für das Tauchen hat diese Methode nur ein Interesse beim Auftauchen.

Über Ohrenstöpsel

Aus den verschiedenen Ausführungen ergibt sich von selbst, daß Ohrenstöpsel oder Ohrenverschlußkappen den Druckausgleich nur erschweren. Bei hermetischem Verschluß des Gehörgangs entsteht beim Abtauchen ein relati-

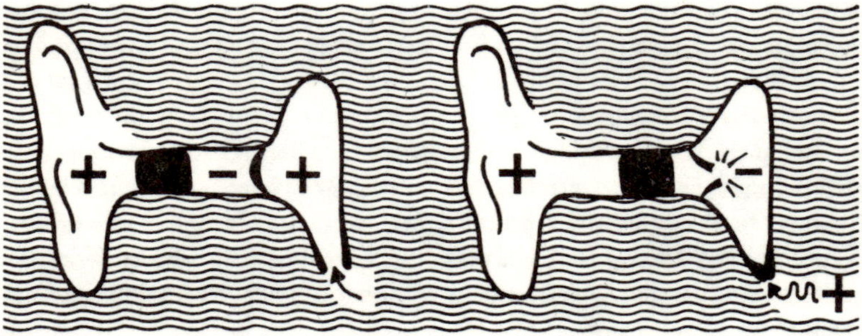

Ohrenstöpsel können das Trommelfell nach innen und nach außen perforieren.

ver Unterdruck zwischen Verschlußstück und Trommelfell, der zu einer Vorwölbung des Trommelfells nach außen führt, einer Belastung, der es weniger gewachsen ist als einer Vorwölbung nach innen. Es kann damit zu einem Trommelfellriß nach außen kommen. Es ist äußerst schwierig, den Gehörgang hermetisch abzuschließen. Ein Ohrenstöpsel wird meist nicht unverrückbar sein, sondern durch den Druckwechsel beim Tauchen hin- und hergleiten wie ein Spritzenstempel. Besteht nun noch eine Tubenundurchgängigkeit – und um sie zu kompensieren, werden Ohrenstöpsel meist verwendet –, kann sich der Stöpsel gegen das Trommelfell pressen und es so zum Einreißen bringen.
Auch enganliegende Neoprenkopfhauben, die zum Kälteschutz getragen werden, sollen deshalb zu leichterem Druckausgleich auf beiden Seiten in Höhe der Ohren kleine Öffnungen haben.

Über Nasentropfen

Schleimhautabschwellende Mittel, wie Privin, Otriven (in der Schweiz: Otrivin) und zahlreiche ähnliche Präparate, können einen Tubenverschluß bei Entzündungen im Nasen-Rachen-Raum nur kurzfristig und meist unzureichend beheben. Nach Abklingen der ersten Wirkung setzt reaktiv eine stärkere Schleimhautschwellung ein, wodurch die Gefahr eines Barotraumas eher vergrößert wird. Jeder länger dauernde Mißbrauch dieser Mittel führt schließlich zu Dauerschwellungszuständen der Schleimhaut (Privinismus), die über die Katarrhperiode hinaus fortdauern. Gute Erfahrungen, besonders bezüglich der Nebenwirkungen, wurden von *R. Schwaar* bei einer Gruppe von 135 Schweizer Tauchern mit dem Präparat Vibrocil gemacht, das als Tropfen, Spray und Gel im Handel ist. Es darf auch nicht unerwähnt bleiben, daß das Rauchen die Schleimhaut laufend schädigt und Infekte im Nasen-Rachen-Raum begünstigt.

Das perforierte Trommelfell

Ein besonderes Problem bilden Menschen, die mit perforiertem Trommelfell unbedingt tauchen oder weitertauchen wollen. Von primitiven Perltauchern, die einen Druckausgleich nie gelernt haben, wird berichtet, daß sie anfangs tauchen, bis das Trommelfell platzt. Dann gewöhnen sie sich stufenweise durch Schwimmen und Weitertauchen an den Kältereiz des Wassers, bis das Labyrinth abgestumpft ist und Gleichgewichtsstörungen nicht mehr auftreten. – Für uns gibt es heute die Möglichkeit der sogenannten Tympanoplastik, d. h. eines operativen Ersatzes des Trommelfells. Ein Loch im Trommelfell bleibt meist nach einer länger dauernden Mittelohrentzündung, wie sie auch einer traumatischen Perforation folgen kann, zurück. Natürlich ist ein künstlich wiederhergestelltes Trommelfell wegen seiner geringen Elastizität anfälliger für Barotraumen. Aber bei regelrecht durchgeführtem Druckausgleich läßt sich auch damit tauchen.

Erscheinungen im Gehörgang

Nicht nur das Trommelfell, das Mittel- und Innenohr können beim Tauchen zum Problem werden. Auch der Gehörgang zeigt eine gewisse Anfälligkeit. Nach einer australischen Statistik kam es in drei Monaten bei 10% von 300 Schwimmern zu einer Gehörgangsentzündung. Diese macht sich vorwiegend durch Juckreiz im Gehörgang bemerkbar. Als Ursache nimmt der Autor einmal das häufige Entfernen von Ohrenschmalz an. Ohrenschmalz hat einen wasserschützenden Effekt für die Haut. Wird es dauernd entfernt, fehlt dieser Schutz und die Haut weicht im Wasser auf, so daß Bakterien und auch Pilze sich auf ihr entwickeln können. Wasser «ungepflegter» oder «überladener» Schwimmbäder kann ebenfalls den Gehörgang reizen. Ein zu häufiges Reinigen des Gehörgangs ist also falsch. Menschen, die zu einer vermehrten Produktion von Ohrenschmalz neigen, brauchen regelmäßige Kontrollen und Entfernen sich bildender Ohrenpfropfen durch Ausspülen. Bei zu Rückfällen neigenden Gehörgangsentzündungen empfehlen sich vaselingetränkte Stöpsel für Schwimmer, für Taucher Ohrentropfen in folgender Zusammensetzung: Eisessig 5,0%; Aquadest. 10,0%; 95% Isopropylalkohol 85,0%.

Eine andere Ursache der Gehörgangsentzündung sind Exostosen. Das sind halbkugelige oder keulenförmige knöcherne Wucherungen im Gehörgang. Sie können je nach Anlage so stark werden, daß der Gehörgang «zuwächst» und die Wucherungen operativ entfernt werden müssen. Als eine auslösende Ursache für die Entstehung von Exostosen wird der Kaltwasserreiz angesehen. In der Tat sind sie bei Schwimmern sehr viel häufiger, so daß man auch von «Schwimmerohren» spricht. Bei 100 untersuchten Schwimmern waren die Gehörgänge in 60% verändert, und von diesen 60 hatten 28% Exostosen. In Gegenden mit kalten Gewässern werden sie mehr beobachtet als z. B. im Mittelmeerraum. Unter 177 Schäden von Altperuanern fand man 22mal Exostosen im Gehörgang. Alle Schädel mit Exostosen wurden nur in Küstennähe des Pazifiks gefunden, während Schädelfunde aus dem Inneren Perus frei von Exostosen waren. – Wenn diese Knochenwucherungen, begünstigt durch einen Kaltwasserreiz, nur im Gehörgang entstehen, beruht dies wahrscheinlich darauf, daß hier die auskleidende Haut außergewöhnlich dünn (etwa nur 0,1 mm) und fest mit der Knochenhaut verbunden ist. Es kann hier sehr leicht zu einer Knochenhautentzündung kommen, die bei Wiederholungen den Reiz zur Knochenneubildung setzt. – Die Einengung des Gehörgangs kann das Abfließen von Wasser behindern und dadurch Gehörgangsentzündungen begünstigen. Als vorbeugende Maßnahme gegen eine Exostosenbildung empfiehlt sich für den Taucher das Tragen einer Neoprenkopfhaube.

Laryngocelen

Über eine relativ seltene Komplikation im Kehlkopfbereich hat 1980 *G. Planté-Longchamp,* ein französischer Tauchmediziner, berichtet. Laryngocelen sind luftgefüllte Aussackungen oberhalb der Stimmbänder. Beim Tauchen in der Aufstiegsphase kann das darin enthaltene Luftvolumen derart zunehmen, daß ein dann stark vergrößerter praller Kehlsack zur Kompression im Kehlkopf mit Erstickungserscheinungen führt und bei weiterem Aufstieg zum Lungenüberdruckunfall mit all seinen Folgen (s. S. 207).

Diese Laryngocelen entstehen aus einer handschuhfingerartigen Ausstülpung – der Appendix (oder Sacculus laryngis) – in einer Bucht – dem Recessus morgagni (oder Ventriculus laryngis) –, die zwischen den Taschenfalten und den Stimmbändern liegt.

Nur bei erheblichem Überdruck in der *Morgagni*schen Bucht tritt Luft in die Appendix ein, aber auch wieder heraus, wenn der Überdruck nachläßt. Erst wenn ein Ventilmechanismus an der Appendix entsteht oder der Überdruck laufend einwirkt, kommt es zu einer dauernd geblähten Appendix und damit zur Laryngocele. – *Planté-Longchamp* vertritt nun die Ansicht, daß das Valsalva-Manöver zum Druckausgleich beim Tauchen die Entstehung von Laryngocelen bewirken kann. Verschiedene seiner Beobachtungen stützen diese Auffassung. Er empfiehlt daher zum Druckausgleich die sehr viel physiologischere Methode von *Delonca* (s. S. 149).

Laryngocelen machen sich bemerkbar durch ein Reizgefühl im Kehlkopf und Hustenanfälle beim Aufstieg. Ihr Nachweis gelingt nur röntgenologisch unter gleichzeitigem Schlucken von Röntgenkontrastbrei.

Die erfolgreichste Behandlung besteht in ihrer operativen Entfernung.

Die übrigen luftgefüllten Hohlräume im Körper

Luftgefüllte Hohlräume in unserem Körper sind weiter durch die eingangs erwähnte Luftblase im Magen und die Gaseinschlüsse im Darm gegeben. Auch diese erfahren Volumenänderungen entsprechend dem Boyle-Mariotteschen Gesetz. Da jedoch die Wandungen dieser Gaseinschlüsse sehr elastisch sind, kommt es selten zu nennenswerten Erscheinungen. Besonders nach blähenden Speisen empfindet der Taucher beim Aufstieg die Ausdehnung der Gase als Völlegefühl im Leib. Sehr häufig wird auch beim Preßlufttauchen Luft verschluckt. Gelegentlich kann es aber zu Koliken kommen, wenn ein Darmabschnitt besonders stark gedehnt wird (s. Kap. X, Tauchunfälle). Dann ist eine Rekompression in der Druckkammer oder ein erneuter Abstieg notwendig.

Unphysiologische Lufteinschlüsse können in Zähnen vorkommen, besonders in solchen, die Füllungen oder Kronen tragen oder Entzündungsherde an den Wurzelspitzen haben. Diese kleinen Hohlräume stehen meist durch einen haarfeinen Gang mit der Außenluft in Verbindung. Der sehr enge Kanal gestattet bei sehr raschem Abtauchen kein entsprechend schnelles Einströmen von Luft, so daß es durch den Unterdruck zu Zahnschmerzen und eventuell zum Einströmen von Gewebsflüssigkeit in den Hohlraum kommt. Beim Auftauchen dehnt sich die eingedrungene Luft schneller aus, als sie entweichen kann, und sie kann hierbei Füllungen oder Kronen hinaussprengen. Auch können Wandungen stark kariöser Zähne herausbrechen.

Der Zahn umhüllt ja mit seinen knochenähnlichen Elementen, dem Zahnschmelz und dem Dentin, die Pulpa, eine weiche Masse mit Gefäßen und Nerven, die den Zahn versorgen. Schmerzen entstehen, wenn die Pulpa vom Barotrauma betroffen wird, aber auch bei einer Hypoxie, wenn die Blutversorgung des Zahnes durch krankhafte Prozesse während des Tauchens nicht ausreichend ist. Da die Pulpa zu den «schnellen» Geweben gehört (s. S. 186), sind Gasblasenbildungen beim Auftauchen selten. Auch die Kälte der eingeatmeten Preßluft kann Schmerzen am Zahnhals verursachen. Jedenfalls gehören alle Zahnschmerzen, die beim Tauchgang auftreten, unbedingt in Behandlung. Zahnprothesen müssen so sitzen, daß sie einen sicheren Biß auf das Mundstück des Schnorchels oder des Lungenautomaten gewährleisten. Oft wird – besonders bei Angstzuständen – mit erheblicher Kraft auf das Mundstück gebissen, so daß Prothesen zerbrechen und eventuell verschluckt werden können oder Jacketkronen entzweigehen. In ganz seltenen Fällen kann das Gummi des Mundstücks Zahnfleischentzündungen verursachen.

Die Isopressionsphase

Als Druckwirkungen beim Abstieg, in der Kompressionsphase des Tauchens, haben wir die vorwiegend mechanischen Wirkungen auf die Gase in unserem Organismus kennengelernt. In der Isopressionsphase, also während des Aufenthalts unter Wasser, stehen die Gase unter erhöhtem Druck, und ihre Wirkung wird durch ihre Partialdrücke bestimmt (s. Daltonsches Gesetz S. 108 f.).
Der Effekt der Gase auf den Organismus ist dabei vorwiegend biochemischer Natur. Er kommt beim Schnorcheltauchen weniger zur Geltung, da die Tauchzeiten zu kurz und die Tauchtiefen relativ gering sind. Die Wirkungen, die wir hier besprechen wollen, treten hauptsächlich beim Tauchen mit Atemgerät auf.

Der Sauerstoff

Alle Gase, mit denen geatmet werden kann, können je nach Konzentration und Dauer eine schädigende Wirkung auf unseren Organismus haben. Die toxischste (giftigste) Wirkung zeigt dabei der Sauerstoff. Andererseits ist er *das* Element der Erdatmosphäre, das für die Erhaltung unseres Lebens unerläßlich ist. Ein Mangel an Sauerstoff kann daher genauso schädlich sein wie ein Überangebot. Dem Menschen, wie keiner anderen Kreatur, sind die Möglichkeiten gegeben, sich beiden Extremen auszusetzen. Und dem Sauerstoff kommt eine immer weitreichendere Bedeutung zu, sowohl für die Raumfahrt als für alpine Hochtouren einerseits und das Tieftauchen mit Mischgas, die Dekompression und die Rekompressionsbehandlung andererseits, aber auch für die medizinische Anwendung in der hyperbaren Medizin (s. S. 168).

Verminderter Sauerstoffdruck und Höhenkrankheit
Die Sauerstoffaufnahme über die Atmung ist auf die normale Atmosphäre eingestellt, in der der Sauerstoff zirka 21% des Volumens und des Druckes ausmacht. Eine Verminderung dieses Volumenanteils unter ein bestimmtes Maß führt zu einem Sauerstoffmangel, Hypoxie genannt. Wie auf Seite 59 ausgeführt, vollzieht sich die Sauerstoffaufnahme durch ein Druckgefälle, wobei der Sauerstoff vom Ort des höheren Druckes (der Atemluft in der

Lunge) zum Ort des niedereren Druckes (dem Blut) diffundiert. Fällt der Luftdruck ab, so erniedrigt sich auch der Teildruck des Sauerstoffs. In einer Höhe von 5500 m beträgt der Luftdruck nur noch eine halbe atm = 507 mbar und der O_2-Druck sinkt dementsprechend von zirka 212 mbar auf 106 mbar ab.
Sinkt bei normalem Luftdruck der O_2-Gehalt der Atemluft rasch unter 10 bis 12%, brechen viele Menschen bewußtlos mit Kreislauf- und Atemstörungen zusammen. Einzelne Menschen ertragen aber kurzfristig noch eine Herabsetzung des O_2-Gehaltes der Luft bis zu 6%, d.h. pO_2 = 61 mbar.
Wie für die Sauerstoff-Aufnahme unter erhöhtem Druck (s. S. 159) sind auch für einen Sauerstoffmangel die Unterschiede in der individuellen Toleranz außerordentlich groß, so daß eine allgemeingültige Mindest-O_2-Spannung nicht angegeben werden kann. – Die Besteigung des Mt. Everest (8868 m) ohne Atemgerät durch *Reinhold Messner* (1975) und der Tauchrekord in 101 m Tiefe von *Jacques Mayol* (1981) (s. S. 131) bleiben extreme Einzelleistungen.
Eine langsame Verminderung des Sauerstoffdrucks ab einer Höhe von 1500 m bis zu einer Höhe von 4000 bis 5000 m geht mit einer Reihe von Umstellungs- und Anpassungsreaktionen einher, die als normale Höhenanpassung bezeichnet werden. Bis zu diesen Höhen ist auch ein ständiger Aufenthalt möglich. Bei größeren Höhen läßt die körperliche und geistige Leistungsfähigkeit deutlich nach. Über 9000 m ist ein Leben ohne zusätzlichen Sauerstoff nicht mehr möglich.
Bei der Höhenanpassung kommt es wegen des verminderten O_2-Angebotes zwangsläufig zu einer Mehratmung. Diese Hyperventilation führt zu einer Senkung des Kohlendioxyddruckes im Blut und dadurch zu einer – respiratorischen – Alkalose (s. S. 77). Sie wird durch eine Bikarbonatausscheidung über die Nieren wieder normalisiert.
Weiter bewirkt die Hyperventilation und die Kälte der Einatemluft einen Wasserverlust, der um 6–8 l täglich liegt. Luft bei einer Temperatur um den Gefrierpunkt enthält praktisch kein Wasser mehr. Zur Sättigung der Einatemluft werden aber pro Kubikmeter Luft etwa 47 g Wasser benötigt. Die Wasserverarmung führt unter anderem zu einer Eindickung des Blutes (Haemokonzentration s. S. 275) mit allen ihren Folgen. – Steht nicht genügend Energie zum Schneeschmelzen zur Deckung des Wasserverlustes zur Verfügung, ist eine normale Höhenanpassung nicht mehr möglich. Beschwerden wie Kopfschmerzen, Übelkeit, Benommenheit, Abgeschlagen-

heit, auch Schwindel und Erbrechen sind Zeichen einer noch nicht vollzogenen Anpassung. Hierzu gehören auch die Höhenoedeme, Wasseransammlungen im Gesicht oder an Händen und Füßen, die besonders bei Frauen auftreten.
Die akuten Höhenkomplikationen bestehen in Netzhautblutungen, Erfrierungen, Thromboembolien, dem Höhen-Lungenoedem und dem Höhen-Hirnoedem.
Unter den 8000 Trekking-Touristen, die jährlich in Nepal in Höhen zwischen 3000 und 5000 m wandern, kommt es immer wieder zu Todes- oder Beinah-Todesfällen durch Höhenkrankheiten. Der Gipfel der Erkrankungen liegt nicht am ersten oder zweiten, sondern am dritten und vierten Tag der Höhenanpassung. Junge Bergsteiger unter 20 Jahren sind 14mal häufiger betroffen als ältere Personen.
Die beste Behandlung besteht im Verbringen in tiefere Höhenlagen. Vermeiden lassen sich Höhenkrankheiten durch einen langsamen Aufstieg, der am Tag nicht mehr als 600 m betragen soll.

Sauerstoffmangel beim Tauchen
Zu einem Sauerstoffmangel beim Tauchen kann es einmal bei der Verwendung von Kreislaufgeräten kommen, nämlich dann, wenn der Sauerstoffgehalt im Atembeutel zu gering ist, wie dies z. B. nach unvollständigem Leeratmen des Beutels vor dem Tauchen auftritt (s. S. 49). Es wird dabei ein Stickstoff-Sauerstoffgemisch geatmet, dessen O_2-Anteil rasch immer kleiner wird. Die warnenden Symptome der Höhenkrankheit und die anfänglichen Zeichen einer leichten Cyanose (Blaufärbung der Finger und Lippen) werden unter Wasser kaum bemerkt. Der Taucher gleitet so rasch in eine Bewußtlosigkeit hinüber. Kann er in diesem Zustand rechtzeitig an die Oberfläche gebracht werden, so besteht nach Rückkehr des Bewußtseins eine Erinnerungslücke für alle Geschehnisse, die kurz vor der Zeit der Bewußtlosigkeit lagen. Eine andere typische Form der Hypoxie unter Wasser mit den gleichen Erscheinungen haben wir bei der Besprechung des Schwimmbad-Blackouts und des Hyperventilationssyndroms (s. S. 76) kennengelernt.
Auch beim Tauchen mit Preßluft kommt es unter Umständen zu einem Sauerstoffmangel. Wie wir in dem Abschnitt über den Sauerstoff- und Energieverbrauch beim Schwimmen und Tauchen gesehen haben (s. S. 71), ist der O_2-Verbrauch beim Gerätetauchen beträchtlich. Durch vermehrte Anstrengung oder aber durch Angst kommt es zu einer weiteren Steigerung

des Sauerstoffbedarfs. Mit der dann einsetzenden Beschleunigung der Atmung wird aber die «O_2-Ausnutzung» der Atemluft schlechter, und es tritt ein Gefühl der Kurzatmigkeit auf. Dies führt zu einer noch rascheren, oft hechelnden Atmung, wobei die Atemluft fast nur noch im «Totraum» (s. S. 61) hin und her bewegt wird, so daß es zu einem regelrechten Sauerstoffmangel kommt. Durch das Hyperventilieren kommt noch eine Alkalose wie bei der Höhenkrankheit und bei dem Hyperventilationssyndrom (siehe dort) hinzu.
Die Ursache für eine derartige Hypoxie kann einmal eine größere Anstrengung sein. Beim Gerätetauchen genügen schon ein scharfes Tempo beim Flossenschwimmen, größere Kraftanstrengungen beim Bergen von Gegenständen und eventuell hinzukommende Kälte. Die häufigere, primäre Ursache sind aber psychische Faktoren, die dann ihrerseits auch noch vermehrte Bewegungen mit weiterem Sauerstoffverbrauch auslösen. Besonders bei Neulingen und wenig Erfahrenen werden sie durch die Ungewohntheit der Situation oder eine Klaustrophobie ausgelöst. Manchmal auch durch eine Angst, wenn man die Gruppe oder die Orientierung verloren hat. Alle diese Faktoren können dann in eine regelrechte Paniksituation münden, die unter Wasser oft zum Verhängnis wird.
Guy Poulet weist darauf hin, daß eine Kurzatmigkeit bereits anfängt, wenn es schwerfällt, den Atem zwischen zwei Atemzügen kurz anzuhalten. Er empfiehlt, dann sofort jede Betätigung einzustellen bzw. langsamer zu werden, in Rückenlage zu gehen, um durch den dadurch entstehenden Überdruck im Lungenautomaten (bei Doppelschlauchautomaten) leichter einatmen zu können, und sich zu einem regelmäßigen Atmen zu zwingen, bis der Rhythmus wieder normal geworden ist. – Bemerkt der Begleiter eine solche Kurzatmigkeit, ist für ihn höchste Zeit zum Eingreifen gegeben, da der Zustand leicht in eine Panik münden kann und dabei meist nach oben geschossen wird. Dies führt fast immer zu einem Lungenüberdruckunfall (s. S. 207). Gelingt es nicht, den Betroffenen von seiner Angst zu befreien und ihn zu ausgeglichenem Atmen zu bringen, muß mit ihm langsam aufgetaucht werden. Nur selten führt dieses Hyperventilieren bis zur Bewußtlosigkeit. Aber selbst dann wäre kein Grund zum überstürzten Auftauchen gegeben.
Diese Sauerstoffmangelerscheinungen entstehen nicht – wie irrtümlich verschiedentlich angenommen – durch eine Kohlendioxidvergiftung.

Hypoxie beim Tauchen in Apnoe

Beim Tieftauchen in Apnoe wird die Grenze weniger durch einen Sauerstoff-

mangel als durch den zunehmenden Unterdruck im Brustkorb bedingt. Erst beim Aufstieg kann eine Bewußtlosigkeit durch Hypoxie eintreten (s. S. 130).
Beim Streckentauchen in Apnoe kann es nach vorherigem Hyperventilieren, aber auch ohne ein solches Überatmen zur Bewußtlosigkeit kommen, wenn ein aufkommender Atemzwang in dem Ehrgeiz, ein bestimmtes Ziel zu erreichen, unterdrückt wird. Von Sporttauchern wurde die Frage aufgeworfen, ob bei Training in Schwimmbädern derartig auftretende Bewußtlosigkeiten zu Hirnschädigungen, etwa durch Untergang von Hirnzellen, führen. Gemeint sind überwachte Streckentauchversuche, bei denen im Falle einer Bewußtlosigkeit der Betroffene sofort aus dem Wasser gebracht werden kann. Eine Bewußtlosigkeit, auch Blackout genannt, ist in jedem dieser Fälle, ob mit oder ohne vorangegangenes Hyperventilieren, durch eine Hypoxie im Gehirn ausgelöst. Diese Hypoxie bedingt eine Lactatanhäufung im Gehirn, die ihrerseits nach Beendigung der Bewußtlosigkeit reflektorisch zu einer vermehrten Durchblutung, einer Hyperämie, führt. Dadurch werden rasch wieder energiereiche Phosphate an die Zellen herangebracht, die die Gehirnfunktion gewährleisten. Voraussetzung hierfür ist, daß die sehr komplizierten Regulationsvorgänge des Gehirnstoffwechsels normal ablaufen. Beim gesunden, jungen Menschen ist dies der Fall, beim älteren, aber auch bei vegetativ Labilen – etwa mit einem Hyperventilationssyndrom (s. S. 73) – können sie gestört sein.
Beim gesunden Taucher führt aber eine Hypoxie des Gehirns sicher nicht zum Untergang von Hirnzellen oder zu Hirnschädigungen, wenn die Bewußtlosigkeit 30 Sekunden nicht wesentlich überschreitet.

Sauerstoff unter erhöhtem Druck

In gleicher Weise, wie die O_2-Spannung mit fallendem Luftdruck abnimmt, erhöht sie sich mit steigendem Luftdruck. Bei einem atmosphärischen Druck von 1 bar entspricht sein Teildruck zirka 212 mbar. Atmet man reinen Sauerstoff unter normalem Druck, d. h. unter einem Teildruck von 1 bar, so läßt sich das bis zu mehreren Stunden schadlos ertragen. Unter höherem Druck oder über längere Zeit geatmet, wirkt er aber giftig. Als erster entdeckte der französische Forscher *Paul Bert*, 1878, die toxische Wirkung des Sauerstoffs. In seinem klassischen Werk «La pression barométrique» beschrieb er, wie es bei Versuchstieren unter erhöhtem O_2-Druck zu Krampfanfällen kam. 1899 fand *J.L. Smith* nach länger dauernder Atmung

von reinem Sauerstoff Lungenschädigungen. Alle späteren Untersuchungen haben diese beiden Formen von Sauerstoffschädigungen bestätigt.
Welche dieser toxischen Erscheinungen auftreten, hängt vom Teildruck des Sauerstoffs und der Dauer der Einwirkung ab. Aus der Abbildung wird ersichtlich, daß es bei O_2-Drücken über 2 bar in relativ kurzer Zeit zu Krampfanfällen kommt. Bei niedrigeren Sauerstoffpartialdrücken über 0,5 bar kommt es ebenfalls zu Lungenschädigungen, aber um so später, je niedriger der Partialdruck ist. Die ausgezogene Kurve gibt Beobachtungen von verschiedenen Autoren wieder, nach welcher Zeit und O_2-Konzentration die ersten Symptome von Lungenschädigungen auftraten. Der Übergang in Krampfzustände ist allerdings sehr fließend und überlappt sich mit dem Auftreten von Lungenschädigungen.

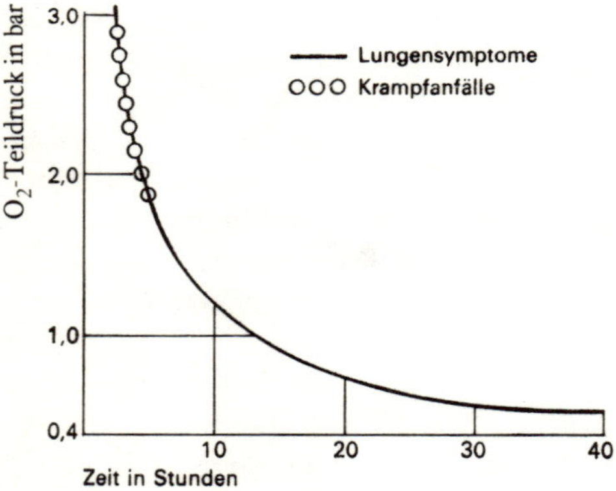

Die Lungenschädigungen

Eine Lungenschädigung, die als *Lorrain-Smith-Effekt* bezeichnet wird, tritt bei einem länger einwirkenden Sauerstoffdruck ab 0,6 bar auf. Läßt man Versuchstiere über längere Zeit reinen Sauerstoff, also unter einem Druck von 760 Torr bzw. 1 bar atmen, so kommt es paradoxerweise zu einer Atemnot, die sich immer weiter steigert, bis die Tiere schließlich sterben. Untersucht man sie, so findet man alle Zeichen einer Hypoxie, also eines Sauerstoffmangels. Unter der Sauerstoffatmung kam es zunächst zu einer Verdickung und zum Zusammenfall von Alveolen (Atelektasen). Andere Alveolen waren nur geschwollen und teilweise flüssigkeitsgefüllt (Ödem). Darüber hinaus waren auch die Wandungen der Lungengefäße verdickt und

verändert (hyalinisiert). Der Übertritt von Sauerstoff war durch diese Veränderungen so erschwert, daß es trotz Atmung von reinem Sauerstoff zu einem tödlichen Sauerstoffmangel kam.
Beim Menschen treten unter diesen Bedingungen die gleichen Schädigungen auf. Sie machen sich langsam, zunächst durch gelegentliches Husten, dann aber mit einem Engegefühl unter dem Brustbein bemerkbar. Bei weiterer O_2-Einwirkung kommt es zu Schmerzen in den Bronchien, zunehmender, quälender Atemnot und einem unbeherrschbaren Hustenreiz. Parallel mit diesen Erscheinungen nimmt die Vitalkapazität ab. Auch nach Rückkehr unter normalen O_2-Druck sinkt die Vitalkapazität in den folgenden 2 bis 4 Stunden noch weiter ab und normalisiert sich erst wieder nach 12 Tagen.
Als eine Ursache der Lungenschädigung kann die zerstörende Wirkung hoher O_2-Konzentrationen auf die oberflächenaktive Substanz in den Alveolen (Surfactant) angesehen werden. Die Alveolen haben aufgrund der elastischen Struktur des Lungengewebes die Tendenz, bei der Ausatmung zusammenzufallen. Dies wird durch einen Oberflächenfilm aus Lipoproteinen, der die Alveole auskleidet, verhindert, indem er die Oberflächenspannung herabsetzt. Wird dieser Schutzfilm durch eine erhöhte O_2-Konzentration zerstört, oder aber auch bei Ertrinken ausgewaschen, kommt es zu Kollaps und Ödembildung der Alveole. Eine solche «leere» Alveole nennt man eine Atelektase und die oberflächenaktive Substanz auch Antiatelektasefaktor.

Die Krampfanfälle

Wie die Abbildung auf Seite 160 zeigt, kommt es unter O_2-Drücken zwischen 2 und 3 bar schon in kurzer Zeit zu Krampfanfällen. Diese Krämpfe gleichen epileptischen Anfällen. Der erhöhte O_2-Druck wirkt sich offenbar in erster Linie auf die empfindlichen Hirnzellen aus. Es kommt dabei zu einer Salve von Entladungen unkoordinierter Nervenimpulse an die Muskulatur.
Meist gehen den Anfällen Zuckungen um den Mund und die Augenlider voraus. Vorher können Übelkeit, Schwindelgefühl und Sehstörungen auftreten in Form eines Röhrensehens, d. h. das Blickfeld ist eingeengt, als ob man durch eine Röhre sehe. Eine Atemnot in Form rascher oberflächlicher Atmung, verbunden mit Beklemmungen und Erstickungsgefühl, bildet den Übergang zu starken Zuckungen zunächst der Hände, dann der Arme und Beine, bis es dann sehr rasch zu einem tonischen Krampf (kontinuierliche Muskelkontraktionen) des ganzen Körpers kommt. Das Bewußtsein setzt dabei sofort aus. Nach 30 sec geht der Anfall in heftige klonische Krämpfe –

das sind kurzdauernde, sich ruckweise wiederholende Kontraktionen – der ganzen Skelettmuskulatur über und klingt nach etwa einer Minute ab. Innerhalb von 1 bis 2 min, mit der Erschöpfung der Hirnzellen, kommt es zum Abklingen des Krampfstadiums. Daran schließt sich nach einer allgemeinen Erschlaffung eine Phase mit Unruhe an, in der das Bewußtsein langsam zurückkehrt. Sie schwankt zwischen 15 min und 1 Stunde und länger. Für das Krampfstadium bleibt eine Erinnerungslücke. Während des Anfalls kann es zu Zungenbissen und unwillkürlichem Abgang von Stuhl und Urin kommen. Kann nach dem ersten Krampfanfall Luft geatmet werden, so bleibt ein zweiter Anfall aus. Die anderen Symptome können zuerst noch verstärkt auftreten, klingen dann aber rasch ab. Wirkt jedoch der erhöhte Sauerstoffdruck weiter ein, so tritt nach einem Intervall von einigen Minuten ein neuer Anfall auf, der dann meist tödlich endet.

Dieser klassische Verlauf eines Krampfanfalls würde sich bei erhöhter O_2-Konzentration auf dem Lande abspielen. Unter Wasser führt schon das erste Stadium des Anfalls durch Ertrinken zum Tod, wenn nicht schnellste Hilfe möglich ist.

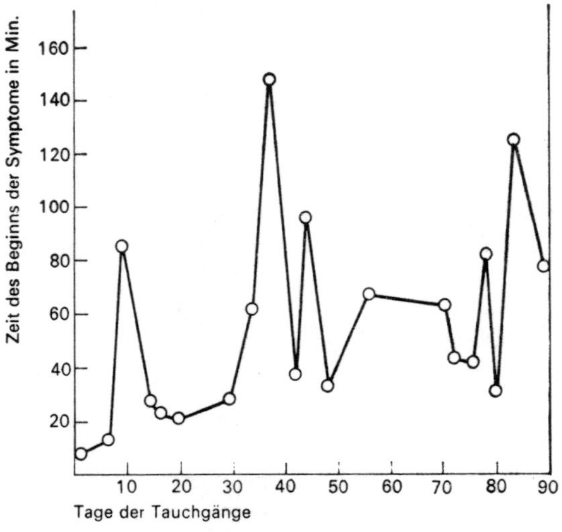

Einsetzen von O_2-Vergiftungserscheinungen bei einer Versuchsperson im Laufe von drei Monaten.

Wann kommt es zu Krampfanfällen?

Wie bei den Lungenschädigungen spielt für die Entstehung der Krampfanfälle außer der Höhe des O_2-Drucks die Dauer der Einwirkung eine Rolle. Daneben bestehen aber auch sehr starke Schwankungen der Empfindlichkeit, nicht nur zwischen einzelnen Personen, sondern auch für ein und dasselbe Individuum an verschiedenen Tagen. Das Diagramm auf S. 162 zeigt den Beginn der Vergiftungssymptome bei zwanzigmaliger Druckeinwirkung von 3,12 bar/O_2 im Laufe von 90 Tagen bei ein und derselben Versuchsperson. Alle Erscheinungen traten bei Versuchen unter Wasser früher auf als in einer Druckkammer, und die Toleranz gegenüber O_2 ist wesentlich verkürzt, wenn gleichzeitig körperliche Arbeiten ausgeführt werden.

Wie wirkt sich der Sauerstoffüberdruck beim Tauchen aus?

Die toxische Wirkung des Sauerstoffs hängt, wie erwähnt, von seinem Partialdruck ab. Es ist deshalb verständlich, daß das Tauchen mit Geräten, die reinen Sauerstoff verwenden, nur bis zu geringen Tiefen möglich ist, auch bei zeitlich nur kurzen Aufenthalten. In 10 m Tiefe beträgt der Druck reinen Sauerstoffs natürlich 2 bar, in 20 m Tiefe 3 bar. Heute werden von den meisten Autoren ca. 1,7 bar als der kritische O_2-Druck angesehen, über dem Vergiftungserscheinungen auftreten können.

Bei Tauchgeräten mit reinem Sauerstoff wird dieser Druck in 7 m Wassertiefe erreicht. Zum Tauchen mit Sauerstoff werden die sogenannten Kreislaufge-

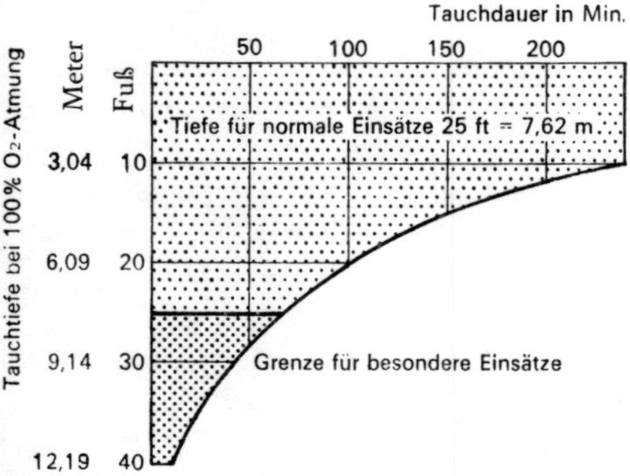

Tauchtiefen und Tauchzeiten der US-Marine bei Verwendung von Kreislaufgeräten mit reinem Sauerstoff.

räte (s. S. 48) verwendet. Ihr Vorteil der Unauffälligkeit und Geräuschlosigkeit, mit der getaucht werden kann, da keine Luftblasen nach außen abgegeben werden, macht sie für bestimmte militärische Zwecke unentbehrlich. Ihre Nachteile sind die sehr beschränkte Tauchtiefe, die Möglichkeit einer Sauerstoffvergiftung und die Gefahr eines Sauerstoffmangels. Wegen ihrer Gefährlichkeit werden sie deshalb seit Jahren in der Sporttaucherei nicht mehr benützt. Bei den Kriegsmarinen gehen die Sicherheitsvorschriften für den Einsatz dieser Geräte teilweise so weit, daß je zwei Taucher durch eine Leine verbunden werden und jeder von ihnen eine durch CO_2-Patronen aufblasbare Rettungsweste trägt, die im Notfall vom anderen Taucher ausgelöst werden kann. Die Tabelle der amerikanischen Marine gibt eine Übersicht über die Tauchtiefen, die mit Sauerstoffatmung noch aufgesucht werden können (S. 163).

Der Sauerstoffdruck beim Preßlufttauchen

Auch beim Tauchen mit Preßluft spielt das Problem des O_2-Druckes eine Rolle. Der kritische Druck von 1,7 bar wird bei Verwendung von Preßluft in 73 m Tiefe erreicht. Da beim Sporttauchen in dieser Tiefe jedoch nie eine Zeit über 70 min verbracht wird, kommt die Giftigkeit des Sauerstoffs nicht zur Auswirkung. Wie beim Sauerstoffmangel läßt sich aber die Gefahr einer O_2-Vergiftung nicht auf einen exakt bestimmbaren Druck festlegen. Die Momente der individuellen Empfindlichkeit, eventuelle vermehrte körperliche Tätigkeit und die von einem auf den anderen Tag unterschiedliche Ansprechbarkeit für die Hyperoxie – die Sauerstoffübersättigung — setzen die Toleranzgrenze stark herab. Bei 87 m Tiefe käme man schon an die Grenze eines O_2-Druckes von 2 bar. Hier ist, nach etwa 30 min, mit zentralnervösen Sauerstoffvergiftungserscheinungen zu rechnen. Zu Lungenschädigungen kommt es beim Tauchen mit Preßluft nicht, da die Einwirkungszeit eines erhöhten O_2-Partialdruckes zu kurz ist.

Die Verhütung und Behandlung von Sauerstoffvergiftungen

Die Verhütung von Sauerstoffvergiftungen läßt sich in erster Linie durch die Berücksichtigung des kritischen O_2-Druckes erreichen. Beim Tauchen mit geschlossenen und halboffenen Kreislaufgeräten besteht die Möglichkeit, den Sauerstoffgehalt des Atemgemisches den jeweiligen Tauchtiefen anzupassen. Beim Tauchen mit Sauerstoffkreislaufgeräten läßt sich eine O_2-Vergiftung vermeiden, wenn für die Tauchdauer und die Tauchtiefe in dem weitschraffierten Feld der Abbildung S. 163 getaucht wird. Weiter ergibt sich für diese Geräte der Ausweg, die Einwirkungsdauer des Sauerstoffs zu unterbrechen, indem z. B. nach 10 min Tauchen 10 min lang Luft an der Oberfläche geatmet wird. Bei Tieftauchversuchen wird der O_2-Gehalt im Atemgasgemisch reduziert. Bei einem Volumenanteil von 5% im Atemgemisch beträgt der Partialdruck ab 50 m 0,3 bar und liegt damit über dem Druck von 212 mbar O_2 in Meereshöhe. Neuere Geräte mit vollgeschlossenem Kreislauf erlauben, über O_2-Partialdruckfühler den O_2-Druck unabhängig von der Tiefe auf einem einstellbaren Wert – im allgemeinen 0,5 bar – konstant zu halten.

Nach Untersuchungen von *K.E. Schaefer* gehen den verhängnisvollen Krampfanfällen, neben einer Übelkeit, vor allem ein schnelles und flaches Atmen oder die Schwierigkeit tief einzuatmen voraus. Weiter fand er in Experimenten mit zwölf trainierten Tauchern die Erscheinung bestätigt, daß die Pulsfrequenz unter reiner O_2-Atmung zurückgeht. Vor Einsetzen von Vergiftungssymptomen kam es aber zu einer Beschleunigung des Pulses. Erfahrene Kreislaufgerätetaucher können, wenn sie ihr Pulsverhalten in Ruhe und nach Belastung kennen, einen Anstieg der Pulsfrequenz als Warnzeichen einer beginnenden O_2-Vergiftung werten.

Die Behandlung der Sauerstoffvergiftung besteht in möglichst rascher Zufuhr von Frischluft. Kann der Verunglückte von dem Sauerstoffüberdruck befreit werden, so gehen alle Erscheinungen ohne besondere Maßnahmen innerhalb von einer Stunde zurück. In dieser Zeit müssen durch Einhüllen in Decken Unterkühlungen vermieden werden. Während des Krampfanfalls versuche man, den Betroffenen vor Verletzungen zu bewahren. Andere Maßnahmen sind nicht erforderlich; künstliche Beatmung, besonders mit Sauerstoff, ist unbedingt zu vermeiden.

Die Ursache der Sauerstoffgiftigkeit

Die Forschung der letzten beiden Jahrzehnte hat eine große Erweiterung unseres Wissens, aber noch keine letztliche Klarheit über die Ursache der Giftigkeit des Sauerstoffs gebracht. Nach *Gerschmann* (1964) ist die Toxizität des O_2 durch die Bildung freier Radikale bedingt, die sich bei erhöhtem O_2-Druck in starker Konzentration vorübergehend bilden. Nach neuerlichen Auffassungen scheinen die biologischen Prozesse in unserem Organismus durch einen antioxidativen Abwehrmechanismus geschützt zu sein. Ja, ohne diesen Mechanismus wäre unsere normale Sauerstoffatmosphäre für uns tödlich. Das heißt, der für die biologischen Prozesse erforderlichen Oxyda-

tion (=Verbrennung) steht ein System gegenüber, das überschießend oxidierende Reaktionen auffängt.
Ein normales Nebenprodukt des Zellstoffwechsels ist das Superoxidanion (ein einfach negativ geladenes O_2-Molekül). Als freies Radikal ist es sehr reaktionsfähig, das heißt es hat eine besonders starke Tendenz zur Oxydation. In den letzten Jahren wurde nun ein Enzym (=Ferment) entdeckt, die Superoxid Dismutase, die Zellen von Radikalen katalytisch säubert. Von *Mc Cord* und *Fridovich* (1978) wurde sie als ein primäres Abwehrsystem gegen die Giftigkeit des Sauerstoffs angesehen. Dieses Enzym existiert in allen aeroben Organismen (die mit Sauerstoff leben), nicht aber in anaeroben. Es scheint die Rolle eines Abwehrmechanismus zu spielen.
Die Oxydation im Zellstoffwechsel wird also durch einen antioxidativen Faktor vor überschießenden Reaktionen geschützt. Unter erhöhtem Sauerstoffdruck kommt es zu vermehrter Bildung von freien Radikalen, die die biologischen Abläufe stören: Der Sauerstoff wird toxisch.
Aus dieser Sicht läßt sich ableiten, daß der toxische Effekt des O_2 sich nicht nur gegen die Lungen und die Hirnfunktion richtet. Die eindrucksvollsten Schädigungen der erhöhten O_2-Konzentration zeigen sich in einer Zerstörung des Kapillarendothels (die obere einzellige Schicht in den Blutgefäßen) und des Alveolarepithels (mehrstufige Zellschicht, die die Alveolen auskleidet). Diese führen einerseits zu einer Verdickung der Arterien bzw. zu einer Hyperplasie (Zellvermehrung) mit Oedemen in den Alveolen. Damit kommt es zum Sauerstoffmangel aufgrund eines erschwerten Gasaustausches und zum Tod.
Die Erscheinungen durch Schäden am Zentralnervensystem gehen von Muskelzuckungen über epilepsieartige Anfälle bis zur fortschreitenden Nervenzerstörung mit Lähmung und Tod.
Aber auch an den anderen Organen, wie am Herzmuskel, an der Leber, den Nieren und den endokrinen Drüsen, wie auch an den roten Blutkörperchen kommt es zu Schädigungen. Bei Frühgeburten, die mit Sauerstoff beatmet werden müssen, kommt es über eine Vasokonstriktion zu einer narbigen Veränderung der Netzhaut, die bis zur Erblindung gehen kann.
Alle Schädigungen stehen in Relation zur Sauerstoffdosis und der relativen Empfindlichkeit des ausgesetzten Gewebes. Der biochemische Effekt der O_2-Toxizität beginnt mit der Erhöhung des O_2-Partialdruckes. Es gibt also keine latente Periode, in der nichts passiert. Der Begleiteffekt von CO_2 scheint nur durch die vermehrte Hirndurchblutung bedingt zu sein (s. S. 77), die durch

die Hyperkapnie den Hirnzellen mehr O_2 zuführt. Für die Inertgase scheint es ebenfalls eine biochemische Beeinflussung der O_2-Toxizität zu geben. Diese Konzeption macht die individuellen Unterschiede der Sauerstofftoxizität verständlich, die offenbar weniger von der Exposition als von den sehr komplexen biochemischen Vorgängen der Entgiftung abhängen.
Es hat nicht an Versuchen gefehlt, diese Vorgänge medikamentös zu beeinflussen, und es zeichnen sich auch hier Möglichkeiten ab, die Sauerstoffgiftigkeit zu kontrollieren. Vorerst besteht aber die Verhütung von Schäden in der Berücksichtigung des zulässigen Partialdruckes. Für eine Dauerbeatmung soll ein Druck von 0,5 bar nicht überschritten werden. Weiter hat es sich gezeigt, daß Schäden am besten zu vermeiden sind, wenn die O_2-Exposition zeitweise unterbrochen wird. Mit der Einführung der UPTD – Unit of Pulmonary Toxicity Dosage at 1 bar – wurde der Versuch gemacht, eine rechnerische Grundlage für eine tolerierbare Sauerstoffmenge festzulegen (1 UPTD = 1 Minute O_2-Atmung bei 1 bar).

Der Sauerstoff in der Medizin und in künstlichen Atemgemischen

Für die Anwendung einer Atmung mit Sauerstoff unterscheidet man:

- die normobare Hyperoxie: eine erhöhte O_2-Konzentration bei normalem Umweltdruck von 1 bar;
- die hyperbare Hyperoxie: Sauerstoff bei normaler oder erhöhter Konzentration und einem erhöhten Umweltdruck und
- die hypobare Hyperoxie: eine erhöhte O_2-Konzentration bei erniedrigtem Umweltdruck, wie sie bei Raumfahrtunternehmen besteht.

Für die toxische Wirkung ist es weniger bedeutsam, ob ein bestimmter Sauerstoffdruck durch Anreicherung in der Atemluft oder durch Überdruck erzeugt wird. Entscheidend ist der O_2-Partialdruck. So läßt sich reiner Sauerstoff in Höhen über 3500 m lange Zeit ohne Schaden atmen, da der Partialdruck hier unter 707 mbar liegt. Ein Volumenanteil von 60% O_2 der Atemluft bzw. ein Druck von 608 mbar scheint die obere Grenze einer unschädlichen Dauerbeatmung zu sein. Bei therapeutischen Sauerstoffbeatmungen mit den üblichen Gesichtsmasken oder dem Nasenkatheter besteht die Gefahr von Lungenschädigungen nicht, da der Sauerstoff mit Luft vermischt ist und dabei keinen Partialdruck über 0,6 bar erreicht (s. Abb. S. 160). Unter atmosphärischem Druck läßt sich auch reiner Sauerstoff täglich bis zu 4 Stunden ohne Nachteile atmen. In Tierexperimenten in einer sogenannten Eingasatmosphäre mit einem O_2-Druck von 252 mbar wurden

100 Tage ohne Schädigungen vertragen. Es hat sich aber für solche Eingasatmungen als günstig erwiesen, Stickstoff in kleinen Mengen beizumischen, um damit einer Atelektasenbildung entgegenzuwirken (s. S. 160). Das Problem einer optimalen Sauerstoffkonzentration ist für die langdauernden Aufenthalte unter Wasser, wie in Unterwasserhäusern, aber auch für Raumflüge von brennendem Interesse. Das ideale Atemgasgemisch ist hierfür noch nicht gefunden worden (s. Kapitel «Tieftauchen», S. 225).

In den letzten Jahren hat nicht nur die normobare Anwendung von Sauerstoff in der Medizin zugenommen, sondern auch die hyperbare. Gegen die teilweise kritiklose Anwendung einer Sauerstoffüberdruck-Behandlung hat sich ein (HBO) Komitee der Undersea Medical Society (1980) um klare Richtlinien bemüht. Es wurden 4 Kategorien von Krankheiten aufgestellt, für die eine HBO (hyperbare Sauerstoff)-Therapie erfolgversprechend ist.

- Bei den Krankheiten der Kategorie I ist der Behandlungswert unbestritten, so bei Kohlenmonoxidvergiftung, schwerer Blutarmut, Gasbrandinfektion (der Erreger lebt anaerob und kann sich nur ohne Sauerstoff entwickeln), Rauchvergiftungen und leichteren Wundinfektionen.
- Zu der Kategorie II gehören Gesundheitsstörungen, bei denen die zusätzliche Anwendung einer HBO-Therapie nützlich ist. Darunter fallen bestimmte Durchblutungsstörungen, Verletzungen und chronische Entzündungen, wie die Osteomyelitis (Knochenmarksentzündung).
- Die Kategorie III umfaßt Krankheiten, bei denen theoretisch ein Erfolg zu erwarten ist, ein endgültiger Beweis aber noch aussteht (Alterserscheinungen, Zustand nach Schlaganfall usw.).
- Für die Krankheiten der Kategorie IV gibt es weder eine theoretische Grundlage noch einen wissenschaftlichen Beweis einer günstigen Beeinflussung. Hierunter fallen Arthritiden und die multiple Sklerose.

Das Kohlendioxid

Das zweite Gas unserer Atemluft, das wir hier besprechen wollen, ist das Kohlendioxid. Kohlendioxid (CO_2) ist neben Wasser ein Produkt aus den Verbrennungsvorgängen (Oxidation) im Stoffwechsel. Bevor es aber aus dem Körper ausgeschieden wird, erfüllt es als Kohlensäure (H_2CO_3) lebenswichtige Funktionen. Seine atemspezifische Wirkung und die Folgen einer Herab-

setzung der Kohlensäurespannung im Blut haben wir bei der Besprechung der Hyperventilation (s. S. 75) kennengelernt. Eine Aufgabe der Atmung besteht in der Abgabe des CO_2 mit dem Ziel, den CO_2-Spiegel im Blut möglichst konstant zu halten. Steigt der CO_2-Gehalt im Blut stark an (Hyperkapnie), so wirkt er schädlich.
Hohe Kohlendioxidkonzentrationen treten unter atmosphärischen Bedingungen u.a. in Gärkellern, Jauchegruben und in Lagerräumen mit gärenden Früchten auf. Wegen seines hohen spezifischen Gewichts (1,5mal schwerer als Luft) reichert sich das Gas zunächst am Boden an. Konzentrationen von über 20% können zur Bewußtlosigkeit führen. Diese entsteht aber nicht durch eine toxische Wirkung des CO_2, sondern durch einen O_2-Mangel, weil der Sauerstoffanteil der Luft herabgesetzt wird. Die Flamme einer Kerze, die bei CO_2-Konzentrationen von 10% erlischt, fällt gleichfalls diesem Sauerstoffmangel zum Opfer. In der Luft beträgt der Anteil dieses Gases 0,03%, in den Alveolen zirka 5,6%. Der CO_2-Anteil in den Alveolen hängt von deren Belüftung (Ventilation) und von der Wasserdampfspannung ab. Im Blut ist das CO_2 zum geringen Teil physikalisch gelöst, vorwiegend aber chemisch gebunden. Sein Anteil ist deshalb einfacher in Volumenprozenten anzugeben als in Torr, so daß im folgenden Text von Volumenprozent CO_2 gesprochen wird.

Die Wirkung vermehrten Kohlendioxidangebotes

Eine Erhöhung des Kohlendioxidgehaltes im Organismus führt zu einer Steigerung des Atemminutenvolumens.
Das Diagramm zeigt, wie nach Beimischung von CO_2 zur Atemluft, z. B. bei 1,6%, das Atemminutenvolumen (normal 5–8 l/min) auf etwa 10 l in der

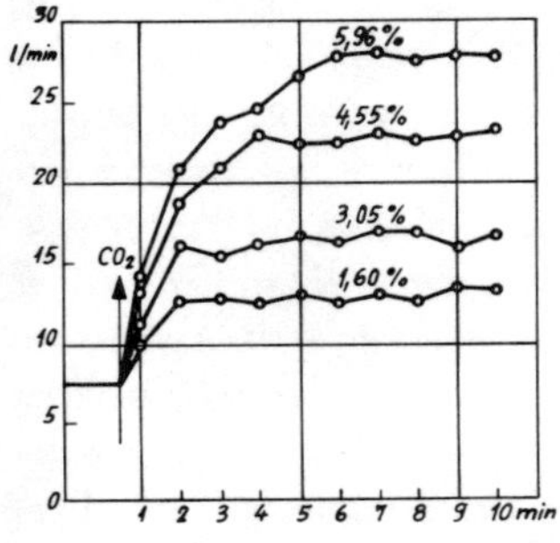

Mit zunehmendem CO_2-Gehalt der Einatemluft steigt das Atemminutenvolumen.

Minute gesteigert wird. Bei 5,96% CO_2 steigt das Atemminutenvolumen auf etwa 27 l/min an. Die Erhöhung des Kohlensäuregehaltes im Blut, die Hyperkapnie, führt zu einer Verschiebung des Säure-Basen-Gleichgewichts in Richtung einer Acidose (s. S. 64). Die in Hyperkapnie gesteigerte Atmung kann als sinnvolle Reaktion des Organismus angesehen werden mit dem Ziel, den Kohlensäurespiegel im Blut und das Säure-Basen-Gleichgewicht wieder zu normalisieren.

Die Toleranz für die Hyperkapnie beim Tauchen

Nun kann sich das Atemzentrum aber auch auf eine höhere Kohlendioxidspannung – eine Hyperkapnie – einstellen und für diesen Reiz unempfindlich werden. Matrosen, die in einem Unterseeboot 42 Tage lang eine Luft mit 1,5% CO_2 atmeten, zeigten nach einigen Tagen keine Steigerung des Atemminutenvolumens mehr, selbst nicht bei einer Konzentration von 5% CO_2. Auch bei gut trainierten Schnorcheltauchern wurden in der Ausatemluft höhere CO_2-Konzentrationen gefunden als bei untrainierten Tauchern. Untersuchungen bei diesen Tauchern ergaben eine sehr viel höhere Toleranzgrenze für CO_2, die auch noch drei Monate über das laufende Tauchtraining hinaus anhielt. Infolge der Adaptation an die Hyperkapnie toleriert der Körper einen höheren Kohlendioxidgehalt und speichert CO_2 in den Geweben, einschließlich der Knochen. Nach dem Tauchgang wird es aber vermehrt abgeatmet, und auch im Urin steigt die CO_2- und die Nettosäureausscheidung. Diese Adaptationserscheinungen finden sich aber auch im gleichen Maße bei trainierten Preßlufttauchern. Eine erhöhte Toleranz gegenüber einer höheren CO_2-Spannung haben wir ja ebenfalls bei den tauchenden Säugetieren kennengelernt (s. S. 85).

Andererseits sind in den letzten Jahren immer wieder Taucher beschrieben worden, bei denen es durch eine ungenügende Ventilation zu einem Anstieg der Kohlendioxidkonzentration im Blut – einer Hyperkapnie – kam, die bis zur Bewußtlosigkeit und zu tödlichen Unfällen unter Wasser geführt haben. Die Ursache wird in einer ungenügenden Ansprechbarkeit der Atemzentren auf CO_2 gesehen. Derartige Störungen des Atemantriebes sind als seltene Krankheitsbilder bei Nichttauchern, z. B. Säuglingen, in der medizinischen Literatur bekannt. Sie wurden auch als Undine-Syndrom – das vergessene Atmen – bezeichnet. Bei den von der US-Marine untersuchten Tauchern handelte es sich um athletische, junge Männer in guter Kondition, die als völlig gesund zu bezeichnen waren. Erst unter den Bedingungen des Tau-

chens, und hier auch nicht immer, kam es über eine unzureichende Atmung zur CO_2-Retention und dadurch zu Vergiftungserscheinungen. Es ist bis heute noch unklar, ob diese offenbare Untererregbarkeit der Atemzentren gegenüber CO_2 angeboren oder durch Infekt erworben ist.
Jedenfalls handelt es sich um eine Störung, die beim Tauchen schwerwiegende Folgen haben kann, insbesondere wenn man berücksichtigt, daß eine erhöhte Kohlendioxidkonzentration zusätzlich sowohl die Sauerstofftoxizität als auch die Anfälligkeit für den Tiefenrausch steigert.
Leider existiert noch keine einfache Untersuchungsmethode, um Taucher, die zu solchen Störungen neigen, herauszufinden.

Kohlendioxid beim Preßlufttauchen
Beim Tauchen mit Preßluftgeräten kann es durch Verunreinigungen der Fülluft zu Vergiftungserscheinungen kommen. Kohlendioxid entsteht bei allen Verbrennungen. Bei unsachgemäßer Füllung von Preßluftflaschen kann es also mit den Motorabgasen eines Kompressors – neben dem Kohlenmonoxid – vermehrt angesaugt werden. In der Gerwerbemedizin werden als maximale Arbeitsplatzkonzentration (MAK) für CO_2 5000 ppm (parts per million) = 0,5% angesehen. Würde diese höchste bei atmosphärischem Druck zulässige Menge sich in unseren Preßluftflaschen befinden, so stiege beim Tauchen der Teildruck in 20 m auf das Dreifache, in 50 m auf das Sechsfache an. An der Oberfläche beträgt der Druck von 0,5 Volumenprozent CO_2 5,1 mbar. In 20 m Tiefe würde er auf 15,2 mbar angestiegen sein, in 50 m auf 30 mbar. Das entspricht einem Prozentgehalt von 1,5% bzw. 3% an der Oberfläche.

Kohlendioxid bei anderen Taucharten
In den meisten Fällen sind aber nicht Verunreinigungen der Preßluft die Quelle der Kohlendioxidanreicherung. Häufiger führen eine ungenügende Ableitung der Ausatemluft aus der Umgebung des Tauchers oder eine mangelnde CO_2-Absorption zu einer Konzentrationserhöhung. Das ist der Fall im Caisson, in der Druckkammer und bei Helmtauchern, wenn die Luft nicht ausreichend erneuert wird. Beim Helmtaucher läßt sich eine CO_2-Anreicherung durch häufiges Spülen, d. h. Zufuhr von Luft im Überschuß (50 l/min × Druck) entfernen.
Bei allen Kreislaufgeräten und in U-Booten steigt der CO_2-Gehalt, wenn die Absorption durch den Atemkalk (in U-Booten KOH) unzureichend ist (s. S.

49). Eine ungenügende Absorption durch Nässe des Atemkalks bzw. der Absorberkonstruktion erhöht die Gefahr des Tauchens mit Sauerstoffgeräten. Deshalb muß bei Kreislaufgeräten besonders ein Naßwerden des Atemkalks verhütet werden, da dabei durch Verkleben der Oberflächen die Absorberwirkung vermindert wird. Bei jedem Sauerstoff-Flaschenwechsel ist auch die Alkalipatrone zu erneuern, wie es in der Regel auch die Gebrauchsanweisung vorschreibt. Bei Preßluftgeräten besteht die Gefahr einer Kohlendioxidvergiftung nicht, aber in großen Tiefen kann eine ungenügende Ventilation der Lunge eine CO_2-Anreicherung in den Alveolen bewirken. Sie läßt sich am besten vermeiden, indem langsam und tief durchgeatmet wird.

Ursache und Behandlung der Kohlendioxidvergiftung
Hinsichtlich der Ursache der toxischen Wirkung ist man bis heute über Vermutungen nicht hinausgekommen. Eine Kohlensäureerhöhung im Blut übt einen Einfluß auf alle Gewebe aus. In erster Linie macht sie sich aber, wie der Sauerstoffmangel und die Hyperoxie, am Gehirn bemerkbar. Die Erweiterung der Hirngefäße und ein reaktiver Gefäßkrampf mögen dabei eine Rolle spielen.
Zur Behandlung von Kohlendioxidvergiftungen genügt im allgemeinen Frischluft. Nur bei Bewußtlosigkeit sind künstliche Beatmung und Sauerstoffzufuhr erforderlich. Medikamentös können Coramin (5 ml), Lobelin (6 bis 10 mg) und Micoren intravenös gegeben werden. Kopfschmerzen und Übelkeit halten meist noch längere Zeit an.

Tiefenrausch und Kohlendioxid

Untersuchungen über eine länger dauernde Einwirkung von 3% CO_2 haben gezeigt, daß am ersten Tag eine stark anregende Wirkung einsetzt. Es entsteht eine Euphorie, vermehrter Tatendrang und das Gefühl gesteigerter Leistungsfähigkeit. Bei der gleichen Konzentration folgen am nächsten Tag Zerschlagenheit, wie nach einer durchzechten Nacht, Benommenheit, wobei die Unterschiede zwischen Wachen und Schlafen verwischt sind. Weiter treten plötzliche Stimmungsänderungen auf. – Es ist verständlich, daß bei Zugrundelegung dieser Beobachtungen von verschiedenen Seiten, nach theoretischen Überlegungen, eine CO_2-Wirkung für den Tiefenrausch verantwortlich gemacht wurde, kann dieser doch auch durch eine Euphorie gekennzeichnet sein.

Die Symptome des Tiefenrauschs

Bei empfänglichen Tauchern kann ein Tiefenrausch schon von 30 m Tiefe an auftreten, und von 70 m an machen sich die rauschartigen Symptome praktisch bei allen Tauchern bemerkbar. Wie bei einer Alkoholeinwirkung kann es zu einer Euphorie sowie einem Gefühl von Selbstsicherheit und gesteigerter Leistungsfähigkeit, aber gepaart mit Störungen der Gedankenfolge, der Konzentrations- und Kritikfähigkeit kommen. Ein Taucher ist dabei imstande, sein Gerät abzuschnallen und loszulassen, ein Mundstück großzügig einem vorbeiziehenden Fisch anzubieten, sich in einer allen Gegebenheiten und Regeln widersprechenden Weise zu verhalten und ganz unangemessen auf äußere Einflüsse und Eindrücke zu reagieren. Andererseits kann es aber auch zu einer Panikstimmung oder einer lähmenden Entschlußlosigkeit kommen, bei der nur mit Mühe ein folgerichtiger Schluß aus einer Wahrnehmung gezogen werden kann (z.B. der Entschluß, aufzutauchen nach der «verschleierten» Feststellung der abgelaufenen Tauchzeit oder des zu Ende gehenden Luftvorrats). Bei entsprechenden Experimenten in der Druckkammer irrte sich die Versuchsperson in ihrem Geburtsdatum, war unfähig, eine einfache Multiplikationsaufgabe zu lösen, und sowohl ihre Schrift wie ihr Schreibstil waren verändert. Als weitere Erscheinungen können ein metallischer Geschmack im Mund, Ohrensausen, Röhrensehen (s. S. 161), Benommenheit und schließlich Bewußtlosigkeit auftreten. Doch schon die eingeschränkte Kritikfähigkeit kann unter Wasser leicht zu lebensgefährlichen Fehlhandlungen führen.

Es hat nicht an Versuchen gefehlt, durch die verschiedensten Testverfahren die subjektiven Erscheinungen des Tiefenrauschs zu objektivieren. Neben Lösungen von Rechenaufgaben, Bestimmungen von Reaktionszeiten, wurden manuelle Geschicklichkeitsaufgaben in großen Serien durchgeführt. Die Fehlerquoten der Aufgaben ließen eine relativ objektive Beurteilung zu. Die Symptomatik des Tiefenrausches bei höheren Drücken ließ sich dabei sehr viel mehr mit der Wirkung der Psychodroge LSD (Lysergsäurediäthylamid) als mit der des Alkohols oder der Narkose vergleichen. Diese Feststellung entspricht auch den Beobachtungen der sehr unterschiedlichen Erscheinungen des Tiefenrausches beim einzelnen. Auch die Wirkungen der Psychodrogen sind individuell so verschieden, daß sich für den einzelnen nicht voraussagen läßt, welche psychischen Veränderungen sie hervorrufen. Ihre Symptomatik hängt zu sehr von der Persönlichkeit und deren Grundstimmung ab. Charakteristisch für den Tiefenrausch ist jedoch, daß alle Symptome sogleich bei Nachlassen des Druckes, also schon bei Aufstieg in geringere Tiefen, restlos verschwinden.

Die Vermeidung der Tiefenrauschgefahren

Während der Zustand und das Verhalten des Helmtauchers über die Telephonverbindung überwacht werden und er im Notfall an einer Sicherheitsleine hochgeholt werden kann, ist der mit dem autonomen Preßluftgerät ausgerüstete Freitaucher sich selbst überlassen. Deshalb gilt für Sporttaucher die eiserne Regel, daß nie ohne Begleiter getaucht werden darf. Die Tiefenrauschsymptome lassen sich durch Erfahrung richtiger einschätzen. Bis zu bestimmten Grenzen ist auch eine Gewöhnung möglich, doch müssen hierbei die Schwankungen der «Verträglichkeit» des einzelnen an verschiedenen Tagen berücksichtigt werden. Die individuelle Empfindlichkeit für den Tiefenrausch kann verhältnismäßig groß sein. Angst und Unsicherheit begünstigen sein Auftreten. Alkoholeinwirkung potenziert die Symptome. Die objektiven Symptome, wie die allgemein verlangsamte Reaktionsweise und Störungen feinerer Bewegungsabläufe, wie unbeholfenes Herumfingern bei relativ einfachen Handlungen, sollten, wenigstens für den Begleiter, eine nachdrückliche Warnung sein, die einen unverzüglichen Aufstieg in einen Bereich niedereren Druckes fordert. Zu einem sogenannten Notaufstieg ohne Berücksichtigung der Austauchstufen und -zeiten besteht jedoch kein Grund, da die Erscheinungen ja in geringerer Tiefe sofort verschwinden. In der Regel sollte mit Anfängern nicht über 40 m Tiefe getaucht werden. Auch erfahrene Taucher müssen von ihrer individuellen Verträglichkeitsgrenze an, die allerdings Tagesschwankungen unterliegt, besondere Sicherungsmaßnahmen treffen.

Die Tiefengrenze für das Preßlufttauchen

Die Grenze für das Tauchen mit Preßluft wird nach großen Testserien für die Tiefenrauschwirkung auf 90 m (10 bar) angenommen. Da ab 87 m Tiefe auch der Gefahrenbereich für die Sauerstoffgiftigkeit einsetzt, kann man eine Tiefe von 90 m als absolute Grenze für das Tauchen mit Preßluft ansetzen. Zwar sind auch schon größere Tiefen mit Preßluft kurzfristig erreicht worden. Die Gefahren potenzieren sich aber in einem Bereich über 90 m Tiefe in einem lebensgefährlichen Maße.

Die Hypothesen über die Ursachen des Tiefenrauschs

Was ist die Ursache der Tiefenrauschphänomene? Sektionen verunglückter Taucher ergaben keinerlei Anhaltspunkte. Als die Tiefenrauscherscheinungen in den Jahren 1925 bis 1930 in England und Amerika häufiger beobachtet wurden, nahm man zunächst an, daß sie nur bei psychisch labilen Personen aufträten und führte sie auf Angstreaktionen durch die Abgeschlossenheit (Klaustrophobie) in der Tiefe zurück. Von *A.R. Behnke* wurde 1935 die Theorie der Stickstoffnarkose aufgestellt. Da der Stickstoff (N_2) in Öl besser löslich ist als in Wasser, wurde angenommen, daß er sich wie die Narkosemittel Äther, Chloroform usw. aufgrund seiner Fettlöslichkeit in den lipoidhaltigen Membranen (Lipoide = fettähnliche Substanzen) der Gehirnzellen anhäufen kann (Lipoidtheorie von *Meyer* und *Overton*).

Eine andere Hypothese für die Entstehung der Rauschsymptome wurde von *J.B. Bean*, später von *A.A. Bühlmann* und auch von *J. Seusing* und *R. Frey* aufgestellt: Mit Erhöhung des Druckes steigt auch die Dichte der Gase an. Dadurch geht die laminare Strömung in den Atemwegen in eine turbulente Strömung über, und der Gesamtströmungswiderstand erhöht sich. Die Arbeit der Atemmuskulatur wird dadurch so erschwert, daß das Atemminutenvolumen nicht mehr genügend aufrechterhalten werden kann, um CO_2 in erforderlichem Maße abzuatmen. Dadurch bedingte, angebliche Kohlensäureanreicherungen im Gewebe wurden für die Symptome des Tiefenrausches verantwortlich gemacht.

In der Tat wächst die von der Atemmuskulatur zu leistende Arbeit beim Tauchen mit Preßluft mit zunehmender Tiefe. Auch wird sie erheblich kleiner, wenn anstelle von Stickstoff das spezifisch leichtere Helium verwen-

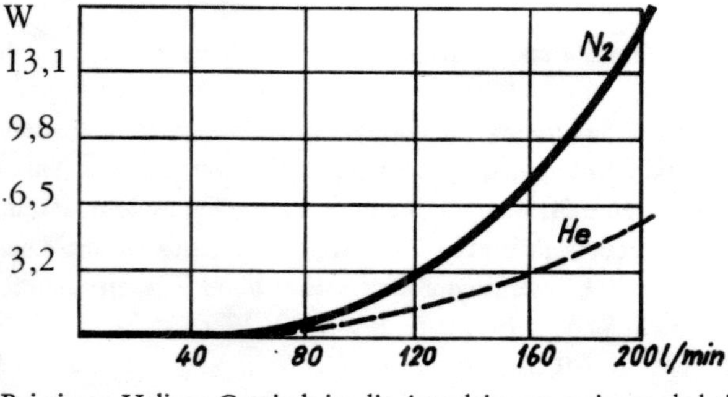

Bei einem Helium-Gemisch ist die Atemleistung geringer als bei Preßluft.

det wird. Bei steigendem CO_2-Teildruck und erhöhtem Volumenanteil in den Alveolen ist nun ein größeres Atemminutenvolumen zum Abatmen des Kohlendioxids erforderlich.

Das Diagramm S. 175 zeigt die Beziehungen zwischen Atemleistung und Atemminutenvolumen bei Preßluftatmung und bei einem Helium-Sauerstoff-Gerät. Um beispielsweise ein Atemminutenvolumen von 160 l/min aufrechtzuerhalten, ist bei Preßluft eine Atemleistung von 7,4 W erforderlich, für 200 l/min bereits eine Arbeit von 14,7 W. Helium (He) hat eine etwa siebenmal geringere Dichte als Stickstoff. Für ein Minutenvolumen von 200 l ist daher bei einem Sauerstoff-Helium-Gemisch nur eine Atemleistung von 5,7 W erforderlich.

Die Erschwerung der Atemarbeit kommt durch die turbulente Strömungsform zustande, die durch die größere Gasdichte unter erhöhtem Umgebungsdruck eintritt. Die Turbulenzströmung und der damit zunehmende Strömungswiderstand tritt bei N_2 früher (Kurvensprung) ein als bei Helium-Sauerstoff-Gemischen. Das untenstehende Diagramm zeigt auf der Ordinate den für eine konstante Durchflußmenge notwendigen Druckgradienten und auf der Abszisse den Umgebungsdruck in bar.

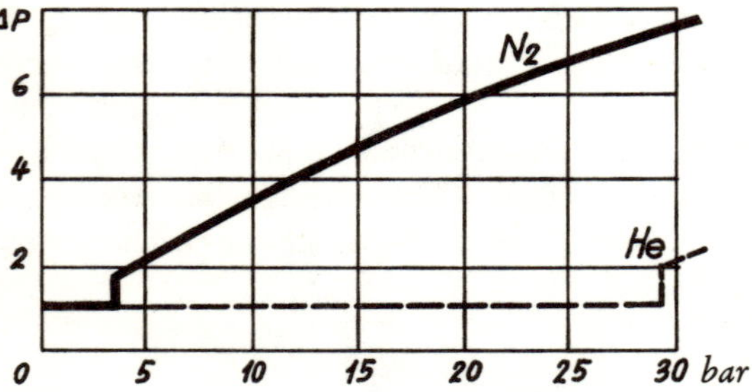

Beim Tauchen mit Preßluft kommt es früher zur Turbulenzströmung als bei Helium-O_2-Atmung.

Berücksichtigt man ferner, daß einerseits bei einem Aufenthalt von 1 Stunde in 30 m Tiefe mehr Stickstoff in den Organismus übergeht als bei einem Aufenthalt von 5 min in 100 m Tiefe, daß es jedoch anderseits in 30 m so gut wie nie, in 100 m Tiefe aber sicher zum Tiefenrausch kommt, so war die Annahme naheliegend, daß Kohlendioxid und nicht der Stickstoff für die Rauschzustände verantwortlich zu machen ist.

Durch Untersuchungen von *P. Cabarrou* und von *P.B. Bennett* konnte aber der Beweis erbracht werden, daß veränderte elektrische Hirnstrombilder

(EEG) nur durch Veränderungen des N_2-Partialdruckes hervorgerufen wurden, bzw. daß der CO_2-Anteil im Gehirn und im Blut nicht angestiegen war, während schon Tiefenrauschsymptome bestanden. Auch der Sauerstoff unter erhöhtem Druck konnte als mögliche Ursache ausgeschlossen werden. Der erhöhte O_2-Druck und eine gewisse CO_2-Retention begünstigen allerdings nach allgemeiner Auffassung das Auftreten von Tiefenrauscherscheinungen. Ganz sicher begünstigen weiter auch hier psychische Momente wie Erwartungsangst und Klaustrophobie das Auftreten der Symptome.

Die Inertgase als Ursache des Tiefenrauschs

Heute gilt es als erwiesen, daß die Tiefenrauscherscheinungen durch die sogenannten Inertgase verursacht werden. Auch *A.A. Bühlmann* hat dieser Auffassung zugestimmt und seine Hypothese von der Kohlendioxidwirkung als alleiniger Ursache nicht mehr aufrechterhalten.
Als inert werden die Gase bezeichnet, die keine biochemischen Reaktionen eingehen, wie Helium (He), Neon (Ne), Wasserstoff (H_2), Argon (Ar), Krypton (Kr) und Xenon (Xe) sowie der Stickstoff (N_2). Alle diese «neutralen» Gase haben mehr oder weniger narkoseartige Wirkungen, die von ihrem Partialdruck abhängen. Man spricht deshalb auch von einer Inertgasnarkose. So wirkt Xenon schon bei atmosphärischem Druck narkotisch und führt zu einer Anästhesie, unter der leichte chirurgische Eingriffe möglich sind. Krypton verursacht Schwindel, und Argon zeigt bei 5 bar die gleichen narkotischen Wirkungen wie Luft bei 7 bar. Helium hat dagegen keine narkotische Wirkung. Es wird aus diesem Grund für das Tieftauchen über 10 bar verwendet.
Trotz der verschiedenen Nachteile des Heliums, wie Verständigungsstörungen durch Veränderungen der Stimme, hohe Wärmeleitfähigkeit, die heizbare Unterwasseranzüge erforderlich macht, veränderte Austauchzeiten und hoher Preis, bleibt es doch das Atemgas der Wahl für das Tieftauchen. Bei einem simulierten Tauchversuch der Fa. Comex in Marseille im Mai/Juni 1972 unter *X. Fructus* blieben zwei Taucher in einem Helium-Stickstoff-Sauerstoffgemisch 80 Minuten unter einem 661 m Wassertiefe entsprechenden Druck. – Wasserstoff schien sich ebenfalls zum Ersatz von Stickstoff zu eignen und wurde 1948 von *Zetterström* verwandt. Er hat einmal aber den Nachteil, daß er bei einem Zusatz von mehr als 4% O_2 das hochexplosive Knallgas bildet. Nach neueren Untersuchungen ist auch seine narkotische Potenz größer als die von Helium oder Neon, wenn auch geringer als die des

Stickstoffs. Neon steht in seiner narkotischen Wirkung der des Heliums nahe, erschwert aber wegen seiner höheren Dichte schon in relativ geringen Tiefen die Atemarbeit.

Über den Narkoseeffekt der Inertgase

Die narkotische Eigenschaft all dieser Inertgase entspricht weitgehend ihrer Lipoidlöslichkeit. Diese steht wiederum in einem Verhältnis zu ihrem Molekulargewicht (s. Tabelle). Nach der Lipoidtheorie von *Meyer* und *Overton* (1899) ist der narkotische Effekt vom Grad der Fettlöslichkeit eines Gases abhängig. Je besser ein Inertgas sich in den Lipoiden des Nervengewebes löst, um so eher ist eine narkotische Wirkung zu erwarten. So wirkt auch Xenon am stärksten narkotisch und Helium mit seiner geringen Löslichkeit am wenigsten. In der Mitte steht der Stickstoff. Ihm folgt in der Tabelle das Argon, das jedoch eine viel größere narkotische Wirkung hat, als sie ihm nach seiner Löslichkeit zukommt. Die Einordnung der Narkosewirkung der Inertgase nach diesen physikalischen Eigenschaften ist daher nicht frei von Widersprüchen.

Gas	Molekulargewicht	Löslichkeit in Fett	Löslichkeits-Koeffizient Öl-Wasser	Relative narkotische Potenz
Helium	4	0,015	1,7	0,235
Neon	20	0,019	2,07	0,279
Wasserstoff	2	0,036	2,1	0,546
Stickstoff	28	0,067	5,2	1
Argon	40	0,14	5,3	2,33
Krypton	83,7	0,43	9,6	7,14
Xenon	131,3	1,7	20,0	25,6

Zusammenhänge zwischen der narkotischen Potenz der Inertgase mit ihrer Fettlöslichkeit und anderen physikalischen Eigenschaften.

Der eigentliche Mechanismus der Narkosewirkung ist aber damit nicht erklärt. Wahrscheinlich sind, wie bei der Giftigkeit des Sauerstoffs, auch hier wohl mehrere Faktoren maßgebend. Aus zahlreichen Untersuchungen der letzten Jahre, besonders denen von *P.B. Bennett*, schält sich aber heraus, daß der narkotische Effekt der Inertgase physikalischer und nicht biochemischer Natur ist.

Die Untersuchungen der letzten Jahre zeigen, daß der narkotische Effekt der Inertgase am Zentralnervensystem ansetzt. Nervenzellen leiten Impulse. Sie geben ihre Informationen durch Spannungsänderungen über die sie umgebenden Membranen weiter. Die Membranen der Nervenzellen umkleiden ebenso die Fortsätze der Nervenzellen, die bis zu 1 m lang werden können. Dabei lösen die Spannungsänderungen über die Nervenmembran der ersten Zelle eine Ausschüttung eines Überträgerstoffes (Transmitters) aus, der an der Zellmembran der nächsten Zelle gebunden wird und von dort aus wiederum ein elektrisches Signal auslöst.
In diese lipoiden Membranen sind Kanäle eingebettet, durch die Ionen ein- und ausströmen. Durch eine exakte Steuerung mit Öffnen und Schließen dieser Kanäle entstehen Spannungsänderungen. Durch diese Spannungsänderung wird die Erregung der Nervenzelle weitergeleitet. Zwischen zwei Nervenzellen bestehen hochspezialisierte Kontaktstellen, die sogenannten Synapsen, über die die Erregung fortgeleitet wird.
Diese komplexen Vorgänge, die in der lipoidhaltigen Membran ablaufen, bestimmen letztlich die Handlungsweise des Menschen. Es konnte nun gezeigt werden, daß ein erhöhter Stickstoffpartialdruck die Eigenschaften der Lipidmembran verändert. Gleichzeitig wurde aber auch eine Änderung der Aktivität der Nervenzellen registriert. Die Summe all dieser Aktivitäten an den Nervenzellen im Gehirn wie an den Kontaktstellen, den Synapsen, sind für die Änderungen des Verhaltens beim Tiefenrausch verantwortlich. Die Summe der veränderten Nervenzellaktivität unter erhöhtem Stickstoffdruck läßt sich durch das Ableiten von Hirnströmen nachweisen. Wenn auch noch längst nicht alle Einzelheiten dieser Mechanismen bekannt sind, so läßt sich doch sagen, daß der Tiefenrausch auf Veränderungen in den Lipidmembranen der Nervenzelle zurückzuführen ist, zu denen es durch einen erhöhten Partialdruck der Inertgase kommt.
Diese Hypothese steht praktisch auch im Einklang mit der bekannten Eigenschaft des Tiefenrauschs, daß er verschwindet, sobald der Außendruck nachläßt, also beim Aufstieg in geringere Tiefen. Da die Stickstoffspannung im Gewebe dabei aber nicht so schnell zurückgeht, wie die Tiefenrauscherscheinungen verschwinden, muß man annehmen, daß Zusammenwirken von Umgebungsdruck und N_2-Spannung die Übertragungsstörung der Erregung auslöst.
Wenn auch verschiedene Pharmaka den Tiefenrausch teils verhindern können und andere ihn begünstigen, so ist es doch noch verfrüht, in der Praxis des Tauchens die Tiefenrauschsymptomatik medikamentös beeinflussen zu wollen.

Das Kohlenmonoxid

Als mögliche Gefahrenquelle beim Tauchen mit Preßluft muß noch das Kohlenmonoxid (CO) erwähnt werden. Kohlenmonoxid, ein farb- und geruchloses, brennbares Gas, leichter als Luft, kommt im Leuchtgas (bis 8%) und in Auspuffgasen (4–7%) vor. Bei transportablen Kompressoren mit Antrieb durch Verbrennungsmotoren kann dieses Gas bei unsachgemäßem Vorgehen mit der angesaugten Luft in die Preßluftflaschen gelangen.

Seine Giftigkeit beruht in erster Linie darauf, daß es den Sauerstoff am Hämoglobin verdrängt, weil seine Affinität zum Hämoglobin rund 250 mal größer ist als die des O_2. Es bleibt deshalb auch fester am Hämoglobin gebunden als O_2. Die Sauerstoffträger im Blut sind damit blockiert, und es entsteht ein Sauerstoffmangel. Bei 20% Kohlenoxidhämoglobin (COHb) treten deutliche Vergiftungserscheinungen auf, und 40–50% COHb sind meist tödlich. Die Grenzdosis einer Konzentration für einen ganzen Arbeitstag (MAK) wird heute mit 100 ppm = 0,01 Vol% angenommen. Neben der reinen Hämoglobinblockade und dem dadurch bedingten Sauerstoffmangel spielen aber noch andere, spezifisch toxische Momente – wie Blockierungen gewisser schwermetallhaltiger Fermente – sowie Blutzuckererhöhungen eine Rolle. Zudem konnte CO auch nach Verschwinden aus dem Blut noch in hohem Prozentsatz in Organen wie Herz, Leber und Gehirn nachgewiesen werden.

Im Gegensatz zu der unter erhöhtem Druck verstärkten Einwirkung der anderen bisher besprochenen Gase ist CO unter erhöhtem Luftdruck weniger giftig. Mit Erhöhung des O_2-Partialdruckes wird die Blockade des Hämoglobins durch CO erschwert.

J. Y. Cousteau berichtet in seinem Buche «Die schweigende Welt» von schweren Störungen bei der Erforschung der Quelle von Vaucluse in 40 bis 50 m Tiefe. Die spätere Analyse der Preßluft ergab einen Gehalt von 0,05% CO, die durch Motorabgase in die Druckluftflaschen gelangt waren.

Das Bild einer akuten Kohlenmonoxidvergiftung gleicht dem einer schweren Hypoxie. Es zeichnet sich aus durch Kopfschmerzen, Ohrensausen, einen Zustand der Berauschtheit, in dem Urteilsfähigkeit und Entschlußkraft verlorengehen. Bei stärkerer Einwirkung setzt oberflächliche Atmung ein, die Gesichtsfarbe kann hellrot werden, und es kommt unter Bewußtseinsverlust zu tetanischen Krämpfen. In Frischluft wird CO wieder ausgeschieden, und zwar pro Stunde um etwa 30 bis 50%. Beim Einatmen von Sauerstoff und einer Beimischung von 4% CO_2, wodurch die Atmung gesteigert wird, vollzieht sich die Ausscheidung ungefähr 4mal so schnell. Am erfolgreichsten werden schwere CO-Vergiftungen mit hyperbarem Sauerstoff behandelt (s. S. 168).

Übersicht der Symptome der einzelnen Gase beim Tauchen

Neben der Erschwerung der Atmung, die durch die zunehmende Dichte aller Gase unter höherem Druck auftritt, sei hier eine Übersicht über die Symptome gegeben, die durch die einzelnen Gase bei vermindertem oder vermehrtem Partialdruck entstehen. In der folgenden Zusammenfassung ist zu erkennen, daß gleichartige Erscheinungen bei verschiedenen Vergiftungsbildern auftreten. Es läßt sich deshalb nicht ohne weiteres aus den Symptomen eine Diagnose stellen. Sie ergibt sich aber schon eher, wenn die Möglichkeiten berücksichtigt werden, unter denen eine Gaseinwirkung zustande kam. Diese Aufstellung soll nur eine Übersicht geben. Alle Einzelheiten und Zusammenhänge müssen in den entsprechenden Kapiteln nachgelesen werden.
Beim Tauchen sollten Veränderungen wie Kopfschmerzen, Ohrensausen, Übelkeit, gesteigerte Atmung, Angst und Engegefühl, aber auch ein plötzliches Desinteresse, Apathie und Konzentrationsstörungen genauso wie eine Euphorie und Kraftgefühl als Warnsymptome gelten und zum Auftauchen veranlassen.

Symptome	*Gas*	*Vorkommen*
Kopfschmerzen Schlaflosigkeit Übelkeit Erbrechen Euphorie Konzentrationsstörungen Koordinationsstörungen Verwirrtheit Bewußtlosigkeit mit Krämpfen	O_2 chronischer (d. h. langsam einsetzender) Mangel	In Höhen über 2–3000 m ü. M.; Tauchen mit Kreislaufgeräten
Kurzatmigkeit Atemnot Angstzustände Zuckungen der Extremitäten Bewußtlosigkeit ohne Warnsymptome	O_2 akuter Mangel	Durch unrationelles Atmen beim Preßlufttauchen, Streckentauchen, besonders nach Hyperventilieren
Husten Engegefühl unter dem Brustbein Quälende Atemnot Unbeherrschbarer Hustenreiz	O_2 unter Überdruck bis etwa 2 bar	Langzeitaufenthalte, z. B. in Unterwasserhäusern
Übelkeit Beklemmungen Oberflächliches Atmen Erstickungsgefühl Sehstörungen Zuckungen um den Mund Krampfzustände Bewußtlosigkeit Akustische Erscheinungen	O_2 Überdruck über 2 bar	Vorwiegend beim Tauchen mit Sauerstoffgeräten

Symptome	*Gas*	*Vorkommen*
Starke Kopfschmerzen Schweißausbrüche Ohrensausen Vermehrte Erregbarkeit Benommenheit Gesteigerte und vertiefte Atmung Lufthunger Bewußtlosigkeit	CO_2 erhöhte Konzentration	Tauchen mit Kreislaufgeräten, bei Helmtauchern und in U-Booten
Kopfschmerzen Berauschtheit Ohrensausen Oberflächliche Atmung Hellrote Gesichtsfarbe Bewußtlosigkeit	CO erhöhte Konzentration	Preßlufttauchen: Bei Verunreinigung der Atemluft mit Motorabgasen
Störungen der Konzentrations- und Kritikfähigkeit Apathie Angst Euphorie Ohrensausen Benommenheit Metallischer Geschmack der Luft Bewußtlosigkeit	Inertgase (vorwiegend N_2)	Tiefenrausch, besonders beim Tauchen mit Preßluft

Die Dekompressionsphase

Wir haben bisher die Druckwirkungen kennengelernt, die sich vorwiegend mechanisch äußern (Kompressionsphase), und im zweiten Abschnitt die Auswirkungen der Gase unter erhöhtem Druck besprochen. Beide Abschnitte fallen mit den Phasen des Abtauchens bzw. der des Aufenthaltes unter Wasser zusammen.

Beim Aufstieg spielt von den vermehrt im Organismus gelösten Gasen der Stickstoff oder ein zu seinem Ersatz verwendetes Inertgas die entscheidende Rolle.

Die Inertgase sind wie die anderen Teile unseres Atemgases, der Sauerstoff und das Kohlendioxid, unter erhöhtem Druck vermehrt im Organismus physikalisch gelöst. Beim Auftauchen müssen sie, wegen des abnehmenden Umgebungsdruckes, sich wieder aus der Lösung in den Gaszustand zurückverwandeln. Bei abnehmendem Druck ist dabei die Gaslösung eine Zeitlang übersättigt. Der Überschuß an Sauerstoff ist gering, da er von den Geweben verbraucht wird, die Überschußmenge an Kohlendioxid ist ebenfalls gering, da es wegen seiner hohen Diffusionsgeschwindigkeit den Organismus schneller verläßt als andere Gase. Weiter hat der Körper die Möglichkeiten, beide zu binden. Nur der Stickstoff oder ein anderes Inertgas kann nicht verbraucht und nicht gebunden werden. Wenn er oder ein anderes Inertgas bei schneller Druckabnahme im Überschuß anfällt, kann er blasenbildend aus seiner Lösung ausperlen. Das führt zur Dekompressionskrankheit, die vermieden werden kann, wenn dem Stickstoff erlaubt wird, sich so langsam aus der Lösung zu entbinden, daß es nicht zur Erkrankung durch Gasblasen kommen kann.

Der Stickstoff im Organismus unter atmosphärischem Druck

Nach dem Henryschen Gesetz (s. S. 110) lösen sich Gase in Flüssigkeiten bis zu einer Sättigung, die vom Druck der einzelnen Gase und der Temperatur der Flüssigkeit abhängig ist. Demnach ist auch unter normalem atmosphärischem Druck Stickstoff in unserem Körper gelöst. Bei Bergbewohnern in größeren Höhen weniger, in Meereshöhe etwas mehr, entsprechend dem Partialdruck des Stickstoffs. Bei einem atmosphärischen Druck von 1013 mbar betrüge der Partialdruck in unseren Lungenalveolen für den Stickstoff etwa 762 mbar (1013 mbar Luft — 135 mbar O_2 — 53,3 mbar CO_2 — 62,7 mbar H_2O = 762 mbar N_2). Bei einem durchschnittlichen Erwachsenen ist dabei knapp 1 l Stickstoff im Körper gelöst. Auf das Blut und wäßrige Gewebe entfallen dabei 1 ml N_2 pro 100 ml, 5 ml N_2 auf die gleiche Menge Fettgewebe. Verändert sich der Luftdruck und mit ihm der Partialdruck des Stickstoffs, so muß sich ein neues Gleichgewicht einstellen. Wie wir schon wissen, sind die Körperzellen von einer halb durchlässigen Membran umgeben. Wenn sich auf der Außenseite einer Körperzelle – in Blut und Gewebsflüssigkeit – mehr Moleküle N_2 finden als im Inneren der Zelle, so ist der Partialdruck des Stickstoffs um die Zelle natürlich höher als in der Körperzelle selbst. Die Stickstoffmoleküle werden also vom Orte des höheren Partialdruckes zum Orte des niedrigeren Druckes wandern, bis ein Gleichgewicht entsteht. Begibt sich ein Mensch von Meereshöhe auf einen Berg von 3000 oder 4000 m Höhe, oder steigt er mit einem Flugzeug in eine dünnere Luftschicht, so wird Stickstoff aus dem Körper herausdiffundieren, bis Gleichgewicht mit dem Umgebungsteildruck hergestellt ist. Umgekehrt wandert vermehrt Stickstoff in die Körperzellen, wenn wir beim Tauchen einem höheren Stickstoffdruck in unserer Atemluft ausgesetzt sind. Die Aufnahme (Absorption) eines Gases bis zum Gleichgewicht nennen wir Sättigung, die Abgabe (Elimination) Entsättigung.

Über die Stickstoffsättigung der Gewebe

Der menschliche Körper besteht nun aus verschiedenen Geweben, solchen, die sich schnell, und anderen, die sich langsam sättigen. Die Herstellung des Gleichgewichts der Partialdrücke in den einzelnen Geweben des Körpers vollzieht sich deshalb unterschiedlich schnell und ist erst mit der Sättigung des langsamsten Gewebes erreicht. Eine vollständige Sättigung des Körpers dauert bis zu 24 Stunden und wird deshalb beim Sporttauchen nie erreicht. Taucht man mit einem Preßluftgerät auf 40 m Tiefe, so ist hier der Stickstoffpartialdruck fünfmal so hoch wie an der Oberfläche. Vereinfacht, beträgt er oben 0,8 bar, in 40 m ist dann der Partialdruck N_2 $5 \times 0{,}8$ bar $= 4$ bar. Im Blut und Gewebe beträgt der N_2-Druck anfangs noch 0,8 bar. Der Druckgradient zwischen der Luft in den Alveolen und dem Blut und Gewebe beträgt nun $4{,}0 - 0{,}8$ bar $= 3{,}2$ bar. Bei einem Gefälle mit dem Gradienten von 3,2 bar wandern nun die Stickstoffmoleküle zum Orte des niedereren Druckes. Dieser Ort ist zunächst das Kapillarnetz der Lungenalveolen. Der Ausgleich des Druckgefälles vollzieht sich hier noch schnell, und wenn das Blut die Lunge verläßt, ist es bereits mit einer Stickstoffspannung von 4,0 bar gesättigt und enthält so etwa 5 mal mehr Stickstoff als vorher. Wenn das Blut in den

Geweben angelangt ist, besteht dort der gleiche Druckgradient, wie er zwischen dem Inneren der Alveole und dem umgebenden Kapillarnetz bestand. Der Druckausgleich vollzieht sich hier im Gewebe in der gleichen Weise, und das Blut verläßt die Gewebe mit dem Stickstoffpartialdruck, der jetzt auch in den Geweben herrscht. Nun ist aber das Volumen des Blutes (zirka 5 l) im Verhältnis zu der Masse der Gewebe relativ klein, und es wird auch vom Blut immer nur eine begrenzte Menge Stickstoff befördert werden können. Die Gewebe werden sich also nur langsam aufsättigen können, etwa wie eine Scheune erst durch viele Wagen mit Heu aufgefüllt wird. Mit der langsam zunehmenden Aufsättigung der Gewebe nimmt natürlich der Druckgradient zwischen dem Blut und den Geweben kontinuierlich ab. Das bedeutet, daß mit dem Kleinerwerden des Druckgefälles die Aufsättigung langsamer vor sich geht, bis endlich überall ein Partialdruck von 4 bar erreicht ist.

Die unterschiedlich schnelle Sättigung der Gewebe
Die Geschwindigkeit, mit der ein Gewebe die Sättigung erreicht hat, hängt einmal davon ab, wie gut seine Blutversorgung ist, denn der Stickstoff wird ja nur über den Blutweg antransportiert. Im allgemeinen sind lebenswichtige Organe besonders gut mit Blutgefäßen versorgt, weniger lebenswichtige in geringerem Maße. So werden Gewebe mit der stärksten Blutversorgung am ehesten aufgesättigt sein. Zum anderen gibt es Gewebe, wie das Fett oder fetthaltige Gewebe, die 5 mal mehr Stickstoff lösen als wäßrige Gewebe. Hier wird also die Aufsättigung langsamer vor sich gehen, selbst wenn sie sehr gut mit Blut versorgt sind. Sehnen, Gelenkkapseln, aber auch manche wäßrige Gewebe haben nur ein mäßig ausgebildetes Kapillarnetz. Sie werden bis zu ihrer vollen Sättigung ebenfalls längere Zeit brauchen als beispielsweise das Blut. Eine genaue Einteilung der einzelnen Gewebe, die ja alle zu einem Organismus gehören und von ein und demselben Kreislauf versorgt werden, nach ihrer Sättigungsgeschwindigkeit ist sehr schwierig. Man unterscheidet deshalb grob Gewebe mit schneller, mittlerer und langsamer Sättigung. In unserer Abbildung sind sie in der gleichen Reihenfolge mit A, B und C bezeichnet.
Das nebenstehende Schema zeigt, wie das Blut in der Lunge mit Stickstoff oder Helium aufgesättigt wird. Über das Blut werden Gewebe mit guter Durchblutung (A) schneller gesättigt als solche mit schlechter Durchblutung (C). Bei sehr schnellem Aufstieg können Gasblasen im arteriellen Blut oder in

den schnellen Geweben (A) entstehen, lange bevor eine Sättigung des Organismus erreicht ist.

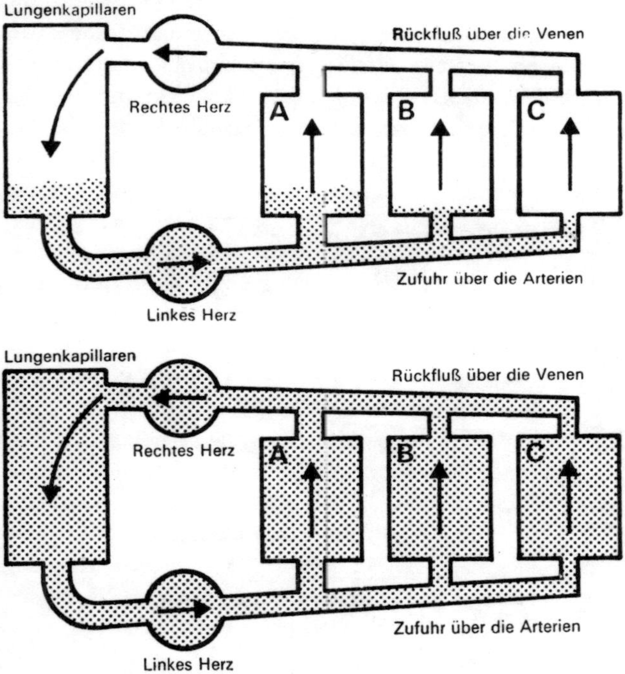

Vorgang der Stickstoffsättigung dreier unterschiedlich schneller Gewebe.

Die Sättigung wird also für das Blut, das wir auch als Gewebe bezeichnen wollen, und für einige wäßrige Gewebe in wenigen Minuten erreicht sein, für weniger gut durchblutete Gewebe oder gar für das Fettgewebe wird die vollständige Sättigung dagegen länger, ja, bis zu 24 Stunden oder länger dauern.

Die Zeit bis zur vollständigen Sättigung hängt nicht vom Druck, also nicht von der Tauchtiefe ab. Sie würde in 10 m Wassertiefe genauso lange dauern wie in 40 m Tiefe. In 10 m Wassertiefe hätte der Organismus allerdings nur die doppelte Menge Stickstoff im Vergleich zur Oberfläche aufgenommen. In 40 m Tiefe enthielte er nach der Sättigung 5 mal soviel N_2, das wären zirka 5 l im Vergleich zu etwa 1 l an der Oberfläche.

Der Vorgang der Entsättigung

Bei der sehr langsamen Druckentlastung spielt sich derselbe Prozeß in umgekehrter Richtung ab. Würde aber ein Taucher aus der Tiefe von 40 m direkt zur Oberfläche auftauchen, so bestünde hier ein Druckgradient von 3,2 bar von den Körpergeweben zum Stickstoffpartialdruck an der Körperoberfläche von 0,8 bar. Der Stickstoff würde durch dieses Druckgefälle aus seiner Lösung gezwungen, bis ein Gleichgewicht wiederhergestellt ist. Ohne

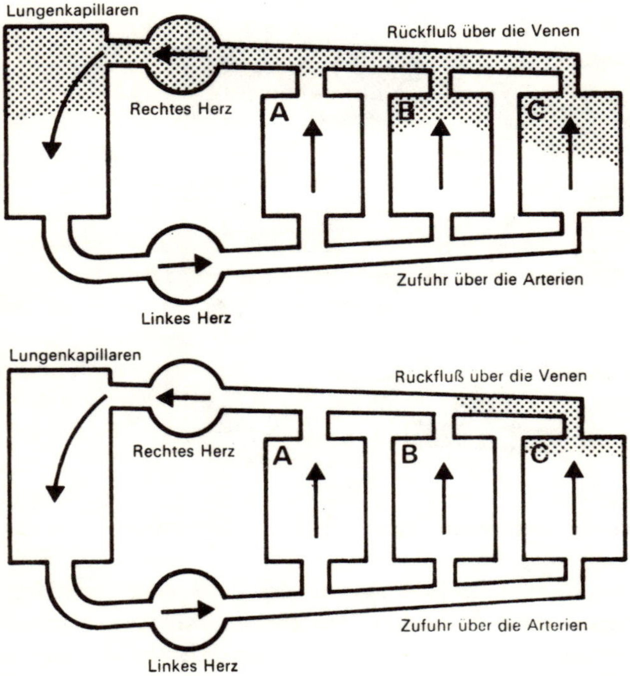

Bei der Entsättigung verläßt der Stickstoff in umgekehrter Weise die Gewebe.

Gasblasenbildung würde dieser Prozeß auch so lange dauern wie der der Sättigung, gleich aus welcher Tiefe der Taucher aufstiege, also 24 Stunden oder länger.

In der Lunge gibt das Blut den Überschuß an Stickstoff ab. Aus den Geweben nimmt es dann den Stickstoff in einem Verhältnis auf, das von der

Blutmenge abhängt, die etwa jede Minute die Gewebe durchfließt. Die schlecht durchbluteten Gewebe oder solche, die in großer Menge Inertgas gespeichert haben (C) – wie das Fettgewebe – brauchen zur Entspeicherung länger. (Vergleiche hierzu auch Seite 114)

Die Vorgänge bei der Dekompressionskrankheit

Nun würde sich aber bei einem Druckgefälle von 3,2 bar, wie es vorläge, wenn der Taucher nach völliger Sättigung aus 40 m Tiefe sofort aufgetaucht wäre, der Stickstoff nicht langsam entbinden, so wie er in Lösung gegangen ist. Bei einem derartigen Druckgefälle käme es zu dem gleichen Phänomen, das wir sehen, wenn wir eine Sekt- oder Sprudelflasche öffnen. Hier sprudelt und perlt die unter Druck in Lösung gehaltene Kohlensäure aus der Flüssigkeit heraus. Beim Taucher würde der Stickstoff ebenfalls als Gasblasen aus Blut und Gewebe austreten. Wir hätten damit den Zustand der Dekompressionskrankheit. Der krankmachende Faktor der Gasblasenbildung besteht darin, daß die Stickstoffgasblasen in den Geweben Schädigungen hervorrufen, daß sie in den Blutgefäßen auftreten und in deren Endverzweigungen, den Kapillaren, steckenbleiben. Hier verhindern sie die Blut- und Sauerstoffversorgung des umgebenden Gewebes. Die betroffenen Gebiete werden also nicht mehr ernährt und können, wenn der Zustand anhält, zugrunde gehen. Das Verstopfen eines Blutgefäßes nennt man eine Embolie. Hier handelt es sich um eine Gasembolie.

Schnelle und langsame Gewebe und die Halbsättigungszeit

Die Sättigung bzw. Entsättigung der einzelnen Gewebe vollzieht sich also unterschiedlich schnell und verschieden stark (z. B. beim Fettgewebe). Wäßrige Gewebe, wie Gewebsflüssigkeit und das Blut, sind schnell gesättigt. Fett, z. B. das Unterhautfettgewebe, das Knochenmark, aber auch die lipoidhaltigen Gewebe wie das Zentralnervensystem nehmen Stickstoff langsam auf. Beim normalgewichtigen Erwachsenen enthält der Körper etwa 15% Fett. Das Knochenmark besteht zu 90% und das Rückenmark zu 27% aus Fett. Wie schon ausgeführt, lagert Fett 5 mal mehr Stickstoff ein als wäßrige Gewebe. Reines Fettgewebe ist dazu meist sehr schlecht durchblutet. Auch Knochen, Sehnen und Bänder haben nur eine mäßig gute Durchblutung. Hieraus ergibt sich nun eine ganze Skala in der Reihenfolge und Stärke einer Sättigung und Entsättigung der verschiedenen Gewebe. *Sir John Haldane* hat einfachheitshalber die Gewebe in fünf Kategorien entsprechend ihrem Gehalt an Wasser oder Fett eingeteilt. Er hat sie weiter nach Sättigungsgeschwindigkeiten unterschieden und diese durch ihre Halbsättigungszeit gekennzeichnet. Jedes Gewebe hat eine spezifische Zeit, unabhängig vom Druck, in der es die Hälfte der Gasmenge aufgenommen hat, die zu seiner vollständigen Sättigung mit Stickstoff nötig ist. Diese Zeitspanne nannte er eine Periode. Wie wir ja bei der Absorption des Stickstoffs schon beschrieben haben, verläuft die Sättigung nicht nach einer linearen, sondern nach einer exponentiellen Kurve (s. S. 111, Abb. S. 112).

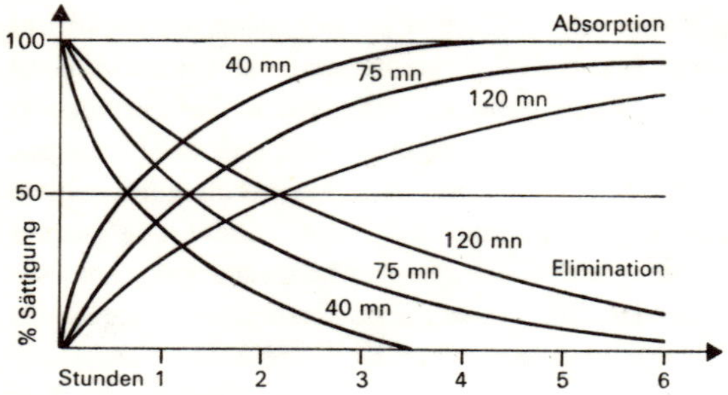

Zunahme bzw. Abnahme des Stickstoffpartialdruckes in Geweben mit verschiedener Halbsättigungszeit.

Diese Kurve von *Haldane* gilt nur noch dem Prinzip nach. Nach den neueren Ergebnissen sind die Sättigungszeiten für die langsamen Gewebe sehr viel länger und betragen z. B. nach Arbeiten von *A.A. Bühlmann* für Stickstoff 4 Tage.

Aus der Kurve ist leicht zu ersehen, daß nach doppelter Halbsättigungszeit nicht die volle Sättigung, sondern nur 75% und nach drei Halbsättigungszeiten 87,5% der praktischen Vollsättigung erreicht sind. Die Zeit der fast völligen Sättigung dauert damit etwa 6 Halbsättigungszeiten. Für die Entsättigung, also beim Aufstieg, gelten die gleichen Zeiten. Wird während dieser Entsättigung der Druckgradient zu groß, wenn also die Druckentlastung zu schnell vor sich geht, kommt der Punkt, an dem der Stickstoff in Form von Gasblasen aus der Lösung tritt.

Verhütung der Dekompressionskrankheit

Die Grundlagen der Null- und Austauchzeiten

Die Experimente *Haldanes* haben gezeigt, daß dieser kritische Punkt nicht erreicht wird, wenn der Ausgangsdruck halbiert wird. Anders ausgedrückt, kommt es nur zu Symptomen der Dekompressionskrankheit, wenn der Druck des gelösten Stickstoffs mehr als doppelt so groß ist wie der Außendruck. Praktisch bedeutet das, daß keine krankmachenden Gasblasen entstehen, wenn man aus 10 m Tiefe an die Oberfläche aufsteigt, ebensowenig, wenn nach einem beliebig langen Aufenthalt in 30 m = 4 bar der Druck auf die Hälfte = 2 bar oder 10 m Wassertiefe reduziert wird. Entsprechend kann der Druck von 10 bar (90 m Wassertiefe) auf 5 bar (40 m Tiefe) reduziert werden. Diese Erfahrungstatsache beruht einmal darauf, daß das Blut keine rein wäßrige Lösung ist, sondern durch seinen Eiweißgehalt eine größere Grenzflächenspannung als Wasser gegenüber N_2 hat. Diese wirkt einer Gasblasenbildung durch die erhöhte Oberflächenspannung entgegen. Es kann etwa zweimal soviel Stickstoff in Lösung gehalten werden als in Wasser unter gleichem Druck. Wir können somit in einer Tiefe von 10 m unbeschränkt lange tauchen — wahrscheinlich auch bis zur völligen Sättigung unseres Körpers — und unbeschadet an die Oberfläche zurückkehren.
Tauchen wir tiefer, so hängt es von der Dauer und der Tauchtiefe ab, wie wir ohne Gefahren wieder auftauchen können. Zwar ist die Zeit für eine bestimmte Sättigung mit einem Inertgas für alle Tiefen gleich lang, nur ist die Menge des gelösten Gases natürlich um so größer, je tiefer wir tauchen. Wir werden also, entsprechend dem höheren Druck, in 40 m eine größere Menge Stickstoff aufnehmen als in der gleichen Zeit in 20 m. Die Sättigung, nach der beim raschen Auftauchen Symptome durch Gasblasen auftreten können, ist in 20 m nach 50 min und in 40 m Tiefe nach 7 min erreicht. Tauchen wir tiefer oder länger, so müssen wir stufenweise austauchen, d. h. daß wir in bestimmten «Austauchtiefen» bestimmte «Austauchzeiten» verbringen müssen. Diese Austauchstufen mit Zeit- und Tiefenangaben sind in Tabellen festgelegt. Taucht man in Tiefen und mit einer Zeitdauer, die keine Austauchstufen erfordern, bleibt man in der sogenannten «Nullzeit».

Die Praxis des Austauchens (von Max Hahn)

Die Nullzeiten für verschiedene Tauchtiefen sind in den Austauchtabellen (S. 321 ff.) vermerkt. Sie lassen sich auch aus der untenstehenden Graphik

(Kurve «Nullzeit») entnehmen. Zur Sicherheit wurde sowohl bei der Berechnung der Austauchtabellen wie der Nullzeiten nur eine Abstiegszeit von 6 sec angenommen, d. h. die angegebene Grundzeit ist mit der tatsächlichen als nahezu gleich vorausgesetzt. Nach Ablauf der Nullzeit ist ein Taucher «dekompressionspflichtig», er darf also nicht mehr beliebig rasch auftauchen. Auch ohne Dekompressionspflicht wird dringend empfohlen – mindestens in den obersten 10 m – nicht schneller als mit 10 m/min auszutauchen. Besteht Dekompressionspflicht, so sind die in der Tabelle angegebenen Pausen genau einzuhalten. Sowohl vom Grund bis zur ersten Dekompressionsstufe wie auch zwischen den Stufen darf nicht schneller als 10 m/min aufgestiegen werden, da diese Aufstiegszeiten zur ordnungsgemäßen Dekompression benötigt werden und ihre Einhaltung bei der Berechnung der Tabellen vorausgesetzt wurde.
Die in der Graphik mit «Luftbedarf» bezeichneten Kurven geben an, für welche Grundzeiten bei einer gewählten Tauchtiefe der Gesamtluftbedarf 1400, 2000, 2800 und 4000 barl beträgt. Dabei ist ein Atemminutenvolumen (AMV) von 20 l/min vorausgesetzt. Es muß betont werden, daß dieser Wert

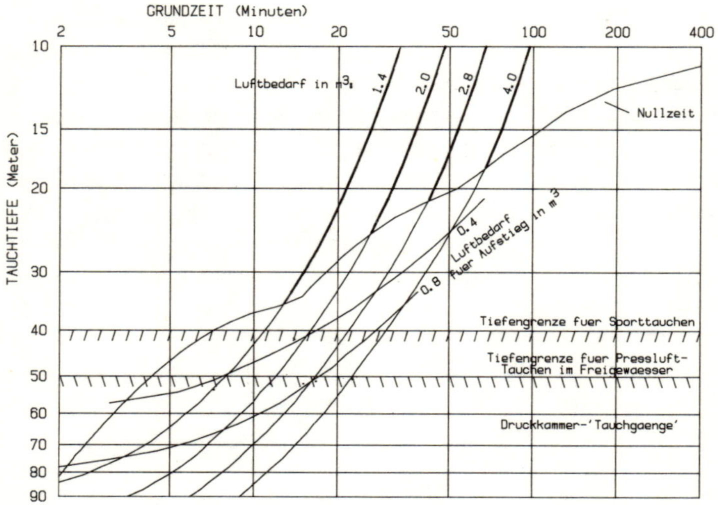

Nullzeittabelle und Diagramm zur Ermittlung des Luftbedarfs für die jeweiligen Tauchtiefen (von Max Hahn).

des AMV nur von geübten Tauchern, ruhig schwimmend in nicht zu kaltem Wasser und bei befriedigendem Kälteschutz, eingehalten werden kann. Der angegebene Luftbedarf berücksichtigt zwar auch den Aufstieg mit eventuellen Dekompressionspausen, aber keine weiteren Reserven.
Zwei weitere Kurven geben die Grundzeiten an, für welche in der gewählten Tiefe der Luftbedarf allein für den Aufstieg einschließlich Dekompressionspausen 400 bzw. 800 barl beträgt. Für unterhalb dieser Kurven liegende Tiefe-Grundzeit-Paarungen muß im allgemeinen vor Ziehen der Reserve mit dem Aufstieg begonnen werden.
Beispiel: Ein 40 m-Tauchgang mit 16 min Grundzeit erfordert bei einem AMV von 20 l/min ca. 2000 barl Luft, davon ca. 400 barl für den Aufstieg.

Berechnung eines Tauchgangs
Die vermehrte Stickstoffaufnahme beim Tauchen beginnt mit dem Eintauchen an der Wasseroberfläche. Die Austauchtabellen sind für einen geradlinigen Abstieg, einen Aufenthalt in einer bestimmten Tiefe und für einen direkten Aufstieg berechnet (entsprechend der Kurve des theoretischen Tauchgangs).

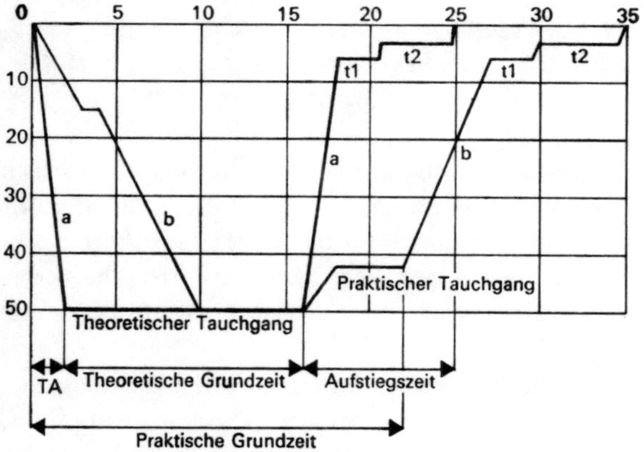

a = Tauchprofil eines theoretischen Tauchgangs
b = Tauchprofil eines praktischen Tauchgangs
TA = Abstiegszeit; t_1 = Austauchpause in 6 m; t_2 = Austauchpause in 3 m

In der Wirklichkeit wird aber oft anders ab- und aufgetaucht, wie dies die Kurve eines praktischen Tauchganges wiedergibt.

Als Grundzeit ist nicht nur die tatsächliche Zeit in der Tiefe, sondern die Zeit vom Eintauchen in die Wasseroberfläche bis zum endgültigen Aufstieg zu rechnen (siehe praktische Grundzeit). Diese praktische Grundzeit ist in der Dekompressionstabelle in der Rubrik «Grundzeit in Minuten» abzulesen. Sie entspricht der Abstiegszeit + der theoretischen Grundzeit.
Für die Planung und Berechnung eines Tauchgangs sind die Anmerkungen zu den Dekompressionstabellen (s. Anhang S. 319) zu beachten. Nach einem Tauchgang von 15 min in 42 m Tiefe müssen beim Austauchen 1 min in 6 m und 4 min in 3 m abgewartet werden. War man während dieses Tauchganges auch nur kurz auf 45 m, muß die Dekompressionspause in 6 m auf 3 min verlängert werden. Beim Gebrauch der Tabellen muß immer zur «sicheren Seite» hin abgelesen werden, für Interpolation und Improvisation ist kein Spielraum.
Lediglich elektronische Dekompressiometer, die den Sättigungsgrad vieler verschiedener «Gewebe» während des Tauchens in kurzen Zeitabschnitten neu berechnen, können zwischen Tabellenwerten echt interpolieren. Dazu muß das Gerät für das Druck-Zeit-Profil des jeweiligen Tauchgangs einen Dekompressionsplan nach den gleichen Formeln und Koeffizienten berechnen, die auch den Tabellen zugrunde liegen. Insbesondere für Tauchgänge mit langsamen Ab- und Aufstiegen und erst recht für Wiederholungstauchgänge erlauben solche Geräte bei gleichem Sicherheitsniveau erheblich kürzere Dekompressionszeiten als sich aus den für «Rechteck»-Profile berechneten Tabellen ergeben.
Innerhalb der Nullzeittiefengrenze und bei Einhalten der vorgeschriebenen Aufstiegsgeschwindigkeit ist eine Dekompressionskrankheit sehr unwahrscheinlich. Das Risiko steigt mit Überschreiten dieser Grenze und mit zunehmendem Alter des Tauchers wegen einer oft damit verbundenen verschlechterten Kreislaufversorgung, weiter mit vermehrter Arbeit, Kälte und Erregung (s. Abb. S. 201).
Nach *J. Tailleur* hat sich bei französischen Sporttauchern eine «Erholungsaustauchstufe» in 3 m Tiefe von 5 min Dauer auch dann als vorteilhaft erwiesen, wenn innerhalb der Nullzeiten ausgetaucht werden kann. Er berichtet, daß Kopfschmerzen, die sonst selbst nach korrektem Auftauchen häufig beobachtet wurden, danach viel weniger oft auftreten. Auch habe man nach einer solchen Erholungsaustauchstufe das Gefühl, besser «in Form» zu sein.
Während der Austauchstufen sind mäßige körperliche Bewegungen vorteilhafter als eine völlige Inaktivität.

Mehrfaches Tauchen am Tag

Es ist ohne weiteres einleuchtend, daß die völlige Entbindung des Stickstoffs aus dem Körper nach dem Auftauchen noch nicht abgeschlossen ist. Es wird in Meereshöhe also noch einige Zeit vergehen, bis sich der Lösungsdruck für N_2 in unseren Geweben dem Stickstoffpartialdruck der Luft von 0,8 bar angeglichen hat. Taucht man vor Ablauf dieser Zeit erneut, so muß der noch verbliebene Stickstoff im Körper für die Austauchzeit mit berücksichtigt werden. Die Dekompressionspausen für den Wiederholungstauchgang müssen die Tiefe und Dauer des ersten Tauchgangs und die Oberflächenpause zwischen ihm und dem zweiten Tauchgang berücksichtigen. Eine eingehende Beschreibung für die Handhabung der Dekompressionstabelle und der für Wiederholungstauchgänge findet sich im Anhang S. 319.

Tauchen in Bergseen

Nullzeiten und Dekompressionstabellen in diesem Buch sind auf einen Luftdruck von 1 atm (=1,01325 bar) berechnet. Mit zunehmender Höhe nimmt der Luftdruck bekanntlich ab. Beim Tauchen in Bergseen wäre der Umgebungsdruck nach dem Austauchen niedriger als der in Meereshöhe. Damit bestünde ein größerer Druckgradient für den Stickstoff im Organismus. Zur Verhütung einer Dekompressionskrankheit müssen in der Praxis die Austauchzeiten verlängert und die Austauchstufen in niedereren Tiefen durchgeführt werden, als dies den Tabellen entspricht, die für die Meereshöhe berechnet sind. Die Nullzeiten sind verkürzt. Von *A.A. Bühlmann* wurden genaue Nullzeiten und Austauchtabellen, einschließlich Wiederholungstauchgängen, für das Tauchen in Bergseen erstellt.

Fliegen nach Tauchgängen

Auch beim Fliegen kommt es zu einer Erniedrigung des Umgebungsdruckes. Dieser im Flugzeug herrschende, in bestimmtem Maße ausgeglichene Druck wird normalerweise ohne Beschwerden vertragen. Bei einem Taucher dagegen, der noch überschüssigen Stickstoff, vorwiegend in seinem Fettgewebe, gelöst hält, kann es bei dem jetzt größeren Druckgefälle zur Dekompressionskrankheit kommen. Es muß deshalb nach einem Tauchgang bis zur völligen Entbindung des Stickstoffs abgewartet werden (s. Austauchtab. S. 321).

Nachgeholte Dekompression

Konnten aus irgendwelchen Gründen Austauchzeiten und -stufen nicht

eingehalten werden, so soll versucht werden, sofort – mit neuem Luftvorrat – wieder abzutauchen, um die versäumte Dekompression nachzuholen. Es genügt dabei, bis etwas über die Hälfte des Druckes zu tauchen, aus dem man aufgestiegen ist. In dieser Tiefe sollte 5, besser 10 min verblieben werden. Die dann folgende Austauchzeit ergibt sich aus dem Tabellenwert für den ersten Tauchgang, dem aber die unter halbem Druck verbrachte Zeit von 5 bis 10 min zuzurechnen ist.
Diese Maßnahme ist eine nachgeholte Austauchzeit und keine Behandlung einer Dekompressionskrankheit. Der Zeitraum vom Austauchen bis zum Wiederabtauchen sollte möglichst nicht mehr als 1 min betragen. Er kann aber notfalls bis auf ca. 3 min ausgedehnt werden, wenn in der Zwischenzeit keine Dekompressionserscheinungen auftreten.
Ist es aber zu einem Dekompressionsunfall gekommen, auch wenn es sich um leichtere Erscheinungen handelt, so ist eine Behandlung nur in einer Druckkammer sinnvoll. Die sogenannte «nasse Rekompression» ist in keinem Falle zu empfehlen (s. S. 219).

Die Dekompressionskrankheit

Die ersten Dekompressionserscheinungen bemerkte man Mitte des vorigen Jahrhunderts bei Caissonarbeitern. Caisson (französisch = Kasten) wurden die Senkkästen von dem französischen Ingenieur *Triger* genannt, die zu Erdarbeiten auf dem Grunde von Gewässern verwendet wurden. Diese Kästen, die nach unten hin offen waren, wurden so unter Überdruck gehalten, daß kein Wasser eindringen konnte und man im Trockenen Arbeiten verrichten konnte.
Die beobachteten Krankheitserscheinungen, meist Gelenkbeschwerden, traten immer erst nach Verlassen der Caissons auf. Der französische Physiologe *Paul Bert* hatte 1878 in seinem Buch «La pression barométrique» die Ursachen der Erkrankung bereits klar als eine Stickstoffwirkung erkannt. Aber noch 1909 kam es beim Bau des East-River-Tunnels für die Pennsylvania-Road in Amerika zu 3692 Fällen von Caisson-Krankheit, wie die Dekompressionsunfälle lange genannt wurden. 20 dieser Fälle endeten tödlich. Erst 1908 waren die Verhütungsmöglichkeiten für Caisson-Krankheiten von *Sir John Haldane* erarbeitet und später in seinem Buch «Respiration» veröffentlicht worden. Wie schon mehrfach erwähnt, fußen die Berechnungen der

meisten Dekompressionstabellen auf seinen Experimenten. *Haldane* konnte sich auf Voruntersuchungen der Deutschen *Heller, Mayer* und *Schrötter* (1900) und der Engländer *Boycott* und *Damand* (1908) stützen.
Dekompressionserscheinungen können auch bei Fliegern auftreten, die vom normalen atmosphärischen Druck schnell in größere Höhen in einen niederen Druckbereich aufsteigen. Um die Gemeinsamkeit der beiden Erscheinungsformen herauszustellen, wurde im deutschen Sprachraum die Bezeichnung «Druckfallkrankheit» eingeführt. Sie hat sich nicht ganz durchgesetzt, und heute spricht man im allgemeinen von einer Dekompressionskrankheit.

Pathologie der Dekompressionskrankheit

Auftreten und Weg der Gasblasen

Unsere Kenntnisse über die Pathologie, d. h. über die Ursachen, körperlichen Veränderungen und die Entstehung der Dekompressionskrankheit sind heute wesentlich erweitert. Wir wissen, daß sie durch Gasblasen im Gewebe und Blut entstehen, die sich aus ihrer Lösungsphase entbunden haben.
Übersteigt die Gasspannung eines gelösten Gases den Umgebungsdruck um die sogenannte «erlaubte Überspannung» (s. S. 114), so bilden sich Bläschen. Diese können stumm bleiben, d. h. keine klinischen Erscheinungen machen: Eine Dekompressionstabelle, die bei 20% der Taucher Gasblasen entstehen läßt, führt nur in ca. 5% zu Dekompressionserscheinungen.
Die Existenz von Gasblasen ist in den letzten Jahren in zahlreichen Untersuchungen am Tier und am Menschen, u.a. mit Hilfe der Ultraschall-Dopplersonographie, nachgewiesen worden. Mit dieser Methode können Bläschen ab einer Größe von 40 bis 50 μ (Mikrometer) akustisch «hörbar» gemacht werden, allerdings nur wenn sie – in den Gefäßen – in Bewegung sind. In jüngster Zeit wurde in England eine Methode (eine Art Ultraschall-Radar) entwickelt, mit der auch ruhende Bläschen, z. B. außerhalb der Gefäße, noch bei einer Größe von 1 μ darzustellen sind. Diese Phase der Gasblasenentstehung war bisher schlecht zu erfassen.
Nimmt die Größe von Bläschen im Gewebe zu, so führen sie dort zur Ischaemie (Blutleere) und Gewebszerreißung. Klinisch zeigt sich das in den «bends», Osteonekrosen (s. S. 205) und den Innenohrstörungen (s. S. 142). Brechen sie in die Blutbahn ein, so gelangen sie über die Kapillaren in das Venensystem. Hier waren sie bisher auch erstmals nachweisbar. Ihr Weg folgt nun dem Blutstrom in den großen Venen über das rechte Herz in den Lungenkreislauf. Dort bleiben sie in den Arteriolen (kleinen Arterien) und

Kapillaren hängen. Das ist klinisch gesehen eine Lungenembolie. Von hier aus können sie über die Alveolen mit der Ausatemluft abgegeben werden. Bis zu 6% der gesamten aufgenommenen Menge des Inertgases können auf diese Weise ausgeschieden werden. Der Großteil des Inertgases diffundiert aber in gelöster Form in die Alveolen hinein. Dieser Vorgang vollzieht sich während einer normalen, komplikationslosen Austauchphase und nach dem Auftauchen.
Wird aber das Filtersystem der Lungenkapillaren durch eine größere Anzahl von Gasblasen überladen, dann entwickelt sich eine pulmonale Hypertonie (eine Erhöhung des Blutdrucks im Lungenkreislauf). Übersteigt er 150% des normalen Drucks, führt dies klinisch zu «chokes» und über ein Herzversagen zum Kreislaufkollaps.
Bei einer pulmonalen Hypertonie über 120% neigen die Gasbläschen dazu, in den arteriellen Kreislauf überzutreten. Das kann durch die Scheidewand des Vorhofs oder der Herzkammer geschehen oder aber auch über – bei normalem Lungenkreislaufdruck geschlossenen – arterio-venöse Kurzschlüsse. Damit entsteht der Zustand einer arteriellen Embolie. Diese manifestiert sich meistens in lokalen Schädigungen im Hirn mit den verschiedensten Ausfällen, wie Seh- und Sprachstörungen, aber auch Halbseitenlähmungen. Embolien im arteriellen Kreislauf entstehen auch bei Notaufstiegen (aus über 40 m mit Aufstiegsgeschwindigkeiten über 20 m/min) und bei Lungenüberdruckunfällen (s. S. 189).
Neben Gasblasen kommt es nach rascher Dekompression auch zu Fettembolien. Die Fetttropfen stammen wahrscheinlich aus durch Gasblasen zerrissenen Fettzellen und aus dem fetthaltigen Knochenmark. Sie folgen dem gleichen Weg wie die Gasembolien und landen im Lungenkreislauf.

Komplikationen der Dekompressionskrankheit

Jede Dekompressionskrankheit ist für den Organismus ein Trauma, d. h. eine Verletzung wie durch eine Schädigung durch Gewalteinwirkung von außen. Jedes Trauma führt aber auch zu einer Reihe von Veränderungen, die in einen Schockzustand münden können (s. S. 68). Der Schock ist im Prinzip ein Versagen des Kreislaufs, das mit kleinsten Störungen in der Endstrombahn beginnt, die ihrerseits wiederum das Gerinnungssystem des Blutes aus dem Gleichgewicht bringen können. Ein Dekompressionsunfall kann von sich aus Veränderungen des Gerinnungssystems bewirken, die dann zum Schock führen können.

Blutgerinnung und Dekompressionskrankheit

Jeder kennt die Blutschorfbildung, die nach einer Verletzung entsteht. Gäbe es diese Fähigkeit des Körpers, eine Wunde abzudichten, nicht, würde es aus Verletzungen unausgesetzt bluten, und eine Wundheilung käme nicht zustande. Die Blutschorfbildung, die eine Heilung ermöglicht, ist das Endprodukt eines hochkomplizierten Vorgangs, an dem eine Reihe von Faktoren beteiligt ist. Stark vereinfacht sieht das etwa so aus: Im Plasma entsteht aus der Vorstufe Prothrombin durch einen Aktivator das Thrombin. Dieses bewirkt, daß das lösliche Fibrinogen sich in festes Fibrin umwandelt. Fibrinfäden lagern sich dann aneinander und bilden ein Netz, in dem die festen Blutbestandteile, die roten und weißen Blutkörperchen, eingebettet liegen. Das Ganze bildet den Blutpfropf oder Thrombus, der eine Wunde ausfüllt. An diesem Vorgang sind die Blutplättchen oder Thrombozyten entscheidend beteiligt. Sie heften sich bei einer Verletzung als erste an den Wundflächen an und ermöglichen auch das Zusammenziehen der später auftretenden Fibrinfäden. Weiter liefern sie einen für die Gerinnung erforderlichen Faktor.

Die Gerinnungsfähigkeit dieses Systems ist so groß, daß es auch in den Blutgefäßen bei einer geringfügigen Gefäßschädigung zu einer schrankenlosen Gerinnung käme, gäbe es nicht als Schutzvorrichtung ein Gegensystem. Dieses liegt in seiner inaktiven Vorstufe, dem Plasminogen, im Plasma vor und wird durch Aktivatoren in Plasmin umgewandelt. Dieses Plasmin ist in der Lage, kleinere Fibrinbildungen wieder aufzulösen. Diese beiden Systeme halten sich normalerweise in einem Gleichgewicht.

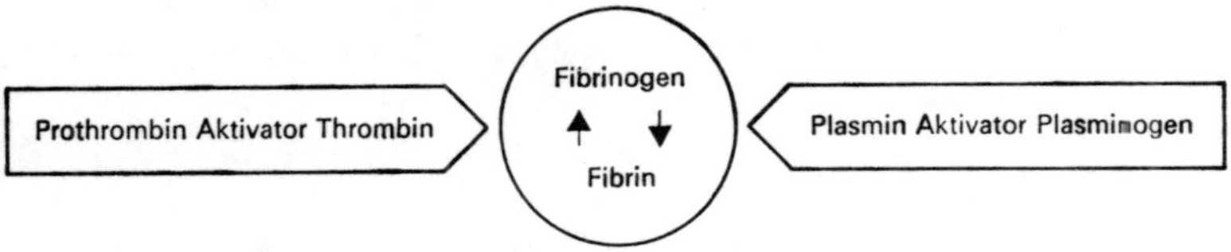

Die fibrinbildenden und die fibrinauflösenden Faktoren halten sich die Waage.

Das Gleichgewicht im Gerinnungssystem kann auf verschiedene Weise gestört werden. Gefäßwandschäden, eine Strömungsverlangsamung oder eine Erhöhung der Viskosität des Blutes führen zu vermehrter Gerinnung. Auch eine Einschwemmung von Luftblasen oder ein Auftreten von Fetttropfen in der Blutbahn kann eine gesteigerte Gerinnungsneigung auslösen, so daß es schon intravasal (d. h. in den Blutgefäßen) zur Gerinnung kommt. Bei einer solchen Hyperkoagulabilität werden die an der Gerinnung beteiligten Faktoren und die Blutplättchen vermehrt verbraucht, so daß für den Rest des Blutes die Gerinnungsfähigkeit herabgesetzt ist. Man nennt dies eine Verbrauchskoagulopathie. Wunden können jetzt nicht mehr abgedichtet werden, sondern bluten weiter. Aber es blutet auch in die Gewebe, die durch Embolien schon geschädigt sind. So kann es zu Blutungen in die Haut und andere Organe, wie Nieren, Leber, Milz, Herz und Gehirn kommen.

Cockett hat 1962 bei Experimenten mit Hunden nachgewiesen, daß sich nach rascher Dekompression das Plasmavolumen bis zu 32% verringert. Weiter kam es bei diesen Experimenten zu nicht unerheblichen Fettembolien, besonders in die Lungengefäße. Sie stammten vorwiegend aus dem Fett des Knochenmarks.

Durch die Verringerung des Plasmavolumens – die Hypovolämie – wird die Viskosität des Blutes erhöht. Dadurch kommt es zu einer Zusammenballung der roten Blutkörperchen («Geldrollenbildung»). Je höher die Viskosität des Blutes, um so langsamer fließt es. Diese Stase und die vermehrte Einschwemmung von Fetttropfen in die Blutbahn bewirken eine gesteigerte Gerinnungsneigung in den Blutgefäßen. Wenn sich nun diese Vorgänge überstürzen, kommt es zur Verbrauchskoagulopathie. Die Sauerstoffaufnahme in den hierdurch besonders betroffenen Organen ist so gestört, daß bald ein O_2-Defizit entsteht. Die Strömungsverlangsamung in der Endstrombahn alleine bewirkt schon einen Schockzustand. Kommt nun noch eine Verbrauchskoagulopathie hinzu, und erreicht das Sauerstoffdefizit einen bestimmten Wert, ist der Schock nicht mehr reversibel, und es kommt zum Tod. – Die Zusammenhänge sind auf der gegenüberstehenden Übersicht nochmals schematisch dargestellt.

Begünstigende Faktoren

Als eines der seltsamsten Merkmale der Dekompressionskrankheit sah *Paul Bert* die Tatsache an, daß in einer Gruppe von Menschen, die eine gleich lange Zeit unter Überdruck standen, und die zusammen dekomprimiert wurden, bei einigen Dekompressionserscheinungen auftraten, während die meisten ohne Schäden blieben. Diese individuelle Unterschiedlichkeit beim Menschen ist auch bis heute noch nicht ganz geklärt. Bei Tierversuchen zeigen sich nicht nur diese individuellen Schwankungen, sondern auch Unterschiede zwischen einzelnen Tierarten. Rückschlüsse aus Tierversuchen auf den Menschen sind daher nur in beschränktem Maße zulässig.

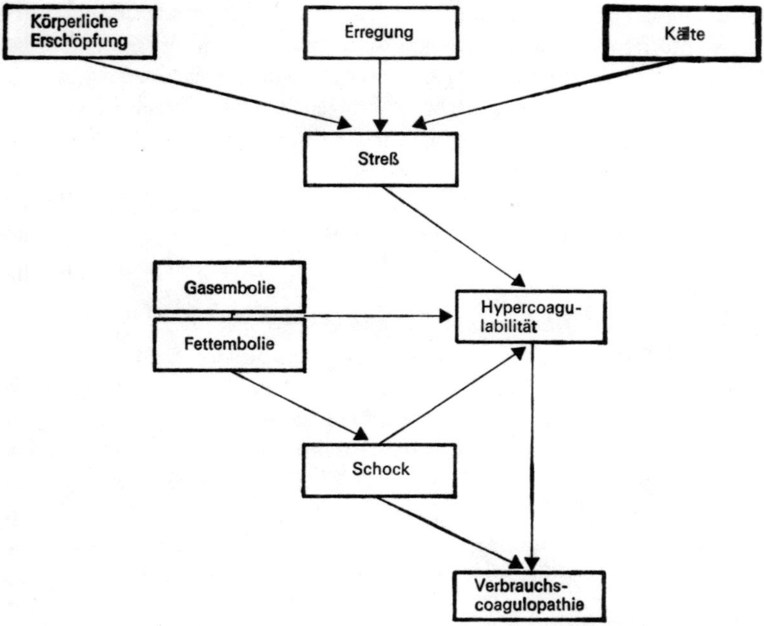

Übersicht über die Faktoren, die zu den Komplikationen der Dekompressionskrankeit führen.

Zu den Faktoren, die das Auftreten von Dekompressionserscheinungen begünstigen, gehört einmal die Fettleibigkeit. Man weiß, daß bei schlanken Versuchstieren unter Druckminderung weniger Schäden auftreten als bei fetten Tieren. Nach zahlreichen Beobachtungen scheint dieser Faktor beim Menschen ebenfalls zu wirken.

Vermehrte Arbeit unter Druck begünstigt ebenfalls das Auftreten von Dekompressionserscheinungen. Eine durch Arbeit gesteigerte Durchblutung verursacht eine schnellere Sättigung des Gewebes mit Stickstoff. Zwar führt eine durch Arbeit verbesserte Durchblutung auch zu einer schnelleren Entsättigung beim Aufstieg, doch scheinen andererseits Bewegungen durch mechanische Erschütterungen in den Geweben eine Gasblasenblidung aus schon bestehenden Gaskeimen (s. S. 231) anzustoßen. Dieses Phänomen einer gesteigerten Gasblasenbildung beobachtet man ja auch bei einer geschlossenen Seltersflasche, wenn sie geschüttelt wird. Vibrationen, denen man nach Rückkehr von einem Tauchgang in einem fahrenden Boot ausgesetzt ist, dürften sich in der gleichen Weise begünstigend für das Auftreten von Gasblasen auswirken. Bewegungen während der Austauchzeiten, wie sie früher in Form von gymnastischen Übungen von Helmtauchern verlangt wurden, werden deshalb heute nicht mehr empfohlen. – In der Nähe von Verletzungen (Knochenbrüchen, Wunden, Blutstauungen) kommt es vermehrt zur Gasblasenbildung, auch in Gelenken mit vorangegangenen Bends. Nachgewiesen ist auch der Einfluß von Alkohol besonders nach Exzessen am Vorabend des Tauchens.

Die Symptome der Dekompressionskrankheit

Von vielen Einteilungsversuchen der Symptomatik der Dekompressionskrankheit ist die in einen Typ I und einen Typ II am einfachsten und für die Prognose und die Behandlung auch am brauchbarsten.

Nach der Definition ist Typ I dadurch charakterisiert, daß der Schmerz das einzige Symptom ist. Unter Typ II werden alle ernsteren Erscheinungen verstanden, mit oder ohne Schmerzen und mit anormalen körperlichen Symptomen. Diese Einteilung ist nicht für alle Fälle befriedigend. Eine Klarstellung gibt hier die von *Edmonds u.a.* leicht modifizierte Einteilung.

Typ I (Schmerzen allein)	*Typ II* (gefährliche Erscheinungen)
Schmerzen in Gelenken oder Extremitäten, Bewegungsstörungen, Juckreiz, Hautrötungen, Umschriebene Schwellungen	Störungen des Zentralnervensystems, Innenohrschädigungen, Herzstörungen, Symptome des Typ I, wenn sie unter Überdruck entstehen, andere Erscheinungen

Die Häufigkeit der beiden Erscheinungen haben *A. Erde* und *Edmonds* 1975 nach Behandlung von 100 Sporttauchern in Australien zusammengestellt. Bei 54% traten Störungen am Muskel- und Skelettsystem auf. 24% hatten Symptome des Zentralnervensystems, davon 29% Innenohrschädigungen und 17% Schädigungen des Rückenmarks. In nur 4% wurden Hauterscheinungen alleine beobachtet, aber zu 34% waren sie mit den anderen Symptomen verknüpft.

Von den Hauterscheinungen ist der Juckreiz das bekannteste Symptom. In der Tauchersprache wird er als «Taucherflöhe» bezeichnet. Der Juckreiz macht sich vorwiegend an Handgelenken, Unterarmen, Nase, Ohren und Oberschenkeln bemerkbar. Er tritt oft erst in der warmen Umgebung der Rekompressions-Kammern auf. – Weiter kann es zu scharlachartigen oder umschriebenen Rötungen kommen. Gasblasen in den Lymphbahnen führen zu lokalisierten Ödemen (Schwellungen), wobei es über diesen Bezirken zu einer «Apfelsinenschalenhaut» kommt.

Muskel- und Gelenkerscheinungen beginnen oft mit einem tauben Gefühl im Gelenk oder in Muskelpartien. Innerhalb einer Stunde entwickeln sich dumpfe, manchmal pochende Schmerzen, die zu einer Schonhaltung der Gliedmaße führen. Die Bezeichnung *Bends* (vom englischen: to bend = beugen) ergab sich aus der gebeugten Stellung, in der die schmerzenden Gliedmaßen gehalten wurden. *C. Edmonds* hat zur Unterscheidung von anders bedingten Gelenkbeschwerden empfohlen, die Manschette eines Blutdruckapparates fest um das betroffene Gelenk aufzublasen. Handelt es sich um *Bends*, so kommt es zu einer deutlichen Erleichterung der Beschwerden.

Alle Erscheinungen vom Typ I können auch ohne Druckkammerbehandlung wieder nach einigen Tagen verschwinden. Sie sind a priori nicht lebensbedrohlich, aber sie können immer der Beginn ernsterer Symptome vom Typ II sein. Etwa 30% der Störungen vom Typ II haben gleichzeitig Symptome des Typs I. Eine gewisse Müdigkeit scheint nach allen Aufenthalten unter erhöhtem Druck aufzutreten. Sie ist wahrscheinlich als Endphase der Streßwirkung anzusehen und nicht als Krankheitssymptom. Eine ungewöhnliche Müdigkeit kann aber auch Vorbote von Dekompressionserscheinungen sein.

Die Schädigungen am Nervensystem sind sehr mannigfaltig. Wenn man sich das Nervensystem wie die Telephonzentrale einer Großstadt mit all ihren Verbindungen in die Peripherie vorstellt, kann man ermessen, wie viele Möglichkeiten der Störung es hier gibt, je nachdem, in welchem Punkt sie auftritt. Bei Störungen in der Zentrale – nämlich im Gehirn – kann es zu Lähmungen einer Körperseite, zu einer sogenannten Halbseitenlähmung kommen. Dieses Bild ist uns vom Schlaganfall her geläufig. Bei der Dekompressionskrankheit sind solche Schädigungen seltener als Störungen in der Peripherie. Bei Lungenüberdruckunfällen mit Luftembolien im Gehirn kommen sie aber vor. Auch leichtere Störungen der Zentrale, wie Sehstörungen, Doppelsehen, Röhrensehen oder migräneartige Kopfschmerzen, sind nicht sehr häufig. Schwindel, Übelkeit, Erbrechen, eventuell verbunden mit Hörstörungen und Ohrensausen, werden durch Innenohrschäden im Labyrinth verursacht (s. S. 143).

Häufiger sind Störungen in der Peripherie, die, um beim Vergleich mit dem Telephonnetz zu bleiben, im Hauptkabel (dem Rückenmark) oder in den Endleitungen sitzen. Gasblasen im Halsmark können zu einer Querschnittslähmung mit Beteiligung aller Extremitäten (Tetraplegie) führen, im tiefer gelegenen Rückenmark zur Lähmung der Beine (Paraplegie), meist mit Beteiligung der Schließfunktion für Blase und Mastdarm. Eine Störung dieser Schließfunktion hat entweder ein Harnverhalten oder einen unkontrollierten Abgang von Urin und Stuhl zur Folge.

In unserem Nervensystem gibt es motorische Bahnen, über die die Bewegungen ausgelöst werden, und sensorische, die Empfindungen weiterleiten. Beide Funktionen können gleichzeitig oder alleine gestört sein, je nach Sitz der Gasblasenbildung oder Embolie im Rückenmark. Die Empfindungsstörungen machen sich als Taubheits- oder Kältegefühl, als Ameisenlaufen,

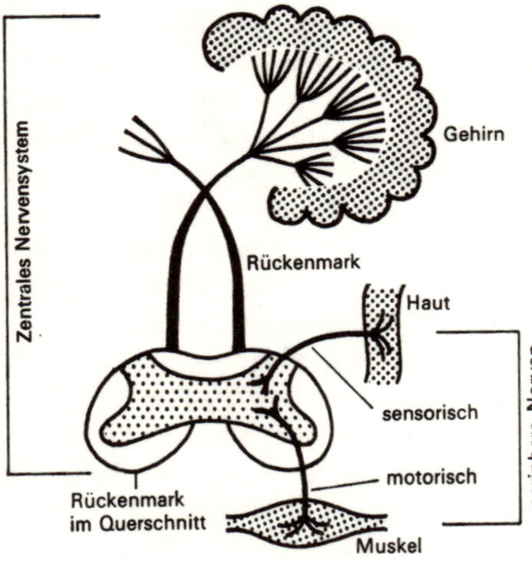

Schematische Darstellung der Hauptverbindungen im Zentralnervensystem, die bei der Dekompressionskrankheit gestört sein könnnen.

Kribbeln oder Nadelstechen bemerkbar. Sie können sehr rasch – innerhalb einer halben Stunde – in die oben beschriebenen Lähmungen übergehen. Auch gürtelförmige Schmerzen am Rumpf sind durch Gasblasen im Rückenmark bedingt. Das obenstehende Schema des Zentralnervensystems soll die Verhältnisse veranschaulichen.

Über das Zustandekommen von Lungenerscheinungen wurde auf Seite 197 berichtet. Das Leitsymptom ist offensichtlich und zeigt sich in einer schnellen flachen Atmung. Im Anfang können «chokes» stehen (to choke = ersticken), brennende Schmerzen unter dem Brustbein, die bei tiefem Einatmen oder Zigarettenrauchen verstärkt werden. Die Lungensymptome treten im allgemeinen sehr früh nach einem Tauchunfall auf. Sie lassen sich durch Sauerstoffatmung oder eine Rekompression bessern. Ohne Behandlung verschwinden sie entweder rasch oder sie verschlimmern sich so schnell, daß eine Behandlung oft zu spät kommt.

Herzerscheinungen werden meist durch Rhythmusstörungen der Herzkammern bestimmt. Sie sind oft durch die Rekompression nicht zu beeinflussen. In der australischen Statistik (s. S. 202) kam es nie zu einem Infarktgeschehen. Doch ist es möglich, daß die Rhythmusstörungen durch kleine Embolien in den rechten Herzkranzarterien (Koronargefäße) entstehen, die nicht so groß sind, daß sie zum Infarkt führen. Möglicherweise kommen sie auch durch intravasale Gasblasen im Reizleitungssystem zustande.

Zu Symptomen des Typs I, die schon unter erhöhtem Umgebungsdruck auftreten, kommt es nur beim Tieftauchen mit Mischgasatmung.

Andere Erscheinungen der Dekompressionskrankheit wurden schon auf Seite 197 besprochen. Es muß aber erwähnt werden, daß die Störungen des Gerinnungssystems nur bei schweren Dekompressionsunfällen beobachtet werden.

Weiter kann es zu Magen-Darm-Erscheinungen durch Barotraumen kommen (s. S. 154 u. S. 287), aber auch zu allgemeinen Störungen wie Würgereiz, Appetitlosigkeit, Durchfall und Bauchkrämpfen.

Chronische Dekompressionsschäden

Neben den Dekompressionserscheinungen von Typ I und Typ II mit den möglichen Komplikationen, die alle in relativ kurzer Zeit, d. h. innerhalb von 24 Stunden nach dem Auftauchen auftreten, gibt es noch weitere Schäden, die sich erst nach längerer Zeit, meist nach mehreren Monaten, bemerkbar machen. Nicht nur in griechischen Häfen findet man noch heute hinkende ehemalige Schwammtaucher, die von Austauchzeiten nie etwas gehört hatten; auch in den großen Städten der Industriestaaten gibt es alte Caisson-Arbeiter, die von ihrer ehemaligen Tätigkeit gezeichnet sind. Bei ihnen war es zu Zerstörungen von Knochengeweben, zu sogenannten «aseptischen Knochennekrosen» gekommen.

Man nimmt an, daß auch «stumme» Gasblasen im Gelenkknorpel vorkommen können, die zunächst keine größeren Beschwerden machen und die dann nach Monaten zu einem Knochengewebszerfall in Gelenknähe führen. Sie wurden meist bei Caisson-Arbeitern und Berufstauchern beobachtet. Nach *Alnor-Herget* und *Seusing* hatten von 131 untersuchten Tauchern 72 chronische Skelettveränderungen. Am häufigsten waren diese Veränderungen an den Oberarmköpfen (Schultergelenk) und in den Oberschenkelhälsen und -köpfen zu finden. Diese Schädigungen sind nur röntgenologisch zu erkennen. Die eingehenden Untersuchungen von *Alnor-Herget* und *Seusing* ergaben, daß sie häufiger bei Tauchern aufgetreten waren, die Dekompressionsunfälle oder Bends in der Vorgeschichte hatten. Es gab aber auch Fälle, bei denen Jahre nach Beendigung der Tauchtätigkeit Skelettveränderungen bei Tauchern nachzuweisen waren, die nie Unfälle oder Bends hatten. Diese Knochennekrosen hatten auch ohne Weiterführung der Tauchtätigkeit eine Tendenz zum Fortschreiten. Eine Gesetzmäßigkeit für das Auftreten dieser «aseptischen Knochennekrosen» ließ sich nicht ableiten. Im Vergleich mit tierexperimentellen Untersuchungen scheint es aber gesichert, daß sie nur dann auftreten, wenn die Dekompressionszeiten nicht eingehalten werden. Diese Schäden bessern sich nicht durch eine Rekompressionsbehandlung. Die Behandlung besteht in orthopädischen Maßnahmen, eventuell durch Gelenkersatz mit Metallprothesen.

Zeitraum des Auftretens der Erscheinungen

Außer den angeführten chronischen Dekompressionsschädigungen treten die meisten Dekompressionserscheinungen vom Typ I und II innerhalb der ersten Stunden nach Erreichen der Wasseroberfläche auf. Nach den Beobachtungen von 6 verschiedenen Statistiken (englische, kanadische, amerikanische Marine und Ziviltauchern auf Hawaii) kam es in über 60% innerhalb der ersten 30 Minuten zu den Unfallsymptomen. Etwa 10% ereigneten sich zwischen 30 und 60 Minuten, 1–4% der Fälle traten zwischen der 13. und 24. Stunde nach dem Austauchen auf. Nach 24 Stunden kam es noch in 0,3 bis 4% zu Dekompressionserscheinungen.

Ausschließliche Erscheinungen vom Typ I sind sehr viel seltener. Auch in der angeführten australischen Statistik traten sie meist im Zusammenhang mit denen vom Typ II auf.

Während früher bei Berufstauchern und Caisson-Arbeitern 70% der Dekompressionsunfälle zum Typ I gehörten und 90% aller Unfälle durch Bends charakterisiert waren, kommt es beim Sporttauchen sehr viel mehr zu tödlichen Unfällen und vorwiegend zu Dekompressionserscheinungen vom

Typ II. Schuld an den tödlichen Unfällen sind meistens die sogenannten Lungenüberdruckunfälle. Nach den Unfallstatistiken in den USA sind etwa 15 bis 25% aller erfaßten tödlichen Unfälle durch Überdehnung der Lunge entstanden.

Dekompressionsunfälle durch Überdehnung der Lunge

Bei den Lungenüberdruckunfällen handelt es sich genaugenommen um ein Barotrauma. Sie wurden aber mit Absicht nicht in jenem Kapitel besprochen, da die Folgen dieses Unfalls weitgehend durch Gasembolien charakterisiert sind. Wegen ihrer Symptomatik, ihrer Prognose und auch für ihre Behandlung wollen wir sie bei den Dekompressionskrankheiten abhandeln.

Beim Tauchen mit Preßluftgeräten enthält die Lunge je nach Wassertiefe eine mehrfache Menge an Luft. In 10 m Tiefe ist es etwa die doppelte Menge, also 5 l × 2 bar = 10 barl, in 20 m : 5 l × 3 bar = 15 barl und so fort. Beim Auftauchen dehnt sich das Luftvolumen mit der Abnahme des Druckes entsprechend dem Boyle-Mariotteschen Gesetz unter Umständen um ein Vielfaches aus. Kann dieses zunehmende Luftvolumen nicht aus der Lunge abströmen, so wird die Lunge überdehnt.

Dabei wird einmal wie bei starkem Preßdruck (s. S. 82) der Rückstrom des Blutes aus den Körpervenen zum Herzen behindert. Ist ein kritischer Punkt der Überdehnung erreicht, zerreißen die Lungenalveolen, und Luft dringt in das umgebende Kapillarnetz ein. Es besteht jetzt eine Gasembolie. Der Unterschied zum Dekompressionsunfall besteht nur darin, daß die Gasblasen nicht Stickstoff, sondern Luft enthalten. Diese Luftblasen gelangen schnell über die Lungenvenen in das Herz und von dort in den großen Kreislauf. Da die Lungenüberdruckunfälle meist in vertikaler Stellung des Tauchers auftreten, streben die Luftblasen nach oben und landen in den Gehirngefäßen, wo sie die kleinen Arterien verstopfen. Das führt sofort zu einer Schädigung der Hirnzellen mit entsprechenden Ausfällen ihrer Funktion und bei längerem Bestehen zum Untergang der Nervenzellen. Auch können nach Verlassen der linken Herzkammer Luftblasen in die Herzkranzgefäße eindringen und hier Arterien verstopfen, die den Herzmuskel versorgen. – Bei etwa der Hälfte aller Lungenüberdruckunfälle kommt es zum Eindringen der Luft in die Blutbahn.

Reißen Alveolen an der Lungenoberfläche ein, so gelangt Luft in den Brustkorb zwischen die Pleurablätter. Wird das Volumen im Pleuraspalt größer, so wird die betroffene Lungenseite zusammengepreßt, es entsteht ein

Pneumothorax (s. Abb. S. 58). Dringt Luft in den Raum zwischen beiden Lungenflügeln (Mediastinum), so werden das Herz und die großen Gefäße abgedrängt. Gelangt sie unter die Haut, so kann sie am Hals und in den Schlüsselbeingruben auftreten, was sich leicht beim Betasten als knisterndes Luftkissen erkennen läßt. Man nennt dies ein Hautemphysem. Auch in die Gewebe, die die Alveolen umgeben, kann Luft eindringen.
In Analogie zu Tierversuchen ist anzunehmen, daß es beim Menschen bei

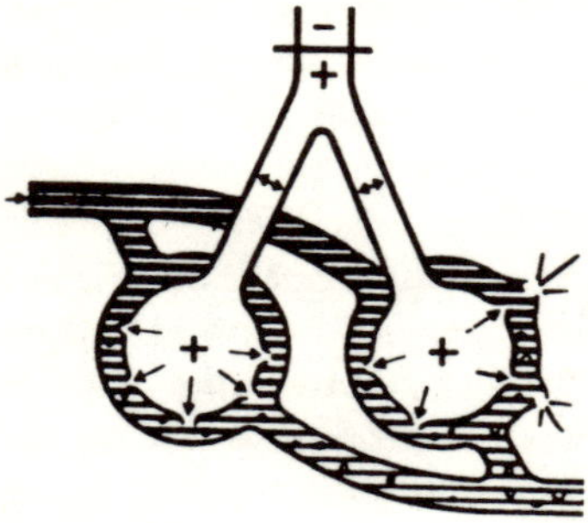

Auswirkungen eines Überdrucks in den Lungen beim Aufstieg mit Gerät.

einem Überdruck von 67 bis 107 mbar über 30 Minuten Dauer zu einem Luftübertritt aus den Alveolen in die Blutbahn – also zur Luftembolie – kommen kann. Bei schlecht belüfteten Lungenpartien scheint auch schon ein geringer Überdruck zu genügen, um Luft übertreten zu lassen. Das gleiche trifft sicher zu für vorgeschädigte Lungenteile, wenn sie – meist durch eine vorangegangene Bronchitis oder Tuberkulose – narbig verändert sind und/ oder eine partielle Lungenüberdehnung – ein umschriebenes Emphysem – besteht. Andererseits können gesunde, trainierte Personen – z. B. Glasbläser, Trompeter – aber auch beim Flacktest (s. S. 315) kurzfristig einen Lungenüberdruck von über 200 mbar erreichen, ohne daß es zu nachweisbaren Luftembolien kommt.
Bei diesem Preßdruck entsteht wohl in der Lunge ein Überdruck, es kommt aber dabei nicht zu einer wesentlichen Überdehnung, da die Muskelkräfte der Ausatemmuskulatur dieser entgegenwirken. *H. Hartmann* konnte an Tieren nachweisen, daß ein Luftübertritt in die Alveolen erst bei wesentlich höheren Drücken von über 67 mbar stattfand, wenn Brust und Bauch der Versuchstiere fest umwickelt waren. Zu einem Luftübertritt kam es demnach erst nach einer Dehnung der Alveolen.

Wann kommt es zum Lungenüberdruckunfall?

Eine Überdehnung und ein Zerreißen der Lunge treten dann auf, wenn die beim Aufstieg sich ausdehnende Luft nicht abströmen kann. Das kann einmal der Fall sein, wenn im Bronchialsystem ein kleiner Bronchus durch krankhafte Prozesse verlegt ist. Durch die Tauglichkeitsuntersuchung sollen Personen mit derartigen Prozessen vom Tauchen ausgeschlossen werden. In der Praxis sind auch Fälle sehr selten, bei denen eine Lungenzerreißung aufgrund eines partiellen Lungenemphysems, bedingt durch krankhafte Veränderungen, auftritt. Die meisten Unfälle entstehen durch eine totale Lungenüberdehnung. Diese kann nur durch die Blockierung der oberen Atemwege entstehen und wird fast immer durch den krampfhaften Verschluß der Stimmritze hervorgerufen.

Eine andere hermetische Verschlußmöglichkeit gibt es beim Gesunden nicht, und es ist auch kaum möglich, das Abströmen der sich ausdehnenden Luft beim Auftauchen durch Verschließen des Mundes zu verhindern.

Experimentelle Untersuchungen hierzu beim Menschen gibt es verständlicherweise nicht. Ein Preßdruck und entsprechender Lungenüberdruck von über 200 mbar läßt sich mit der Muskelkraft der Lippen auch um das Mundstück eines Lungenautomaten nur für eine knappe Sekunde aufrechterhalten. Außer bei vorgeschädigter Lunge (s. oben) ist es deshalb unwahrscheinlich, daß Lungenüberdruckunfälle alleine durch Verschließen des Mundes verursacht werden können.

Die Stimmritze wird von den beiden Stimmbändern im Kehlkopf gebildet. Im Ruhezustand haben sie eine V-Stellung. Durch eine Veränderung ihrer Stellung wird die Stimmritze enger. Dadurch und durch die Spannung der Stimmbänder wird der Ton beim Sprechen oder Singen bestimmt. Bei einem kompletten Verschluß der Stimmritze, der nur durch einen Krampf entsteht, sind die Atemwege abgeriegelt. Bei Menschen mit einer Stimmbandlähmung ist ein Verschluß der Stimmritze nicht möglich.

Zu einem krampfhaften Verschluß der Stimmritze, einem Laryngospasmus, kann es bei Kindern nach leichten Infektionen der Luftwege bei entsprechender konstitutioneller «nervöser» Disposition kommen. Bei Erwachsenen kann sie im Verlaufe einer echten Tetanie – mit Erniedrigung des Serum-Calciumspiegels –, bei der eine vermehrte Krampfbereitschaft besteht, auftreten. Weiter können Fremdkörper zu einem Krampf der Stimmbänder führen. Als eine erste Reaktion auf Fremdkörper setzt aber zunächst ein Hustenreiz ein. So tritt auch beim Eindringen von Wasser in den Kehlkopf

ein starker Hustenreiz auf, der aber durchaus nicht zu einem Krampf der Stimmritze führen muß. Wäre dies der Fall, so würde beim Ertrinkenden nie Wasser in die Lungen eindringen können (s. S. 279).
Das einzige auslösende Moment, das beim Tauchen zu einem Stimmritzenkrampf führt, ist die Angst. Diese Angst, nicht mehr genügend Luft bis zum Erreichen der Oberfläche zu haben, führt zu einem reflektorischen Krampf und damit zum Verschluß der Stimmritze. Möglicherweise wird der Krampf noch durch den dann von der Lunge her einsetzenden Überdruck verstärkt. Diese meist sehr folgenschweren Funktionsstörungen entstehen aus der Panik. Die Panik ist eine plötzlich ausgelöste Bewußtseinseinschränkung mit zum Teil völlig sinnlosen primitiven Abwehr- und Fluchtreaktionen sowie Erregungs- und Hemmungszuständen. Diese werden durch das Gefühl der Hilflosigkeit verstärkt. Da die daraus resultierenden Handlungen dem gewünschten Zweck entgegenstehen, werden sie zur eigentlichen Ursache von an sich abwendbaren Katastrophen. Mit dieser Definition ist auch der Lungenüberdruckunfall charakterisiert als ein vermeidbarer Zwischenfall, der nur durch ein Fehlverhalten entsteht.

Verhütung von Lungenüberdruckunfällen
Nicht nur theoretisch, sondern auch aufgrund praktisch durchgeführter Experimente ist es erwiesenermaßen möglich, aus einer Wassertiefe von 100 m ohne Atmung aufzusteigen. Solche Notaufstiege können bei U-Bootunfällen notwendig sein, und sie gelten als die zur Zeit besten Rettungsmöglichkeiten. Ein Sauerstoffmangel entsteht dabei nicht, da zu Beginn des Aufstiegs durch den erhöhten O_2-Druck genügend Sauerstoff für die zurückzulegende Strecke aufgenommen wurde. Zu einer Kohlendioxidanreicherung, die zum Einatmen zwingen würde, kommt es ebenfalls nicht, da ja während des Aufstiegs die Atemluft entweicht. Der Füllungszustand der Lunge (s. S. 71) ist gegeben, und eine Atemnot kann nicht entstehen. Die Gefahr solcher Notaufstiege liegt in der Möglichkeit eines Lungenüberdruckunfalls. Durch entsprechende Unterweisungen und Übungen läßt er sich vermeiden.
Die geschilderten Voraussetzungen für einen gefahrlosen Notaufstieg treffen zu, wenn nach einer Einatmung aufgetaucht wird. Oft ist es aber so, daß man sich zu einem Notaufstieg entschließen muß, wenn man nach einer normalen Ausatmung bei dem Versuch einzuatmen feststellt, daß die Luftzufuhr aus irgendwelchen Gründen blockiert ist. Die Lunge befindet sich dann also im

Ausatmungszustand. Mit dem Aufsteigen dehnt sich die noch vorhandene Restluft der Lunge aus, und nach praktischen Erfahrungen ist es auch noch möglich, so aus Tiefen bis zu 30 m aufzusteigen. Allerdings darf auch jetzt keine Panik entstehen. Denn auch die Restluftmenge (Reservevolumen + Residualvolumen) von ca. 2,5 l reicht bei ihrer Ausdehnung während des Aufstiegs aus, um zu einer Überdehnung der Lunge zu führen. Bei derartigen Notaufstiegen im Ausatemzustand tritt aber eine gewisse Atemnot auf, und es bedarf einer ausgeglichenen Psyche und ruhiger Nerven, um ohne Panik aufzutauchen.

Die meisten Lungenüberdruckunfälle ereignen sich auch nicht bei trainierten Tauchern, die zu einem Notaufstieg selbst aus Tiefen von über 30 m gezwungen sind, sondern beim ungeübten Neuling und hier meist bei Aufstiegen aus sehr viel geringerer Tiefe.

Um die Ursache der Lungenüberdruckunfälle – also die Angst – zu vermeiden, gibt es nur das Mittel, den Notaufstieg unter ungefährlichen Bedingungen zu üben. Wie auf S. 93 ausgeführt, muß der Neuling mit der möglichen Gefahr schrittweise so konfrontiert werden, daß sie für ihn den Schrecken verliert und er im Ernstfall sinnvoll reagiert. Das geschieht am besten durch Aufstiegsübungen im Schwimmbad. Nach Tierversuchen genügt ein Lungenüberdruck von 107 mbar, um Zerreißungen von Lungenalveolen zu verursachen. Das entspricht einer Wassertiefe von 1,05 m. Die Voraussetzung für eine Überdehnung der Lunge ist aber fast immer ein Laryngospasmus, und dieser wird nur psychisch, d.h. über die Angst, ausgelöst. In einem Schwimmbad mit klarem Wasser, relativ naher Oberfläche und dem Gefühl, nicht alleine zu sein, treten solche Angstzustände kaum auf. In Freigewässern, wenn diese günstigen Bedingungen fehlen, kann es bei einem Neuling auch aus einer geringeren als Schwimmbadtiefe (3 bis 5 m) durchaus zu einem Lungenüberdruckunfall kommen. Entscheidend hierfür sind nur die äußeren Umstände, die eine Paniksituation auslösen können, und nicht die Tiefe, da schon eine Druckdifferenz von 100 mbar = 1 m Wassertiefe zu einer Überdehnung der Lungen führen kann. Es ist also eine Frage der Ausbildung, den Neuling in die möglichen Gefahren so einzuweisen, daß er sie vermeiden kann. Praktisch heißt das, daß man bei derartigen Notaufstiegen den Mund öffnet, um die sich ausdehnende Luft ausströmen zu lassen. Der wesentliche Punkt in der Ausbildung liegt aber nicht in diesem Trick, sondern in der Vermittlung des Gefühls, daß man auch im Wasser ohne einatmen zu müssen und ohne Luftnot an die Oberfläche gelangen kann.

In dem 30 m tiefen Tauchtopf der Bundesmarine in Neustadt (Holstein) wurden in 20 Jahren über 4500 Mann im Notaufstieg ausgebildet – eine Voraussetzung, ohne die keiner des Personals ein U-Boot betreten darf.

Taravana

Es wird im allgemeinen angenommen, daß es beim Schnorcheltauchen nicht zu Dekompressionserscheinungen kommt, weil die Aufenthaltszeiten unter erhöhtem Druck zwangsläufig begrenzt und zu kurz sind. Nun gibt es aber bei den Perltauchern der Pazifik-Inselgruppe Tuamotu oder Paumotu-Inseln eine Reihe von Krankheitserscheinungen, die nach häufigem Tauchen auftreten und von den Eingeborenen als Taravana bezeichnet werden. Nach verschiedenen Beobachtern treten diese Erscheinungen dort häufiger auf, während sie bei Tauchern der südlich gelegenen Nachbarinselgruppe der Mangareva-Inseln (Gambiers-Archipel) sehr selten sind. Neben harmlosen Erscheinungen, wie Schwindel, Übelkeit und Engegefühl, kommt es auch zu schwereren zentralen Erscheinungen mit Wahrnehmungsstörungen (Agnosie) und Handlungsunfähigkeit (Apraxie) und zu regelrechten Lähmungen sowie nicht selten zum Tod der Taucher. Bends wurden dagegen nie beobachtet.

Cross berichtete, daß es an einem Tag bei 45 von 235 Tauchern zu Unfällen kam, von denen 2 tödlich waren. Bei 3 Tauchern kam es zu einem Bewußtseinsverlust und bei 6 traten Lähmungen auf. Die restlichen klagten über Schwindel, Übelkeit und Engegefühl. Die meisten Unfälle traten gegen Ende des Taucheinsatzes auf, wenn die Taucher, vom Perlenwahn (Nanu-Parau) ergriffen, immer öfter und ohne wesentliche Pausen abtauchten.

In der Perlensaison, in der Austern wegen ihres Perlmutts gesammelt werden, lassen sich diese Taucher mit einem Bleigewicht von 4 bis 6 kg, das sie zwischen den Füßen halten, oft 20 bis 45 m sehr schnell (80 bis 100 m/min) hinunterziehen. Vor dem Tauchen wird einige Minuten lang, langsam steigernd, hyperventiliert. Am Grund sammeln sie während einer Zeit von 30 bis 60 sec Austern, die in einen Korb gelegt werden. Korb und Bleigewicht werden vom Boot aus hochgezogen, und der Taucher zieht sich selbst an einer Leine, die am Boot hängt, zur Oberfläche hoch. Diese Tauchabstiege dauern 90 bis 120 sec. In einer Stunde wird 6- bis 15mal abgetaucht, das etwa 6 Stunden am Tag.

Man muß annehmen, daß die Erscheinungen des Taravana durch Gasblasen verursacht sind, wenn auch genauere Untersuchungen dieser Perltaucher noch nicht durchgeführt werden konnten. *Paulev* (1965) berichtete aber von einem Schnorcheltaucher mit einer Lähmung des rechten Arms, bei dem ähnliche Erscheinungen wie bei Taravana, nämlich Übelkeit, heftige Schmerzen in der Brust und Sehstörungen, vorausgegangen waren. Alle diese Erscheinungen bildeten sich sofort nach Rekompression auf 6 atm zurück. Von norwegischen Ärzten wurde verschiedentlich über vergleichbare Unfälle berichtet.

K.E. Schaefer konnte sofort nach Auftauchen in Apnoe aus 50 m Tiefe Gasblasen im arteriellen und venösen Blut nachweisen. Bei zeitlich späteren Blutentnahmen waren sie nicht mehr zu finden. Da der Kohlendioxidgehalt im Blut nicht nachweislich angestiegen war, nahm er an, daß die Gasblasen durch Stickstoff gebildet wurden.

Die Erscheinungen des Taravana treten bei den Tauchern der Paumotu-Inseln auf, aber so gut wie gar nicht bei denen der Mangareva-Inseln. Diese letzteren tauchen mit anderer Technik. Einmal hyperventilieren sie weniger, und dann legen sie zwischen den Tauchgängen größere Pausen ein, so daß sie nicht mehr als 4 Tauchabstiege pro Stunde ausführen. Die Stickstoffaufnahme muß bei ihnen folglich geringer sein als bei den Paumotutauchern, die häufiger tauchen.

Von *Lanphier* wurde die Zeit berechnet, in der ohne Gefahr einer Dekompressionskrankheit in Apnoe getaucht werden kann, und für die bedingenden Faktoren eine Tabelle aufgestellt. Er ging davon aus, daß dabei die Zeiten für das Ab- und Auftauchen vernachlässigt werden können. In einer gegebenen Tiefe ist der Stickstoffpartialdruck in den Alveolen beim Apnoetaucher gleich hoch wie beim Tauchen mit Preßluft. In einer Kurve hat er einen Faktor K in Beziehung zu den Austauchtabellen für Preßlufttauchen gesetzt.

$$K = \frac{\text{Zeit an der Oberfläche}}{\text{Zeit in der Tiefe}}$$

Ist die Zeit, die an der Oberfläche verbracht wird, genauso lang wie die in der Tiefe verbrachte Zeit, so ist K = 1. Wird längere Zeit unter Wasser zugebracht als an der Oberfläche, liegt der Faktor unter 1 und umgekehrt darüber. Das heißt, wenn man innerhalb einer Stunde 30 min an der Oberfläche und 30 min in der Tiefe verbringt, ist K = 1. Wird unter diesen Voraussetzungen, also mit dem Faktor K = 1, in eine Tiefe von 20 m getaucht, so besteht nach der Tabelle kaum eine Gefahr der Dekompressionskrankheit. Wird aber mit dem gleichen Faktor in 40 m Tiefe getaucht, so

müßte die gesamte Tauchdauer auf 40 min begrenzt werden, oder man müßte mit Intervallen, entsprechend einem Faktor 3, tauchen, d.h. in einem Verhältnis Oberflächenzeit zu Zeit in der Tiefe von 3:1. Dabei könnte ca. 260 Minuten lang getaucht werden.
Diese Zeiten werden von den Perltauchern der Tuamotu-Inseln überschritten, während die Taucher von Mangareva mit maximal 4 Tauchabstiegen in der Stunde einen Faktor K = 4 erreichen. Sie kommen dabei kaum in den Gefahrenbereich einer Dekompressionskrankheit.

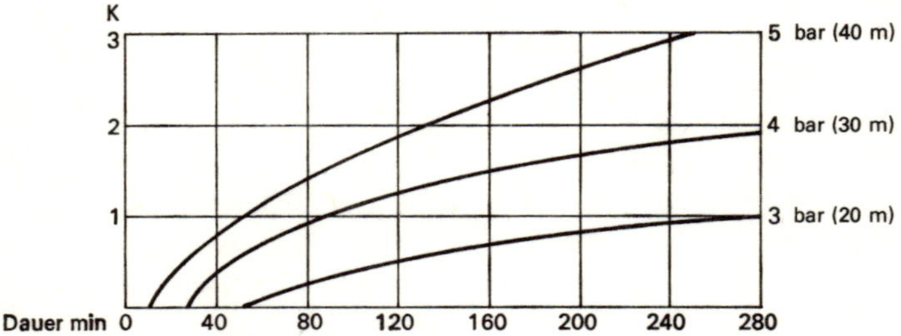

Kurve der Tauchdauerbegrenzung bei laufendem Schnorcheltauchen in Beziehung zum Faktor «K» und zur Tauchtiefe.

Behandlung der Dekompressionskrankheit

Prinzip der Behandlung

Die Dekompressionskrankheit wird physikalisch durch die Bildung von Gasblasen im Organismus ausgelöst, und eine ursächliche Behandlung besteht naheliegend in einer physikalischen Maßnahme, nämlich einer Rekompression. Wird ein Dekompressionskranker wieder unter erhöhten Umgebungsdruck gebracht, so wird das Volumen der Gasblasen reduziert. Die Gase dieser Blasen gehen dann langsam wieder in Lösung über. Die durch die Gasblasen verursachten Gewebsschädigungen, vor allem die Blokkierung des Kreislaufs, können so wiederum aufgehoben werden. Nach dem Boyle-Mariotteschen Gesetz wird das Volumen einer Gasblase, die bei einem Druck von 1 bar entstanden ist, z.B. bei 2 bar auf die Hälfte und bei 5 bar auf 1/5 des Ausgangsvolumens reduziert. Der Durchmesser der Blase verringert sich dabei aber nur um 79,4% bzw. um 58,5% seines Ausgangsdurchmessers.

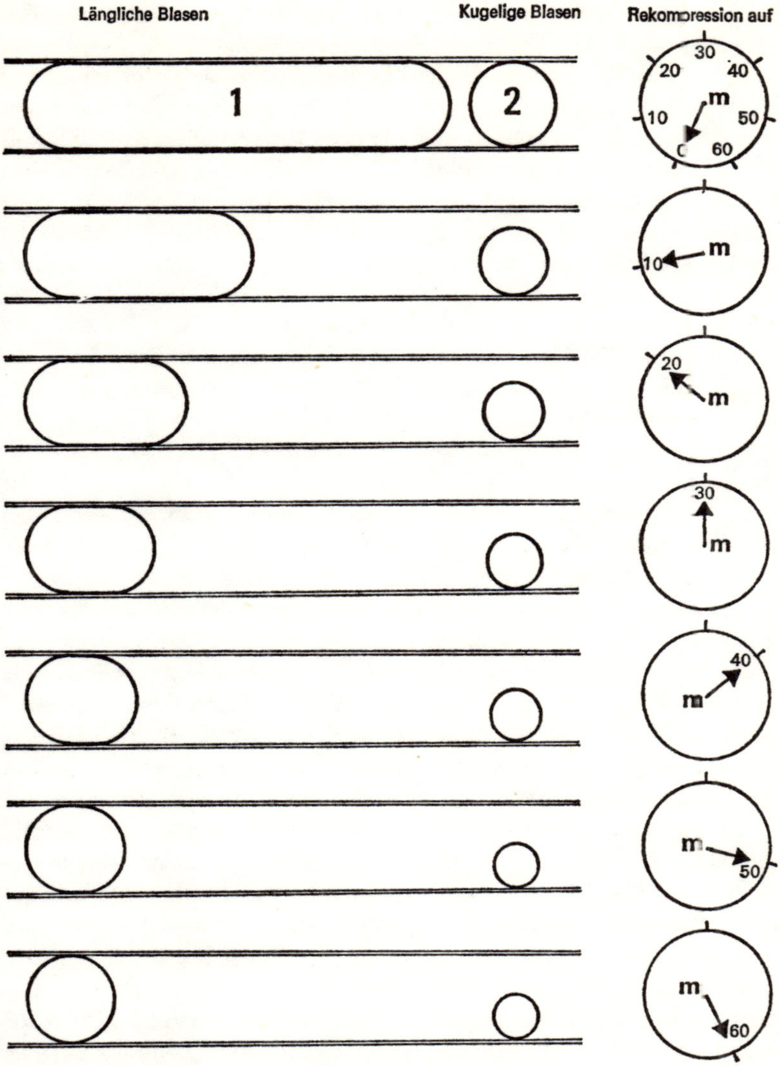

Die Größenänderungen von länglichen und kugeligen Blasen in Abhängigkeit vom Rekompressionsdruck.

Nach neueren Untersuchungen liegen aber die Gasblasen in den Blutgefäßen nicht immer in Kugelform vor, sondern sie haben oft die Form eines Zylinders mit halbkugeligen Enden. Zu Beginn einer Rekompression wird dieser Gaszylinder zunächst in seiner Längsachse zusammengedrückt, bis er schließlich Kugelform erreicht und erst dann das verstopfte Blutgefäß freigibt. Diese Beobachtungen scheinen den von *P. Cabarrou* geforderten hohen Rekompressionsdrücken gerecht zu werden. *Cabarrou* begründete seine Behandlung der Dekompressionskrankheit mit sehr hohen Drücken, die gegebenenfalls bis zu 15 und 20 bar gehen sollten (dabei unter Sauerstoff-Helium-Beatmung), mit der relativ geringeren Verkürzung des Gasblasendurchmessers im Vergleich zur Rückbildung des Volumens.
Eine längliche Blase haftet durch ihre Oberflächenspannung fester an der Gefäßwandung als eine kugelige Blase. Erst die Kugelform ermöglicht ihr – ab einer bestimmten Größe – den Durchtritt durch das Blutgefäß. Die Zeichnung S. 215 gibt das Größenverhältnis in Abhängigkeit vom Rekompressionsdruck wieder.
Mit der Erhöhung des Umgebungsdruckes wird aber auch mehr Sauerstoff in Lösung gebracht. Das bewirkt eine bessere Versorgung der durch die Gasembolien geschädigten Gewebe.
Mit der Rekompression steigt allerdings auch der Stickstoffpartialdruck, und es kommt zu einer erneuten Sättigung des Gewebes mit N_2. Die Beseitigung der Gasblasen nimmt längere Zeit in Anspruch. Die insgesamt sehr hohe Stickstoffaufnahme in den Geweben erfordert nun sehr viel längere Austauchzeiten.
Um eine schnellere Wiederauflösung der Gasblasen durch Erhöhung des Druckgradienten und eine geringere Stickstoffaufnahme zu erreichen, ist man dazu übergegangen, abwechselnd mit Luft und einem sauerstoffangereicherten Luftgemisch in einem Verhältnis von 40% N_2 und 60% O_2 zu rekomprimieren. In den Endstufen der Dekompression wird dabei auf reine Sauerstoffatmung übergegangen. Wird der erhöhte Sauerstoffpartialdruck gut vertragen, so läßt sich damit die Dekompressionszeit erheblich verkürzen.

Erkennen einer Dekompressionskrankheit

Jeder Taucher sollte in der Lage sein, einen Dekompressionsunfall feststellen zu können. Treten nach einem Tauchgang eindeutige Symptome der Dekompressionskrankheit (wie oben beschrieben) auf, ist die Erkennung nicht schwer. Bei leichteren Erscheinungen, unter Umständen auch bei «Taucherflöhen», kann die Diagnose schwieriger sein.

Man muß berücksichtigen, daß ein Dekompressionsunfall auch dann möglich ist, wenn innerhalb der Nullzeit getaucht wurde oder die Austauchzeiten genau eingehalten wurden.
Erscheinungen eines Lungenüberdruckunfalls zeigen sich schon während des Auftauchens oder sofort danach. Symptome, die erst 5 min nach dem Auftauchen auftreten, sprechen gegen das Vorliegen eines Lungenüberdruckunfalls.
Beschwerden wie Spannen in den Muskeln oder Gelenken, die eventuell schon beim Tauchen auftraten, sprechen nicht für Dekompressionserscheinungen, besonders wenn sich die Beschwerden beim Berühren oder Bewegen verstärken. Die Untersuchung eines Tauchers läßt sich nach folgendem Vorgehen durchführen: Fragen nach dem Befinden, nach Schwäche- oder Taubheitsgefühl. Ist die Seh- und Hörfähigkeit gestört? Sind die Bewegungen, wie Gehen, Gebrauch der Hände, normal? Kann bei geschlossenen Augen ruhig gestanden werden, ohne zu schwanken? Ist die Kraft in Händen und Beinen normal? Können Kniebeugen oder andere Übungen durchgeführt werden?
Bei Abweichungen vom Normalen und in allen Zweifelsfällen ist es besser, eine Rekompressionsbehandlung durchzuführen, da Verzögerungen die Heilungsaussichten verschlechtern.

Wann ist eine Rekompression erforderlich?
Alle Dekompressionsunfälle vom Typ II, d.h. mit einer Beteiligung des Zentralnervensystems, des Innenohrs oder mit Lungenschädigungen, machen immer eine Druckkammerbehandlung erforderlich. Je früher sie einsetzt, um so eher ist eine Heilung zu erwarten.
Von *A. A. Bühlmann* wurden folgende Symptome als Zeichen eines schweren Unfalls vom Typ II angeführt:

1. Rückenmark- und Hirnschädigungen:
   Lähmungen, Muskelschwäche, Harnverhalten, gürtelförmige Schmerzen, Sehstörungen, starkes Kopfweh, Bewußtlosigkeit.
2. Innenohrschädigungen:
   Schwindel, Gleichgewichtsstörungen, Übelkeit, Erbrechen, Ohrgeräusche, Gehörverlust.
3. Lungenschädigungen:
   Extreme Kurzatmigkeit, schneller Puls, blaue Lippen und Finger, Schmerzen in der Brust.

Ein Teil dieser Symptome, die einen Dekompressionsunfall vom Typ II charakterisieren, gehört zu den Komplikationen der Dekompressionskrankheit (s. S. 198). Die rein physikalische Behandlung durch eine Rekompression genügt hier nicht, und zusätzliche Maßnahmen sind erforderlich. Sie bestehen in erster Linie in der Schockvorbeugung durch Infusionen von 500 bis 1000 ml Plasma oder Plasmaexpander wie Dextran (Rheomacrodex). Dadurch wird die Eindickung des Blutes gebessert und Fettembolien und Gerinnungsstörungen vorgebeugt.

Daraus ergibt sich zwangsläufig, daß derartige Unfälle am besten in einer Mehrmanndruckkammer behandelt werden sollten, in der während der Behandlung laufend ärztliche Maßnahmen durchführbar sind. Die Möglichkeit einer solchen optimalen Behandlung nach einem Dekompressionsunfall ist aber selten gegeben. Es sollte jedoch möglich sein, einen Verunglückten sobald als möglich in eine Einmanndruckkammer zu bringen und ihn dort zu rekomprimieren. Eine Einmanndruckkammer ist in erster Linie eine Transportkammer. Sie dient der notwendigen raschen Rekompression, anschließend zum Transport in ein Behandlungszentrum mit Mehrmanndruckkammer. Nur in Notfällen, wenn der Transport zu einer Mehrmanndruckkammer nicht möglich ist, darf in ihr eine Behandlung durchgeführt werden.

Ein Lungenüberdruckunfall ist immer ein sehr schwerer Dekompressionsunfall und macht eine differenzierte Behandlung erforderlich. Die Diagnose eines Lungenüberdruckunfalls ergibt sich einmal aus den Umständen, zum anderen aus den Symptomen, die in der Regel folgendes zeigen: Kurzatmigkeit und Unvermögen, tiefer zu atmen, Husten, blutiger und schaumiger Auswurf, eventuell Schaum vor dem Mund, starke Müdigkeit, Schockerscheinungen und eventuell Lähmungen und epileptische Krämpfe. Ist ein Lungenüberdruckunfall wahrscheinlich, sollte möglichst vor der Rekompression von einem Arzt durch eine Pleurapunktion festgestellt werden, ob ein Pneumothorax vorliegt (s. S. 58) oder ein Spannungspneu besteht, d. h. ob Luft unter Spannung in einer Brustkorbseite steht und dadurch Herz und Gefäße komprimiert. Er kommt durch einen Ventilmechanismus in der Lungenrißstelle zustande.

Unfälle vom Typ I, bei denen nur Schmerzen, «Taucherflöhe» oder andere Hauterscheinungen bestehen, gehören ebenfalls in eine Druckkammer. Bei schweren Schmerzen ist dies unbedingt anzuraten, bei leichteren Schmerzen wird zumindest das Risiko von Spätschäden verringert. Die Behandlung ist auch noch Stunden nach dem Unfall erfolgreich.

Kann ein Verunglückter nicht sofort in eine Druckkammer gebracht werden, soll versucht werden, ihn Sauerstoff atmen zu lassen. Bei der Lagerung sollte der Kopf möglichst tief liegen, um ein Aufsteigen von Gasblasen zum Kopf hin zu verhindern. Jede Erschütterung muß möglichst vermieden werden, da sie eine Gasblasenbildung fördern kann, wie beim Schütteln einer Sprudel- oder Sektflasche.

Rekompression unter Wasser

Was ist aber zu tun, wenn eine Druckkammerbehandlung innerhalb von mehreren Stunden nicht durchführbar ist? Viele Taucher suchen hier den Ausweg in die «nasse Rekompression», d. h. es wird der Versuch einer Rekompression unter Wasser gemacht. Es wird dabei meistens bis zu der Tiefe, aus der man aufgestiegen ist, zurückgetaucht.

Die jahrelangen Auseinandersetzungen für oder wider die «nasse Rekompression» sind dahingehend entschieden, daß alle Experten sie ablehnen. In der Tat sind auch in Europa keine Fälle bekannt geworden, in denen es nach Rekompression im Wasser zu einer Besserung gekommen ist. Meist endeten derartige Versuche schließlich doch in einer Druckkammer, dann mit – vermeidbaren – Komplikationen. Eine halbwegs normale Rekompressionsbehandlung ist für die kürzeste Dauer, nach Tabelle 1 A der US Navy, mit einer Gesamtzeit von 380 Minuten im Wasser kaum durchführbar. Neben technischen Schwierigkeiten besteht die Gefahr der Unterkühlung. Diese schlechten Erfahrungen haben die Schweizerische Versicherungsgesellschaft SUVA veranlaßt, Entschädigungen für Dekompressionsunfälle abzulehnen, wenn «naß» rekomprimiert wurde.

Die manchmal verzweifelte Lage eines Tauchunfalles hat in Australien, einem Land mit geringer Bevölkerungsdichte, großen Entfernungen und der längsten bewohnbaren Küste, zu einem Ausweg geführt, der sich seit Jahren bewährt hat. Außer bei Lungenüberdruckunfällen wurde, nicht nur in den warmen subtropischen und tropischen Gewässern, eine Unterwassersauerstoffbehandlung durchgeführt.

Nach *C. Edmonds* wird dabei in 9 m Wassertiefe über ein Nargilehsystem reiner Sauerstoff geatmet. In leichteren Fällen wird nach 30 min, in schweren nach 60 min mit dem Aufstieg begonnen, dies mit einer Geschwindigkeit von 1 m pro 12 min. An der Oberfläche atmet der Taucher weiter für 6–8 Stunden Sauerstoff, wobei jede Stunde durch eine Stunde Luftatmung unterbrochen wird. Dabei wird die Vitalkapazität gemessen und, wenn möglich, eine

Röntgenaufnahme des Brustkorbes veranlaßt. Vergiftungserscheinungen durch Sauerstoff wurden aber bisher nicht beobachtet.
Die Ausrüstung für diese Behandlung ist relativ einfach. An eine Sauerstoffflasche von 7000 l wird ein 12 m langer Druckschlauch angeschlossen und am anderen Ende ein Zweistufen-Lungenautomat in einer Vollgesichtsmaske. Der behandelte Taucher kann sich dadurch verständigen und schluckt nicht unwillkürlich Wasser. Ein zweiter Taucher muß ihn ständig beobachten und die Aufstieggeschwindigkeit überwachen.
Edmonds betont, daß diese Methode als eine Erste-Hilfe-Maßnahme gedacht ist und daß sie nicht einem Transport in einer Einmann-Druckkammer überlegen ist. Diese Behandlung sei oft überraschend erfolgreich und so gut wie nie schädlich.

Durchführung der Druckkammerbehandlung
Die Tatsache, daß im Unglücksfall selten ein Arzt erreichbar ist und noch seltener einer, der genügend Kenntnisse einer Rekompressionsbehandlung hat, hat zu Überlegungen geführt, ob Laien mit der Handhabung von Rekompressionskammern vertraut zu machen sind. Da besonders bei schweren Unfällen die sofortige Rekompression den größten Erfolg verspricht, fordert *A. A. Bühlmann*, eine Behandlung sollte von Laien zumindest eingeleitet werden können. Es erscheint ihm deshalb sinnvoll, die Tauchsportler nicht nur über das Prinzip der Tauchunfälle und ihrer Behandlung zu instruieren, man sollte ihnen auch ein leicht verständliches Behandlungsschema zur Verfügung stellen, da die Durchführung der Behandlung nur ausnahmsweise schädlich, in der überwiegenden Zahl der Fälle aber sinnvoll ist. Die von ihm ausgearbeitete Behandlungstabellen sind auf S. 330ff. wiedergegeben. Eine Druckkammerbehandlung setzt nicht nur medizinische, sondern auch technische Kenntnisse voraus. Im Prinzip sind ein Arzt und mehrere Personen notwendig, die die Druckkammer zu handhaben wissen und die sich ablösen können, da eine Behandlung meist über 24 Stunden braucht. Mehrmannkammern mit Taucherärzten und geschultem Bedienungspersonal sind in Europa nur in sehr wenigen Zentren vorhanden.
Nach den Empfehlungen der Commission Médicale der CMAS soll:
1. Sauerstoff über eine Maske bis zur Ankunft im Behandlungszentrum gegeben werden;
2. ein halber Liter Wasser getrunken werden;
3. 1 Gramm Aspirin (= 2 Tabletten, nicht mehr!) in Wasser gelöst (aber

nicht als Brausetablette) verabreicht werden. Bei Innenohrschädigungen soll auf die Gabe von Aspirin verzichtet werden.

Rekompression in der Einmanndruckkammer

Einmanndruckkammern sind zur Rekompression des Verunglückten und zum anschließenden Transport in eine stationäre Druckkammer gedacht. Eine Behandlung soll in ihnen nur in Notfällen durchgeführt werden. Eine Einmanndruckkammer soll leicht transportabel sein. Die Druckluftversorgung muß auch mit Preßluft aus Tauchgeräten möglich sein. Sie soll mit Fenstern zur Beobachtung des Tauchers und mit einer Sprechanlage ausgerüstet sein. Sie muß eine Anschlußflanschvorrichtung besitzen, um den Taucher ohne Druckunterbrechung in eine stationäre Druckkammer einschleusen zu können. Diese Vorrichtung soll an die erreichbare Mehrmanndruckkammer anschließbar sein. Von der Fa. Draeger, Lübeck, und der Fa. Spirotechnique, Levallois Perret (Seine), werden derartige Kammern hergestellt. Bei den Kammern der Fa. Draeger ist die Möglichkeit der Sauerstoffbeatmung gegeben.

Vor der Rekompression in der Kammer ist folgendes zu beachten:

Die Funktion der Kammer muß gesichert sein. Bei Nichtgebrauch sollte sie deshalb von Zeit zu Zeit in all ihren Funktionen überprüft werden. Es muß Preßluft für die Kompression und die Ventilation der Kammer zur Verfügung stehen. Atemkalk, so er benötigt wird, darf nicht älter als 6 Monate sein. Die Aufbewahrung muß feuchtigkeitsgesichert sein.

Ist der Taucher in der Kammer, soll er mit einer Geschwindigkeit von 1 bar/min bis zu 3 bar komprimiert werden. Die Rekompression nur unterbrechen, wenn beim Verunglückten Druckausgleichsschwierigkeiten bestehen.

Es ist unbedingt erforderlich, ein Protokoll zu führen, das besonders die Umstände des Unfalls, die Zeit der Einschleusung in die Kammer, der Kompression, der Rekompression, das Verhalten des Verunglückten sowie alle Zwischenfälle aufzeichnet. Diese Protokollführung wird in allen Punkten sehr erleichtert, wenn man sich des «livret d'observation et de traitement des accidents de plongée» der Commission Médicale der CMAS bedient.

Die nächsten Schritte bestehen darin, einen Arzt, am besten einen Taucherarzt, herbeizuholen, sich mit einem Druckkammerzentrum in Verbindung zu setzen und den Transport dahin in die Wege zu leiten.

Der Transport zum Behandlungszentrum soll schnell, aber auch so schonend als möglich durchgeführt werden. Unnötige Erschütterungen sind zu vermeiden, und der Druck in der Kammer muß in gleicher Höhe gehalten werden. Wenn die Zeit in der Druckkammer bis zum Erreichen des Behandlungszentrums länger als 4 Stunden dauert, kann von der vierten Stunde an mit der Dekompression begonnen werden. Ist ein Transport zur Mehrmannkammer nicht möglich, oder würde er mehr als 12 Stunden dauern, so muß unter Leitung und Überwachung eines Arztes die Behandlung in der Einmanndruckkammer durchgeführt werden.

Trotz der gebotenen Eile soll der Kranke vor der Einschleusung kurz untersucht werden. Bei «Taucherflöhen» und zweifelhaften Erscheinungen ist es besser, den Taucher in der Nähe einer Kammer zu beobachten, als ihn überstürzt unter Druck zu setzen, da man sonst riskiert, Symptome einer schleichenden Verschlimmerung der Krankheit zu verschleiern, und damit eine unzureichende Behandlung einleiten würde. Bei allen schweren Dekompressionserscheinungen vom Typ II und bei Lungenüberdruckunfällen muß sofort rekomprimiert werden, auch dann, wenn eine vorherige Pleurapunktion (s. S. 218) nicht möglich ist.

Der Kranke muß laufend kontrolliert werden. Die Behandlungszeiten dürfen niemals abgekürzt, wohl aber verlängert werden. Wenn die Beschwerden sich verstärken, was vorübergehend vorkommt, soll der Druck nicht voreilig erhöht werden, sondern in der gleichen Höhe entsprechend der Tabelle beibehalten werden.

Wenn während der Rekompression schon verschwundene Beschwerden wieder auftreten oder wenn sie sich bei der Dekompression verstärken, soll nicht wieder rekomprimiert, sondern die Zeit der Dekompression der jeweiligen Stufe verlängert werden.

Der Entschluß, eine Behandlung in einer Einmanndruckkammer durchzuführen, soll nicht leicht gefaßt werden. Meistens ist sie, da kein Sauerstoff zur Verfügung steht, nur mit Luft durchzuführen und damit sehr lang. Es ist auch nicht möglich, dem Verunglückten in der Kammer irgendwelche Hilfe zukommen zu lassen, wenn sich sein Zustand verschlimmert.

Unterschiede der Behandlungsverfahren

Eine optimale Tabelle für die Druckkammerbehandlung ist bisher noch nicht gefunden worden. Es gibt daher unterschiedliche Tabellen, die vor allem auf den Erfahrungen der einzelnen Behandlungszentren beruhen. Im Anhang sind ausführliche Behandlungstabellen von *A. A. Bühlmann*, Druckkammerlabor Zürich, wiedergegeben.

Von *Goodman* und *Workman* (1965) wurde eine reine Sauerstoffkompressionsbehandlung eingeführt, wobei die O_2-Atmung alls 20 min durch 5 min Luftatmung unterbrochen wird. Dabei wurde bis zu einem Druck entsprechend 18 m Wassertiefe komprimiert. Bei der Druckkammerbehandlung mit Luft wird im allgemeinen ab einer Tiefe entsprechend 15 m auf Sauerstoffatmung übergegangen. Die Gefahren einer Sauerstoffvergiftung in der Druckkammer sind nicht so groß wie unter Wasser, und man nimmt für die Vorteile der Sauerstoffbeatmung eine mögliche Sauerstoffvergiftung in Kauf. Erste Vergiftungserscheinungen können ja sofort registriert und durch Übergang auf Luftatmung wieder behoben werden.

Erfolge der Behandlung

Der Behandlungserfolg hängt einmal von der Zeit zwischen dem Auftreten der Erscheinungen und der einsetzenden Rekompression ab. Erfolgt eine Behandlung innerhalb einer halben Stunde nach Auftreten der Erscheinungen, so besteht zu 90% die Wahrscheinlichkeit einer Heilung. Nach 6 Stunden beträgt die Wahrscheinlichkeit nur noch 50%. Restsymptome verschwinden in ähnlicher Weise bis zu 1% der Fälle in einer Zeit von 30 min bei wiederholter Behandlung. Hat die Behandlung erst nach 6 Stunden eingesetzt, bleiben in 13% Restsymptome. Eine neurologische Nachbehandlung kann weitere Besserung bringen. Schäden, die 12 Monate nach dem Unfall noch nicht behoben sind, müssen als Dauerschäden angesehen werden.

Behandlung schwerer Dekompressionsunfälle

Jeder Dekompressionsunfall vom Typ II kann in einen Schockzustand münden, wie auf S. 198 ausgeführt. Als erste Maßnahme wurde mehrfach die Infusion von Plasmaexpandern erwähnt. Es sollen dabei 500 bis 1000 ml eines niedermolekularen Dextrans vom Typ Rheomacrodex infundiert werden (500 ml in 30 min). Bei starken allgemeinen Schockerscheinungen, besonders aber beim Lungenödem, können hohe Dosen von Cortison (bis 2–3 g!) intravenös erforderlich sein. Durch laufende Kontrollen der Thrombozytenzahl läßt sich eine Verbrauchskoagulopathie rechtzeitig erkennen. Zur Behandlung aber auch zur Vorbeugung kann sich Trasylol® erfolgreich erweisen. Bei Blasenstörungen ist schon vor Einbringen des Verunglückten in die Druckkammer ein Blasenkatheter einzulegen. Weitere Behandlungsmaßnahmen richten sich nach den allgemeinen klinischen Gesichtspunkten und können nur bei entsprechenden Voraussetzungen durchgeführt werden.

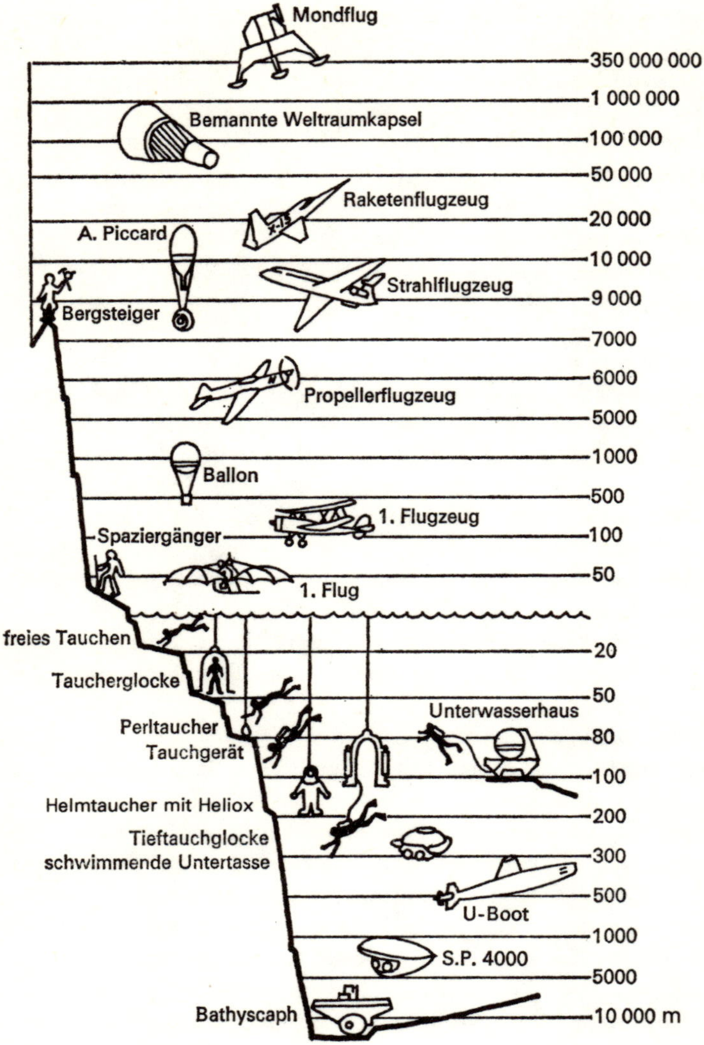

Ein Vergleich zwischen den Fortschritten zur Eroberung des Weltraumes und der Meerestiefe.

Tieftauchen

(von O. F. Ehm und Bruno Ryrko)

Während das Sporttauchen aus Freude an der Natur unter Wasser, zur sportlichen Ertüchtigung, aus Abenteuerlust, zur Unterwasserjagd und nur zu einem geringen Teil aus Erwerbsgründen betrieben wird, stehen hinter den Vorstößen in die Tiefe sehr reale wirtschaftliche oder auch militärische Interessen. Die Quellen für Rohstoffe und für die Nahrung nehmen auf dem Lande mit der zunehmenden Bevölkerung der Welt ab. Das Meer scheint die letzte Reserve zu sein. Von 60 im Meer vorhandenen Elementen werden gegenwärtig nur wenige Elemente genutzt. Nur etwa 17% des Rohöls und 6% der Naturgase werden zur Zeit aus dem Meeresboden gewonnen. Dieser Anteil steigt jährlich in gleichem Maße, wie die Meerestiefe der Bohrungen zunimmt. Das alles erklärt das wachsende Interesse vieler Nationen an der Nutzung der Meeresreserven. Insbesondere wenn man berücksichtigt, daß die Fläche der den Kontinenten vorgelagerten Zone mit einer Wassertiefe bis zu 300 m – der Festland- oder Kontinentalsockel – größer ist als die Kontinente selbst.

Die Probleme durch die Atemgase

Der Vorstoß in die Tiefe, das heißt das Tauchen über 90 m Tiefe hinaus, war ebenso wie der Versuch einer längeren Tauchdauer mit einer Unzahl von Problemen verknüpft, die auch heute noch nicht alle gelöst sind. Die ersten Probleme ergaben sich aus der Schädlichkeit der Atemgase unter erhöhtem Druck. Mit Hilfe von Verwendung künstlicher Atemgemische gelang der Vorstoß in die Tiefe. Künstliche Atemgemische haben immer zum Ziel, die Gefahren der einzelnen Gase des natürlichen Gemisches «Luft», die wir in den vorherigen Kapiteln kennengelernt haben, zu reduzieren. Aber auch bei künstlichen Atemgemischen verbleiben mehrere Nachteile der Gase unter erhöhtem Druck. Die Turbulenz erschwert die Atemarbeit erheblich. Immerhin ist es aber mit modernen Gasgemischen möglich, noch bis zu einer Tiefe entsprechend 650 m eine Arbeit von 240 W über 5 min zu leisten (s. auch S. 176).

Einen Überblick über die Gefahren gibt das nachstehende Diagramm.

Für das Tieftauchen mußten insbesondere der Sauerstoff wegen seiner Giftigkeit und der Stickstoff wegen seiner Narkosewirkung vermindert bzw. ersetzt werden. Nachdem man die Partialdruckgrenzen und die Zeitdauer für das Auftreten von Schädigungen des Sauerstoffs unter erhöhtem Druck kennengelernt hatte, konnte man den O_2-Anteil in Atemgemischen so festsetzen, daß er nicht mehr zu Nachteilen führte. Selbstredend muß dabei der O_2-Anteil dem jeweiligen Wasserdruck angepaßt sein. Hierbei stellten sich

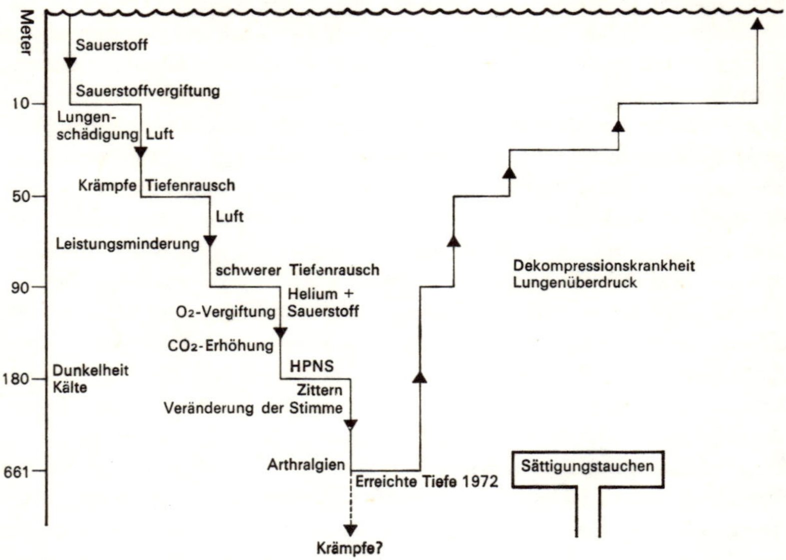

Die wichtigsten physiologischen Gefahrenstufen des Tauchens.

sehr hohe Anforderungen an die Zuverlässigkeit der Sauerstoff-Meß- und -Regelungstechnik heraus, die für freischwimmende Taucher mit Mischgasgeräten noch nicht befriedigend erfüllt sind. Auch ist für gleichbleibende Drücke, wie in Unterwasserhäusern oder aber auch in der Raumfahrt, die ideale O_2-Konzentration noch nicht gefunden, d. h. der O_2-Druck, der zwischen dem Mindestwert einer Hypoxie und dem Höchstwert der Giftigkeit liegt. Bei den praktischen Versuchen wurde meist O_2 mit einem Partialdruck zwischen 0,21 und 0,4 bar geatmet. In diesem Bereich wurden bisher alle erfolgreichen Tieftauchversuche und Raumfahrten schadlos überstanden. Um den Tiefenrausch zu umgehen, wurden zahlreiche Versuche mit anderen Inertgasen gemacht. Das Helium erwies sich dabei als am unschädlichsten. In Gewebekulturen mit menschlichen Zellen wurde das Wachstum durch alle

anderen Gase – außer Neon und Wasserstoff – stärker gehemmt als durch Helium. Neben seiner geringen narkotischen Wirkung hat Helium, wegen seiner siebenmal geringeren Dichte als Stickstoff, den Vorteil, daß die Atemarbeit mit zunehmendem Druck nicht so stark ansteigt. So hat ein Helium-Sauerstoffgemisch aus 99% He und 1% O_2 in 457 m Tiefe die gleiche Dichte wie normale Luft in 60 m Tiefe. Bei Versuchen in einer simulierten Tiefe von 366 m waren bei diesem Gemisch noch leichte Arbeiten möglich. Schwere Arbeiten dagegen führten zu Anreicherung von Kohlendioxid.
Die Nachteile von Helium sind einmal durch seine hohe Wärmeleitfähigkeit gegeben. Dadurch wird in einer Heliumatmosphäre sehr viel Körperwärme abgegeben. In einer Tiefe von 180 m ist der Wärmeverlust so hoch, wie die Wärmeproduktion durch den Stoffwechsel ausmacht. Der Taucher friert also sehr viel schneller, und zu seinem Schutz sind deshalb besondere Tauchanzüge erforderlich, die elektrisch oder durch Zuleitung von heißem Wasser heizbar sind. Weiter wird bei Helium enthaltenden Atemgasgemischen die Stimme des Tauchers so verändert, daß sie einen dünnen, hohen und verzerrten Klang annimmt, ähnlich wie die Stimme der Mickey-Mouse-Filmfigur Donald Duck. Eine sprachliche Verständigung in Unterwasserhäusern ist deshalb stark behindert. Die Schallgeschwindigkeit ist im Medium von Helium erhöht, dadurch steigt die Frequenz der Formanten, von denen der Vokalklang hauptsächlich bestimmt wird. Man kann diese Verzerrung zum Teil korrigieren, indem man ein Tonband mit der Aufnahme der Stimme mit verminderter Geschwindigkeit ablaufen läßt. Es wurden verschiedene elektronische Geräte, die die Verzerrung ausgleichen, konstruiert. Heute sind verschiedene elektronische Sprachwandler im Handel.
Ein anderes Problem ist das Hochdruck-Nervensyndrom (high-pressure nervous syndrom, abgekürzt HPNS). Bei schnellem Druckanstieg in große Tiefen kommt es zu einem Zittern der Extremitäten, zu Veränderungen der elektrischen Gehirnaktivität mit Müdigkeit und Schlafsucht. Man nahm zunächst an, daß diese Erscheinungen durch Helium verursacht wurden, und nannte sie auch «Heliumzittern». Nach neueren Untersuchungen ist erwiesen, daß sie von der Kompressionsgeschwindigkeit abhängen. Das HPN-Syndrom wird vermieden, bzw. verliert sich wieder, wenn der Taucher längere Zeit – 1 bis 1½ Stunden – auf der gleichen Druckstufe gehalten wird. Nach Tierversuchen nimmt man eine hydrostatische Druckwirkung an, und weitere Versuche scheinen dafür zu sprechen, daß die Tauchtiefe für den Menschen doch durch den hydrostatischen Druck begrenzt werden wird.

Weitere durch den Druck hervorgerufene Erscheinungen sind wahrscheinlich Gelenkschmerzen, die ab einer Tiefe von 192 m beobachtet wurden. Die Taucher klagten über Schmerzen und ein Knacken in den Gelenken und hatten das Gefühl, «keine Gelenkschmiere mehr zu haben». Diese als Arthralgien bezeichneten Beschwerden werden vorwiegend in den Knie- und Schultergelenken bemerkt. Sie traten bei 43% der Taucher besonders bei schnellem Druckanstieg auf, verschwanden aber auch bei langem Aufenthalt in der Tiefe.

Die Probleme der Dekompression sind mit der Helium-O_2-Atmung nicht behoben, nur verändert. Wie bei jedem Inertgas besteht auch unter Helium die Gefahr der Dekompressionskrankheit. Die Austauchtabellen für dieses Atemgasgemisch sind deshalb anders als die für Luft. Mit Helium sättigen sich die Gewebe etwa um den Faktor 2,65 schneller als mit Stickstoff. Das gleiche gilt auch für die Entsättigung. Da die mittelschnellen Gewebe beim Tauchen mit Helium-Sauerstoffgemischen bereits beachtliche Mengen Inertgas aufnehmen, ergeben sich trotzdem lange Dekompressionszeiten für kurze Tauchgänge. Ein Weg, diese Zeiten zu verkürzen, wurde darin gefunden, daß im Verlauf eines Tauchganges bzw. während der Dekompression von reinem He-O_2-Gemisch auf Stickstoff anstelle Helium übergegangen wurde. Für die Dekompression mit Helium-O_2-Gemischen gelten besondere Austauchtabellen.

Sättigungstauchen

Aber auch beim Tauchen mit Helium steht die Austauchzeit in einem sehr unökonomischen Verhältnis zur Zeit, die in größeren Tiefen verbracht werden kann. Für einen Aufenthalt von 1 min Dauer in 183 m Tiefe mußte früher eine Dekompressionszeit von über 12 Stunden verbracht werden. Ein Ausweg aus diesem unrationellen Verhältnis wurde von *G. Bond* 1959 mit dem sogenannten «Sättigungstauchen» vorgeschlagen und ab 1962 auch durchgeführt.

Nach einer bestimmten Zeit in einer gegebenen Tiefe ist das Gewebe mit dem Atemgas praktisch gesättigt. Sobald eine Sättigung erreicht ist, bleibt die Zeit der Dekompression konstant, gleich, wie lange der Aufenthalt unter Wasser gedauert hat, Stunden, Tage oder Wochen. Ein solcher Aufenthalt unter Wasser ist in Unterwasserhäusern möglich. Diese Unterwasserhäuser sind im Prinzip die perfektionierte Anwendung der klassischen alten Taucherglocke, d. h. das Haus ist nach unten zum Meer hin offen. Der Aquanaut, wie dieser

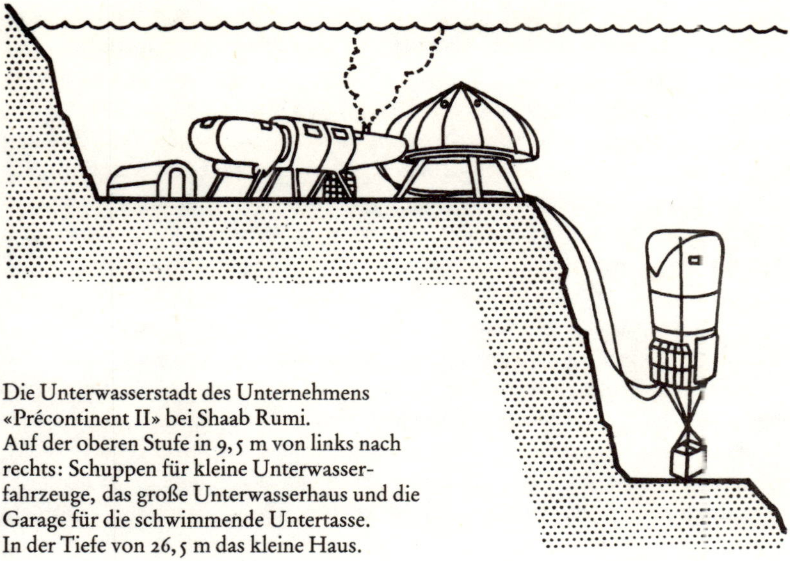

Die Unterwasserstadt des Unternehmens «Précontinent II» bei Shaab Rumi.
Auf der oberen Stufe in 9,5 m von links nach rechts: Schuppen für kleine Unterwasserfahrzeuge, das große Unterwasserhaus und die Garage für die schwimmende Untertasse.
In der Tiefe von 26,5 m das kleine Haus.

Taucher in Anlehnung an die Astronauten genannt wird, kann das Haus verlassen, um in der Umgebung zu arbeiten, er kann dahin zurückkehren, um sich Werkzeug zu holen, um sich auszuruhen, um zu essen und zu schlafen. Die nutzbare Zeit unter Wasser steht jetzt in einem sehr viel günstigeren Verhältnis zur Austauchzeit.
Neben zahlreichen Druckkammerversuchen in Amerika, Frankreich, Deutschland und in der Schweiz sind die bekanntesten Unternehmungen dieser Art die Versuche der Amerikaner mit Sealab I, II und III und die von *Cousteau* mit Précontinent I, II und III. Im ersten Précontinent-Versuch verbrachten zwei Taucher sieben Tage in 10,50 m Tiefe. Bei Précontinent II, 1963, befand sich ein größeres Haus in 9,50 m Tiefe und ein kleineres in 26,5 m Tiefe. Das Unternehmen dauerte 30 Tage. 1965 verbrachten im Précontinent-III-Unternehmen 6 Taucher in 100 m Tiefe 29½ Tage. Die bisherigen Versuche haben ergeben, daß es keine spezifischen Störungen in einer Sauerstoff-Helium-Atmosphäre gegeben hat.
Ein anderes Problem bei langen Aufenthalten unter Wasser wird durch geringe Verunreinigungen der Atemgase gegeben. Bei der industriellen Herstellung bzw. Gewinnung sowie bei der Lagerung lassen sich Verunreinigun-

gen der Atemgase offenbar nicht vermeiden. Sie liegen zwar immer nur in kleinsten Mengen z. B. im Sauerstoff und im Helium oder Stickstoff vor. Unter hohen Drücken und auf längere Zeit geatmet, können sie aber zu Vergiftungserscheinungen führen, die in ihren Ausmaßen noch gar nicht bekannt und auch nicht vorausberechenbar sind. So gibt es weit über 200 Verunreinigungen, fast ausschließlich Kohlenwasserstoffe, von denen mehr als die Hälfte unterschiedlich giftig sind. Wir stehen heute erst an der Schwelle der Eroberung des Meeres, und es werden in Zukunft noch viele Probleme zu bewältigen sein.

Über die Entstehung von Gasblasen

Mit dem Vorstoß in größere Tiefen erwies sich das einfache Haldanesche Modell als nicht ausreichend, um eine sichere Dekompressionszeit für beliebige Tauchgänge vorauszubestimmen. *Haldane* selbst äußerte Zweifel darüber, ob seine Berechnungen über einen Druck von 6 ata (6 bar) hinaus noch gültig seien, da keine experimentellen Erfahrungen vorlagen und sie auf der Annahme eines festen Übersättigungsfaktors beruhten. Das Zentralproblem schien zunächst die Entstehung von Blasen im Gewebe zu sein.

Hierzu zunächst einige physikalische Grundgedanken. In vereinfachter Anschauung kann man sich ein Gas als einen Schwarm von kleinsten, durcheinanderfliegenden und aneinanderstoßenden Kügelchen – den Molekülen – vorstellen. Die Geschwindigkeit ihrer Bewegung hängt von der Temperatur ab, die Dichte des Schwarms von dem Druck, unter dem das Gas steht. Der Raum zwischen ihnen ist relativ groß; die Abstände zwischen den Molekülen werden durch elektrostatische Kräfte (Van-der-Waalssche Kräfte) bestimmt. Flüssigkeiten haben keinen sehr großen Raum zwischen ihren Molekülen, jedoch sind die Moleküle untereinander leicht verschiebbar. Man kann sie sich als einen Haufen gleich großer Kugeln vorstellen. Bei festen Körpern dagegen haben die Moleküle feste Plätze.

Im menschlichen und tierischen Organismus grenzen feste Körper und Flüssigkeiten aneinander. Wir wollen beide – feste Körper und die Flüssigkeiten – als «Körper» bezeichnen. In diese Körper dringen nun Gasmoleküle in die Zwischenräume ein, und zwar um so mehr, je höher der Partialdruck ist, unter dem das Gas steht, je kleiner die eindringenden Moleküle und je größer die Abstände der Moleküle der Körper sind. Zwischen Gas- und Körpermolekülen wirken ebenso Kräfte elektrostatischer Natur wie zwischen den Molekülen des Festkörpers selbst.

Das Eindringen von Gasmolekülen in den Körper nennen wir Diffusion. Die Geschwindigkeit, mit der das Eindringen stattfindet, heißt die Diffusionsgeschwindigkeit. Die Gasmoleküle können in den Körper aber nicht nur eintreten, sie können ihn auch wieder verlassen. Steigt die Gaskonzentration im Körper an, so werden auch zunehmend Gasmoleküle wieder aus ihm austreten. Schließlich stellt sich ein dynamischer Gleichgewichtszustand (=steady state oder Fließgleichgewicht) ein, bei dem die Gaskonzentration im Körper sich nicht mehr ändert. Die Menge des aufgenommenen Gases wird dann durch das Henrysche Gesetz bestimmt (s. S. 109).
Sinkt nun der äußere Gasdruck, so werden so lange Gasmoleküle den Körper verlassen, bis ein neues Gleichgewicht wiederhergestellt ist. Bei sehr starkem Druckabfall können unter bestimmten Umständen kleine Löcher im Gefüge der Moleküle des Körpers entstehen, in die sofort aus der nächsten Umgebung Gasmoleküle eindringen. So entstehen Mikrobläschen. Unter dem Einfluß des absinkenden Außendrucks konfluieren viele Mikrobläschen zu größeren Blasen. Es hängt nun von der Oberflächenspannung der Flüssigkeit ab, ob diese Mikrobläschen wachsen und sich vereinigen, oder ob sie sich wieder auflösen.
Reißt das Molekulargefüge eines «Körpers» auf, so entstehen sogenannte Kavitationen, das sind Hohlraumbildungen in Flüssigkeiten unter der Einwirkung mechanischer Energie. Solche Kavitationen entstehen schon durch

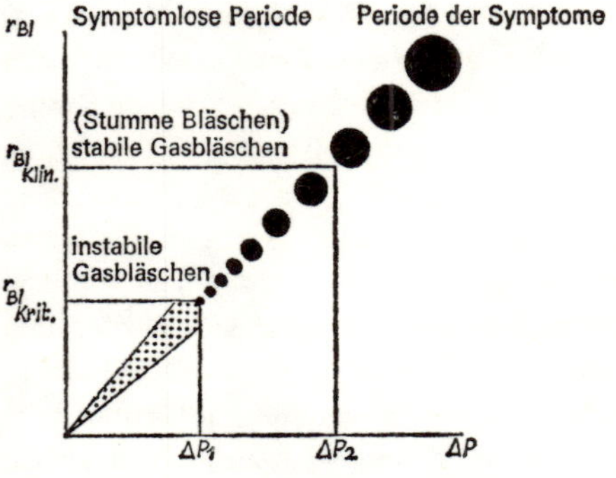

$r_{Bl.}$ = Bläschenradius
$r_{Bl.krit.}$ = kritischer Bläschenradius
$r_{Bl.klin.}$ = Abfall des Außendruckes
ΔP = Bläschenradius, der zu Symptomen führt

Bei vorschriftsmäßiger Dekompression sollten keine stabilen Gasbläschen entstehen. Sie entstehen, wenn die Gesetzmäßigkeit $P_0 > P_1 > P$ erfüllt wird.

Schema einer Entwicklung von Blasen aus «Gaskeimen» (unstabilen Bläschen) über «stumme Bläschen» bis zu Blasen, die Dekompressionserscheinungen machen.

mechanische Spannung, aber auch durch Störungen im Molekulargefüge der Flüssigkeit. Derartige Störungen können an Grenzflächen zu anderen Stoffen mit unterschiedlicher Oberflächenspannung entstehen. Feinverteilte Fremdstoffe bilden sehr große Grenzflächen zur Flüssigkeit. Solche Fremdpartikel können daher als «Keime» bei einer Blasenbildung wirken.
Die Differenz zwischen der augenblicklichen Gasspannung in der Flüssigkeit und dem von außen wirkenden Druck darf nicht größer sein als die sogenannte «erlaubte Überspannung». Übersteigt die Gasspannung den Außendruck um diese erlaubte Überspannung, so bilden sich Blasen, die immer weiter wachsen.
Eine Blasenbildung im lebenden Organismus ist somit durch eine Vielzahl von beteiligten Faktoren bedingt und dementsprechend sehr komplex. Das Problem der Gasblasenbildung hat seit Jahren viele Forscher beschäftigt. Experimentell wurden an Wänden von Blutgefäßen vermehrt Gasblasen beobachtet.
Faßt man die Ergebnisse zusammen, so läßt sich sagen: die Blasenbildung ist ein Zufallsprozeß. Sie folgt Gesetzen, die für viele Geschehnisse gelten. Es läßt sich demnach nicht voraussagen, wo und wann sich eine einzelne Blase bilden wird.
Für das Tauchen bedeutet das, daß eine schädigende Gasblasenbildung nur zu vermeiden ist, wenn man in die Austauchzeiten große Sicherungsfaktoren einbaut. In praktischen Experimenten bei Tieren und beim Menschen kann man den kritischen Übersättigungsfaktor erfassen. Entsprechende Tabellen müssen dann eine gewisse Sicherheit mit einbeziehen. Durch eine vermehrte Kreislauftätigkeit kann die Aufnahme, aber auch die Abgabe von Inertgasen im Körper beschleunigt werden.

Die Theorie und Berechnungen von Haldane

Die Berechnungen von Dekompressionszeiten von *Haldane* gingen von der Annahme aus, daß die Dekompressionskrankheit durch eine Gasblasenbildung im Organismus verursacht ist. Zweitens nahm er die Existenz einer stabilen Übersättigung im Organismus an, und nach seinen Experimenten wurde der kritische Sättigungsgrad mit 2,0 bestimmt. Erst wenn größere Druckdifferenzen bestünden, käme es zur krankmachenden Blasenbildung. Das bedeutet, daß beim Auftauchen der Druck in einem Verhältnis 2,0:1 vermindert werden könnte, ohne daß krankmachende Blasenbildungen entstehen. Drittens nahm er an, daß die verschiedenartig durchbluteten Gewebe des Organismus als eine Familie von mehreren Modellgeweben aufgefaßt werden können. Innerhalb von jedem dieser Modellgewebe sei der gelöste Stickstoff gleichmäßig verteilt. Eine Verzögerung durch die endliche Diffusionsgeschwindigkeit innerhalb der Gewebe während der Stickstoffaufnahme wurde von ihm nicht angenommen. Er setzte nur voraus, daß der Durchblutungsgrad der einzelnen Gewebe der für die Stickstoffaufnahme entscheidende und verzögernde Faktor ist. Bei diesen Annahmen hängt die Änderungsgeschwindigkeit des Stickstoffpartialdruckes jedes einzelnen Gewebes von dem Unterschied der Partialdrücke des Blutes zu dem des Gewebes ab. Nimmt man vereinfachend einen plötzlichen Sprung im Stickstoffpartialdruck des Blutes an, so werden sich die Partialdrücke der Gewebe anfangs schnell, mit ständig abnehmender Partialdruckdifferenz immer langsamer und entsprechend ihrer Durchblutung sättigen.

Nach Tierversuchen ist dieses Modell nur für einen beschränkten Tiefen-Zeit-Bereich anwendbar. Um aber die Gültigkeit dieses Modells zu erweitern, wurden von verschiedenen Forschern Korrekturen vorgeschlagen und entsprechende Tabellen errechnet. Die wesentlichen Änderungen waren unterschiedliche, aber für die einzelnen hypothetischen Gewebe konstante Übersättigungsfaktoren. (*Hawkins, Schilling* und *Hansen* 1935, *Yarbrough* 1937).

Um Arbeitszeiten in größeren Tiefen ausdehnen zu können, wurden auch bei diesen Tabellen Korrekturen notwendig. Es stellte sich heraus, daß die Annahme von konstanten Übersättigungsfaktoren nicht mehr zu halten war (*Duyer* 1976).

Die notwendigen Korrekturen am Haldane'schen Modell riefen andere Theorien auf den Plan. So nahm *Hills* (1928) an, daß entscheidende Faktoren für die Dekompression die Diffusion im Gewebe sei. *Rashbass* (1956) verwendete nach dieser Diffusionstheorie ein Eingewebemodell zur Berechnung einer Tabelle. Die wesentlichen Unterschiede zum Haldane-Modell bestanden darin, daß für die Halbwertzeiten der Gasaufnahme und der Gasabgabe ein ungleiches Verhalten angenommen wurde und daß an die Stelle des maximalen Übersättigungsfaktors eine maximal zulässige Druckdifferenz gesetzt wurde. Nach den experimentellen Untersuchungen *Hills* (1971) ist die Metastabilität – das ist der Zustand in dem ein Gas im Gewebe gelöst bleibt – in einem mit Inertgas übersättigten Gewebe gering.

Mit anderen Worten bilden sich schon bei geringen Übersättigungsgraden im Gewebe Mikrobläschen (Theorie der stillen Blasen). Die Zeit, die solche Mikrobläschen zu ihrer Auflösung brauchen, ist dabei wesentlich länger

anzusetzen als die Zeit, die vom Gewebe benötigt wird, um eine entsprechende Gasmenge über das Blut aufzunehmen. Obwohl sich bei diesen theoretischen Annahmen eine Annäherung an die experimentell gefundene Null-Zeitkurve der US-Navy-Tabelle ergab, mußte später auch das Modell einer konstanten Druckdifferenz korrigiert werden. Den Tabellen der britischen Marine liegt ein modifiziertes Diffusionsmodell zugrunde.
In Wirklichkeit sind die Vorgänge bei der Aufnahme und der Abgabe eines Inertgases im Organismus sehr komplex und bei weitem noch nicht restlos geklärt. Vieles spricht heute dafür, daß beide Vorstellungen eine Rolle spielen.
Alle theoretischen Modelle mußten im Laufe der Zeit aufgrund experimenteller Ergebnisse von Tauchversuchen korrigiert werden.
Heute gibt es experimentell erstellte und praktisch erfolgreiche Modelle, die auf eine theoretische Begründung mathematischer Beziehungen verzichten und die Tauchtiefen bis zu 600 Meter und Tauchzeiten im Sättigungsbereich für alle Tiefen erlauben. *A. A. Bühlmann* (Druckkammerlabor Zürich) hat in neuester Zeit ein solches experimentelles Modell erstellt, das es erlaubt, die Dekompression für kurze und auch für Sättigungstauchgänge mit He und/oder Stickstoff als Inertgas zu berechnen. Dabei wurde bei größeren Tiefen auf eine minimale Dekompressionszeit ohne Einbuße an Sicherheit Wert gelegt. Kernstück ist die experimentelle Bestimmung des tolerierbaren Umgebungsdruckes als Funktion der in den einzelnen Geweben vorhandenen Inertgasspannung. Das Modell berücksichtigt 16 Halbwertzeiten, die für Stickstoff zwischen 2,65 bis 635 Minuten liegen. *Bühlmann* gibt zur Bestimmung des tolerierbaren Außendruckes für jede Halbwertzeit eine lineare Funktion an.
Die stürmische Entwicklung des Tieftauchens in den letzten Jahren wurde weiter durch den Einsatz moderner Druckkammern bis zu 100 bar ermöglicht. Sie sind mit Meßeinrichtungen ausgerüstet, die es erlauben, unter Verwendung größerer Rechenanlagen optimale Dekompressionspläne für einzelne oder für ganze Serien von Tauchgängen zu erstellen.

Die Unterschiede zwischen den einzelnen Tabellen

Die weiteste Verbreitung hat zweifellos die Tabelle der US-Navy von 1958 gefunden. Sie benutzt 6 hypothetische Gewebe mit Halbwertzeiten von 5,

10, 20, 40, 80 und 120 Minuten. Die erlaubten Gasüberspannungen im Gewebe sind nicht konstant, sondern wurden für jede Dekompressionsstufe nach einer empirischen Formel aus den erlaubten Überspannungen für Inertgase an der Oberfläche errechnet.
Der Kern der Tabelle umfaßt Tauchgänge bis zu 12 Meter Tiefe für eine Dauer bis zu 300 Minuten und bis zu 57 Meter Tiefe für eine maximale Dauer von 20 Minuten. Über diese Bereiche hinaus ist sie unsicher.
Die Grundzeit (Bottom Time) zählt vom Verlassen der Oberfläche an bis zum Beginn des Aufstiegs. Eine bestimmte Abstiegsgeschwindigkeit ist bei Benutzung dieser Tabelle nicht vorgeschrieben. Sie wurde für die Verwendung bei der Marine entwickelt und für den Luftdruck in Meereshöhe berechnet. Für das Tauchen in Gebirgsseen sind sie entsprechend zu korrigieren (s. S. 195). Alle Werte der Tabelle gelten nur für die angegebene Aufstiegsgeschwindigkeit von 18 m/min. Für Tauchgänge über eine Tiefe von 60 m hinaus gilt eine «Ausnahme-Tabelle». Für diese Ausnahmen sind keine Repitivgruppen zur Berechnung von Wiederholungstauchgängen vorgesehen. Seit einiger Zeit wird in den USA mit umfangreichen Tieftauch- und Sättigungsversuchen an einer neuen Tabelle gearbeitet.
Die GERS-Tabelle setzt sich aus 2 Berechnungssparten zusammen. Die erste umfaßt den Tieftauchbereich von 15 m bis 38 m Wassertiefe und berücksichtigt 3 hypothetische Gewebe mit Halbwertzeiten von 40, 75 und 120 Minuten. Die kritischen Übersättigungsfaktoren wurden mit 2,3 für das 40 Minuten-Gewebe und 2,0 für die beiden anderen Gewebe angenommen. Für die zweite Sparte der Tabelle, bis zu 85 m Wassertiefe, wurden 4 hypothetische Gewebe unterstellt mit Halbwertzeiten von 7, 30, 60 und 120 Minuten. Die kritischen Übersättigungsfaktoren für diese Gewebe sind mit 2,56, 1,84 und 1,6 angenommen.
Auch für diese Tabelle zählt die Grundzeit vom Verlassen der Oberfläche an bis zum Beginn des Aufstiegs. Die Aufstiegsgeschwindigkeit ist mit 20 m/min. festgelegt. Wie auch die US-Navy-Tabelle ist die GERS-Tabelle auf Meereshöhe bezogen. Ihr Geltungsbereich reicht von 2 Stunden Tauchdauer in 15 m Wassertiefe bis zu einem Aufenthalt von 30 Minuten in 85 m Tiefe.
Im Prinzip sind die Austauchzeiten für Tauchgänge oberhalb 40 Meter Tiefe länger als die der US-Navy-Tabelle. Auch die GERS-Tabelle ist experimentell durchgetestet, ebenfalls an einem Personenkreis ausgesuchter Marinetaucher. Individuelle Faktoren, wie sie eine Durchschnittsbevölkerung aufweist,

kommen hiermit nicht zum Tragen. Damit enthält die Tabelle Unsicherheitsfaktoren, wie die US-Navy-Tabelle für den Bereich über 60 m Wassertiefe.
Die Dekompressionstabellen des Druckkammerlabors Zürich *(A. A. Bühlmann)* basieren auf den experimentellen Erfahrungen von fiktiven und reellen Tauchversuchen dieses Institutes. Das experimentelle Modell benutzt 16 Gewebe mit Stickstoffhalbwertzeiten von 2,65 bis 635 Minuten. Durch eine systematische Auswertung von Symptomen bei simulierten und reellen Tauchgängen ließen sich dabei die Halbwertzeiten einiger, bisher nur hypothetischer, Gewebe festlegen. Schnelle Halbwertzeiten ergaben sich für das zentrale Nervensystem und eine Halbwertzeit von 180 Minuten für das Innenohr. Für die Knochen und Gelenke fanden sich Halbwertzeiten zwischen 398 und 557 Minuten. *A. A. Bühlmann* gibt die niedrigst zulässigen Außendrücke als Linearfunktion der Inertgaslösungsdrücke in den Geweben an. Für schnelle Gewebe nimmt der zulässige Außendruck mit dem Lösungsdruck rascher zu als für langsame. Schnelle Gewebe vertragen einen wesentlich höheren Unterschied zwischen Lösungsdruck und Außendruck als langsame.
Für das Tauchen mit Preßluft in verschiedenen Höhenlagen wurde eine Serie von Tabellen erstellt. Die Tabelle von 0 bis 700 Meter Höhe gilt für Tauchen in einer Wassertiefe von 15 Meter für eine Tauchzeit von 150 Minuten und für 70 Meter Wassertiefe bis zu 30 Minuten Tauchdauer. 4 weitere Tabellen umfassen jeweils die Höhenlage von: 701–1500 Meter Meereshöhe, 1501–2000 m, 2001–2500 m und 2501–3200 m Meereshöhe. Abweichend von den übrigen Tabellen setzt diese Serie durchweg eine Aufstiegsgeschwindigkeit von 10 Meter/min. voraus. Wiederum wird als Grundzeit der Zeitpunkt des Abtauchens bis zum Beginn des Aufstiegs gerechnet. Auch bei Tauchgängen innerhalb der Null-Zeit empfiehlt *A. A. Bühlmann* einen Dekompressionsaufenthalt von 3 Minuten in 3 Meter Tiefe.
W. E. Crocker entwickelte eine empirische Tabelle, die lange Zeit von der britischen Marine benutzt wurde. Sie wurde durch Tierexperimente mit Ziegen ermittelt und anschließend getestet und korrigiert. Die Tabelle gilt als sehr sicher. Da aber eine Entsättigungstabelle mit entsprechenden Zeitzuschlägen bei Mehrfachtauchgängen fehlt, ist das Repitivtauchen erschwert. Eine Abwandlung dieser Tabelle ist von *Seemann* und von *Renemann* in Deutschland eingeführt worden.
Die Tabellen der US-Navy, der GERS und des Druckkammerlabors Zürich haben Code-Buchstaben bzw. -Ziffern, die das Mehr an Stickstoff im Orga-

nismus nach einem Tauchgang erfassen. Mit derartigen Codeziffern oder Buchstaben läßt sich nach Beendigung des ersten Tauchganges in einer sogenannten Entsättigungs-Tabelle die Austauchzeit für einen zweiten Tauchgang errechnen. Der vermehrte Stickstoffgehalt des Körpers nach einem Tauchgang wird für weitere Tauchgänge berücksichtigt und entsprechende Zeitzuschläge sind in der Tabelle ablesbar.

Alle Tabellen fußen auf einem mathematischen Modell, mit dem die praktischen Versuchsergebnisse am besten in Einklang zu bringen waren. Daraus konnten auch Voraussagen über Tauchgänge mit Tiefen und Zeiten gemacht werden, die noch nicht praktisch erprobt waren. Die für die einzelnen Tabellen ausgearbeiteten Vorschriften, wie etwa die Aufstiegsgeschwindigkeit, sind unbedingt zu respektieren.

Nur pauschal können und sind in den Tabellen die mehr oder weniger individuell gebundenen Faktoren berücksichtigt, wie sie sich aus der jeweiligen körperlichen Kondition, den psychischen und physischen Belastungen während eines Tauchganges, der Abstiegsgeschwindigkeit, außergewöhnlichen Streß-Situationen, Kälteeinflüssen usw. ergeben (s. auch S. 201).

Alle diese Momente können über eine vermehrte Durchblutung bestimmter Gewebe und damit verbundener vermehrter Inertgasaufnahme zu Veränderungen führen, die trotz Einhaltung der vorgeschriebenen Austauchzeiten und -stufen zu einem Dekompressionsunfall führen können. Um so mehr sind eigene Modifikationsversuche an den Tabellen zu unterlassen.

Bei mehreren ausgedehnten Tauchgängen an einem Tag in Tiefen über 20 m kann es auch bei Sporttauchern zu chronischen Dekompressionsschäden, den sogenannten aseptischen Knochennekrosen kommen, die sonst nur bei Caisson-Arbeitern bekannt sind (s. S. 205).

VII Temperatureinwirkungen

Wärme und Wärmehaushalt

Das Tauchen stellt eine gewaltige Anforderung an den Wärmehaushalt des Körpers dar. Jeder Taucher weiß, daß ein längerer Aufenthalt in offenen Gewässern zu starker Auskühlung führt. Eine Temperatur von 21°C wird in der Luft als behaglich, im Wasser als frisch empfunden. Die heute gebräuchlichen Naßtauchanzüge aus Neoprenschaum (s. S. 253) bieten zwar einen guten Kälteschutz und verzögern die Wärmeverluste, die Probleme des Wärmehaushaltes sind aber nur verschoben und bleiben grundsätzlich die gleichen.

Der Mensch gehört zu den Warmblütern, die ihre Eigenwärme durch Steuerung ihrer Wärmebildung und Wärmeabgabe konstant zu halten vermögen, dies im Gegensatz zu den Kaltblütern, die keine konstante Eigenwärme haben, und deren Körpertemperatur daher von der Umgebungstemperatur abhängt. Der Ablauf der Fermentreaktionen in den Zellen des menschlichen Organismus ist auf eine Optimaltemperatur von 37°C eingestellt. Die Körpertemperatur des Menschen muß deshalb in «normalen Grenzen» zwischen 36,4°C und 37,4°C bleiben. Durch den Stoffwechsel, verbunden mit der Oxidation, wird im Körper Wärme erzeugt und nach außen abgegeben. Wärmeproduktion und -abgabe werden von komplizierten Reglersystemen so gesteuert, daß die Körpertemperatur weitgehend konstant bleibt. Der menschliche Körper kann im physikalischen Sinne als Verbrennungsmaschine aufgefaßt werden.

Wärme ist kinetische Energie der Moleküle. Energie wird gemessen in Joule (J). Ein Spielzeugmotörchen, das eine Tafel Schokolade von 102 g (= 1 N Gewichtskraft) in 1 sec 1 m hochzieht, leistet 1 Watt und hat während dieser Zeit 1 Joule an Hubenergie aufgebracht. Ein Heizofen von 2000 Watt liefert in 1 Stunde also 7,2 Millionen Joule = 7,2 Mega Joule = 7,2 MJ = 2 kWh (Kilowattstunden).

Mit der Wärme, die ein Mensch in völligem Ruhezustand in einer Stunde erzeugt, können 2 l Wasser von 0 auf 37°C erwärmt werden, entsprechend 86 Watt. Bei schwerer körperlicher Arbeit würde er in der gleichen Zeit eine Wärmemenge abgeben, die die Temperatur von 23 l Wasser um die gleiche Spanne erhöhen könnte entsprechend ca. 1000 Watt. Würde diese produzierte Wärme aber nicht abgegeben werden können, so stiege die Körpertemperatur rasch so hoch, daß es dadurch zum Tode käme.

Die Möglichkeiten der Wärmeabgabe

Auf welche Weise wird nun diese Wärme abgegeben? Drei Möglichkeiten stehen dem Körper zur Verfügung: Strahlung, Verdunstung und Wärmeleitung.
Durch Strahlung würde ein Mensch in vollkommener Ruhe und unbekleidetem Zustand in normaler Umgebungstemperatur etwa 7,5 MJ im Tag abgeben. Wärmestrahlen sind elektromagnetische Schwingungen, die von jedem warmen Objekt ausgehen. Man kann sie spüren, wenn man beide Handflächen in einem Abstand von 0,5 bis 1 cm gegeneinander hält. Im Wasser spielt die Menge der abgestrahlten Wärme nur eine untergeordnete Rolle. Umgekehrt kann aber durch Absorption von Sonnenstrahlen durch die Haut, also beim Sonnenbad, Wärme aufgenommen werden. Dieser Energie-Einstrom kann den vier- bis fünffachen Betrag der Wärmebildung des Körpers ausmachen.
Durch Wasserverdunstung werden in Ruhe etwa 2,9 MJ im Tag abgegeben. Über die Schweißsekretion der Haut erfolgt eine «unmerkliche Hautwasser-Abgabe». Auch über die Lunge wird Wasser in Form von wasserdampfgesättigter Luft abgegeben. Insgesamt können über Haut und Lunge etwa 1200 g Wasser pro Tag ausgeschieden werden. Etwa 12% der Körperwärme werden über die Atmung abgegeben. Bei hoher Außentemperatur oder starker körperlicher Arbeit steigt bekanntlich die Schweißsekretion. Auf diese Weise wird durch Verdunstung auf der Körperoberfläche vermehrt Wärme abgegeben. Bei hoher Luftfeuchtigkeit ist die Wärmeabgabe erschwert. Deshalb läßt sich eine trockene Hitze, z. B. das Wüstenklima, besser ertragen als eine feuchtheiße Luft wie im Urwald. Im Wasser führt Schwitzen nicht zur Wärmeabgabe, da der Schweiß auf der Körperoberfläche nicht verdunsten und somit dem Körper auch keine Wärme entziehen kann. Ein Naßtauchan-

zug, der an der Sonne getragen wird, behindert nicht die Schweißabgabe. Da der Schweiß aber nicht verdunsten kann, erfolgt auch keine Wärmeabgabe. Die dritte Form der Wärmeabgabe vollzieht sich durch die Wärmeleitung. Es handelt sich um eine direkte Weitergabe der Wärme von Molekül zu Molekül, die somit durch Substanzen und Materie hindurchgeht. Stoffe, die die Wärme gut leiten, transportieren sie schneller, schlechte Wärmeleiter langsamer. Die Luft hat ein schlechtes Wärmeleitvermögen. Wird aber die Luft bewegt, also bei Zugluft und Wind, so werden erwärmte Luftschichten durch kältere Grenzschichten ersetzt. Diesen Transport der Wärme in einem (erwärmten) Gas oder einer Flüssigkeit nennt man Konvektion oder Wärmedurchgang. Konvektion und Leitung spielen für die Wärmeabgabe eine praktisch wichtige Rolle, weil sie durch äußere Faktoren verändert und beeinflußt werden können. Die Größe der Wärmeabgabe durch diese beiden Faktoren ist deshalb auch zahlenmäßig schwer anzugeben. Sie hängt wesentlich von dem Wärmeleitvermögen der Stoffe ab, die den Körper umgeben, aber auch von der Haut selbst. Fett ist ein schlechter Wärmeleiter, und ein starkes Fettpolster unter der Haut isoliert besser als ein geringes. Dicke Menschen frieren deshalb weniger schnell als magere. An der Luft bildet die Kleidung eine weitere Isolierschicht. Wenn sie bei Hitze zu beengend ist, so ist die Wärmeleitung herabgesetzt, und es kann zu Wärmestauungen, dem Hitzschlag, kommen. Im Wasser kann die Isolierschicht durch einen Kälteschutzanzug verstärkt werden.
Die Wärmeleitfähigkeit des Wassers ist 25mal größer als die der Luft. Wasser bildet also eine schlechte Isolierschicht, und beim Schwimmen und Tauchen werden die vom Körper angewärmten Grenzschichten zudem noch dauernd durch kaltes Wasser erneuert, so daß durch Leitung der Wärmeverlust noch größer wird. Trotzdem verliert der Mensch im Wasser nur 2–3mal soviel Wärme wie an der Luft. Dank komplizierten Vorgängen hat der menschliche Organismus nämlich die Fähigkeit, die Wärmeabgabe nach außen zu regulieren.

Kern und Schale bei der Wärmeregulation

Für die Wärmebildung lassen sich beim Menschen ein Kern und eine Schale unterschieden. Der Kern wird von den Organen im Kopf und Rumpf gebildet. Sie haben einen hohen Stoffwechselumsatz und sind mit 70% an der

Wärmeproduktion beteiligt. Um diesen Kern bilden Haut und Muskulatur die Schale.

Ein Temperaturgefälle läßt vom Inneren des Organismus einen dauernden Wärmestrom nach außen gehen, so daß die Haut eine niedrigere Temperatur als das Körperinnere hat. Als Vermittler zwischen Kerngebiet und Schale dient der Kreislauf. Im Kerngebiet wird das Blut erwärmt, in der Schale gekühlt. Die Schale verhält sich also wie ein Kühler für den Heizkörper «Kern», wobei das Blut die Wärme aus dem Kern an den Kühler transportiert. Beim ruhenden Menschen und normaler Außentemperatur dient der Kern vornehmlich der chemischen Wärmebildung, die Schale der physikalischen Temperaturregulation. Dieses Verhältnis von Kern zu Schale ist aber variabel.

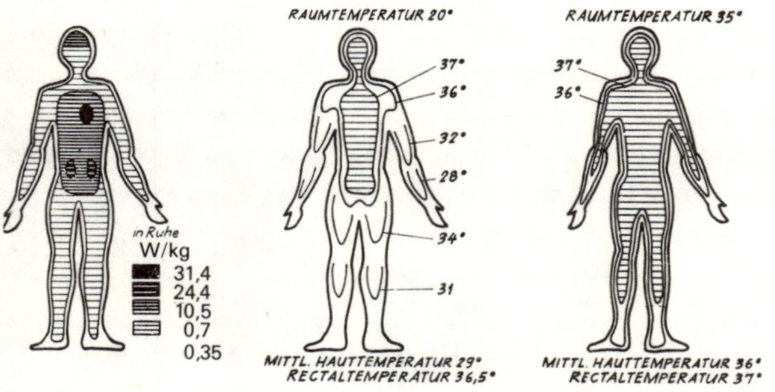

Steigt die Außentemperatur, so muß die Wärmeabgabe erhöht werden. Das geschieht durch die geschilderten Faktoren Wärmeleitung, Konvektion und Strahlung sowie insbesondere durch die Verdunstung. Sinkt die Außentemperatur, so wird zunächst die Wärmeabgabe gedrosselt. Das geschieht durch eine Verminderung der Hautdurchblutung, unter anderem auch durch den Verschluß arteriovenöser Anastomosen («Kurzschlüssen» zwischen Arterien und Venen). Ein Ausdruck der Wärmedrosselung ist die Gänsehaut, die durch Zusammenziehen kleinster Muskeln an den Haarbälgen in der Haut entsteht. Die Wärmeabgabe durch die Gewebe wird hierdurch erschwert, d. h. alle der Schale zur Verfügung stehenden Widerstände für die Wärmeleitfähigkeit und damit auch die Isolationskraft werden erhöht. Die Abbildung läßt den Kern als hauptsächlichen Wärmeenergielieferanten in Ruhe erkennen. Bei normaler Außentemperatur von 20° C gehören die Gliedmaßen noch weitgehend zur Schale. Steigt die Außentemperatur, z. B. auf 35° C, so wird

die Isolierfunktion der Schale herabgesetzt, d. h. sie wird vermehrt durchblutet, um die Wärmeabgabe zu erhöhen. Sinkt die Außentemperatur, so kann sich die Schale aber auch selbst an der Wärmeproduktion beteiligen. Durch die Anspannung der Skelettmuskulatur auch ohne sichtbare Bewegung (Frösteln) wird der Stoffwechsel erhöht. Wenn sich diese Anspannung bis zum Muskelzittern steigert, wird eine Wärmemenge produziert, die das vier- bis fünffache des Ruhestoffwechsels ausmacht. Dadurch oder bei entsprechenden Bewegungen tritt nun eine Umkehr der Verhältnisse ein. Das Gebiet der Schale bildet jetzt infolge der Tätigkeit der Muskeln etwa 70% der Wärme, während der Rest auf den Kern entfällt. Dieses erhöhten Stoffwechsels wegen ist eine größere Sauerstoffaufnahme erforderlich, und es wird vermehrt Kohlendioxid gebildet. Das bedeutet eine Steigerung des Atemminutenvolumens.
Eine Wärmebildung in der Schale entsteht natürlich auch bei körperlicher Arbeit. Bei normaler Außentemperatur muß dann allerdings diese Wärme nach außen abgegeben werden. Deshalb kommt man bei vermehrter Arbeit ins Schwitzen. Der Abtransport der Wärme erfolgt über den Kreislauf. Der Umlauf in der Schale muß dabei erhöht werden, und das Herzminutenvolumen steigt an. Eine Änderung der Außentemperatur bedingt demnach eine vermehrte Kreislaufleistung. Bei Hitze und körperlicher Arbeit muß die Wärme mit Hilfe des Kreislaufs abgegeben werden. Kälte ruft gesteigerte Muskeltätigkeit hervor, erhöht damit den Stoffwechsel und erfordert eine vermehrte Sauerstoffaufnahme. Für das Tauchen bedeutet also jeder Wärmeentzug vermehrte Arbeit und einen gesteigerten Sauerstoff(= Luft)-Verbrauch.

Die zentrale Regulationssteuerung

Die Vorgänge der Wärmeregulation im Körper bedürfen verständlicherweise einer planmäßigen Steuerung. Sie erfolgt nach dem Prinzip eines Regelkreises, das auch für viele andere physiologische Vorgänge gilt. Dieses Prinzip soll die Abbildung am Beispiel einer Wasserstandsregelung verständlich machen.
Ein Regelkreis besteht aus dem Regler und der Reglerstrecke. Die Reglerstrecke ist in unserem Beispiel der Wasserstand, der vom Zustrom (1) und dem Abstrom (2) abhängt. Der Regler besteht aus dem Fühler (3), dem

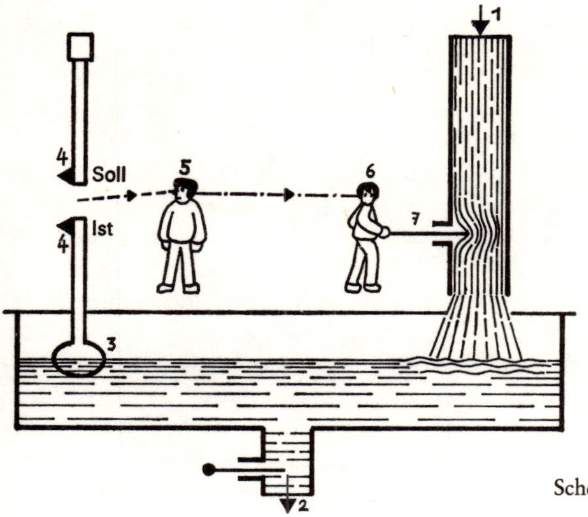

Schema eines Regelkreises.

Meßwerk (4 und 5), dem Stellglied (6) und dem Kraftschalter (7). Sinkt – wie in der Abbildung – der Wasserstand unter den Sollwert, so stellt das Meßwerk – in unserem Fall der beobachtende Mensch – die Differenz zwischen Soll- und Istwert fest. Er gibt diese optische Wahrnehmung akustisch durch Zuruf an seinen Kollegen weiter. Dieser reagiert als Meßwerk und Stellglied und überträgt die Information über den Kraftschalter (7). Durch Vergrößerung des Zustroms steigt die Wasserhöhe im Behälter. Die Differenz zwischen Soll- und Istwert wird vermindert. Die diese Information übertragenden Menschen können vollautomatisch – in der Technik durch entsprechende Regler – im Organismus durch Nerven oder chemische Impulse ersetzt werden.

In Form eines solchen Regelkreises kann man sich auch die Temperaturregelung vorstellen. Die letzten Zusammenhänge der zentralnervösen Steuerung sind allerdings noch nicht bekannt. In starker Vereinfachung zeigt das Schema S. 244 die Temperaturregulation.

Temperaturregelungszentren, die im Zwischenhirn (Hypothalamusregion) liegen, reagieren auf Abweichungen vom «Sollwert» der Kerntemperatur, die über die Bluttemperatur und wahrscheinlich über innere Rezeptoren mitgeteilt werden. Eine zweite Gruppe von Temperaturfühlern mit Kälte- und

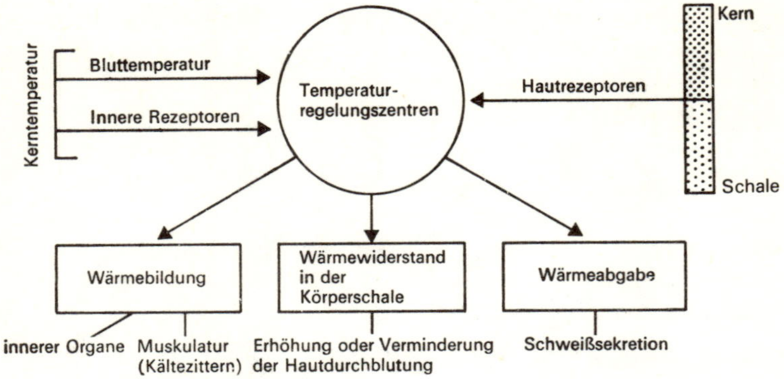

Schema der Temperaturregulation.

Wärmerezeptoren liegt in der Haut. Von den Regelungszentren werden verschiedene Stellglieder in Gang gesetzt, die in der Lage sind, Temperaturstörungen auszugleichen. Diese Stellglieder beeinflussen einmal die Wärmebildung durch chemische Wärmeproduktion in den inneren Organen oder durch Anspannung der Muskulatur – durch das sogenannte Kältezittern. Ein weiteres Stellglied verändert den Wärmewiderstand in der Schale durch Vermehrung oder Verminderung der Hautdurchblutung. Ein drittes erhöht die Wärmeabgabe durch Schweißsekretion.

Eine Störung unserer Temperaturregulation ist das Fieber. Hierbei handelt es sich um eine Sollwertverstellung der Regulationszentren, vergleichbar mit dem Höherstellen eines Thermostaten. Leichte Sollwerterhöhungen gibt es auch bei Erregungen, wie z. B. beim Lampenfieber.

Bei sinkender Umgebungstemperatur wird zunächst die Wärmeabgabe gedrosselt, dann durch Kältezittern die Wärmebildung erhöht. Nach längerer Kälteeinwirkung, aber auch bei Akklimatisation an Kälte, kann sich der Organismus auf eine «zitterfreie» innere chemische Wärmebildung umstellen (s. S. 242). Diese physiologischen Regelungsvorgänge sind aber begrenzt, und bei längerer Kälteeinwirkung läßt sich die Körpertemperatur nicht mehr in normalen Grenzen halten, es kommt zur Unterkühlung.

Aus der Abbildung ist weiter zu ersehen, daß die Hautrezeptoren auf der Körperoberfläche nicht gleichmäßig verteilt sind. Für die Kälterezeptoren ist nachgewiesen, daß sie über dem Kerngebiet dichter liegen als über der Schale. Am Rumpf und am Kopf, hier besonders im Gesicht, ist ihre Dichte deutlich größer als an Armen und Beinen. Diese Verteilung hat offenbar den Sinn, besonders das Kerngebiet vor Auskühlungen zu schützen. Die Haut am Kopf und Rumpf dient als empfindliches Empfangsorgan für Kältereize; die Schale antwortet mit erhöhter Wärmebildung durch Muskelanspannung und Zittern. Als besonders kälteempfindlich ist allen Tauchern die Nackengegend bekannt. Wahrscheinlich liegen hier ebenfalls vermehrt Kälterezeptoren. Für das Tauchen ist es am wichtigsten, das Kerngebiet, d. h. Kopf und Rumpf, vor Kälte zu schützen. Auf den Hosenteil des Taucheranzuges kann also eher verzichtet werden als auf die Tauchjacke mit Nackenschutz oder Kopfhaube.

Wärmestauungen und Hitzschlag

Alle diese Vorrichtungen bewirken, daß sich Wärmeproduktion und Wärmeabgabe die Waage halten. Kann nicht genügend Wärme abgegeben werden, so kommt es zu Wärmestauungen, die zur Hitzeerschöpfung, zum Hitzschlag oder zu Hitzekrämpfen führen. Die Hitzeerschöpfung äußert sich in Kopfschmerzen, Schwindel, Sehstörungen, quälendem Durst, allgemeiner Schwäche, Übelkeit und Erbrechen. Beim Hitzschlag kann die Körpertemperatur bis auf Werte von 43°C bis 45°C ansteigen. Die höchste Körpertemperatur, die von einem Menschen überstanden wurde, betrug 43,5°C. Die Erscheinungen des Hitzschlags gleichen denen der Hitzeerschöpfung. Im ersten Stadium ist das Gesicht hochrot. Im nächsten Stadium und als Vorwarnung eines Kreislaufzusammenbruchs blaßt die Hautfarbe ab und erhält ein graues Aussehen. Über andere Symptome wie Bewußtseinsstörungen bis zum Dämmerzustand und zu Krämpfen kann es dabei zum Tod kommen. Durch direkte Einwirkungen der Wärmestrahlung der Sonne kommt es zum sogenannten Sonnenstich. Es handelt sich dabei um einen Hitzschlag, der aber durch strahlende Wärmeeinwirkung hervorgerufen wird. Hierbei stehen Kopfschmerzen und Schwindelgefühl im Vordergrund. Die erste Behandlung von Hitzeschäden besteht in möglichst schneller Abkühlung: durch Entblößen des Körpers in schattiger, luftiger Umgebung, Luftbewegungen durch Schwenken von Tüchern, Abreiben der Haut zur Verbesserung der Hautdurchblutung und notfalls durch ein Eiswasserbad. Hitzekrämpfe lassen sich schlagartig beheben, wenn man Salzwasser (1 Teelöffel Salz auf 1 Glas Wasser) zu trinken gibt; notfalls erfüllt Meerwasser denselben Zweck. Die weitere Behandlung muß wegen der Schwere des Krankheitsbildes in einer Klinik erfolgen.

Die Hitzeeinwirkungen können Begleiterscheinungen in Tauchgebieten mit heißem Klima sein. Für das Tauchen in warmem Wasser (warme Quellen, Arbeiten in bestimmten Abwässern usw.) sind sie ein großes Problem, da ein Schutz gegen die Wärme sehr viel schwieriger als der gegen Kälte ist.

Sonnenbrand

Häufiger wird sich die Hitze beim Taucher durch einen Sonnenbrand auswirken. Die Strahlen unserer Sonne, die ungehindert die Erdoberfläche erreichen, lassen sich in drei Wellenbereiche aufteilen: die Infrarot- oder Wärmestrahlen (über 76 nm), das sichtbare Licht mit einer Wellenlänge von 400 bis 700 nm und die Ultraviolett-, kurz UV-Strahlen genannt (200 bis 400 nm). Sonnenbrand und Bräunung werden hauptsächlich durch die UV-Strahlen verursacht. Diese werden wiederum in drei Wellenbereiche, in lang- (UV A), in mittel- (UV B) und kurzwelliges Ultraviolett (UV C) eingeteilt. Besonders die langwelligen UV A-Strahlen führen zur Bräunung der Haut. Durch sie wird der für die Haut-, Haar- und Augenfarbe verantwortliche Grundfarbstoff Melanin zum Pigment oxidiert. Die UV-Strahlenbereiche B und C stimulieren die Bildung von Melanin. Diese Neubildung dauert etwa drei bis vier Tage. UV B und C verursachen aber gleichzeitig eine Rötung der Haut, das Sonnenerythem. Sie sind also für den Sonnenbrand verantwortlich. Die Bräunung der Haut setzt dabei erst einige Tage nach einem Erythem ein. Durch langsame Sonnengewöhnung verdickt sich die Hornschicht der Haut bis zum Zehnfachen. Diese Hornschicht gewährt nun wiederum einen praktisch vollkommenen Schutz gegen einen Sonnenbrand.

Bekanntlich gibt es Menschen, die rasch und ohne Erythem braun werden, und andere, die über eine Rötung der Haut nicht hinauskommen. Die letzteren gehören zum Typ E (Erythem). Sie sollten sich nicht ohne Lichtschutzmittel der Sonne aussetzen. Von den Menschen des Types P (Pigment) kommt jeder fünfte ohne Rötung zu einer braunen Hautfarbe. Bei den anderen kann es, wie auch bei einem lichtentwöhnten Neger, zu einem Sonnenbrand kommen.

Zur Verhütung des Sonnenerythems empfehlen sich, neben einer langsamen Gewöhnung, die handelsüblichen Lichtschutzmittel. Diese enthalten Stoffe, die die UV-Strahlen C und B abfiltern. Die Kunstfasern Nylon und Perlon lassen das UV-Licht weitgehend durch und schützen nicht vor Sonnenbrand. Bei eingetretenem Sonnenbrand ist die Haut in ihrer wärmeregulierenden Funktion gestört, deshalb fröstelt man auch in der Wärme. Starke Blasenbildung der verbrannten Hautstellen und Fieber können Cortisongaben erforderlich machen. Für die lokale Behandlung ist eine cortisonhaltige Salbe am wirksamsten.

Auskühlung im Wasser

Kälteeinwirkungen durch die vermehrte Wärmeabgabe im Wasser spielen beim Taucher die wesentlich größere Rolle. Sie sind durch die hohe Wärmeleitfähigkeit des Wassers gegeben und hängen im wesentlichen von dem Temperaturgefälle zwischen Körperoberfläche und Wasser ab. Bei einer Wassertemperatur von 31°C strömt z. B. ebensoviel Wärme ab wie in der Luft bei 25°C. Oder bei einer gleichen Temperatur von 32°C im Wasser und in der Luft wird im Wasser 75% mehr Wärme abgegeben als in der Luft. Diese starken Wärmeverluste im Wasser können durch Steigerung des Stoffwechsels nur bis zu einer gewissen Grenze derart ausgeglichen werden, daß die Kerntemperatur konstant bleibt. Bei einer Wassertemperatur von 20°C erreicht der Wärmeverlust bereits das Vierfache der Normalwerte. Dieser Verlust läßt sich gerade noch durch Kältezittern ausgleichen. (Vergleichsweise setzt beim Polarbären eine Steigerung der Wärmeproduktion erst bei 10°C ein.) Unterhalb einer Wassertemperatur von 20°C muß aber auf die Dauer die Kerntemperatur absinken. Im Gegensatz hierzu kann bei Aufenthalt in der Luft mit einer Temperatur bis zu 5°C unter Umständen die Kerntemperatur längere Zeit konstant gehalten werden. Nach dem Alexander-Report kann ein unbekleideter Mensch in der Luft von etwa +1°C nach 4 Stunden noch eine normale Körpertemperatur aufweisen, während schon bei einstündigem Aufenthalt im Wasser gleicher Temperatur eine tödliche Auskühlung auf eine Temperatur von 25°C rektal (im After gemessen) eintritt. Eine gleichstarke Auskühlung kommt in der Luft von −6°C erst nach 14 Stunden zustande. Ein einstündiger Aufenthalt im Wasser bei einer Temperatur von 15°C senkt die Kerntemperatur um 2° bis 3°C, bei 10° bis 15°C Wassertemperatur um 3° bis 5°C. Starker Alkoholgenuß lähmt die Hautgefäße und die Erregbarkeit der Kälterezeptoren. Da die Kälte nicht empfunden wird und die Haut reichlich durchblutet bleibt, strömt die Wärme vermehrt

ab. *W. R. Keatinge* und *M. Evans* fanden allerdings, daß die Rektaltemperatur nach 30 min Aufenthalt im Wasser von 15°C nach Genuß von 75 ml Alkohol nicht absank. Auch der Wärmeverlust an den Fingern war nicht größer als ohne Alkoholgabe.
Nicht immer läßt sich das drohende Absinken der Körpertemperatur bei Wassertemperaturen unter 20°C durch vermehrte Muskelarbeit, wie z. B. Schwimmen, aufhalten. Einmal wird ja durch die Bewegung von dem sich dauernd erneuernden Wassermantel vermehrt Wärme abgeführt, zum anderen wird durch die vermehrte Muskelarbeit die Hautdurchblutung gesteigert und dadurch die Wärmeabgabe erhöht. Untersuchungen haben gezeigt, daß magere Menschen den größten Wärmeverlust nicht durch vermehrte Muskelarbeit ausgleichen können. Schiffbrüchigen wird heute empfohlen, sich im Wasser möglichst wenig zu bewegen, ja, wenn durchführbar mit angezogenen Knien und verschränkten Armen in Hockstellung den Wärmeabstrom von der Körperoberfläche gering zu halten.

Die Phasen der Unterkühlung

Eine allgemeine Unterkühlung des Körpers führt zu folgenden Erscheinungen, bei denen sich drei Phasen unterscheiden lassen: In der ersten Phase, bei einer Rektaltemperatur zwischen 37°C und 34°C, sind die Abwehrmaßnahmen des Körpers, besonders durch Kältezittern, sehr stark. Subjektiv besteht ein Schmerzgefühl an den Füßen, Knien und Genitalien. Das Bewußtsein ist noch klar; es besteht aber ein psychischer Erregungszustand. Puls und Blutdruckwerte sind erhöht.
Die zweite Phase, bei Rektaltemperaturen zwischen 34°C und 27°C, ist gekennzeichnet durch das Aufhören des Muskelzitterns, das bis zur Muskelstarre gehen kann. Die Atmung ist erschwert, die Schmerzempfindung läßt nach, der Puls sinkt bis auf 30 bis 40 Schläge pro Minute ab.
Die dritte Phase, bei Rektaltemperaturen bis 22°C, ist die eigentliche Lähmungsphase, in der alle Erscheinungen des Lebens allmählich schwinden und ein Zustand des Scheintodes vorliegt. Die niedrigste Körpertemperatur, nach der noch eine Wiederbelebung möglich war, wurde mit 18°C gemessen.
Bei langsam entstehenden Unterkühlungen kommt es aber schon zu bedrohlichen Zuständen, wenn die Körpertemperatur um 5° bis 10°C sinkt. Meist gehen diese Kälteschäden gleichzeitig mit einer erheblichen Erschöpfung

einher. Dabei kommt es zu einem Zustand absoluter Stumpfheit und einer Starre des Gesichtes, die zur Bezeichnung «Kälteblödsinn» geführt hat. Er geht mit einer Hirnschwellung einher, die durch einen Kaliumverlust und eine Natrium- und Wassereinlagerung im Gehirn verursacht wird. Trotz aller Behandlungsversuche führt dieser Zustand häufig nach zehn bis zwölf Stunden zum Tode. Bei erfolgreicher Wiederbelebung können aber Störungen des Zentralnervensystems, die fast bis zum Bild des Kälteblödsinns gehen, weiter bestehen bleiben.

Für die Erklärung der eigentlichen Todesursache lassen sich Kältewirkung und Erschöpfung oft schwer voneinander trennen. Atem- und Herzstillstand sind die unmittelbare Todesursache. Bei der akuten Unterkühlung liegt die entscheidende Ursache wahrscheinlich darin, daß die Erregungsbildung in lebenswichtigen Zentralstellen im Stammhirn und im Herzen eingestellt wird. Langsam verlaufende Kälteschäden enden meist mit einem Herzversagen, weil alle Reserven an Glykogen (Zucker des Organismus) erschöpft sind, was sich für das Herz besonders katastrophal auswirkt.

Behandlung der Unterkühlung

Nach der früher geübten langsamen Wiedererwärmung wurde aufgrund der Erfahrungen im letzten Weltkrieg und von Tierexperimenten die rasche Ganzkörpererwärmung in einem heißen Bad empfohlen. Es besteht aber dadurch die Gefahr eines sogenannten «Wiedererwärmungsschocks». Durch die plötzliche Erwärmung der Körperschale und der damit bedingten Eröffnung der Gefäße in der Peripherie kommt es zu einer massiven Einschwemmung von «kaltem Schalenblut» in den Körperkern. Die Kerntemperatur kann dadurch bedrohlich sinken und Herzrhythmusstörungen auslösen.

So wird nun heute die Aufwärmung im heißen Bad – Beginn mit 30°C langsam ansteigend bis 39°C – nur dann empfohlen, wenn das Bewußtsein klar und die Körpertemperatur noch über 30°C liegt. Liegt die Temperatur darunter, soll, was wohl auch am Unfallort praktikabler ist, die Wiedererwärmung durch Wärmepackungen mit Gummiflaschen, Flaschen mit Warmwasser, möglichst auf den Brustkorb, und Einwickeln in Wolldecken durchgeführt werden. Wenn irgend möglich sollen heiße, gezuckerte Getränke, aber kein Alkohol zugeführt werden. Selbstredend sind nasse Kleidungsstücke zu entfernen. Der Kranke soll liegen und sich möglichst wenig bewegen und auch bewegt werden. Atmung und Kreislauf sind ständig zu überwachen. In der Klinik kann durch über-körperwarme Infusionen oder auch durch erwärmte Atemluft (Sauerstoff) die zentrale Wiedererwärmung rascher erreicht werden.

Erfrierungen

Örtliche Kälteschäden, sogenannte Erfrierungen, können bei längerem Aufenthalt im Wasser bei Temperaturen von +10° bis 15°C durchaus auftreten. Zur Erhaltung seiner Kerntemperatur opfert der Körper notfalls periphere Teile durch Gefäßkrämpfe. Wie oben ausgeführt, wird bei Kälteeinwirkung mittels Drosselung der Hautdurchblutung dem Wärmeabstrom entgegengewirkt. Dabei kann es zunächst zu einem Gefäßkrampf (Angiospasmus) kommen, dem dann zwar eine Weitstellung der Endstrombahn folgt. Die vorgeschalteten kleinen Arterien bleiben aber weiter enggestellt. Infolge einer Strömungsverlangsamung des Blutes kommt es zum Austritt von Plasma ins Gewebe. Dieses Stadium entspricht der Erfrierung I. Grades. Die betroffenen Glieder sind blaß, taub und klamm. Der Gefäßkrampf ist von Schmerzen begleitet, die bei Fortdauer der Unterkühlung verschwinden und einer Kälteanästhesie (Gefühllosigkeit) Platz machen. Bei langandauernder Kälteeinwirkung kommt es zu Erfrierungen II. Grades mit blauroter Schwellung der Glieder und Blasenbildung der Haut. Typisch sind hierbei Mißempfindungen (Parästhesien). Als Dauerschaden kann bei diesen Erfrierungen eine Kälteempfindlichkeit zurückbleiben. Bei der Erfrierung III. Grades löst sich der Gefäßkrampf nach Wiedererwärmung nicht, und es kommt als Folge eines langanhaltenden Sauerstoffmangels zum Gewebstod, der alle Schichten einschließlich der Knochen umfassen kann. Erst nach Wochen stoßen sich die toten Gewebsteile ab.

Bei der Wiedererwärmung besteht die Gefahr, daß die verkrampften Arterien dem jetzt größeren Sauerstoffbedarf nicht nachkommen können. Für Erfrierungen II. und III. Grades gilt deshalb weiter die Regel einer langsamen Wiedererwärmung. Die erste Hilfe besteht vor allem im Vermeiden schädlicher Maßnahmen. Erfrorene Glieder dürfen nicht unnötig bewegt oder gerieben (besonders nicht mit Schnee), auch nicht in die Nähe eines Feuers gebracht werden. Es genügen Verbände mit reichlich Polsterwatte. In klinischer Behandlung haben sich Infusionen mit Rheomacrodex und Gaben von gefäßerweiternden Mitteln als günstig erwiesen.

Erkältungskrankheiten

Mit einer Unterkühlung stehen die sogenannten Erkältungskrankheiten (Grippe, Schnupfen usw.) in keinem ursächlichen Zusammenhang. Es handelt sich um meist virusbedingte Infektionskrankheiten, die möglicherweise durch Zuglufteinwirkung begünstigt, sicher aber nicht durch Unterkühlungen hervorgerufen werden. Auch eine Lungenentzündung tritt dadurch nicht häufiger auf. Bestehende rheumatische Erkrankungen wie auch ruhende Infekte, besonders der Blase und des Nierenbeckens, können verschlimmert werden; sie werden aber nicht durch die Unterkühlung hervorgerufen.

Kälteeinfluß und Kälteadaptation beim Tauchen

Abgesehen von mangelndem Behaglichkeitsempfinden, hat die Kälte beim Tauchen mehrere nachweisbare Effekte. So werden die geistigen Fähigkeiten und die manuelle Geschicklichkeit vermindert. Die Aufmerksamkeit ist herabgesetzt, es kommt zu einem Zerstreutheitseffekt, Angst und Engegefühl können sich einstellen. Weiter kommt es zu einer erheblichen Adrenalinausschüttung, die u. U., besonders bei gleichzeitigem Alkoholeinfluß, zu pathologischen Reflexabläufen am Herzen führen kann (s. S. 278).
Das Auftreten von Dekompressionserscheinungen wird durch Kälte begünstigt. Dieser Effekt beruht offenbar auf einer durch die Vasokonstriktion bedingten Drosselung der Durchblutung im Schalengebiet. So konnte in der Dekompressionsphase in warmer Umgebung eine schnellere Elimination der Inertgase nachgewiesen werden, als bei leicht unterkühlten Tauchern.
Die physiologischen Kenntnisse über die Wärmeregulation des Menschen im Wasser wurden durch Untersuchungen von *Kang* und *Hong* an koreanischen Taucherinnen, den Amas, wesentlich erweitert. Die Amas tauchen Sommer wie Winter und kennen keine Tauchanzüge (s. S. 132, «Das Tauchen der Amas»). Die Wassertemperatur beträgt im Sommer 22° bis 26°C und 10° bis 13°C im Winter. Die Taucherinnen unterbrechen den Aufenthalt im Wasser, wenn es ihnen zu kalt wird. Im Winter ist das nach 16 Minuten, im Sommer nach ca. 70 Minuten. Im allgemeinen verläßt die Ama das Wasser, wenn die Rektaltemperatur 35°C erreicht hat. Im Mund gemessen, betrugen die Durchschnittstemperaturen im Sommer 34°C und im Winter 33°C. Die Amas befinden sich also in einem Stadium der Hypothermie und in der ersten

Phase der Unterkühlung (s. S. 248). Fitneßuntersuchungen haben gezeigt, daß sie dabei das ganze Jahr über in besserer Verfassung sind als die nichttauchenden Koreanerinnen.
Bei dieser Adaptation an die Kälte handelt es sich nicht um eine Gewöhnung mit Abstumpfen der Kälteempfindung in der Haut, sondern um eine Verstellung des Reglerniveaus der Temperaturzentren. Durch die Adaptation ist es zu einer Umstellung der Wärmeproduktion gekommen. Die Wärmebildung wird weniger durch Kältezittern in der Peripherie als vielmehr durch eine chemische Wärmeproduktion im Kern erreicht. Das geht mit einer Erhöhung des Grundumsatzes (Stoffwechselumsatz in Ruhe) einher. Bei den Amas stieg dieser im Winter bis auf 135% im Vergleich zur Norm und zu nichttauchenden Frauen an. Hierbei ist die Schilddrüse mit vermehrter Produktion ihres Hormons beteiligt. Bei der krankhaften Schilddrüsenüberfunktion, der Basedowschen Erkrankung, besteht bei ebenfalls erhöhtem Grundumsatz auch eine gesteigerte Wärmebildung.
Der erhöhte Stoffwechselumsatz muß selbstredend durch entsprechende Nahrungsaufnahme gedeckt werden. Bei den Amas beträgt sie 12,6 MJ pro Tag und und liegt damit um 4,2 MJ höher als bei vergleichbaren Koreanerinnen, die nicht tauchen.
Die Amas sind nicht dick, aber gedrungen. Ihre Körperoberfläche ist daher kleiner als die eines großen Menschen von gleichem Gewicht. Als Frauen haben sie gegenüber dem Mann weiter den Vorteil einer besseren Verteilung des Unterhautfettgewebes. Das bedingt eine günstigere Isolierschicht. Vielleicht ist das der Grund, daß diese Art Tauchen in Japan und Korea nur von Frauen ausgeübt wird. Als Kälteschutz tragen die Amas Baumwollkleidung und Kopftücher. Von anderen Untersuchungen wurde bestätigt, daß auch nasse, enganliegende Kleidung einen gewissen wirksamen Schutz gegen Auskühlung bildet.
Experimentell konnte nachgewiesen werden, daß der Wärmeverlust in lauwarmem Wasser relativ größer ist als in kaltem Wasser, weil die Vasokonstriktion als Abwehrmaßnahme bei schleichender Unterkühlung unzureichend ist.
Eine ähnliche Anpassung an die Kälte wie bei den Amas wurde auch bei norwegischen Tauchern festgestellt. Bei Kanalschwimmern fanden sich teilweise noch bessere Anpassungen. So wurde von 18 Schwimmern eine Wassertemperatur von 15°C 12 bis 20 Stunden lang ertragen. Diese Schwimmer haben im allgemeinen eine starke Unterhautfettschicht und sind dadurch

gegen eine Auskühlung begünstigt. Weiter pflegen sie sich vor dem Schwimmen einzufetten. Für eine Fettschicht von nur 1 mm Dicke am ganzen Körper benötigt man aber bereits 3 bis 4 Pfund Fett.
Auch für die Hände und Füße gibt es eine Adaptation an die Kälte, wie Untersuchungen an Eskimos und kanadischen Fischern gezeigt haben. Bei ihnen fand sich ein größerer Wärmedurchfluß der Hände.

Kälteschutz beim Tauchen

Das Ausmaß des Wärmeverlustes hängt von der Stärke der Isolierschicht ab. Die Wärmeverluste im Wasser sind individuell stark verschieden und vorwiegend durch die Dicke des Unterhautfettgewebes bestimmt. Für den Taucher ist aber eine starke Unterhautfettschicht und eine damit verbundene Übergewichtigkeit nachteilig, da dadurch das Auftreten von Dekompressionserscheinungen begünstigt wird.
Einen großen Fortschritt bedeutete die Einführung der Naßtauchanzüge aus Neopren. Das Material ist eine sehr dehnbare Kautschukfolie von 3–8 mm Stärke, die eine Unzahl kleiner, in sich abgeschlossener Luftzellen enthält. Die Anzüge liegen dank ihrer Elastizität eng am Körper an. Ihre Isolationsfähigkeit wird einmal dadurch gegeben, daß die Luftzellenschicht im Neoprenschaum die Wärmeleitfähigkeit herabsetzt. Zum anderen wird die Konvektion bei den Naßtauchanzügen praktisch aufgehoben; denn die zwischen Tauchanzug und Körperoberfläche eingedrungene Wasserschicht wird vom Körper aufgeheizt und zirkuliert nur noch geringfügig. Ein Nylonfutter erleichtert das Anziehen, erhöht aber die Isolierfähigkeit nur gering. Am günstigsten erweist sich eine Neoprenstärke von 6 mm; Materialstärken, die darüber liegen, behindern den Taucher zu stark, ohne einen wesentlich besseren Wärmeschutz zu geben.
Die Abbildung S. 254 zeigt den Weg des Wärmetransports zwischen Körper und Wasser: A ohne Kälteschutzanzug, B mit Neopren-Naßtauchanzug, C mit Trockentauchanzug. Die unterschiedliche Leitfähigkeit einzelner Stoffe ist durch die Stärke der Pfeile gezeichnet. Bei C, d. h. für Trockentauchanzüge, ist zu erkennen, daß die Wärmeleitfähigkeit größer ist als für Neoprenanzüge. Das konnte auch in Kaltwasserversuchen unter atmosphärischem Druck bestätigt werden. Die bessere Isolierfähigkeit des Neoprenanzugs vermindert sich aber beim Tauchen mit zunehmender Tiefe durch die Kom-

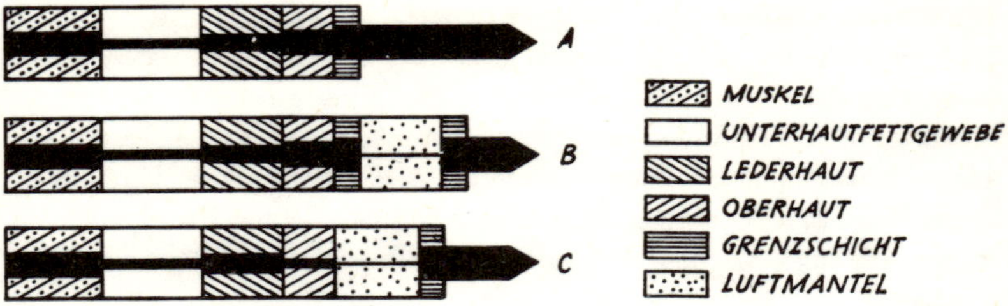

pression der Luftzellen. Ein nylongefütterter Neoprenanzug von 6,3 mm Stärke verliert in 10 m Tiefe 35% und in 30 m 50% seines Volumens. Die Isolationswirkung eines Anzugs dieser Stärke vermindert sich dabei in 20 m um 50%, in 30 m um 63%.

Durch die Abnahme des Volumens verringert sich der Auftrieb. Neoprenschaumstoff von 3 mm verliert in 10 m Tiefe 20% und in 30 m Tiefe 30% seiner ursprünglichen Dicke. Dementsprechend verringert sich der Auftrieb von 3 mm Neopren in 10 m um 25%, bei 6,3 mm Neopren um 40%. Sporttaucher sollten ihren Auftrieb aus Sicherheitsgründen stets so austarieren, daß sie in der vorgesehenen Tauchtiefe schweben, d. h. weder von selbst steigen noch sinken. Zwar muß dann beim Abtauchen im Oberflächenbereich der dort noch bestehende größere Auftrieb durch vermehrte Muskelkraft (Flossenarbeit) überwunden werden, doch andererseits fällt der Aufstieg aus der Tiefe leichter, was von ausschlaggebender Bedeutung sein kann. Das dazu erforderliche Gewicht am Bleigürtel ist je nach Körpervolumen, Ausrüstung und Tauchmilieu (Süß- oder Meerwasser) verschieden. Es läßt sich berechnen, ist aber meist eine Sache persönlicher Erprobung. Am besten lassen sich die Auftriebsschwankungen durch Verwendung einer Sicherheitsweste ausgleichen. Mit ihr läßt sich der verminderte Auftrieb in der Tiefe genau austarieren.

Auch mit einer beliebigen Erhöhung der Neoprendicke lassen sich Wärmeverluste, besonders der Hände und Füße, nicht verhindern. Ein Wärmegleichgewicht kann auf die Dauer nur durch heizbare Anzüge erreicht werden. In den letzten Jahren sind, vorangetrieben vor allem durch die Tieftauchversuche, große Fortschritte sowohl in der Erforschung der Wärmeregulation des Menschen als auch in technischer Verbesserung der Wärmeisolation gemacht worden. Zu völlig befriedigenden Ergebnissen ist man aber noch nicht gekommen.

Wann ist Kälteschutz notwendig?

In unseren Breiten ist ein Kälteschutz praktisch immer erforderlich. In den Binnengewässern sind auch im Hochsommer nur die oberen Wasserschichten warm. Nach wenigen Metern nimmt die Wassertemperatur ab, zunächst langsam, an den Sprungschichten aber plötzlich und um mehrere Grade. Aber selbst für das Schnorcheltauchen in warmen Gewässern ist ein Kälteschutz oft unentbehrlich, da es beim Tauchen durch die langsameren Schwimmbewegungen und den längeren Aufenthalt im Wasser auch hier zu Unterkühlungen kommt.

Das Schema soll Anhaltspunkte für die nötigen Kälteschutzmaßnahmen beim Tauchen geben. Von *G. Badtke* wurde für eine Wassertemperatur unter 10°C eine maximale Tauchzeit von 45 Minuten empfohlen, wenn ein vollständiger Kälteschutzanzug getragen wird. Ohne Anzug, möglichst aber mit Kopfhaube, soll die Zeit 1 bis 5 Minuten betragen. Bei Temperaturen zwischen 10° und 15°C werden Zeiten von 60 bis 120 Minuten bzw. 8 bis 10 Minuten empfohlen. Bei Wettkämpfen im Flossenschwimmen über lange Strecken liegen die Wassertemperaturen oft unter 10°C. Die Erfahrungen haben gezeigt, daß von trainierten Schwimmern eine Temperatur von 8°C bei

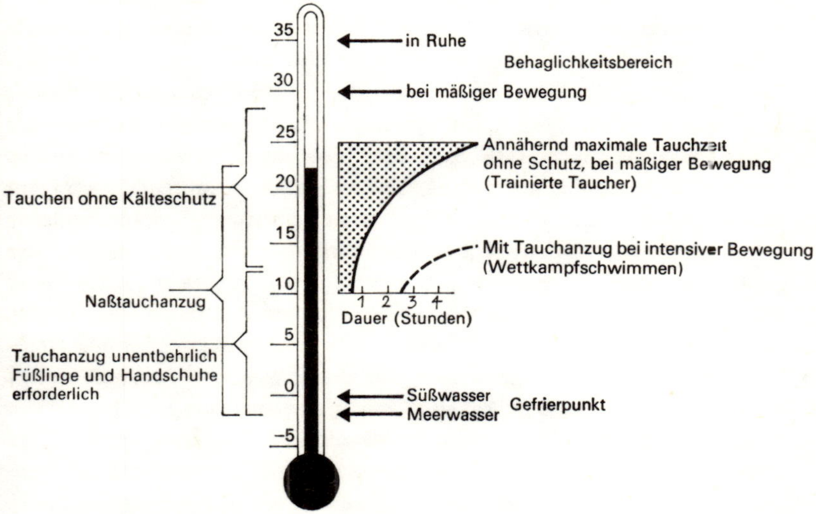

Tauch- und Schwimmzeiten im Verhältnis zur Wassertemperatur

intensiver Tätigkeit während Zeiten bis zu 2 Stunden noch als angenehm empfunden wird. Von manchen Schwimmern wird sogar dabei auf Handschuhe verzichtet. Individuelle Unterschiede sind aber hier sehr groß. Nach solchen Wettkämpfen sollte unbedingt die Möglichkeit des Aufwärmens, am besten unter heißen Duschen, gegeben sein.
Bei Verwendung von Naßtauchanzügen kann es zu folgenden Erscheinungen kommen: Durch den engen Kontakt mit dem Körper und durch die Elastizität der Neoprenschaumanzüge kann das Eindringen von Bakterien in die Haut begünstigt werden. Das Meerwasser enthält so gut wie keine pathogenen (krankmachenden) Keime. Werden aber Tauchanzüge zwischen den Tauchgängen nicht an der Luft getrocknet und aufbewahrt, sondern liegen sie – auch nach dem Trocknen – auf dem Boden (eines Bootes oder im Zelt) herum, so können sich pathogene Keime auf der Neopreninnenfläche ansiedeln, die dann nach Anlegen und beim Tauchen in die Hautporen einmassiert werden. Dadurch kommt es zu Pyodermien (Entzündungen mit Pustelbildungen). Durch entsprechende Behandlung der Tauchanzüge, notfalls durch Einstäuben mit desinfizierenden Pudern, lassen sich diese Erscheinungen verhüten.

Trockentauchanzüge

Trockentauchanzüge bestehen aus gummiertem Baumwollgewebe oder aus einer dünnen Gummi- bzw. Kunststoffolie. An den Handgelenken und am Hals (beim Helmtaucher am Schulterstück) oder um das Gesicht schließen sie durch Gummimanschetten wasserdicht ab. Unter dem Anzug wird zur Wärmeisolierung und zur Vermeidung von Quetschungen dickes Wollzeug getragen. Gegenüber dem Naßtauchanzug hat der Trockentauchanzug den Vorteil des besseren Wärmeschutzes in der Tiefe, aber die Nachteile größeren Auftriebs und geringerer Beweglichkeit. Außerdem können die meisten Modelle kaum ohne fremde Hilfe angelegt werden. Nach der vom Taucher vorzunehmenden Einstiegsentlüftung wird bei steigender Wassertiefe weitere Luft über Ventile aus dem Anzug gedrückt und die isolierende Luftschicht dadurch verringert. Die durch einen relativen Unterdruck im Anzug entstehenden Falten verursachen in Tiefen über 15 m unter Umständen schmerzhafte Quetschungen in der Haut (Schröpfwirkung s. S. 128, «Barotrauma»). Diese Nachteile sind beim Konstant-Volumen-Anzug ausgeglichen. Über das Mundstück des Atemgerätes oder aus einer besonderen kleinen Preßluftflasche kann man Luft in den Anzug einströmen lassen und so den (Luft-) Druck im Anzug dem jeweiligen Wasserdruck anpassen. Überflüssige Luft strömt über Ventile ab. Das Volumen des Anzugs läßt sich damit konstant halten.

Verschiedene Kältewirkungen

Die unter dem Begriff «Kälteagglutinin-Krankheiten» zusammengefaßten Krankheitsbilder spielen beim Tauchen praktisch keine Rolle. Vorübergehend kommt es kurz nach bestimmten Infektionskrankheiten (Viruspneumonie) zu vermehrter Antikörperbildung im Blut, die zu einer Zusammenballung der Blutkörperchen (Hämagglutination) führt. In seltenen Fällen sind derartige Antikörper dauernd im Blut vorhanden. Die Hämagglutinationen werden durch Kälte ausgelöst; ihre Symptome reichen vom harmlosen «Absterben der Finger» bis zum schweren Blutharnen. Gewöhnlich sind diese chronischen Krankheitsbilder den Betroffenen bekannt, so daß Kälteexposition bzw. Tauchen vermieden wird. Die Kälteurticaria, eine Nesselsucht, die ebenfalls durch Kälte ausgelöst wird, kann bei manchen Personen nach Infektionen oder bei Herdinfektionen beobachtet werden. Das Krankheitsbild ist im Grunde harmlos, kann aber u. U. zu einem vago-vasalen Reflex führen (s. S. 278).
Bei diesen seltenen Erkrankungen könnte es also zu einem Kälteschock im Sinne eines allergischen Schocks kommen. Durch thermische Reize werden zwar verschiedene Reflexe ausgelöst, es ist jedoch fraglich, ob sie zu einem reinen Kälteschock führen können. Bekannt ist die Reaktion auf einen kalten Wasserstrahl in den Rücken. Über Thermorezeptoren in der Rückenhaut wird hierdurch ein Atemreflex ausgelöst, wobei es zum tiefen Einatmen und anschließend zu kurzem Atemstillstand kommt. Diese und vielleicht ähnliche, bisher unbekannte Reflexe können beim Durchtauchen von Sprungschichten eine Rolle spielen. Als Sprungschichten werden Schichten in Gewässern bezeichnet, in denen die Temperatur oft um mehr als 10°C abfällt. Sie finden sich vor allem in den Binnengewässern und liegen in wechselnden Tiefen, die von der Jahreszeit abhängen. Die praktische Bedeutung der Sprungschichten und Kältereflexmechanismen wird aber oft überschätzt und ihre Auswirkung allzu bereitwillig als Ursache für unklare

Todesfälle beim Tauchen angenommen. Auch beim Baden und Schwimmen treten plötzliche Todesfälle auf, die nicht durch Ertrinken entstehen und durch einen Reflextod erklärt werden (s. S. 278). Kälte- und Wärmeeinwirkung können dabei eine Rolle spielen. Diese Art Reflextod wurde bei Gerätetauchern bisher aber nie beobachtet.

M. G. Hayward und *W. R. Keatinge* berichteten 1979 von einem Fall einer progressiven Unterkühlung im Wasser ohne Symptome. Bei einem gesunden 20jährigen Mann konnte ein kontinuierlicher Abfall der Körpertemperatur in einem 29°C Wasserbad von 37,2°C auf 34,7°C nachgewiesen werden, ohne daß ein unangenehmes Kältegefühl entstand. Die Wärmemessungen ergaben, daß er nicht in der Lage war, seine Kerntemperatur durch eigene Wärmeproduktion und entsprechende Gefäßreaktionen in der Schale aufrechtzuerhalten. Die Untersuchungen wurden abgebrochen, weil Herzrhythmusstörungen auftraten. Die Autoren sind der Meinung, daß solche «stummen» Unterkühlungen eine Ursache der zahlreichen ungeklärten Bewußtlosigkeiten und Todesfälle von Tauchern in britischen Gewässern sein könnten.

VIII Schädigungen durch Meerestiere

(von Werner DeHaas und O. F. Ehm)

Beim Stichwort «gefährliche Meerestiere» denkt fast jedermann zunächst an Haie. Aber gefährlich sind noch manch andere marine Geschöpfe, meist viel kleinere und unscheinbarere, darunter etliche ganz harmlos aussehende, die nichtsdestoweniger für denjenigen, der sie berührt, akutes Unheil bedeuten. Im Meer, besonders im tropischen und auch subtropischen Bereich, nichts anfassen, das man nicht kennt, ist daher ein kluger Grundsatz, der in die Sicherheitsregeln für Taucher aufgenommen werden sollte. Und als Folgerung daraus ergibt sich die Notwendigkeit, nicht nur über die technischen, physikalischen und physiologischen Gegebenheiten des Tauchens Bescheid zu wissen, sondern sich auch möglichst gute Kenntnisse über die Meerestiere – gefährliche wie ungefährliche – anzueignen. Als Grundlage dazu gibt es ausgezeichnete allgemeinverständliche wie wissenschaftliche Literatur, vom Kosmos-Naturführer «Was lebt im Meer an Europas Küsten?» bis zu G. de Couet, H. Moosleitner u. F. Naglschmid «Gefährliche Meerestiere». Wir können und werden uns daher in diesem Kapitel darauf beschränken, nur kurz auf die wesentlichen gefährlichen Tiergruppen einzugehen.

Die berüchtigten Haie

Hai-Angriffe bilden nach wie vor ein unberechenbares Gefahrenmoment für Badende, Taucher oder Schiffbrüchige. Zwar gehört mancher diesbezügliche Bericht ins Reich der Fabel; einer genauen Nachprüfung halten nur verhältnismäßig wenige Meldungen stand. Aber Tatsache ist, daß an den Küsten der tropischen Meere eine Haigefahr permanent besteht, während sie in den subtropischen und gemäßigten Zonen zumindest zeitweise gegeben ist. Die Häufigkeit der Angriffe hängt nach allen Erhebungen stark von der Wassertemperatur ab: die meisten Hai-Unfälle werden in Gewässern verzeichnet, deren Temperatur mindestens 21°C beträgt, was im tropischen Küstenbereich das ganze Jahr über der Fall ist. In subtropischen und gemäßigten Meeresgebieten wurden Angriffe dagegen fast ausschließlich in den wärmeren Monaten festgestellt, meist zwischen Mai und November. Bei Wassertemperaturen unter 15°C scheint die Freßgier und damit die Angriffslust der gefährlichen Haiarten nachzulassen. Allerdings sind an der nordamerikanischen Westküste auch Angriffe im Winter registriert worden, bei Wassertemperaturen um 12°C, wobei bemerkenswert ist, daß als Angreifer in jedem dieser Fälle dieselbe Art identifiziert wurde, der berüchtigte «Man-eater», der Weißhai, auch Menschenhai genannt.

Welche Haie für Menschen eine aktive Bedrohung darstellen, ist noch nicht restlos geklärt. Nur 27 von den rund 250 bekannten Arten sind bisher mit Gewißheit als im aggressiven Sinn gefährlich ermittelt worden, aber die Möglichkeit, daß weitere Arten in Betracht kommen, kann nicht ausgeschlossen werden. Als aggressiv erkannt sind u. a. von den Makrelenhaien *(Isuridae)* insbesondere der oben schon erwähnte Weißhai *(Carcharodon carcharias)* und die Makohaie (Gattung *Isurus*), von den eigentlichen Menschenhaien *(Carcharhinidae)* der Tigerhai *(Galeocerdo cuvieri)*, der Blauhai *(Prionace glauca)*, der Blaue Walfängerhai *(C. lamia)* und seine Verwandten der gleichen Gattung, ferner die Hammerhaie *(Sphyrnidae)*. Unsicher sind die Heringshaie (Gattung *Lamna*), die Zitronenhaie (Gattung *Negaprion*), die Glatthaie *(Triakidae)* u. a. Als ungefährlich können dagegen die sich von kleinen Schwarmfischen, planktonischen Krebsen und Tintenfischen ernährenden größten Haiarten betrachtet werden: der bis 15 m lange Riesenhai *(Cetorhinus maximus)* und der bis 18 m lange Walhai *(Rhincodon typus)*, ebenso die Stachelhaie *(Squaloidei)*, die Drescherhaie *(Alopiidae)*, die Katzenhaie *(Scyliorhinidae)*, die Ammenhaie *(Orectolobidae)* und die Engelhaie *(Squatinoidei)*. Hier sei jedoch gleich gesagt, daß mancher «harmlose» Hai sich seiner Haut recht wirksam zu wehren vermag, wenn er von einem Unterwasserjäger angegriffen wird. Im übrigen gibt es zahlreiche Arten, die möglicherweise Menschen angreifen würden, deren Lebensbereich jedoch in weit größeren Teifen liegt, als sie Taucher erreichen können.

Über das Verhalten der gefährlichen Haie ist heute erst verhältnismäßig wenig bekannt. Die entsprechende Forschung, zwar in aller Welt in Gang, macht nur langsame Fortschritte. Aus den bisherigen Ergebnissen lassen sich kaum Schlüsse von breiterer Gültigkeit ziehen; die meisten Erkenntnisse und Beobachtungen sind vielmehr bloß auf begrenzte geographische Bezirke oder bestimmte systematische Gruppen anwendbar, weil nicht im allgemeineren Sinn gesichert. Im einzelnen und mit der erforderlichen Ausführlichkeit auf diese verschiedenen und manchmal sogar nur arttypischen Verhaltensweisen einzugehen, würde den thematischen Rahmen dieses Buches sprengen. Indessen sollen einige Feststellungen kurz aufgeführt werden, die sich aus Schilderungen von Hai-Angriffen als für Taucher wesentliche Faktoren hervorheben: Hai-Angriffe erfolgen zu jeder Tages- und Nachtzeit, in klaren wie in unsichtigen Gewässern, oft in stillen Buchten, und zwar ebenso im Seichtwasser flacher Küstenstellen wie im Bereich größerer Tiefen, aber auch an belebten Badestränden und in Hafenbecken. Etliche für Menschen gefährliche Arten sind Allesfresser, die nach jedem Objekt in Oberflächennähe schnappen; manche gelangen im Kielwasser von Schiffen, deren Abfällen sie folgen, als Irrgäste in von ihrem Verbreitungsgebiet weit entfernte Gewässer, und räuberische Hochsee-Haie können bei der Verfolgung wandernder Schwarmfische in Küstennähe erscheinen. Angegriffen werden vorzugsweise isolierte Schwimmer, seltener Gruppen von Badenden, aber auch Wellenreiter, Wasserskifahrer, Boote und Rettungsflöße. In diesem Zusammenhang wurde übrigens beobachtet, daß Personen, die sich zur Rettung eines Angegriffenen ins Wasser wagten, kaum jemals selbst angegriffen wurden.

Haie, insbesondere die Fischräuber des freien Wassers, haben ein bedeutend besseres Sehvermögen, als man früher annahm, doch ist ihr Auge besonders auf die Wahrnehmung sich bewegender Objekte ausgerichtet, weniger auf jene von Formen und Farben. Verschließt man Haien im Experiment die Augen, so verfehlen sie ihre Beute oder erwischen sie nur mit Mühe. An der Wasseroberfläche zappelnde Beine scheinen sie stärker anzuziehen als ein sich unter Wasser ruhig verhaltender Taucher. Menschen mit nacktem, hellem Körper werden eher angegriffen als solche, die etwa mit einem dunklen Tauchanzug bekleidet sind. Versuche, bei denen unter Wasser Schallwellen erzeugt wurden, deren Frequenz der Zappelbewegung verletzter Fische entspricht, haben gezeigt, daß Haie auf solche Schwingungen außerordentlich empfindlich reagieren und dadurch auf große Entfernung angelockt werden. Blut, auch Fischblut, steigert ihre Aggressivität beträchtlich. Vor einem Angriff umkreisen sie meist ihr eventuelles Opfer mehrmals, was diesem Zeit lassen mag, sich in Sicherheit zu bringen. Angriffe auf Unterwasserjäger gelten vielfach nicht eigentlich dem Menschen, sondern einer an seinem Gürtel hängenden Beute. Aus all diesen Beobachtungen ergeben sich die für Taucher nützlichen Folgerungen von selbst.

Die gefährlichen Haiarten haben messerscharfe Zähne. Was sich an ihrer Beute nicht abbeißen läßt, wird durch Drehen oder Zerren abgerissen. Beim Angriff auf Menschen erfolgen die ersten Bisse gewöhnlich in die Beine oder Weichteile. Arge Verletzungen kann aber auch die sehr rauhe Haihaut durch Abschürfungen verursachen. Häufig vermögen Angegriffene zwar noch das Ufer zu erreichen, doch in 50 bis 80% der Fälle sterben sie dann infolge hohen Blutverlustes oder im Schock, weil ärztliche Hilfe zu spät kommt. Sind eine Wundversorgung und eine Schockbehandlung, am besten mit massiven Bluttransfusionen, rechtzeitig möglich, so besteht für Opfer von Hai-Angriffen eine eindrücklich erhöhte Überlebenschance sogar bei sehr schweren Verletzungen.
Es hat nicht an Versuchen gefehlt, Hai-Abwehrmittel zu finden. Besonders im Zweiten Weltkrieg bemühten sich amerikanische Forscher, abgestürzte Flieger oder schiffbrüchige Seeleute entsprechend zu schützen. Man stellte fest, daß das in Ozeanarien zur Schädlingsbekämpfung verwendete Kupferazetat die Freßlust der Haie stark beeinträchtigte. Also wurde Kupferazetat, gemischt mit einem schwarzen Farbstoff, in Patronen an Schwimmwesten und Fallschirmen angebracht. Bei der Erprobung stellte sich heraus, daß das Abwehrmittel bei den atlantischen Arten durchaus wirksam ist, daß aber manche gefährliche Haie des Pazifiks sich davon nicht beeinflussen lassen. Andere inzwischen ausprobierte Abwehrmittel auf chemischer oder organischer Basis ergaben keine bessere Sicherung, ebensowenig Versuche mit Ultraschallgeräten. Manche Haie lassen sich durch einen unter Wasser ausgestoßenen Luftschwall vertreiben, andere durch Schreie oder unerschrockenes Anschwimmen. Alle diese Methoden sind angewendet worden, einmal mit, ein andermal ohne Erfolg. Als zuverlässigste Abwehrwaffe hat sich der von Hans Hass eingeführte Haistock erwiesen, ein kurzer, mit einer Metallspitze versehener Holzstock, der mit einer Schlaufe am Arm getragen wird, so daß er jederzeit greifbar ist. Im übrigen wird unter Sporttauchern mit entsprechender Erfahrung die Ansicht vertreten, daß man sich Haien gegenüber ähnlich verhalten soll wie ein Dompteur im Raubtierkäfig, d. h. ohne Ängstlichkeit zu offenbaren, die Gefahr ständig im Auge behaltend, möglichst vor Angriffen von hinten gedeckt.

Barrakudas

Fast ebenso gefürchtet wie die Haie sind in ihrem Verbreitungsgebiet die großen tropischen Pfeilhecht- oder Barrakuda-Arten *(Sphyraenidae).* Sie besitzen ein wahrlich eindrucksvolles Gebiß, treten meist in Schwärmen auf und gelten als unberechenbar. Angriffe auf Menschen scheinen jedoch selten vorzukommen und werden im Gegensatz zu jenen der Haie nie wiederholt. Die Bißwunden weisen keine Rißränder auf. Die Behandlung beschränkt sich daher auf angemessene Wundversorgung.

Muränen

Nach heutigem Wissen greifen zumindest in den europäischen Meeren Muränen nie primär an, während aus wärmeren Gebieten in neuerer Zeit einzelne direkte Angriffe auf Taucher gemeldet worden sind. Im allgemeinen werden Muränen nur in der Verteidigung aggressiv, wenn sie sich bedrängt fühlen oder angeschossen werden. Der Biß, den verletzte Muränen meist nicht mehr lockern, hinterläßt oft eine häßliche Wunde, die sich leicht infiziert. Außerdem scheidet die Gaumenschleimhaut der Muränen ein Gift ab, das in die Bißwunde fließt und das insbesondere bei den im Roten Meer, im Indischen Ozean und im tropischen Pazifik vorkommenden *Gymnothorax*-Arten so wirksam ist, daß rund 10% der aus diesen Gebieten bekanntgewordenen Muränenbiß-Verletzungen tödlich ausgingen.
Daß die Giftigkeit der Muränen lang bestritten oder zumindest stark angezweifelt wurde, beruht darauf, daß einerseits der Nachweis einzelliger Giftdrüsen in der Gaumenschleimhaut der Tiere ausnehmend schwierig war, während anderseits bei vielen Bißverletzungen keinerlei Giftwirkung bemerkt wurde. Die letztgenannte Tatsache wird damit erklärt, daß das Gift, für das es keine Speicherorgane gibt, von den Muränen nach jedem Beutefang erst wieder erneuert werden muß. Außerdem wird vermutet, daß die Giftproduktion mengenmäßig wie auch in ihrer Toxizität schwankt, wobei eine für den Menschen gefährliche Wirkung bisher nur bei den erwähnten, zur Fauna der Korallenriffe gehörenden *Gymnothorax*-Arten festzustellen war, mit ähnlichen Erscheinungen wie bei Stichverletzungen durch tropische Kegelschnecken. Ein spezifisches Gegenmittel gibt es nicht; die Behandlung ist gleich wie bei Verletzungen durch andere Giftfische (s. S. 268).

Giftig ist übrigens auch das Blut der Muränen, wie jenes ihrer Verwandten, der Aale *(Anguillidae)* und der Meeraale *(Congridae)*. Zwar wird dieses Gift durch Hitze zerstört, so daß der Genuß gekochter oder gebratener Muränen bzw. Aale unschädlich ist; doch sollte man den Kontakt z. B. einer verletzten Hand mit dem frischen Blut der Tiere vermeiden.

Giftige Rochen

Die meisten Giftfisch-Unfälle kommen durch Stachelstiche zustande. Hier sind zunächst die Rochen *(Batoidëi)* zu erwähnen, von denen die Vertreter der Stech- oder Stachelrochen *(Trygonidae)* und der Adlerrochen *(Myliobatidae)* mit Giftstacheln ausgestattet sind, die etwa auf dem vorderen Drittel des peitschenähnlichen und sehr beweglichen Schwanzes stehen. Die Giftdrüsen liegen, in Rinnen geschützt, an der Stachelbasis, und ihr Sekret fließt in seitlichen Längsfurchen unter einer deckenden Hauthülle dem Stachel entlang. Hülle und Giftdrüsen gehen verloren, wenn der Stachel benützt wird. Bei einer Untersuchung von 4000 kalifornischen Stech- und Adlerrochen wiesen 45% der Tiere, besonders ältere, keine Stachelhülle und keine Giftdrüsen mehr auf. So ist es erklärlich, daß manche Rochenstich-Verletzungen rein mechanisch bleiben und keine Giftwirkung zeigen. Die Stichwunden sind stets schmerzhaft; die seitlich sägeartig gezahnten Stacheln brechen oft ab und bleiben stecken. Wie in Tierversuchen festgestellt wurde, kommt es nach Rochenstichen zu einer Erweiterung der Gefäße, der eine Verengerung folgt. Größere Giftmengen bewirken eine Erweiterung des Herzens mit nachfolgendem Herzmuskelversagen. Auch beim Menschen sind Todesfälle beschrieben. Etwa eine Stunde nach der Verletzung ist der Schmerz am intensivsten und manchmal so heftig, daß Bewußtlosigkeit eintritt. An allgemeinen Erscheinungen kommt es zu Müdigkeit, Muskelzuckungen des verletzten Glieds, Erbrechen, Schweißausbrüchen und Schüttelfrost. Weiter können Fieber, Durchfall, Krämpfe der Bauchmuskulatur und Schmerzhaftigkeit beim Atmen auftreten. Die Schmerzen verschwinden meist nach 24 bis 48 Stunden; das betroffene Glied bleibt aber wie gelähmt und geschwollen. Im günstigsten Fall geht die Schwellung nach etwa 16 Tagen langsam zurück.

Petermännchen

Häufiger als Rochenstiche sind in unseren Breiten Stichverletzungen durch Drachenfische *(Trachinidae)*, deren bekannteste Vertreter die schon in Ufernähe vorkommende, bis 15 cm lange Viperqueise *(Trachinus vipera)*, auch Kleines Petermännchen genannt, und das sich meist in etwas größeren Tiefen haltende, bis 40 cm lange Große Petermännchen *(T. draco)* sind. Giftführend sind bei beiden die Stachelstrahlen der vorderen Rückenflosse sowie der nach hinten gerichtete starke Kiemendeckelstachel. Viperqueise und Petermännchen kommen an allen europäischen Küsten vor, im Mittelmeer dazu noch Strahlenkopfqueise *(T. radiatus)* und Spinnenqueise *(T. araneus)*, auf Sandgrund, meist eingegraben, bei Gefahr ihre Rückenflossenstacheln aufrichtend. Die meisten Verletzungen entstehen deshalb im Seichtwasser, wenn zufällig auf die Fische getreten wird. Die Stiche sind sehr schmerzhaft und gehen mit Rötung und Schwellung, manchmal auch mit Bläschenbildung in der Umgebung der Stichstelle einher. Die Schmerzen lassen nach 2 bis 12 Stunden nach, während die ödemartigen Schwellungen Tage bis Wochen anhalten können. Als Allgemeinerscheinungen kann es zu Fieber, Benommenheit, Kopfschmerzen und Krämpfen kommen. An der Stichstelle können Nekrosen und Abszesse auftreten. Als Nachwirkungen wurden einerseits länger anhaltende Muskelversteifungen am betroffenen Glied, andererseits eine beträchtlich erhöhte Empfindlichkeit gegen weitere Giftstiche in späteren Jahren beobachtet.

Drachenköpfe und ihre Verwandten

Zu den Drachenkopfarten *(Scorpaenidae)* der europäischen Meere gehören der Große Drachenkopf *(Scorpaena scrofa)* und der Kleine Drachenkopf *(S. porcus)*, der auch Meersau genannt wird. Giftführend sind bei ihnen die vorderen Stacheln der Rückenflosse, die Kiemenstacheln und die Stachelstrahlen der paarigen Flossen. Die Stiche sind zwar schmerzhaft, aber von schwächerer Wirkung als jene der Petermännchen. Ungleich gefährlicher sind die zur gleichen Familie gehörenden Rotfeuerfische des Roten Meeres und des ganzen Indiks sowie die nahe mit ihnen verwandten Steinfische *(Synanceidae)* des Indopazifiks, von denen der Gemeine Steinfisch *(Synanceida horrida)* als giftigster aller Fische gilt. Wie sein Vulgärname andeutet, ist er wegen seiner Färbung und Gestalt von Gestein kaum zu unterscheiden, so daß selbst erfahrene Fischer und Riffgänger ihn oft übersehen. Auf seinem Rücken, durch eine Membran verbunden und normalerweise in einer Furche geborgen, befinden sich 13 kräftige, aufrichtbare Stacheln, die an der Basis je zwei spindelförmige Giftdrüsen besitzen. Deren Sekret entleert sich auf Druck, wobei je Stachel bis zu 9 mg eines Gifts abgegeben werden können, von dem eine Dosis von nur 0,01 mg auf eine Maus tödlich wirkt. Beim Menschen löst ein Steinfisch-Stachelstich sogleich qualvolle Schmerzen aus. Der betroffene Körperteil, meist der Fuß bzw. das Bein, wird dann gefühllos, gelähmt und schwillt stark an. Dazu kommen schwere zentrale Störungen, die zum Herzstillstand führen können. Abszesse, Nekrosen und Gangrän sind die häufigsten Komplikationen, die die Heilung monatelang verzögern können. Ähnlich wirksam ist das Gift der Rotfeuerfische. Ein Sporttaucher, dem diese Gefahr bekannt war, harpunierte im Roten Meer ein außergewöhnlich großes Exemplar, um es später zu präparieren. Er berichtet darüber folgendes: «Der Fisch schlug wild umher, dabei traf mich plötzlich einer der Rückenstacheln am rechten Schienbein. Im gleichen Moment hatte ich das Gefühl, als würde mir eine glühende Münze auf diese Stelle gedrückt. Schon während des Auftauchens empfand ich eine Lähmung des rechten Beins, und nach weiteren zwölf Metern bis zum Riff trat auch ein Lähmungsgefühl des rechten Arms auf. Nur mit Unterstützung von zwei Begleitern konnte ich auf den Strand geschleppt werden. Ich ritzte die Einstichstelle mit einem scharfen Messer ein, um sie zum Ausbluten zu bringen. Der größte Schmerz trat etwa nach einer Stunde ein und hielt zehn bis zwölf Stunden an. Ich hatte ein ständiges Schwindelgefühl, Schweißausbrüche mit nachfolgendem Schüttelfrost. In kurzer Zeit stieg die Temperatur auf 40° C. Das Bein war um das Dreifache angeschwollen. Dazu kam eine unangenehme Verkrampfung der Bauchmuskulatur. Nach etwa 36 Stunden ließen die Schmerzen langsam nach; das Bein schwoll erst nach etwa 10 bis 14 Tagen langsam ab. Während dieser Zeit hatte ich ein eigenartiges Schlappheitsgefühl, war äußerst nervös, gleichzeitig aber völlig uninteressiert.» In anderen Fällen wird zusätzlich zu diesen Erscheinungen noch von einer Überempfindlichkeit gegen geringste Alkoholmengen berichtet. Im übrigen ist diese Schilderung so charakteristisch, daß sie fast für alle Giftfisch-Verletzungen gilt, je nach Fischart verschieden stark ausgeprägt und schmerzintensiv.

Der Korallenwels

Zu den gefürchteten Giftfischen gehört noch der Korallenwels *(Plotosus anguillaris)*, der in den Riffen des Indopazifiks vorkommt, manchmal in Schwärmen bis ins Flachwasser vordringt und für Schwimmer bzw. Taucher in den betreffenden Gebieten eine beträchtliche Gefahr darstellt. Giftführend sind bei ihm der Stachelstrahl der Rückenflossen und die beiden Stachelstrahlen der Brustflossen, jeweils mit seitlichen Giftdrüsen ausgestattet und imstande, sehr schmerzhafte Wunden zu verursachen.

Giftige Schnecken und Kopffüßer

Daß es unter den Meeresschnecken giftige Arten gibt, ist bekannt. Sie werden unter der Bezeichnung Giftzüngler *(Toxoglossa)* zusammengefaßt und sind durch die Schraubenschnecken *(Terebridae)* im tropischen und subtropischen Pazifik, durch die ihnen verwandten Kegelschnecken *(Conidae)* in allen wärmeren Meeren vertreten, wobei eine Gefährlichkeit für den Menschen nur bei den tropischen Formen gegeben ist. Sie besitzen alle eine pfeilähnliche Reibzunge oder Radula, die mit nadelspitzen Widerhaken besetzt ist, an der Basis mit einer Giftdrüse verbunden und blitzschnell vorstreckbar. Zusammen mit dem Rüssel gegen Beutetiere oder Angreifer als Stichwaffe und Hohlnadel benützt, überträgt sie ein lähmendes Gift, dessen Toxizität bei bestimmten tropischen Kegelschnecken – u. a. *Conus aulicus, Gastridium geographus, C. marmoreus, C. striatus* und *G. textile* – die höchste aller bekannten Tiergifte ist. Bei Menschen wurden einige Fälle schwerer Störungen der Bewegungsorgane, der Empfindung und der Sinnesorgane beschrieben. Versuche, ein Antitoxin herzustellen, blieben erfolglos.

Weniger bekannt ist, daß es unter den Kopffüßern *(Cephalopoda)* etliche Arten gibt, deren Mundöffnung nicht nur mit kräftigen hornigen Kiefern bewehrt, sondern zudem mit einer Giftdrüse ausgestattet ist. Dies gilt für gewisse Tintenfische, Kalmare und Kraken. Das Gift, das zur Lähmung von Beutetieren dient, ist für Menschen im allgemeinen von schwacher Wirkung; die Reaktion bleibt meist harmlos. Allerdings liegen Berichte von zwei kleinen, aber hochgiftigen Kraken-Arten der Gattung *Hapalochlaena* vor, die von der australischen Küste bis über das indomalaiische Inselmeer verbreitet zu sein scheinen und deren Biß bereits mehreren Menschen das Leben gekostet haben soll.

Behandlungsmaßnahmen bei Giftstichen und -bissen

Da Zusammensetzung und Wirkungsmechanismus all dieser Gifte weitgehend unbekannt sind, gibt es im allgemeinen keine ursächliche Behandlung. Gegen Steinfischgift wurde allerdings 1959 in Australien ein wirksames Antitoxin hergestellt, mit dem seither zahlreiche Fälle erfolgreich behandelt worden sind. Bei Rotfeuerfischstichen soll das Kobraserum wirken. Es handelt sich bei diesen Giften offenbar nicht um eine einheitliche chemische Substanz, sondern, ähnlich wie bei Schlangengiften, um mehrere Gifte gleichzeitig. Sie wirken neurotoxisch, hämolytisch oder blutgerinnend, wobei je nach Giftart die eine oder andere Eigenschaft im Vordergrund steht. Neben dem Versuch, eine weitere Giftaufnahme zu unterbinden bzw. das Gift zu eliminieren, ist die Behandlung ausgerichtet auf die Schmerzbekämpfung und alle Maßnahmen, die darauf hinwirken, lebensbedrohliche Schädigungen der Atmung, des Herzkreislaufs und der Nierenfunktion abzuwenden, ferner Sekundärinfektionen zu verhüten.

Als Erste Hilfe ist zu versuchen, ein weiteres Eindringen des Gifts zu verhindern. Das hat nur einen Sinn, wenn nach dem Unfall nicht mehr als eine halbe Stunde verstrichen ist. Es gelingt bis zu einem gewissen Grad durch Aussaugen oder Spülen der Wunde und durch Abbinden der Gliedmaßen. Handelt es sich aber um ein gewebezerstörendes, nekrotisierendes Gift, so wirkt sich ein Abbinden oder Stauen (wobei nur der venöse Rückfluß unterbunden wird) nachteilig aus, weil das Gift länger am Verletzungsort zurückgehalten wird. Ein vorsichtiges Einschneiden der Wunde und leichtes Blutlassen – nicht ein Ausschneiden oder Brennen – kann die Giftresorption mindern. Der Verletzte soll unbedingt liegend betreut und die befallene Extremität hoch gelagert werden. Nach Säubern der Wunde – das ist auch mit Seewasser möglich – soll die Gliedmaße in heißes Wasser (50–70°C) oder heiße Kompressen mit entsprechender Temperatur auf und um die Wunde gelegt werden. Dies über 30–90 Minuten lang. Einmal wird dadurch eine Schmerzlinderung und zum anderen eine Neutralisierung des Giftes erreicht. Bei diesen Giften handelt es sich meist um thermolabile Proteine, die durch Hitze unwirksam werden. So wird das Gift des Steinfisches schon nach 2 Minuten bei 50°C zerstört. – Tetanusserum ist, wenn nicht schon eine ausreichende Schutzimpfung besteht, nur bei Sekundärverschmutzung erforderlich.

Eine wirksame Schmerzlinderung ist auch für den begleitenden Schockzustand des Verletzten wesentlich. Sie wird durch lokales Umspritzen mit Procain 0,5 bis 2% – ohne Adrenalinzusatz – erreicht. Diese Maßnahme und auch eine generelle Schmerzbekämpfung mit Gaben von Dolantin S, Fortral u. a. sind dem Arzt vorbehalten. Injektionen von 20%igem Calciumglukonat und Antihistaminica sind in schweren Fällen nicht ausreichend. Hier sollte mit intravenösen Cortisongaben (Prednison 50 bis 100 mg) nicht gezögert werden. Bei Ödembildung können Injektionen von Aescin-Präparaten wie Reparil versucht werden. Antibiotica sind selten erforderlich. Um nicht weitere allergische Reaktionen zu riskieren, sollten Penicilline, wenn notwendig, besser durch andere Antibiotica ersetzt werden. Schon bei den ersten Anzeichen eines Schockzustands sollte mit Infusionen von Plasmaexpandern begonnen werden. Bei Lungenödem sind hohe Cortisondosen (s. S. 223) und eine entwässernde Behandlung (Fursemid) erforderlich. Die Behandlung weiterer Komplikationen richtet sich nach klinischen Gesichtspunkten.

Von Quallen und anderen Nesseltieren

Zu den Meerestieren, mit denen eine Begegnung für Schwimmer und Taucher gefährlich sein kann, gehören schließlich viele Vertreter der Nesseltiere *(Cnidaria)*. Sie sind, wie ihr Name andeutet, mit zum Beutefang dienenden Nesselkapseln oder Cniden ausgestattet, winzigen Bläschen, deren Berührung das Ausschleudern eines in der Kapsel aufgerollten Schlauchfadens auslöst. Je nach Funktion sind Schlingfäden, Klebfäden und Dornfäden zu unterscheiden. Kapseln aller drei Typen finden sich bei den Nesseltieren oft am ganzen Körper, stets aber an den Tentakeln, und dort vielfach dicht gehäuft, zu sogenannten Nesselbatterien vereinigt. Die Dornfäden, Penetranten genannt, dringen bei Ausschleuderung in die Haut des Beutetieres ein und entleeren ein lähmendes Giftsekret. Ihre Durchschlagskraft ist von Art zu Art verschieden, bei gewissen Formen aber groß genug, ein Eindringen der Penetranten in die menschliche Haut zu bewirken. Dies ist u. a. der Fall bei den zu den *Hydroiden* gehörenden, stockbildenden *Milleporiden (Milleporidae)* der tropischen Riffe, die auch als Feuerkorallen bezeichnet werden, bei einigen ebenfalls tropischen Medusenformen, bei etlichen Staatsquallen wie die Segelqualle *(Velella)* und die Portugiesische Galeere *(Physalia)*, bei den Würfelquallen *(Cubomedusae)*, zu denen die Seewespen des Indopazifiks gehören, bei vielen Fahnenquallen wie die Leuchtqualle *(Pelagia)*, die Haarqualle *(Cyanea)* und die Kompaßqualle *(Chrysora)*, ferner bei zahlreichen Seeanemonen *(Actinaria)*.

Die festsitzenden Nesseltiere – mit Ausnahme der Milleporiden, deren Berührung brennenden Schmerz (daher der zoologisch nicht zutreffende Name Feuerkoralle) und Fieber zur Folge hat – sind im allgemeinen verhältnismäßig harmlos. Ihr Nesselgift kann mehr oder minder starken Schmerz und nesselfieberartige Erscheinungen (Hautquaddeln) auslösen, jedoch kaum weitere Folgen.

Anders verhält es sich bei den vielen freischwimmenden Nesseltieren, insbesondere den Vertretern der oben angeführten Staats-, Würfel- und Fahnenquallen. Als besonders gefährlich gelten die tropischen Seewespen, deren Kontakt nicht nur äußerst schmerzhaft ist, an der Berührungsstelle auf der Haut Schwellungen und Blasenbildung hervorruft, sondern auch allgemeine Erscheinungen mit Schüttelfrost, hohem Fieber und Krämpfen auslöst. Todesfälle, die einer Seewespen-Berührung zugeschrieben werden, sind aber nicht auf die Giftwirkung, sondern auf Ertrinken infolge einer psychischen oder allergischen Schockreaktion zurückzuführen. In ähnlich schlechtem Ruf steht die Portugiesische Galeere. Sie findet sich gelegentlich auch im Mittelmeer, gelangt aber selten in Küstennähe. Die Vergiftungserscheinungen sind ähnlich wie bei der Seewespe, während sie bei der Segelqualle schwächer sind. Sehr wirksam ist das Nesselgift der Blauen und der Gelben Haarqualle, die beide im Atlantik und in der Nordsee auftreten, ferner jenes ihrer nahen Verwandten, zweier in den wärmeren Bereichen vorkommender *Dactylometra*-Arten, während die Leuchtquallen des Mittelmeeres und des Atlantiks weniger gefährlich sind.

Stets scheint die Nesselgift-Wirkung bei Sekundärkontakten, d. h. nach durch eine erste Berührung erfolgter Sensibilisierung des Körpers, verstärkt zu sein; dann kann selbst der Kontakt mit weniger gefährlichen Arten eine heftige Reaktion auslösen, u. a. Fieber und Muskelkrämpfe. Dies gilt auch, wenn bei einem ersten Kontakt größere Hautpartien betroffen werden, was durch einen Tauchanzug verhütet wird. Im übrigen wirken sich die Nesselgifte je nach Empfindlichkeit und Allergiebereitschaft mehr oder weniger stark aus.

Behandlungsmaßnahmen nach Nesseltier-Berührungen

An den nördlichen Stränden Australiens tritt eine besonders gefährliche Seewespe auf, *Chironex fleckeri.* Bislang mit einer sehr nahen Verwandten, *Chiropsalmus,* gleichgesetzt, wurde sie erst 1956 als neue Art beschrieben. Nach ihrer Berührung sind in den letzten Jahren mehr als 50 Menschen ums Leben gekommen, und das Verbreitungsgebiet von *Chironex fleckeri* dürfte auf alle Meeresgebiete zwischen dem Wendekreis des Steinbocks und dem Wendekreis des Krebses ausgedehnt sein, wobei das Vorkommen allerdings auf den Sommer beschränkt ist. Die Gefährlichkeit dieser Art liegt in der großen Anzahl von Nesselzellen und der hohen Giftigkeit ihres Nesselzellsekrets. Die Verletzungen führen außer zur Blasenbildung zu tiefen und nur sehr langsam heilenden Gewebsnekrosen. Nach einem Kontakt kommt es sehr schnell zu schweren Allgemeinerscheinungen wie Kollaps, Lungenödem und Herzrhythmusstörungen. Gelingt es, sofort nach dem Kontakt reichlich Methylalkohol auf die betroffenen Hautstellen zu geben, so kann verhindert werden, daß die haftenden Nesselfäden ihr volles Quantum an Gift entladen. An den gefährdeten Badestränden Australiens sind deshalb Selbstbedienungsbehälter mit Methylalkohol aufgestellt. Außerdem ist es den Australiern gelungen, ein Antitoxin gegen *Chironex fleckeri* und einen vorbeugend wirksamen Impfstoff herzustellen.

Eine spezifische Behandlung gegen das Gift aller anderen Nesseltierarten gibt es nicht. Wie bei den Verletzungen durch *Chironex* wirkt Alkohol bei sofortiger Anwendung auch bei Kontakten mit anderen Quallen in gleicher Weise. Steht kein Methylalkohol zur Verfügung, so kann man die betroffenen Hautstellen mit verdünntem Salmiakgeist oder, wenn auch kein Salmiak verfügbar ist, mit nassem Sand abreiben und anschließend mit frischem Wasser abspülen, wobei die restlose Entfernung an der Haut haftender Nesselfäden besonders wichtig ist. Durch Auftragen von Cortison- und Antihistaminsalben (z. B. Solventol-Gelee) lassen sich die lokalen Reaktionen günstig beeinflussen. Eine gewisse Linderung läßt sich mit Olivenöl, einer Hautcreme, Alkohol- oder kalten Kompressen erreichen. Bei allgemeinen Reaktionen muß man den Betroffenen mit hochgelagerten Beinen hinlegen. Die ärztliche Behandlung entspricht jener allergischer Erscheinungen. Durch Injektion von Calciumglukonat können Muskelkrämpfe beeinflußt werden. Bei starken allergischen Reaktionen oder Schockzuständen helfen intravenöse Cortisongaben.

Wer in den warmen Meeresgebieten taucht, kann sich an den scharfkantigen Stöcken von Milleporiden, Stylasteriden und Steinkorallen, den hauptsächlichen Riffbauern, rein mechanische Verletzungen durch Hautschürfungen zuziehen. Diese haben eine schlechte Heilungstendenz und neigen zu eitrig-geschwüriger Umwandlung. Solche Verletzungen müssen deshalb unverzüglich sorgfältig mit Wasser und Seife von Fremdpartikeln gereinigt und dann steril verbunden werden. Bei größeren Wunden und Komplikationen werden feuchte Verbände mit Magnesiumsulfat-Glycerinlösung und Antibiotica empfohlen.

Seeigel und Borstenwürmer

Auch Seeigelstacheln verursachen vorwiegend mechanische Verletzungen. Dünn und nadelspitz oder etwas dicker und stumpfspitz, sind sie stets spröde und brüchig wie Glas. Die in der Haut abgebrochenen Stachelspitzen mancher Arten lösen sich nach ein bis zwei Tagen auf. Meist müssen sie aber entfernt werden, was manchmal durch geschickten Druck gelingt, gewöhnlich aber Nadel und Pinzette erfordert. Vorher und nachher muß die Haut desinfiziert werden, ebenso die benützten Instrumente. Gelingt die Entfernung nicht und verbleiben Stachelreste als Fremdkörper in der Haut, so muß damit gerechnet werden, daß sie eines Tages, manchmal erst nach einem Jahr, herauseitern.

Bei verschiedenen Arten, insbesondere den *Asthenosoma-* und *Diadema-*Seeigeln des Indopazifiks, stehen die Stacheln mit Giftdrüsen in Verbindung; ihr Stich ist besonders schmerzhaft und kann Fieber verursachen. In minderem Maß gilt dies auch für den Mittelmeer-Diademseeigel *(Centrostephanus longispinus).* Abschließend sind noch einige freilebende Borstenwürmer zu erwähnen, denen man in Ufernähe begegnen kann und deren Berührung unangenehme Folgen hat, weil die Tiere an den Seiten glasharte, spitze Borsten besitzen, die leicht in die Haut eindringen und einen brennenden Schmerz verursachen. Entfernen lassen sich diese Borsten meist mit Klebband.

IX Ertrinken und Badetod

Jeder Tod im Wasser wird im allgemeinen als Ertrinkungstod angesehen. Vielfach ist die eigentliche Ursache aber nicht ein primäres Ertrinken, sondern, wie bei den meisten Tauchunfällen, eine Bewußtlosigkeit unter Wasser, der ein Ertrinken folgen kann. Um ein Ertrinken im eigentlichen Sinn bzw. ein primäres Ertrinken handelt es sich nur dann, wenn der Tod durch Eindringen von Wasser in die Lungen verursacht wird. Zum Tod im Wasser kommt es aber auch aus anderen Gründen, auf die hier näher eingegangen werden soll: einmal durch den sogenannten Badetod, einen Reflextod, der auch als Wasserschock bezeichnet wird; zum anderen durch Tod aus natürlicher Ursache, d. h. der Tod, der auch auf dem Land eingetreten wäre, ereignet sich im Wasser.

Beim Tauchen ist ein primärer Ertrinkungstod selten. Eine Klärung der Todesursache ist aus gerichtlichen, aber auch aus versicherungsrechtlichen Gründen meist notwendig. Nach den Allgemeinen Unfallbedingungen liegt ein Unfall dann vor, «wenn der Versicherte durch ein plötzlich von außen auf seinen Körper wirkendes Ereignis unfreiwillig eine Gesundheitsschädigung erleidet». Danach ist ein Dekompressionsunfall ein innerer Vorgang und fällt nicht unter die Allgemeinen Versicherungsbedingungen.

Die Zahl der Todesfälle durch Ertrinken ist in der Bundesrepublik von 1126 im Jahre 1970 auf 665 im Jahre 1979 zurückgegangen. Ein Viertel aller Todesfälle betrifft Kinder unter 10 Jahren. In ca. 30% der Ertrinkungsunfälle spielt Alkohol eine wesentliche Rolle. Überwiegend ist das männliche Geschlecht an allen Unfällen beteiligt. Jedes primäre Ertrinken kommt in den meisten Fällen entweder durch mangelnde Schwimmkenntnisse oder durch Erschöpfung zustande. Das deutsche Wort «Ertrinken» leitet seinen Ursprung deutlich vom «Trinken» ab. Noch bis in die jüngste Zeit war man verschiedentlich der Meinung, daß Ertrinken dadurch entstünde, daß zuviel Wasser geschluckt wird. Man werde dann zu schwer und gehe unter. Es ist auch richtig, daß beim Ertrinken oft viel Wasser geschluckt wird, manchmal

in solchen Mengen, daß es zum Erbrechen kommt. Die eigentliche Todesursache ist aber ein Sauerstoffmangel, ob mit Eindringen von Wasser in die Lungen oder durch einen Glottisverschluß (s. S. 209) ohne Einatmen von Wasser. Die Sauerstoffaufnahme ist dadurch verschlechtert bzw. unterbrochen, und es kommt, ähnlich wie beim Ersticken, zu einer Hypoxie, einem Sauerstoffmangel. Weiter wird aber auch Ertrinkungsflüssigkeit durch die Lungen resorbiert, d. h. sie gelangt durch die Alveolen in die Blutbahn.
Da das Wort Ertrinken bereits den tödlichen Ausgang beinhaltet, ist man in den letzten Jahren einer Unterscheidung gefolgt, die sich im angloamerikanischen Sprachraum durchgesetzt hat. Es wird zwischen Ertrinken (drowning) und «Fast»- oder «Beinahe»-Ertrinken (near-drowning) unterschieden. Dank der immer verbreiteteren Wiederbelebungskenntnisse durch die Atemspende und der Fortschritte der klinischen Reamination wird die Rettung «Fast-Ertrunkener» häufiger.

Ertrinken im Meer und im Süßwasser

Nach neueren Untersuchungen ist es ein wesentlicher Unterschied, ob Süßwasser oder Meerwasser in den Kreislauf gelangt. Beide entsprechen in ihrem Salzgehalt nicht den Salzkonzentrationen des Blutes. Süßwasser enthält praktisch kein Kochsalz (NaCl); im Blut beträgt die Kochsalzkonzentration dagegen 0,6%. Im Vergleich zum Blut ist Süßwasser somit hypotonisch. Meerwasser hat dagegen einen Gesamtsalzgehalt von 3% bis 4%, wobei NaCl den Hauptanteil stellt. Meerwasser ist also hypertonisch.
Gelangt hypotonische Lösung – Süßwasser – in die Lunge, so drängt die Flüssigkeit – bedingt durch ihren osmotischen Druck – mit großer Kraft in das Blut, verdünnt es und stört damit die Isotonie (die spezifische molare Konzentration des Blutplasmas). In Tierversuchen kommt es beim Ertrinken in Süßwasser zu folgenden Veränderungen: Das Blut wird verdünnt, sein Volumen nimmt zu (Hypervolämie). Diese Verdünnung kann bis zu einem Verhältnis 1:1 (Wasser: Blut) gehen, und das innerhalb von 4 Minuten. Durch diese Volumenzunahme kommt es zu einer starken Mehrbelastung des rechten Herzens. Die Verdünnung macht das Blut zur hypotonischen Lösung; dadurch quellen die roten Blutkörperchen auf und platzen (Hämolyse). Die Hämolyse bedingt eine Blutarmut (Anämie) und weiter eine Hyperkaliämie, d. h. eine Vermehrung des Kaliums, das aus den zerfallenen

Blutkörperchen ins Plasma übertritt. Die übrigen Mineralien des Blutes (Natrium, Chlor, Kalzium und Mangan) werden durch die Verdünnung in ihrer Konzentration vermindert, und damit wird das Elektrolytgleichgewicht gestört. Im Organismus führen diese Veränderungen zu einem Sauerstoffmangel, der rasch zunimmt, und zum Anstieg der Kohlensäure (Hyperkapnie). Der Sauerstoffmangel wird durch die Anämie als Folge der Hämolyse noch verstärkt. Die Blutvolumenvermehrung bedingt eine Blutdruckerhöhung im kleinen Kreislauf und dadurch eine Mehrbelastung des rechten Herzens. Die Hyperkaliämie begünstigt zusammen mit dem Sauerstoffmangel das Auftreten eines Kammerflimmerns des Herzens. Weiter kommt es zu einer Leukozytose, d. h. einer Vermehrung der weißen Blutkörperchen im Plasma.

Die Veränderungen im Blut

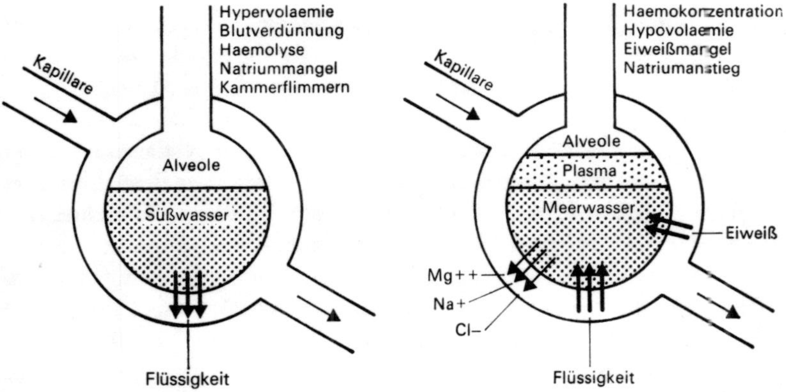

Die unterschiedlichen Folgen beim Ertrinken im Süßwasser (links) und im Meerwasser (rechts).

Beim Ertrinken im Meerwasser (hypertonische Lösung) ist der Verlauf des Flüssigkeitsstromes in den Lungenbläschen umgekehrt; der osmotische Druck wirkt in entgegengesetzter Richtung: Blutflüssigkeit dringt in Lungenalveolen ein, und es entwickelt sich ein Lungenödem. Die Lunge ist also mit Meerwasser und Plasma gefüllt. Gleichzeitig diffundiert das Salz des Meerwassers mit großer Geschwindigkeit in das Blut, und die Konzentration der Elektrolyte steigt an. Durch beide Vorgänge wird das Blut eingedickt (Hämokonzentration), und sein Volumen nimmt ab (Hypovolämie). Zu

einer Hämolyse kommt es jetzt nicht, aber die Hämokonzentration begünstigt ein Zusammenballen der Erythrozyten (Geldrollenbildung, s. S. 200). Ein Kammerflimmern trat im Experiment nie auf, und die Überlebenschancen waren besser als beim Ertrinken im Süßwasser.
Für die Erste Hilfe durch den Laien sind diese Vorgänge nicht entscheidend. Man muß aber wissen, daß beim Ertrinken nicht nur die Lunge betroffen ist, sondern auch erhebliche Veränderungen im Gesamtorganismus bestehen. Jeder Ertrinkungsunfall gehört deshalb nach einer Wiederbelebung wenigstens für 48 Stunden in klinische Behandlung, wo diese Veränderungen berücksichtigt werden können.

Der Vorgang des Ertrinkens

Die geschilderten Folgen wirken sich nicht schlagartig aus. Es ist heute noch nicht entschieden, ob ein Sauerstoffmangel oder ein Herzkammerflimmern primär zum Tode führt. Der ganze Ertrinkungsvorgang spielt sich in 3 bis 5 Minuten ab. Beim ersten Eintauchen wird zunächst reflektorisch der Atem angehalten. Über Vagusreflexe kommt es gleichzeitig zur Verlangsamung der Herzaktion und zum Blutdruckabfall. Es kann dabei schon Bewußtlosigkeit eintreten. Der so Geborgene ist meist blaß oder von blauer Gesichtsfarbe. Nach mehreren Sekunden bis zu einer Minute – je nach Kondition und Umständen – löst der Anstieg der Kohlensäure im Blut (s. S. 74) einen Atemzwang aus, und mit der jetzt einsetzenden Atmung wird Wasser eingesogen. Danach folgt ein krampfhaftes Aushusten, wobei eventuell Schaumblasen aus dem Mund treten. Der Ertrinkende geht unter, kommt wieder hoch, ruft um Hilfe oder gurgelt nur noch unverständliche Laute. Nach 1 bis 2 Minuten folgt das Krampfstadium, bei dem noch heftig und krampfhaft ausgehustet wird. Das Bewußtsein ist meist schon geschwunden. Der Ertrunkene taucht noch ein oder mehrmals auf und versinkt dann endgültig.
In der ersten Phase ist eine Rettung verständlicherweise am aussichtsreichsten, besonders wenn es zu einem vorübergehenden Stimmritzenkrampf gekommen war, der ein Eindringen von Wasser verhindert hat. Wenn das den Umständen nach gegeben war, genügt oft ein kurzes Hochheben des Ertrunkenen am Becken, bei kleinen Kindern an den Füßen, und die Atmung setzt spontan wieder ein. Besser ist es, sofort mit der Wiederbelebung zu

beginnen, deren Maßnahmen im folgenden Kapitel eingehend besprochen werden.

Nachweis des Ertrinkungstodes

Bei tödlichen Unfällen im Wasser kann der Beweis für ein Ertrinken nur durch eine Sektion erbracht werden. Allerdings ist selbst dadurch, entgegen einer weitverbreiteten Meinung, der Tod durch Ertrinken oft sehr schwer nachzuweisen, weil bei längerem Aufenthalt im Wasser nach dem Tode Veränderungen an der Leiche auftreten können, die keinerlei Rückschlüsse mehr auf die Ursache des Todes zulassen. Selbst nach dem Tode kann noch Wasser in die Lungen und sogar bis ins Herz eindringen. Wenn es aber gelingt, Diatomeen – das sind mikroskopisch kleine Kieselalgen mit einem unzerstörbaren Kieselpanzer, die nur im Wasser vorkommen – in Organen wie der Leber, Milz, den Nieren oder im Gehirn nachzuweisen, ist der Beweis erbracht, daß das Herz während des Ertrinkens noch gearbeitet haben muß und diese Teilchen in die Organe transportiert hat. Die Feststellung von Diatomeen im großen Kreislauf gilt heute als eindeutiges Zeichen für den Tod durch Ertrinken.

Der Badetod oder Wasserschock

Wie oben erwähnt, kommt es aber gar nicht so selten zum Tod im Wasser, ohne daß sich Zeichen von Ertrinken feststellen lassen. *B. Mueller*, der als Gerichtsmediziner einmal nach einem heißen Sommertag in einer Großstadt sieben Ertrunkene zu untersuchen hatte, fand bei den Leichenöffnungen keine Zeichen eines Ertrinkungstodes und auch sonst keine befriedigende Erklärung für den plötzlichen Tod. Er bezeichnete diese Fälle als «Badetod». In Frankreich hat *G. Lartigue* den plötzlichen Tod im Wasser in Anlehnung an die «electrocution» – den schlagartigen Tod durch elektrischen Strom – als «hydrocution» bezeichnet. Teilweise wurde diese Bezeichnung im deutschen Schrifttum als Wasserschlag, Wasserschock oder Wassersynkope übernommen.

Es wird immer berichtet, daß selbst «gute» Schwimmer plötzlich ohne ersichtlichen Grund lautlos untersinken – die Franzosen sprechen von «couler à pic» (senkrecht untersinken). So wurde z. B. von Studenten berichtet, die auf dem Heimweg von der Kneipe frühmorgens in Alkoholstimmung in einen kalten Fluß sprangen und einen Wasserschock erlitten. Ein 19jähriger ging nach Genuß von fünf Glas Bier zum Schwimmen und sank ohne Hilferuf plötzlich unter. Zwei Geschwister (11 Jahre) badeten in der Ostsee und hielten sich dabei an der Hand. Der Junge verschwand plötzlich im Wasser. Seine Leiche wurde in 60 cm Wassertiefe gefunden.

Der Gerichtsmediziner *S. Mißfeldt* stellte die Diagnose «Badetod» in 15 von 217 untersuchten Ertrinkungsfällen (= 7%). Zahlreiche Ursachen wurden für das Zustandekommen eines Wasserschocks verantwortlich gemacht. Nach der Vielfalt der auslösenden Faktoren und der Art der Erscheinungen ist es aber am wahrscheinlichsten, daß es sich dabei um eine Reflexwirkung über den Nervus vagus handelt.

Auch außerhalb des Wassers kommt es bei plötzlicher starker Reizung des Nervus vagus – z. B. beim Boxen durch Tief- oder Halsschlag – über eine Verlangsamung des Herzschlags und ein Absinken des Blutdrucks zum Kollaps. Dieser vago-vasale Reflex kann unter besonders ungünstigen Voraussetzungen über den Kollaps hinaus zum schlagartig einsetzenden Tod führen, und es scheint, daß es dazu im Wasser häufiger kommt. Begünstigt wird ein solcher Reflextod durch eine konstitutionelle oder eine erworbene, vorübergehende vegetative Labilität. Vorübergehend entsteht sie nach Infektionskrankheiten oder durch seelische Spannungen. Nach *H. Weidinger* kann eine Vagusreizung einen Herzstillstand nur bei einem vorgeschädigten Herzen auslösen. Folgende Momente, die zu einer plötzlichen intensiven Vaguserregung führen, können dann den Ausschlag für das Zustandekommen des Wasserschocks geben:

1. *Der Preßdruck.* Wie auf S. 315 und im Kapitel «Tauglichkeitsuntersuchungen» beschrieben, kommt es bei Personen, die von *Bürger* als «Synkopotrope Typen» bezeichnet werden, während des Pressens zu einem Blutdruckabfall bis unter 40 mm Hg und zu einem Kreislaufkollaps. Eine Preßatmung kann durch den Kältereiz des Wassers ausgelöst werden. Bekannt ist die auf S. 257 beschriebene Reaktion der Atmung auf einen kalten Wasserstrahl in den Rücken. Weiter kann sie durch Angst ausgelöst werden.

2. *Die Angst.* Von exotischen Tieren ist bekannt, daß sie aus Angst sterben können, wenn sie in eine ausweglose Situation geraten, z. B. eine Gazelle in einem Fangnetz. Beim Menschen kann eine gleich ausweglose Situation reflektorisch zum Tod führen. Von einigen Delinquenten in den USA ist

bekannt, daß sie auf dem elektrischen Stuhl starben, bevor der Strom eingeschaltet wurde. Diese Todesart ist gleichzusetzen mit dem «Voodoo-Tod» primitiver Völker. In Australien stirbt ein Mensch innerhalb einiger Tage, wenn der Medizinmann den Todesspruch über ihn gesprochen hat, ohne äußere Einwirkung. Von einer Batawufrau im Kongo wird berichtet, daß sie Früchte von einem Feld gestohlen hatte, das tabu war. Erst nachträglich, nachdem sie die verbotenen Früchte gegessen hatte, wurde ihr der «Tabubruch» bewußt. Sie fühlte sich daraufhin von den Dämonen und Göttern bedroht und sah sich in einer ausweglosen Lage. Sie starb noch am selben Tag. Sicher wird beim Wasserschock die Angst nicht direkt zum Tode führen wie in den geschilderten Fällen. Bei entsprechender psychischer Disposition und vegetativen Störungen kann es aber über eine Preßatmung zu einem vago-vasalen Reflex mit Zusammenbruch des Kreislaufs kommen. Die Auswirkung einer Panik beim Zustandekommen des Stimmritzenkrampfes wurde ja im Abschnitt des Lungenüberdruckunfalls besprochen.

3. *Eine Vagusreizung der Kehlkopfschleimhaut.* Die Schleimhaut des Kehlkopfes ist für Berührung sehr empfindlich. Hier endet ein sensibler Ast des Nervus vagus (R. internus des R. laryngeus superior). Ein eindringender Wassertropfen kann durch Reizung dieses Astes den ganzen Nervus vagus erregen. Dies kann dann zur Herzverlangsamung und zum Herzstillstand führen. Dabei laufen auch Impulse über den R. laryngeus recurrens zur Kehlkopfmuskulatur, die zum Stimmritzenkrampf führen. Wie im Abschnitt «Lungenüberdruckunfall» ausgeführt, kommt es aber dadurch nur bei bestimmten Kranken zum dauernden Stimmritzenkrampf. Meist wird durch den gleichzeitig ausgelösten Hustenreiz der Krampf unterbrochen. In ca. 10% der Ertrinkungsunfälle kommt es auf diese Weise zum sogenannten «trockenen Ertrinken».

Wie durch zahlreiche Beobachtungen bestätigt, wird der Mechanismus des vago-vasalen Reflexgeschehens durch eine Magenüberfüllung begünstigt. Nach reichlichem Essen besteht eine Hyperämie in den Verdauungsorganen, d. h. ein größerer Teil des Blutes befindet sich in den Bauchorganen. Im Wasser wird vermehrt Blut in der Peripherie benötigt, dies besonders beim Sprung in kaltes Wasser; das macht eine plötzliche Kreislaufumstellung erforderlich. Bei gegebener Disposition kann diese den vago-vasalen Reflex auslösen. Alkohol spielt beim Wasserschock wohl nur dann eine Rolle, wenn schon eine beginnende Trunkenheit besteht. Zu einer Reflexwirkung über den Nervus vagus, wie sie für den Tiefschlag beim Boxen erwähnt wurde, kann es auch beim Sprung ins kalte Wasser kommen, wenn man mit dem Bauch hart aufschlägt. Neben Muskelrissen in der Bauchmuskulatur kommt es durch Reizung des Sonnengeflechts (Plexus solaris) zum vago-vasalen Reiz.

Inwieweit die Kälte des Wassers für diese Geschehen verantwortlich ist, ist nicht geklärt. Nach *G. Lartigue* tritt ein Wasserschock nur bei Wassertemperaturen zwischen 15° und 18°C ein. Es entstand so der Begriff des «Kälteschocks» (s. S. 257). Lange Sonnenbäder vor einem kühlen Bad können ebenfalls einen Kreislaufkollaps im Wasser begünstigen. Auch inwieweit der hydrostatische Druck mitspielt, ist noch unklar.

Wenn auch bisher keine Untersuchungen vorliegen, nach denen auf einen Reflextod beim Tauchen geschlossen werden konnte, so ist es doch durchaus denkbar, daß einige völlig unklare und unerklärliche tödliche Unfälle unter Wasser über einen derartigen vago-vasalen Reflexmechanismus zustande kamen. Eine weitere Möglichkeit eines tödlichen Unfalls im Wasser, bei dem sich keine Ertrinkungszeichen finden lassen, sei noch erwähnt. Bei extremen Höchstleistungen kann es durch Aufbrauchen der Glykogenreserven und Absinken des Blutzuckers zum Erschöpfungskollaps kommen, wie es bei einem Schwimmer geschah, der von Irland nach Schottland zu schwimmen versuchte.

Vom Tod im Wasser

Wie überall, so ist auch im Wasser ein plötzlicher Tod «aus natürlicher Ursache» möglich. In solchen Fällen lassen sich aber bei Sektionen organische Veränderungen feststellen. Das Baden oder Tauchen stellt dabei nur ein auslösendes oder zufälliges Moment dar. Der Tod wäre auch auf dem Lande bei irgendeiner alltäglichen Belastung eingetreten. An der Spitze solcher plötzlicher Todesfälle aus natürlicher Ursache stehen Herz- und Kreislauferkrankungen. Ein plötzlicher Verschluß der Herzkranzgefäße (Herzinfarkt) tritt nicht nur im mittleren und höheren Lebensalter auf. Auch bei jungen Männern wurden in den letzten Jahren häufiger Koronarsklerosen (Arteriosklerosen der Herzkranzgefäße) beobachtet, die nach inadäquaten Belastungen zum Sekundenherztod führten. Es handelte sich beinahe immer um Zigarettenraucher.

Banale Allgemeininfekte begünstigen den Koronarverschluß. Infekte, besonders Mandelentzündungen, können andererseits zu unerkannt gebliebenen Herzmuskelentzündungen führen. *W. Doerr* berichtet von einem 22jährigen Sporttaucher, der durch ein Kammerflimmern bei einer Herzmuskelentzündung plötzlich zum Tode kam. Nach Infektionskrankheiten, aber auch bei latenten Infektionen (chronische Mandelentzündung oder Nasennebenhölenentzündungen) besteht ebenfalls eine besondere Neigung zum Kreislaufversagen, das sich unter Wasser fatal auswirken kann.

Anfallsleiden, bei denen es wie bei der Epilepsie zu Krampfanfällen mit Bewußtlosigkeit kommt, oder ein starker Blutzuckerabfall bei einem Diabetiker nach Insulininjektionen können ebenfalls zum plötzlichen Tod im Wasser führen.

All diesen Gefahren ist man aber bis auf geringe Ausnahmen nicht schicksalhaft ausgeliefert. Wenn man die begünstigenden Faktoren kennt und entsprechend berücksichtigt, läßt sich die Gefahr eines plötzlichen Todes im Wasser weitgehend reduzieren. Vor allem sollte man bei bestehenden fieberhaften Infektionen, auch wenn sie noch so bedeutungslos erscheinen sollten, unbedingt auf Baden und Tauchen verzichten. Nach abgeklungenen Infekten ist eine ärztliche Untersuchung anzuraten. Nach reichlichen Mahlzeiten oder Alkoholgenuß darf nicht ins Wasser gegangen werden. Besteht irgendeine Beeinträchtigung des Wohlbefindens oder eine unbestimmbare Abneigung, so sollte niemand zum Baden und erst recht nicht zum Tauchen animiert oder überredet werden.

Badedermatitis

Nach Baden in Seen, besonders in heißen Sommermonaten, aber auch an der Meeresküste, treten manchmal stark juckende Quaddeln an der Haut auf. Sie werden von Larven (Zerkarien) und Saugwürmern aus der Familie der *Schistosomatidae (Trichobilharzia, Ocellata* u. a.) hervorgerufen, die in die Haut eindringen. Die Larven dieser Parasiten entwickeln sich in verschiedenen Arten von Wasserschnecken und schwärmen in großer Zahl aus, um sich für die weitere Entwicklung einen Endwirt, meist Wildenten, zu suchen. Finden sie keinen geeigneten Wirt, so dringen sie eigentlich aus Versehen in die menschliche Haut ein, obwohl diese für ihre Weiterentwicklung ungeeignet ist. Hier verursachen sie die oben erwähnten unangenehmen allergischen

Erscheinungen. Mit dem Bilharziose-Hauttest-Antigen läßt sich ein Befall mit Zerkarien beweisen. Die Hauterscheinungen klingen nach 10 bis 20 Tagen ab, der Juckreiz meist etwas früher. Die Behandlung ist rein symptomatisch. Durch ein schneckentötendes Mittel können aber die Larven in infizierten Seen ausgerottet werden.

X Tauchunfälle

Statistischer Überblick

Die heute fundiertesten Informationen über tödliche Tauchunfälle geben die US Underwater Diving Fatality Statistics. In ihnen werden seit 1970 alle erfaßbaren Unfälle amerikanischer Taucher mit tödlichem Ausgang aufgeschlüsselt.

Die Anzahl der aktiven Sporttaucher in den Vereinigten Staaten von Amerika wurde für das Jahr 1978 auf etwa 2 Millionen geschätzt. Bei 130 Todesfällen im Jahre 1979 errechnete man eine Unfalltodesrate von 6,08 auf 100000 Taucher.

Es hat den Anschein, daß sich in Amerika die Zahl der Taucher um die 2-Millionen-Grenze eingependelt hat und daß die Unfallrate eine leicht sinkende Tendenz hat.

In Australien ist in den letzten Jahren die Unfallrate trotz anwachsender Taucherzahl nicht gestiegen.

Der Prozentanteil der Frauen bei den tödlichen Unfällen lag seit 1970 um 3% (Australien) bis etwa 7% (USA).

Alle statistischen Untersuchungen zeigen gleichlautend, daß gut über die Hälfte der Todesfälle das Lebensalter zwischen 16 und 30 Jahren betrifft. Das ist eine Altersgruppe, der man unterstellen kann, daß sie in der Blüte des Lebens und auf der Höhe körperlicher Leistungsfähigkeit steht. – In der Hälfte der Fälle wurde der tote Taucher in weniger als 12 m Wassertiefe geborgen.

Ein Drittel der tödlichen Unfälle betraf unerfahrene Taucher, die weniger als 6 Tauchgänge hatten.

Andererseits war die Anzahl tödlicher Unfälle bei der Gruppe, die als sehr erfahrene Taucher eingestuft waren, über 9 Beobachtungsjahre fast genauso hoch wie bei den Tauchern, die anläßlich ihres ersten Tauchgangs ums Leben kamen. Hier spiegelt sich sicher eine größere Waghalsigkeit und vielleicht auch Nachlässigkeit bezüglich der Tauchsicherheit bei «alten, routinierten» Tauchern wieder.

Ursachen tödlicher Unfälle

Gemäß der Aufschlüsselung der Ursachen für die 130 Unfälle des Jahres 1979 starben 62 Fälle aus medizinischen Gründen; 29 waren durch die Umgebungsverhältnisse bedingt, wie starke Strömung, hoher Seegang, Ende der Atemluft bei Höhlen- und Eistauchgängen; und 10 Fälle kamen durch Fehler der Ausrüstung ums Leben. In den restlichen 29 Fällen konnte eine nähere Ursache nicht definiert werden.
Unter den Unfällen aus medizinischer Ursache ist die Dekompressionskrankheit selten (1 Fall 1979). Den größten Anteil, mit 76%, bildet die Gruppe, für die als Todesursache Erschöpfung, Embolien oder Panik angenommen wurde. In 14 Fällen dieser Gruppe war ein Lungenüberdruck-Unfall diagnostiziert worden. Die Autoren nahmen aber an, daß sich unter den 33 anderen Fällen ebenfalls ein großer Teil mit Lungenüberdruck-Unfall befand, wobei ein solcher jedoch der Umstände wegen nicht festgestellt werden konnte.

Streß-Syndrom als Unfallursache

Die drittgrößte Gruppe bilden Todesfälle durch Herzversagen. *Edmonds* und Mitarbeiter vertreten die Ansicht, daß in vielen Fällen ein Streß-Syndrom zum Unfall führte, und zwar bei nichterfahrenen Tauchern zwischen 15 und 25 Jahren über eine Panik und bei erfahrenen Tauchern zwischen 25 und 45 Jahren durch ein Herzversagen. (Syndrom = Gruppe von gleichzeitig auftretenden Symptomen). Ein Streß-Syndrom entsteht beim Tier, wenn es sich in seiner Existenz bedroht fühlt. Diese Bedrohung kann wirklich oder nur vermeintlicher Natur sein. Meist entsteht dabei Angst, und in jedem Fall kommt es zu einer Streßreaktion. Sie hat den Sinn, beim Tier alles zum Kampf oder zur Flucht bereitzustellen. Man spricht deshalb auch von einer Notfallreaktion oder einem Adaptionssyndrom.
Über die Aktivierung des vegetativen Nervensystems, das aus einem parasympathischen (Nervus vagus) und einem sympathischen Teil (Nervus sympathicus) besteht, kommt es einmal zu einer Kreislaufumstellung. Sie wird

durch eine vermehrte Adrenalinausschüttung aus dem Nebennierenmark bewirkt. Der Kreislauf wird zentralisiert, das heißt lebenserhaltende Organe, wie Gehirn, Herz und Atmung, werden vermehrt mit Sauerstoff versorgt, andere dagegen in der Durchblutung gedrosselt. Gleichzeitig wird auf hormonalem Wege vermehrt Cortisol aus der Nebennierenrinde freigesetzt. Dadurch kann gespeicherte Energie, wie Glykogen (Körperzucker) und Fett, mobilisiert werden (s. auch S. 92). Diese Vorgänge laufen in der Funktion von Regelkreisen ab (s. S. 242), von denen es in unserem Organismus eine Unzahl gibt und die alle mehr oder weniger untereinander und miteinander in Verbindung stehen. Durch die Streßreaktion wird das Tier in den Zustand höchster physiologischer Erregung versetzt. Es ist zur Aktion bereit.
Der Mensch reagiert im Prinzip nach dem gleichen Schema. Die starke Aktivierung des vegetativen Systems kann aber auch, besonders am Herzen, zu pathologischen Reflexabläufen führen. Die Gefäßkontraktion in der Peripherie mit Steigerung des Blutdrucks führt von vorneherein zu einer Mehrbelastung des Herzens. Bei einem nicht mehr ganz gesunden Herzen, besonders bei verschlechterter Blutversorgung über die Kranzgefäße, kann dann die starke Aktivierung des Nervus sympathicus zu schnellen (tachycarden) Rhythmusstörungen führen, die bis zum Kammerflimmern und damit zum Tod gehen. Über eine gesteigerte Vagusaktivität können langsame (bradycarde) Rhythmusstörungen mit Blockierung der Überleitung ausgelöst werden (s. S. 278). Solche sogenannte depressorische Reflexabläufe bilden wahrscheinlich die Ursache des Voodoo-Todes (s. S. 279). Hier ist offenbar die Angst der alleinige Stressor.

Begünstigende Faktoren

Bei herzgesunden Tauchern – das sind im allgemeinen die jüngeren, aber auch oft unerfahreneren, zwischen 15 und 25 Jahren – führt die Streßwirkung eher zur Panik mit der wohl häufigsten Folge, dem Lungenüberdruck. Er ist eingehend auf den Seiten 207–211 besprochen.
Für die älteren und erfahreneren Taucher, bei denen das beschriebende Streß-Syndrom zu einem Herzversagen führen kann, machen die Autoren folgende Begleitumstände verantwortlich:
Körperliche Anstrengung, die Persönlichkeit und psychische Faktoren des Tauchers, die Kälte und die mit dem Tauchen verbundene Reflexe.
Körperliche Anstrengungen führen nach *Edmonds* über Wasser weniger zum Ansteigen des Blutdrucks, weil sich das Blut in den erweiterten Gefäßen der

Haut und der Muskulatur verteilen kann. Im Wasser sind die Hautgefäße durch die Kälte verengt, eine vermehrte Arbeit wird auch nicht vom Gefühl der Anstrengung und von Schwitzen begleitet. Die Umgebungsbedingungen sind angenehmer.

Die Kälte bewirkt eine starke Aktivierung des Nervus sympathicus und eine erhebliche Adrenalinausscheidung. (s. S. 251).

Der Tauchreflex führt über den Nervus vagus, den Gegenspieler des Nervus sympathicus, zu einer Herzverlangsamung und auch zu Herzrhythmusstörungen, die beim gesunden Herzen ohne Folgen bleiben (s. S. 90).

Als ein weiterer möglicher Reflexeinfluß wird der Druck zu eng anliegender Naßtauchanzüge in der Halsgegend diskutiert. Dieser Druck kann die Carotis-Sinus-Gabel (s. S. 67) reizen und eine Herzverlangsamung und einen Blutdruckabfall auslösen.

All diese Momente sind Teilerscheinungen von biologischen Abläufen in einem differenzierten Organismus, die in allen Einzelheiten noch nicht erforscht sind. Wie auf Seite 93 ausgeführt, sind aber die höheren Hirnzentren dominierend über das nervös-hormonale Reflexgeschehen, das im Stammhirn lokalisiert ist. Das heißt, entscheidend für das Verhalten des Menschen sind seine Persönlichkeit und die psychischen Faktoren.

Persönlichkeits-Charakteristika

Edmonds und Mitarbeiter haben einen Persönlichkeitstyp beschrieben, der besonders für den plötzlichen Tod (unter Wasser) durch Herzversagen disponiert ist. Dieser als *Typ A* bezeichnete Taucher, zwischen 25 und 45 Jahren, zeigt die gleichen Charakteristika, die ihn schon in jüngeren Jahren zum Erfolg geführt haben. Er ist beherrscht, leistungsbewußt im Beruf wie auch im Sport und stellt große Ansprüche an sich selbst. Er ist extrovertiert, oder gibt sich so, das Leben ist eine Herausforderung. Bei guter körperlicher Kondition besteht eine Neigung zu erhöhtem Blutdruck. Auch nach der ersten Jugend betreibt er Hochleistungssport, hat seine Freude daran, jüngere Rivalen auszustechen, und empfindet in gefährlichen Situationen einen Rückzug als Feigheit und Schlappmachen. Sein Verhalten ist typisch männlich – ehrgeizig und potentiell aggressiv. – Im Zuge der Emanzipation ist dieser Typ aber auch mehr und mehr bei Frauen anzutreffen.

Eine Lebensweise, in der dauernd ein latenter Streßzustand besteht, begünstigt die Entstehung von Verengungen der Herzkranzgefäße. Treffen auf solche, auch leicht verengte Kranzgefäße noch akute Streß-Situationen, so

kann es zum Herzinfarkt oder zu den oben beschriebenen Rhythmusstörungen kommen.
Typ B dagegen ist ausgeglichen, zufrieden mit sich selbst und der Welt und kennt keine Komplexe oder übersteigerte Selbstansprüche.
Edmonds und Mitarbeiter begründen dieses Konzept mit vielfältigen Beobachtungen durch eine Reihe von Taucherärzten. Ein streng wissenschaftlicher Beweis für die Richtigkeit des Konzeptes kann – noch – nicht in allen Punkten erbracht werden. Aber schon mehrfach in der Tauchmedizin gingen Erkenntnisse durch aufmerksame ärztliche Beobachtung von Krankheitsbildern der wissenschaftlichen Beweisführung voraus.

Ungeklärte und seltene Tauchunfälle

In der angeführten Statistik der tödlichen Unfälle des Jahres 1979 verblieben 29 Fälle, in denen eine Ursache nicht geklärt werden konnte. Diese Höhe von 22% ist sicher nicht repräsentativ für den Anteil ungeklärter Tauchunfälle in der Welt, sondern beruht in der US-Statistik eher auf fehlenden Informationen.
Es ist aber unbestritten, daß es immer wieder Tauchunfälle gab und auch gibt, die nicht erklärbar sind. Noch sind nicht alle Faktoren bekannt, die unter den Bedingungen des Tauchens auftreten können. Es sei hier an die Unfallmöglichkeiten erinnert, die erst in den letzten Jahren bekannt geworden sind und wie sie betreffs der Laryngocelen auf Seite 153 und des Undine-Syndroms, der Untererregbarkeit des Atemzentrums für Kohlendioxid, auf Seite 170 beschrieben wurden.
Dagegen sind Beobachtungen, daß durch Tauchen Hirnblutungen verursacht werden, wie 1981 in der «Deutschen Zeitschrift für Sportmedizin» berichtet, sicher nicht zutreffend.
Barotraumen des Verdauungstraktes sind sehr selten. Erwähnenswert ist daher der Fall eines 22jährigen Sporttauchers, bei dem es anläßlich eines Tauchgangs bis auf 40m beim Aufstieg in 15m Tiefe zu einer ballonartigen Luftauftreibung des Magens mit anschließendem Magenwand-Riß kam.
Weniger ungewöhnliche Unfälle können durch Verletzungen in starker Brandung beim Ein- und Aussteigen zum Tauchen auftreten. In starker Strömung kann der Taucher abgetrieben werden. Für einen Gerätetaucher ist es z. B. unmöglich, gegen eine Strömung von 1½ Knoten/Std. zu schwimmen.

Kopfsprünge in unvertrauten Gewässern oder rasches unvorsichtiges Auftauchen können zu Gehirnerschütterungen, Schädelbrüchen oder Verletzungen der Halswirbelsäule mit Lähmungen aller Extremitäten (Tetraplegie) führen, wenn mit dem Kopf gegen einen Widerstand, wie Untiefen, ein Boot oder eine Höhlendecke gestoßen wird. Gefürchtet sind auch die meist gefährlichen Verletzungen durch die Schrauben schnellfahrender Boote.

Alle anderen Gefährdungen beim Tauchen wurden in den entsprechenden Kapiteln dieses Buches besprochen.
Wenn man die vielfältigen Möglichkeiten berücksichtigt, die beim Tauchen zu Unfällen führen können, könnte man zu dem Schluß kommen, daß der Tauchsport einer körperlichen und psychischen Elite vorbehalten sein müßte. Der ideale Taucher müßte bei einer Tauglichkeitsuntersuchung einem gewissen Modell entsprechen. Nach *N. C. Flemming* ist es aber nicht möglich, ein solches Modell zu definieren, und medizinische, psychologische und Fitness-Teste haben gezeigt, daß Taucher, einschließlich Berufstaucher, sich nicht wesentlich vom Bevölkerungsdurchschnitt unterscheiden, wenn man von einer besseren Kondition einmal absieht.
In der Realität hat sich auch der Personenkreis der Sporttaucher in den letzten 25 Jahren stark erweitert. Waren es im Anfang teils meereserfahrene Außenseiter mit Pioniercharakter, so tauchen heute, bei den ausgedehnten Urlaubs- und Reisemöglichkeiten, viele Touristen als Gelegenheitstaucher. Aber auch Behinderte, wie Doppelamputierte und Querschnittsgelähmte, sind in der Lage, normale Tauchprüfungen zu bestehen *(N. C. Flemming* und *Y. Melamed).*
Auch für die Luftfahrt ist ja heute nicht mehr der biologisch perfekte Mensch notwendig. Kleinere Gesundheitsmängel lassen sich durch Technik und Erfahrung ausgleichen. So wurde bei Piloten im zivilen Flugverkehr das Durchschnittsalter auf 55 Jahre und mehr heraufgesetzt.
Man könnte auch zu dem Schluß kommen, daß das Tauchen ein potentiell sehr gefährlicher Sport sei. Nun trifft das in vielen Dingen ebenfalls für den Motorsport und das Autofahren ganz allgemein zu. Aber auch hier: Die Entwicklung der letzten Jahre im Straßenverkehr der Industrieländer zeigt, daß sich durch Verbesserung der Technik, einschließlich der Verkehrswege, und des Fahrverhaltens die Unfallquote reduzieren läßt. Die Parallele zum Tauchen – Fortschritte in Gerätebau, Tauchtechnik und Tauchverhalten – ist offenkundig gegeben.

XI Wiederbelebung als Erste Hilfe

Die Frage der Wiederbelebung als Erste Hilfe ergibt sich nicht nur für alle Tauchunfälle, die mit einer Bewußtlosigkeit einhergehen, sondern genauso für viele Fälle und Unfälle des täglichen Lebens, insbesondere im Straßenverkehr. Es besteht nicht nur eine gesetzliche, sondern auch eine moralische Pflicht zur ersten Hilfeleistung. Der Taucher kommt häufiger in die Lage, sei es bei Ertrinkungs- oder bei Tauchunfällen, Hilfe durch Wiederbelebung zu leisten.

Die Notwendigkeit der Wiederbelebung als Sofortmaßnahme ist in den letzten Jahren immer stärker bewußt geworden. Man ist deshalb in fast allen Ländern bestrebt, Kenntnisse hierüber einer möglichst großen Bevölkerungsschicht zu vermitteln. In der Bundesrepublik wird von jedem Führerscheinbewerber die Absolvierung eines Kurses in Erster Hilfe verlangt.

Maßnahmen zur Wiederbelebung sind immer dann erforderlich, wenn die lebenswichtigen Funktionen Atmung und Kreislauf bedrohlich gestört sind. Für die lebensrettenden Sofortmaßnahmen ist es gleichgültig, wo im Einzelfall die Störung begonnen hat. Jede Verminderung oder Unterbrechung der Sauerstoffzufuhr fordert Maßnahmen, die eine ausreichende Sauerstoffversorgung anstreben. Nicht nur Störungen der Atemfunktion, wie beim Ertrinken, sondern auch alle Unfälle mit Verletzungen des Schädels, des Brust- oder Bauchraums, Vergiftungen, Starkstromunfälle, aber auch Herzinfarkte erfordern Wiederbelebungsmaßnahmen, wenn dabei die Funktion von Atmung und Kreislauf gestört ist.

Nur wenn sichere Todeszeichen, wie die Leichenstarre, oder Verletzungen, die mit dem Leben nicht mehr vereinbar sind, vorliegen, kann man auf eine Wiederbelebung verzichten. Natürlich auch dann, wenn der Tod der Abschluß eines biologisch abgelaufenen Lebens oder eines unheilbaren Leidens ist.

Ohne Atmung ist eine Sauerstoffaufnahme nicht möglich. Das Gehirn reagiert auf einen Sauerstoffmangel am empfindlichsten. Eine Hypoxie in den

Hirnzellen kann zu irreversiblen Schäden führen. Werden dabei auch die vegetativen Zentren im Gehirn betroffen, so führt dies meist zum Zusammenbruch des Kreislaufs. Bei Atemstillstand werden die Überlebensaussichten mit jeder Minute geringer. Die Wahrscheinlichkeit einer Wiederbelebung besteht im allgemeinen bis zu 2 Minuten nach Atemstillstand zu 92 %, nach 3 Minuten zu 75 % und nach 5 Minuten nur noch zu 25 %. Besteht gleichzeitig, wie dies oft der Fall ist, ein Herzstillstand, dann sinken die Erfolgsaussichten nach 4 Minuten schon unter 6 %. Es geht also darum, möglichst rasch Sauerstoff zuzuführen. Entscheidend kann nur die Erste Hilfe durch Beatmung sein, die am Unfallort sofort angewendet werden kann.

Feststellungen am Unfallort

Die Aufgabe eines Helfers besteht zunächst darin, festzustellen, ob der Verunglückte atmet, ob sein Herz schlägt und die Kreislauffunktion erhalten ist. Die Atmung ist leicht prüfbar. Durch Auflegen der Hand auf den Brustkorb und Oberbauch läßt sich fühlen, ob Atembewegungen vorhanden sind. Weiter kann man versuchen, Atemgeräusche über dem Mund oder der Nase des Bewußtlosen zu hören. Im Zweifelsfall darf aber damit keine Zeit verloren werden.

Der Herzschlag läßt sich am Puls, an der Daumenseite des Handgelenks tasten. Bei schwach erhaltenem Kreislauf ist er dort allerdings oft schwer zu fühlen. Sicherer läßt er sich an der Halsschlagader, beiderseits neben dem Kehlkopf, tasten. Die Kreislauffunktion und gleichzeitig die des Gehirns läßt sich durch einen einfachen Blick in die Pupillen erkennen. Beim Öffnen des Augenlides und damit verbundenem Lichteinfall verengt sich bei erhaltenem Kreislauf die Pupille. Bei schon eingetretener Störung der Hirnfunktion bleibt sie starr und weit.

Besteht Bewußtlosigkeit, die Funktion von Atmung und Kreislauf ist aber erhalten, so muß der Verunglückte weiter beobachtet werden, bis er in ärztliche Betreuung gegeben werden kann. So lange müssen Atmung, Puls und Pupillenreaktion laufend kontrolliert werden.

Die Maßnahmen der Wiederbelebung

Die Maßnahmen für eine Wiederbelebung lassen sich einprägsam durch die 3 B-Regeln (*K. Seemann*) zusammenfassen:

1. Befreie die Atemwege!
2. Beatme die Lunge!
3. Belebe den Kreislauf!

Ist nur die Atmung gestört, der Kreislauf aber mit Sicherheit erhalten, wird mit der Beatmung begonnen. Wenn die Luftwege verlegt sind, ist eine Beatmung, gleich durch welche Methode, nicht möglich. Die erste Voraussetzung besteht also im Befreien und Freihalten der Atemwege. Beim Bewußtlosen in Rückenlage sinkt der Unterkiefer mit der Zunge nach hinten und engt damit die Atemwege ein. Der Zungengrund blockiert damit teilweise oder vollständig die Atemwege im Rachenraum. Dauert diese Blockade länger als fünf Minuten, erstickt der Bewußtlose. Wird der Kopf aber stark nach hinten gestreckt, also in den Nacken gebeugt, werden die Atemwege wieder frei (s. Abb.). In sehr vielen Fällen setzt dabei die Atmung spontan wieder ein.

Ist dies nicht der Fall, beginnt man unverzüglich mit der Atemspende. Man hält den Kopf in der überstreckten Stellung, die eine Hand über dem Scheitel, die andere unter dem Kinn. Der Daumen der einen Hand verschließt gleichzeitig den Mund. Der Helfer umschließt jetzt mit dem Mund die Nase des Verunglückten und bläst ihm seinen Atem ein. Dabei beobachtet er, ob sich der Brustkorb des Bewußtlosen ausdehnt und damit hebt. Dann setzt er mit der Beatmung aus; die Ausatmung des Beatmeten geschieht von selbst. Sie erfolgt spontan durch die Elastizität der Lungen, die während des Einblasens unter positivem Druck gedehnt wurden. Der Helfer atmet tief ein und wiederholt den Vorgang ruhig und ohne Hast, anfangs etwa 18- bis 20mal in der Minute. Die Einatemluft soll nicht zu lange angehalten werden, sondern so schnell wie möglich dem Bewußtlosen gespendet werden, damit sie sauerstoffreicher ist. Nach etwa 1 bis 2 Minuten setzt man beim Erwachsenen die Beatmung mit einer Frequenz von 14- bis 16mal in der Minute fort, bei Säuglingen und Kleinkindern 18- bis 20mal in der Minute.

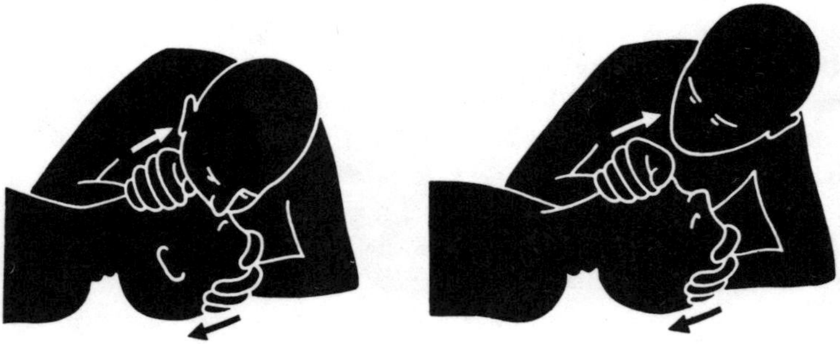

Gelingt es nicht sofort, Luft in die Lungen des Verunglückten einzublasen, was sich ohne weiteres feststellen läßt, wenn sich der Brustkorb nicht ausdehnt oder Widerstand beim Beatmen bemerkt wird, so muß die Kopflage nochmals überprüft und jetzt die Mundhöhle nach Fremdkörpern untersucht werden. Das letztere geschieht mit zwei einfachen Handgriffen (s. linke Abb. S. 291). Der Daumen der einen Hand drückt die Wange zwischen die Zahnreihen des Ober- und Unterkiefers und öffnet damit gleichzeitig den Mund. Mit zwei Fingern der anderen Hand kann nun der Mund ausgeräumt werden, ohne daß die Gefahr besteht, daß der Verunglückte unbewußt zubeißt. Sind Zeit und Möglichkeit gegeben, so umwickelt man vorher Zeige- und Mittelfinger mit einem Taschentuch.
Relativ selten können die Atemwege durch Schleim, Blut oder Erbrochenes verlegt sein. In der Hand von ausgebildeten Laien kann der Orosauger (Fa. Draeger) hierbei ein nützliches Hilfsmittel sein. In eine Plastikflasche, die der Helfer an einem Mundstück zwischen den Lippen hält, wird die Fremdflüssigkeit über einen Schlauch aus dem Rachenraum des Verunglückten abgesaugt.
In größerer Ausführung gibt es solche Absaugpumpen mit Blasebalg, die mit dem Fuß bedient werden.

Sauerstoff und Kohlendioxid bei der Atemspende

Die Ausatemluft des Helfers, die sich aus Alveolar- und Totraumluft zusammensetzt, enthält noch etwa 17,5% O_2; ein Prozentsatz, der völlig ausreicht, um dem Bewußtlosen genügend Sauerstoff zuzuführen. Ausschlaggebend für den Erfolg einer Beatmung ist die Sauerstoffsättigung des Blutes, die nur bei guter Lungenventilation erreicht wird. Mit einer normal durchgeführten Atemspende läßt sich im Gegensatz zu den manuellen Methoden der Sauerstoffspiegel im Blut auf durchschnittlich 90% halten. Das reicht aus, um den Bedarf des Organismus zu decken. Wenn der Beatmer tief einatmet und die Luft sofort, ohne sie lange anzuhalten, dem Bewußtlosen einbläst, läßt sich die Sauerstoffsättigung im Blut sogar bis auf 97 und 100% erhöhen, da sich die Luft im Totraum des Beatmers noch wenig mit der verbrauchten Luft der Lungenbläschen vermischen konnte und ihr O_2-Gehalt dadurch höher ist.
Mit der Ausatemluft des Helfers wird dem Bewußtlosen auch Kohlendioxid in einer Konzentration von etwa 4% zugeführt. Vergiftungserscheinungen treten dadurch aber nicht auf. Wie nachgewiesen wurde, bleiben die CO_2-Konzentrationen in der Atemluft des Bewußtlosen auch während einer langdauernden Atemspende immer im Normbereich.
Für den Helfer kann durch schnelles Beatmen der CO_2-Gehalt im Blut absinken und es kann bei hierzu disponierten Menschen zu einem Hyperventilationssyndrom (s. S. 78) kommen. Die Folgen, Schwindelgefühl und Kribbeln an den Fingern, sind aber an der Luft harmlos und ohne ernste Konsequenzen.
Das Diagramm gibt den typischen Verlauf der Sauerstoffsättigung des arteriellen Blutes bei der Atemspende wieder. Nach Unterbrechung der Atemspende sinkt die O_2-Sättigung im Blut des Beatmeten ab. Bei Wiederauf-

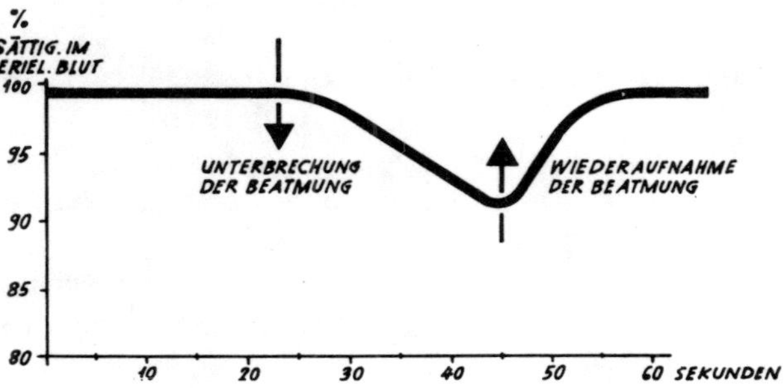

nahme steigt sie nach 30 Sekunden wieder auf Werte um 97% an. Erst nach einer Beatmungspause von 45 Sekunden beginnt die O_2-Sättigung auf bedrohliche Werte abzusinken. Somit bleiben bei guter Beatmung sicher 30 Sekunden Zeit, um beispielsweise eine Umlagerung vorzunehmen, eine Wunde zu versorgen oder weitere Hilfe herbeizurufen. Diese Zeit kann auch benutzt werden, die Mundhöhle zu säubern. Wichtig ist aber nicht eine saubere Mundhöhle, sondern eine freie Passage für die Atemluft.

Methoden und Anwendung der Atemspende

Bei der Atemspende hat sich die Mund-zu-Nase-Beatmung als günstiger erwiesen als die Mund-zu-Mund-Beatmung. Bei der letztgenannten Methode muß etwas mehr Kraft aufgewendet werden, weil der Arm, der den Unterkiefer nach vorn zieht und den Mund offenhält, schneller ermüdet. Auch ist der Kontakt mit dem Mund eines Bewußtlosen für viele mit Abneigung und vielleicht auch mit Ekel verbunden. Nur wenn die Nase undurchgängig ist, was in 1% der Fälle vorkommt, geht man zur Mund-zu-Mund-Beatmung über.

Die Atemspende soll unter allen Umständen so früh als möglich beginnen, möglichst schon im Wasser, d.h. während des Transportes des Ertrunkenen. Während des Schwimmens mag das schwierig sein, in seichterem Wasser, in Ufernähe, ist es sicher ohne weiteres durchführbar. Man darf sich nicht von der Vorstellung beherrschen lassen, daß eine Atemspende nutzlos sei, wenn Wasser in der Lunge ist. Wie im Kapitel «Ertrinken» auf S. 274 ausgeführt, strömt bei Ertrinken im Süßwasser sowieso die Flüssigkeit mit großer Kraft in das Blut. Aber auch bei Ertrinken im Meerwasser sind alle Versuche, die Lunge von Wasser zu entleeren, unnütz vergeudete wertvolle Zeit. Nach eingehenden Untersuchungen können weder durch Lagewechsel noch durch äußeren Druck auf die Brust oder den Rücken nennenswerte Wassermengen aus den Lungen hervorgebracht werden, selbst wenn diese fast 2 l Flüssigkeit enthalten. Eine Atemspende ist auch in solchen Fällen erforderlich. Man muß davon ausgehen, daß noch genügend Alveolaroberfläche zur Verfügung steht, auch wenn ein Teil der Lunge mit Wasser gefüllt ist.

Die Atemspende läßt sich praktisch in jeder Lage durchführen, solange man nur an Mund oder Nase des Verunglückten herankommen kann. Nur wenn bei schweren Gesichtsverletzungen eine Atemspende nicht durchführbar ist, muß auf eine der manuellen Wiederbelebungsmethoden – am besten nach Thomsen – zurückgegriffen werden. Auch dabei ist die Überstreckung des Kopfes von entscheidender Bedeutung. Weiter ist bei bestimmten Vergiftungen, wie mit E 605, Blausäure oder Phosgen, der manuellen Beatmungsmethode der Vorzug zu geben, da sonst für den Beatmer eine gewisse Gefährdung besteht.

Atemspende und manuelle Methoden

An eine Beatmungsmethode müssen folgende Forderungen gestellt werden: die Lunge muß genügend belüftet werden, um eine ausreichende Sauerstoffsättigung des Blutes zu erzielen; die Methode muß einfach und über längere Zeit anwendbar, leicht zu erlernen und ohne ständige Übung jederzeit ausführbar sein. Es besteht heute kein Zweifel mehr, daß die Atemspende die wirksamste Beatmungsmethode darstellt, die alle oben angeführten Forderungen in vollem Maße erfüllt. Bei den manuellen Beatmungsmethoden nach *Holger-Nielsen, Silvester-Brosch* und *Thomsen* wird der Brustkorb und damit die Lunge zusammengedrückt. Beim Nachlassen der Kompression wird durch die Wiederausdehnung des Brustkorbs und seine Rückkehr in die Ausgangslage die Luft eingesogen (Beatmung durch negativen Druck). Wie eingehende Untersuchungen ergeben haben, wird dabei nur in ausnehmend günstig gelagerten Fällen eine genügende Ventilation der Lungenbläschen erzielt und damit der notwendige Gasaustausch erreicht. Die Atemspende dagegen, die seit dem Altertum schon immer vereinzelt Anwendung fand, stellt eine Beatmungsmethode durch positiven Druck dar. Atemluft wird unter Druck in die Lunge des Bewußtlosen geblasen, und eine ausreichende Ventilation ist dadurch immer gewährleistet. Bei den manuellen Methoden ist es für den einzelnen nicht möglich, den Kopf in der überstreckten Stellung zu halten und gleichzeitig mit den Händen den Brustkorb zu komprimieren. Die Atemwege sind also bei der Wiederbelebung nicht mit Sicherheit frei. Die Überlegenheit der Atemspende ergibt sich schon daraus, daß ihre Wirkung einfach und sicher zu kontrollieren ist. Läßt sich die Atemluft einblasen, hebt sich der Brustkorb des Beatmeten, und strömt die Luft, wenn der Helfer absetzt, hörbar und fühlbar wieder aus, so ist die Beatmung voll wirksam. Der Energieaufwand bei Anwendung der Atemspende ist erwiesenermaßen wesentlich geringer als bei den manuellen Methoden. Die Atemspende kann

also über längere Zeit ohne größere Ermüdung auch von Frauen und Kindern ausgeführt werden. Wesentlich ist weiter, daß sie nicht nur leicht erlernbar ist, sondern auch so gut wie gar nicht in Vergessenheit gerät.
Einwände gegen die Atemspende bestehen hauptsächlich in Bedenken aus hygienischen und ästhetischen Gründen. Sie sind verständlich und teilweise berechtigt, zumindest bei Lehrübungen an nicht bewußtlosen Personen. Dieser Nachteil ist aber heute dank einem entsprechenden Übungsmaterial (s. S. 303) nicht mehr gegeben, und im Ernstfall, wenn es gilt, einem Menschen das Leben zu retten, treten solche Überlegungen und Gefühle normalerweise gar nicht mehr auf. Durch ein Taschentuch, das man über Mund und Nase des Verunglückten legt, läßt sich notfalls auch diese Scheu überwinden.

Hilfsmittel für die Atemspende

In den letzten Jahren ist eine Reihe von Hilfsgeräten für die Atemspende entwickelt worden. Der Vorteil liegt in erster Linie in der Vermeidung eines persönlichen Kontaktes und in der größeren Bewegungsfreiheit des Atemspenders. Der Helfer ist an keine bestimmte Stellung gebunden und kann z.B. vom Kopfende her beatmen. Alle Geräte zur Atemspende nützen aber nur dann, wenn sie sofort eingesetzt werden können. Da sie aber im Unglücksfall meist nicht gleich zur Hand sind, ist es unerläßlich, die direkte Atemspende zu beherrschen und anzuwenden. Für die Wiederbelebung und Rettung ist es verlorene Zeit, wenn, statt sofort mit der Atemspende zu beginnen, erst nach einem Beatmungsgerät gesucht wird. Ist der Bewußtlose einige Zeit auf direkte Weise beatmet worden, so kann man eine Pause von maximal 30 Sekunden benutzen, ein Hilfsgerät einzusetzen. Ein einfaches Hilfsgerät ist das Gummimundstück der meisten handelsüblichen Schnor-

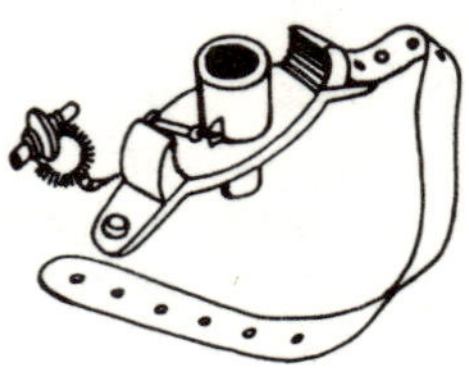

Orospirator (links) und Orotubus (rechts).

chel. Es wird dem Verunglückten in den Mund gesetzt, und man kann nun auch vom Kopfende her beatmen. Mit beiden Händen wird dabei der Unterkiefer nach vorn geschoben und der Kopf zurückgebeugt. Die Nase wird mit den beiden Daumen zugehalten. Besser noch läßt sich das gleiche mit dem Orotubus der Fa. Draeger durchführen. Er wird mit dem kurzen Tubus zwischen die Zahnreihen des Bewußtlosen geschoben, und eine Gummiplatte, die mit zwei Haltegriffen für die Daumen versehen ist, schließt den Mund dicht ab. Mit einer Nasenklemme, die am Tubus befestigt ist, kann die Nase des Verunglückten verschlossen werden. An den Orotubus läßt sich der Orospirator oder ein Pulmotor direkt anschließen.
Mit dem Orospirator kann man einen Bewußtlosen z.B. während des Transportes auf einer Trage weiterbeatmen. Der Sauerstoffanteil der eingeblasenen Luft ist hierbei größer, weil durch die Zweigventilsteuerung kein zusätzlicher Totraum entsteht. Auch die Kohlensäurewerte des Beatmers sinken wegen der teilweisen Pendelatmung weniger stark ab. Ein Zungengrundtubus soll von Laien nicht verwendet werden. Bei diesem Hilfsmittel wird der Zungengrund durch einen langen Tubus nach vorn gedrückt, um damit die Atemwege offenzuhalten. Abgesehen von Verletzungen, die beim Einsetzen entstehen können, kann der Tubus zum Erbrechen reizen. Seine Verwendung ist auch gar nicht nötig, da bei richtiger Haltung des Kopfes die Atemwege ohnehin frei bleiben.

Die stabile Seitenlage

Wird die Beatmung durch Erbrechen oder durch eine Blutung aus dem Nasen-Rachenraum behindert, so bringt man den Verunglückten am zweckmäßigsten in die sogenannte stabile Seitenlage. Bei dieser Lage bildet der rechte bzw. der linke Mundwinkel den tiefstgelegenen Punkt der oberen Luftwege: Blut oder Schaum können damit nach außen abfließen, auch Erbrochenes wird dadurch nicht in die Lunge eingeatmet. Die Gefahr einer Aspirationspneumonie (einer Lungenentzündung durch Einatmung von Fremdkörpern) kann damit vermieden werden.
Die stabile Seitenlage wird folgendermaßen hergestellt: man dreht den Bewußtlosen auf die rechte Seite, bis der Oberkörper eine Mittelstellung zwischen Seitenlage und Bauchlage einnimmt. Der rechte Arm liegt im Rücken, die linke Hand wird unter das Gesicht gelegt. Das unten liegende

rechte Bein wird angezogen, so daß der Körper jetzt auf dem angewinkelten linken Arm und dem angezogenen rechten Bein stabil ruht. Wenn es wegen Verletzungen erforderlich sein sollte, so kann der Verunglückte in entsprechender Weise auch auf die linke Seite gelagert werden.

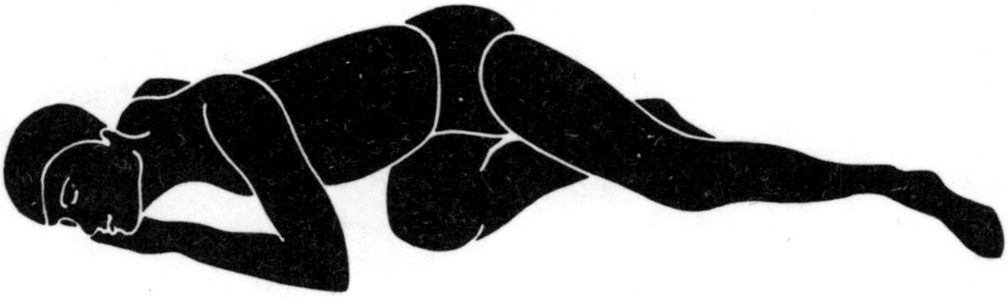

Beatmungsgeräte

In der stabilen Seitenlage läßt sich auch eine Beatmung mit Beutel- oder Balggeräten am besten durchführen. Mit diesen einfachen Beatmungsgeräten wird kein Atem mehr gespendet, sondern Frischluft zugeführt. Der sogenannte Ruben-Beutel (Fa. Draeger, Lübeck, und Fa. Söhngen, Wiesbaden) wurde von der Nato als Beatmungsgerät eingeführt. An ihn kann ebenfalls eine Sauerstoffflasche angeschlossen werden. Weiter kann der Rubenbeutel mit einem PEEP-Zusatzventil ausgestattet werden, womit eine Beatmung mit positiv-endexpiratorischem Druck (PEEP) möglich ist (s. S. 305). Eine künstliche Beatmung mit Zufuhr von Sauerstoff ist mit dem Resutatorkoffer (Draeger) – einer O_2-Flasche mit Balgbeatmer und Absaugevorrichtung –

Der Ruben-Beutel ermöglicht eine Beatmung mit Frischluft und Sauerstoff.

und mit dem Pulmotor möglich. Beim Pulmotor wird Sauerstoff aus einer Druckflasche vermischt mit Luft in automatisch gesteuertem, normalem Atemrhythmus in die Lungen geblasen und abgesaugt. Diese beiden Geräte haben auch Absaugevorrichtungen nach dem Prinzip der Wasserstrahlpumpe (s. S. 292). Beide Geräte sind ausgebildeten Hilfskräften und Rettungswagen vorbehalten.

Belebe den Kreislauf!

Eine gute Lungenventilation mit ausreichendem Sauerstoffangebot nützt jedoch wenig, wenn der Sauerstoff nicht transportiert werden kann, d.h. wenn das Herz, der Motor des Kreislaufs, stillsteht.
Wie in den letzten Jahren immer wieder erwiesen werden konnte, ist ein Stillstand des Herzens nicht gleichbedeutend mit dem Tod des Organismus. Der gesunde Herzmuskel ist für einen Sauerstoffmangel sehr viel widerstandsfähiger als andere Organe, vor allem das Gehirn. Bei einem Herzstillstand kann sich der Herzmuskel nicht mehr selbst über seine Kranzarterien versorgen. Theoretisch schätzt man die Zeit einer Hypoxie, nach der ein Herz wieder zum Schlagen gebracht werden kann, auf etwa 30 Minuten. Nach *Stevenson* kann es aber noch bis zu 72 Stunden nach dem «Tod» wiederbelebt werden. Jedenfalls kann die Wiederbelebungszeit des Herzens durch äußere Herzmassage sehr verlängert werden.
Tritt beispielsweise bei einer Herzoperation ein Herzstillstand auf, dann massiert der Operateur das Herz zwischen beiden Händen und drückt dabei die Füllung der Herzkammern in den Kreislauf. Der Blutdruck läßt sich damit auf einem Druck von etwa 90 mm Hg aufrechterhalten. Das Herz springt dann oft wieder von selbst an und übernimmt seine Pumptätigkeit wieder. Man spricht hier von einer inneren Herzmassage. Derselbe Effekt läßt sich auch durch eine äußere Herzmassage erreichen. Durch ein Zusammendrücken des Brustkorbs über dem Herzen wird die gleiche Pumpwirkung erreicht wie durch das Ausdrücken des Herzens mit der Hand bei geöffnetem Brustkorb. Das Blut in den Herzkammern kann diesem Druck nur in den gegebenen Bahnen, also in den Kreislauf ausweichen. Die äußere Herzmassage hat sogar noch einen weiteren Vorteil: Da das Brustbein nach jeder Kompression von selbst wieder in seine Ausgangslage zurückschwingt, wird ein leichter Unterdruck im Brustkorb und Herzen bewirkt, der den

venösen Rückstrom zum Herzen begünstigt. Das Prinzip der Herzmassage ist aus der Abbildung zu erkennen, die ein naturgetreues Übungsmodell darstellt.

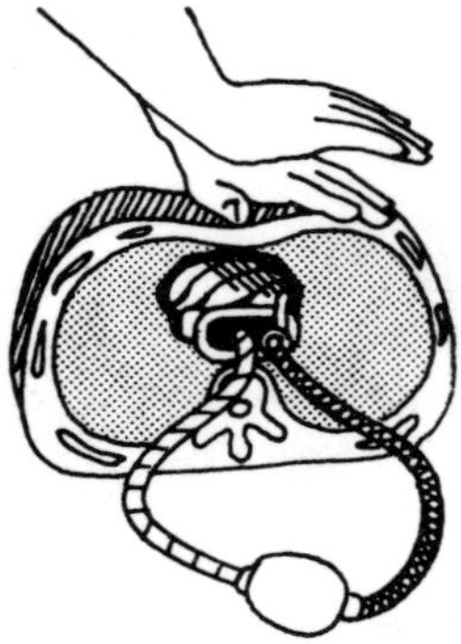

Am Übungsmodell läßt sich die Wirkung der Herzmassage kontrollieren.

Ausführung der Herzmassage

Praktisch wird zur äußeren Herzmassage mit beiden Händen die untere Hälfte des Brustbeins kräftig – etwa 4–5 cm in Richtung der Wirbelsäule – eingedrückt. Die Ballen der einen Hand liegen auf dem Brustbein; die andere Hand liegt auf dem Rücken der ersten Hand und unterstützt diese Aktion. Beide übereinanderliegenden Hände drücken nun etwa 70- bis 90mal in der Minute in senkrechter Richtung mit kurzen Stößen das Brustbein gegen die Wirbelsäule. Der Verunglückte muß dabei auf einer harten Unterlage liegen, damit ein ausreichender Gegendruck gewährleistet ist.
Bei der äußeren Herzmassage kann es zu Verletzungen, vor allem zu Rippenbrüchen oder zum Leberriß kommen. Diese Verletzungen sind indessen verhältnismäßig selten, und sie wurden bisher nur bei erfolgloser Wiederbelebung beobachtet. Es ist aber besser, das Risiko von Rippenbrüchen einzugehen, als die Chance einer Wiederbelebung zu verpassen. Bei richtiger Technik lassen sich Verletzungen auch vermeiden. Bei Kindern sollte nur eine Hand benutzt werden; die andere ist dabei unter den Rücken des Kindes zu legen, der massierenden Hand gegenüber. Bei Säuglingen genügt ein Druck mit zwei Fingerspitzen. Zu Übungszwecken ist es besser, die gebräuchlichen Phantome zu benutzen. Ein Nichtbewußtloser setzt dem Druck auf das

Brustbein unwillkürlich Widerstand entgegen. Der Übungszweck wird damit nicht erfüllt, und die Gefahr von Verletzungen ist größer.

Herzmassage mit gleichzeitiger Atemspende

Durch die Herzmassage kommt eine wirkungsvolle Beatmung nicht zustande. Beim Herzversagen besteht meistens auch gleichzeitig ein Atemstillstand. Der Bewußtlose muß deshalb gleichzeitig beatmet werden. Das ist zu zweit besser möglich: Die Herzmassage sollte dann im Moment der Beatmung unterbrochen werden. Ist der Helfer alleine, so führt er zuerst fünf Beatmungen durch und schließt dann zehn Herzmassagen an. Im weiteren Rhythmus folgen jeweils zwei Beatmungen, 15 Brustkorbkompressionen. Es wird immer zuerst mit der Beatmung begonnen. Bei zwei Helfern empfiehlt

sich, ein Rhythmus von 1:5. Da die Herzmassage anstrengender ist, sollten die Plätze von Zeit zu Zeit gewechselt werden. Eine Besserung der Kreislaufverhältnisse kann oft schon durch eine «Selbsttransfusion» erreicht werden, indem beide Beine hochgehalten und der Bewußtlose damit in eine sogenannte «Taschenmesserposition» gebracht wird. Die Blutmenge in den unteren Gliedmaßen wird dadurch dem Herzen angeboten. In Fällen einer Ohnmacht, also bei Kreislaufversagen bei noch erhaltener Herztätigkeit, genügt meist diese Maßnahme allein.

Der Erfolg der Wiederbelebung hängt von drei Faktoren ab:

1. von der Schnelligkeit der ersten Hilfemaßnahmen;
2. von einer raschen und schonungsvollen Transportmöglichkeit;
3. von geeigneten Maßnahmen in einem entsprechenden klinischen Zentrum.

Wie lange sollen Wiederbelebungsversuche durchgeführt werden?

Die Frage, wie lange Wiederbelebungsversuche durchgeführt werden sollen, läßt sich für den Laien so beantworten: entweder bis zum Erfolg, d.h. bis Atmung oder Kreislauf des Verunglückten wieder eingesetzt haben, oder bis sich untrügliche Zeichen des Todes einstellen oder bis die Verantwortung an einen Arzt abgegeben werden kann. Nach *Bushart* und *Rittmeyer* dürfen eingeleitete Wiederbelebungsmaßnahmen abgebrochen werden, wenn erstens innerhalb von 10 Minuten die Pupillen nicht enger werden und eine Spontanatmung nicht einsetzt und zweitens die Kreislauffunktionen nicht in Gang kommen. Es müssen jedoch beide Punkte gemeinsam erfüllt sein. Bestehen dagegen Zeichen einer Erholung der Gehirnfunktion, also eine Reaktion der Pupillen – auch wenn die Kreislauffunktion nicht in Gang kommt –, so müssen die Wiederbelebungsversuche bis zum Transport ins Krankenhaus und dort mit weiteren Behandlungsmaßnahmen fortgesetzt werden.
In den letzten Jahren wurde von zwei Wiederbelebungen berichtet, die zunächst als völlig aussichtslos erschienen. Bei einem 5jährigen Jungen, der auf dem Eis eingebrochen war und erst nach 20 Minuten aus dem Wasser geborgen wurde, kamen nach anderthalbstündigen Wiederbelebungsversuchen Herztätigkeit und Atmung wieder in Gang. Ein anderer, ebenfalls 5jähriger Junge lag 14 Minuten unter einer Eisdecke im Wasser. Sinnvolle Wiederbelebungsversuche wurden beim Transport von der Unfallwagenbesatzung nicht mehr vorgenommen, da das Kind für tot gehalten wurde. 21 Minuten später wurde in der Klinik mit der Wiederbelebung begonnen, und erst 50 Minuten nach der Bergung traten die ersten Lebenszeichen auf. Beide Kinder leben heute ohne körperliche und geistige Defekte.
Die ärztlichen Auffassungen darüber, wann der Tod eingetreten ist, haben sich in den letzten Jahren stark verschoben. Als Kriterium gilt heute die elektrische Stille der Hirnaktivität im Elektroenzephalogramm (EEG). Sie wird als Zeichen einer erloschenen Hirnfunktion, d. h. des Hirntodes, angesehen. Die Entscheidung, ob ein Hirntod eingetreten ist, spielt auch für die Frage der Organentnahme zur Transplantation die entscheidende Rolle. So ist die Frage, wann unwiderruflich der Hirntod feststeht, immer wieder Gegenstand von Diskussionen und Entscheidungen entsprechender Gremien.

Übung und Ausbildung in der Wiederbelebung

Durch die weitgespannten Möglichkeiten, die mit der Atemspende und der Herzmassage heute jedem in die Hand gegeben sind, ein Menschenleben vor einem vermeidbaren Tod zu retten, entsteht die Verpflichtung, diese Methoden zu beherrschen. Zur Ausbildung gibt es heute ein hervorragendes Anschauungs- und Übungsmaterial mit Wiederbelebungspuppen, Modellen für die Herzmassage, zum Anlegen einer Infusion und der Intubation (u.a. von der Fa. Draeger, Lübeck), sowie Lehrfilme. Organisationen wie das Rote Kreuz, der Malteser Orden u. a. vermitteln in öffentlichen Kursen die Grundlagen der Wiederbelebung wie auch aller anderen Erste-Hilfe-Maßnahmen, z. B. bei Verletzungen, Blutungen, Knochenbrüchen usw., sowie über das Anlegen von Verbänden. Hier sei nur die Zusammenstellung einer Ausrüstung für einen Notfallkoffer angegeben.

Notfallkoffer für Taucher

Ein staub- und wasserdichter Behälter soll enthalten: 5 sterile Verbandspäckchen; je eine Rolle Heftpflaster von 1½, 2½ und 5 cm Breite; 1 Schachtel Hansaplast-Strips; 3 Mullbinden à 12 cm, 3 Mullbinden à 8 cm, elastische Binden 6 und 8 cm breit; ein bis zwei Verbandspäckchen für Brandwunden; 1 Dreiecktuch, ein Päckchen große Sicherheitsnadeln, 1 Verbandsschere, die zugleich als Kleiderschere geeignet ist; ein Draeger-Orotubus; eine Flasche Mercurochrom für kleinere Wunden. Ferner zur Verfügung eines Arztes zwei Flaschen Plasmaexpander à 500 ml (Rheomacrodex, Fa. Knoll) mit steril verpackten Infusionsbestecken zur einmaligen Verwendung. Diese Ausrüstung sollte in erster Linie durch eine Sauerstoffflasche (5 l) mit Atemmaske und Anschluß an einen Rubenbeutel erweitert werden.

Notfallkoffer und erste Maßnahmen des Arztes

Für den Arzt wird über dieses Material hinaus bzw. an seiner Stelle folgende Notausrüstung vorgeschlagen:
1 Stethoskop, 1 Blutdruckmeßapparat, 1 Reflexhammer, 1 Fieberthermometer, 2 Flaschen Plasmaexpander à 500 ml (Rheomacrodex, Fa. Knoll) mit

steril verpackten Infusionsbestecken, je zwei Einmalinjektionsspritzen zu 2, 5, 10 und 20 ml, je 10 Einmalkanülen Nr. 16 und Nr. 1, 2 Flügelkanülen für Erwachsene (Braunüle) Größe 1 R, 2 Flügelkanülen für Kinder (Braunüle O R), 2 mit Fingerlingen armierte Flügelkanülen zur Pleurapunktion, um einen Spannungspneumothorax festzustellen; 1 Guedeltubus für Kinder, 1 Guedeltubus für Erwachsene, besser aber Nasopharyngealkatheter nach *Wendl*, 1 starker Mundspatel aus Holz, eine Ansaugpumpe mit Tretbalg und Plastikkatheter verschiedener Größe zum Absaugen von Schleim usw. Eine Zungenzange nach *Young*, 15 cm, eine Magensonde 6 und 9 mm, ein Stauschlauch 1 m lang.
Medikamente: Promit (Dextran 1) 20 ml, Natriumbikarbonat 8,4% in Fertigspritzen, 50 ml Xylocain 1% (Lidocain), Dolantin S (Pethidin), Alupent (Orciprenalin), Atropin, intravenös injizierbares Prednisolon, Valium (Diazepam), Glucose 40%, Novadral (Norfenefrin), weiter Lasix (Furosemid), Isoptin (Verapamil), Berotec Aerosol (Fenoterol-HB r), Trasylol (Aprotinin).

Ein *Schockgeschehen* begleitet fast alle Tauchunfälle. Als das wesentlichste Merkmal eines jeden Schockzustandes – gleich welcher Genese – gilt heute eine akute Störung der Mikrozirkulation und des davon abhängigen oxidativen Zellstoffwechsels.
Die Sauerstoffversorgung sinkt in mehreren Organen bedrohlich unter den Bedarf. Dadurch kommt es zu Anhäufung von sauren Metaboliten – in erster Linie Milchsäure – im Gewebe und somit zur (metabolischen) Azidose. Hypoxidose und Azidose verschlechtern die Fließeigenschaften des Blutes und erhöhen die Gefäßpermeabilität. Die Hypovolämie infolge eines absoluten oder relativen Volumenmangels reduziert weiter das Herzzeitvolumen. Über eine Aktivierung der sympathischen Herz- und Gefäßsteuerung und der Nebennieren (sympathiko-adrenergene Reaktion) versucht der Organismus den Volumenmangel und das Herzzeitvolumen zu kompensieren. Gelingt dies nicht, kommt es zu einem Circulus vitiosus mit protrahiertem Schockverlauf und schließlich zur Irreversibilität (s. a. S. 68 und 198).
Bei der Dekompressionskrankheit handelt es sich um eine primäre Störung der Mikrozirkulation durch Gasblasen und bei schwereren Fällen um Fettembolien. Beim Lungenüberdruck-Unfall und beim Ertrinken kommt es unter anderem infolge mechanischer oder funktioneller Behinderung in der Lunge zu einer vermehrten Druckbelastung des rechten Herzens und zu

einer Abnahme der Förderleistung. Bei Gifttierverletzungen kann es außer über den Schmerz mit reflektorischer Vasokonstriktion (neurogener Schock) zu einer anaphylaktischen Schockreaktion kommen.
Die ersten Maßnahmen können den Übergang eines protrahierten Schocks in den irreversiblen Zustand verhindern. Sie bestehen in der Behandlung der Hypovolämie durch:
Volumensubstitution mit molekularen Dextranen (Rheomacrodex) 500–1000 ml oder Gelatine-Präparaten (Hemacel);
Vermeidung einer Unterkühlung;
Autoinfusion durch Hochlagern der Beine;
Sauerstoffzufuhr, diese – wenn möglich – mit positiv-endexpiratorischem Druck (PEEP) von 5cm H_2O, um eine Bildung von Mikroatektasen zu verhindern.
Zur Prophylaxe von Unverträglichkeitserscheinungen gegenüber Dextran sollte Promit (Dextran 1, ein monovalentes Hapten) vor der Infusion gegeben werden.
Weitere Erste Hilfe-Maßnahmen bestehen in der Behandlung der metabolischen Azidose durch eine Blindpufferung mit Natriumbikarbonat (1 mval pro kg Körpergewicht, maximal 100 ml; 1 ml = 1 mval). Die differenzierte Pufferung je nach Lactatspiegel bleibt der Klinik vorbehalten. Ebenso die Behandlung von Gerinnungsstörungen mit Heparin und Substitution von Elektrolyten. Herzglykoside sollten wegen der begleitenden gedrosselten Nierendurchblutung und der Gefahr von Rhythmusstörungen nicht gegeben werden.
Bei anaphylaktoiden Schockreaktionen ist die Gabe von Corticosteroiden (100–250 mg Prednisolon i.v.) unbestritten. Bei drohender Schocklunge sind hohe Dosen von 2–3 g (25–30 mg/kg Körpergewicht) angezeigt.

XII Tauglichkeitsuntersuchungen

Grundsätzliches und die Besonderheiten

Die Tauglichkeit für das Tauchen kann nur durch einen Arzt festgestellt werden; dieses Kapitel ist daher in erster Linie für Ärzte bestimmt. Die Feststellung der Tauglichkeit ist durch Besonderheiten gegeben, die mit anderen Untersuchungen, auch mit der für die Fliegertauglichkeit, nicht vergleichbar sind. Beim Tauchen wird der Mensch in eine Umwelt gestellt, die nicht mehr seinem normalen Lebensraum entspricht. Dadurch entstehen besondere Anforderungen an die körperlichen und psychischen Funktionen des Organismus. Unter Wasser können – wie aus den bisherigen Ausführungen immer wieder ersichtlich – geringe funktionelle Unzulänglichkeiten oder ein psychisches Fehlverhalten den Tod zur Folge haben. Zwischen dem Auftreten solcher Erscheinungen und den Folgen liegt kaum eine Möglichkeit einer Erholung oder einer Korrektur des Fehlverhaltens, wie das für Sport- oder Berufsarten, die über Wasser ausgeübt werden, meist der Fall ist.
Wie bei anderen Tauglichkeitsuntersuchungen ist auch die Tauchertauglichkeit nicht zum Ausschluß von Krankheiten bestimmt, sondern darauf gerichtet, die körperliche Leistungs- und Anpassungsfähigkeit zu beurteilen. Dabei kann zwar eine Reihe medizinischer Fakten festgestellt und berücksichtigt werden; die für ein richtiges Verhalten unter Wasser eminent wichtigen psychischen Momente und Reaktionsweisen lassen sich aber bei einer einfachen Untersuchung sehr schwer erfassen. Es muß aber versucht werden, diese Faktoren mit in die Beurteilung einzubeziehen (s. S. 284–286).
Im übrigen liegt der wesentliche Unterschied zwischen dem Tauchen und anderen Sportarten in den veränderten Druckverhältnissen unter Wasser. Diese wirken sich in erster Linie auf die luftgefüllten Körperhöhlen aus (s. Kapitel «Kompressionsphase»). Ein besonderes Augenmerk der Untersuchung gilt daher der Lunge, den Nasennebenhöhlen und den Ohren. Für die übrigen Organe gelten weitgehend die gleichen Untersuchungsbedingungen

wie für andere Sportarten. Nur für Wettkämpfer, Unterwasserjäger, Tauchlehrer und Berufstaucher sind Maßstäbe des Leistungssportes anzulegen. Zwischen Schnorcheltauchen und Gerätetauchen besteht für die Beurteilung der Tauglichkeit kein grundsätzlicher Unterschied. Es ist nicht ausschlaggebend, ob nur wenige Meter, bis zu 40 m Tiefe oder noch tiefer getaucht werden soll.

Auf die Altersbegrenzung wurde auf S. 28 eingegangen. Jenseits des 50. Lebensjahres sollte mit dem Tauchen nicht mehr begonnen werden. Bei einem Alter über 40 Jahren muß die Untersuchung mit besonderer Sorgfalt alle Krankheiten und Fehler ausschließen, die erfahrungsgemäß die zweite Lebenshälfte häufiger belasten.

Die ärztliche Schweigepflicht muß in vollem Umfang gewährleistet sein. Man kann von einem Untersuchten nicht verlangen, daß er eine frühere Lues angibt, wenn der Untersuchungsbogen anschließend an nichtärztliche Stellen weitergegeben wird. Die grundsätzliche Forderung der ärztlichen Schweigepflicht wird erfüllt, wenn Tauglichkeit oder Nichttauglichkeit auf einem gesonderten Formular bescheinigt werden. Es bleibt dem Arzt überlassen, den Untersuchungsbogen oder andere Unterlagen dem Untersuchten zu übergeben. Dies ist für beide Teile von Nutzen, wenn eine spätere Nachuntersuchung von einer anderen Stelle durchgeführt wird. Nach dem Gesetz kann nur der Untersuchte von der Schweigepflicht entbinden. Da sie auch über den Tod hinausgeht, kann der Arzt bei tödlichen Unfällen in Gewissenskonflikte kommen, da er ja nicht mehr von der Schweigepflicht befreit werden kann.

Da eventuelle frühere Tauchzwischenfälle oder Unfälle hinsichtlich der Tauglichkeit beurteilt werden müssen, ist es verständlich, daß für die Besonderheiten der Tauchuntersuchungen besondere Kenntnisse des Untersuchers erwartet werden. Von den Berufsgenossenschaften und der Marine werden deshalb nur Ärzte mit der Untersuchung betraut, die über ausreichende Kenntnisse der physiologischen Grundlagen, der Eigentümlichkeiten und der Gefährdungen des Tauchers verfügen. Für die Berufstaucher sind dies die staatlichen Gewerbeärzte oder ein von ihnen beauftragter Arzt.

Die Mehrzahl der Taucher bilden aber heute die Sporttaucher. Und hier sieht man sich einem praktischen Problem gegenüber. Für die Masse der Tauchinteressenten gibt es nur eine geringe Anzahl von Untersuchern mit speziellen Kenntnissen. Auch fallen die Kosten einer Untersuchung nicht unter die Leistungen der Sozialversicherungsträger. Der Vielzahl der Tauchinteressenten muß aber die Möglichkeit gegeben werden, sich ohne größere Umstände so untersuchen zu lassen, daß das Risiko eines körperlichen Versagens soweit wie möglich ausgeschlossen werden kann. Das heißt, möglichst jeder praktizierende Arzt muß sich mit den Besonderheiten einer Taucher-Tauglichkeits-Untersuchung vertraut machen können. Das wird erleichtert durch Untersuchungsvordrucke, die diese Besonderheiten berücksichtigen, sowie die folgenden Kommentare, die sich auf das im Anhang S. 335 wiedergegebene Untersuchungsformular beziehen.

Die dort aufgeführten Hinweise und Richtlinien sind so gehalten, daß eine Untersuchung mit einfachsten Mitteln und auch außerhalb der Praxis, z.B. in Schwimmbädern, Tauchschulen oder auf dem Deck eines Bootes durchgeführt werden kann. Sie sollen alle Möglichkeiten einer Gefährdung durch das Tauchen aufzeigen. Dem Untersucher bleibt aber die Entscheidung über Einzelbefunde überlassen, und sein Urteil soll den individuellen Fall dem Gesamteindruck anpassen. Das bedeutet einerseits, daß man z.B. einen Sporttaucher nicht für untauglich erklären soll, weil er eine Kurzsichtigkeit von mehr als 5 Dioptrien aufweist oder eine Zahnprothese trägt, wenn er durch die übrige körperliche und charakterliche Verfassung zum Tauchen geeignet ist. Andererseits ist eine Person ohne körperliche Mängel zum Tauchen ungeeignet, wenn sie Zeichen einer Nervosität und Fahrigkeit bietet, die ein diszipliniertes Verhalten unter Wasser zu sehr in Frage stellen.

Wenn auch alle Untersucher, die sich eingehend mit Tauglichkeitsuntersuchungen befaßt haben, zu der Überzeugung gekommen sind, daß die Untersuchung nicht streng genug sein kann, so soll sich doch die Entscheidung über die Tauglichkeit nicht zu orthodox an diese oder jene Punkte von Richtlinien klammern.

Die Anamnese

Der Teil A des Untersuchungsvordruckes enthält einen Fragebogen über bisherige sportliche Betätigungen und über die Krankheitsvorgeschichte. Dieser Teil A ist vom Kandidaten selbst auszufüllen und zu unterschreiben. Das hat den Vorteil, daß es dem Arzt Zeit erspart und der zu Untersuchende durch seine Unterschrift die Richtigkeit seiner Angaben bestätigt. Die Feststellung der Tauglichkeit wird ja oft dadurch erschwert, daß anamnestische Angaben bewußt oder unbewußt verschwiegen werden. Der Taucher kommt meist zum Arzt, weil er tauglich sein will. Eine Untauglichkeit bedeutet für ihn einen gesundheitlichen Defekt und damit eine Minderung seines Ansehens in den Augen anderer. Oft genug sind ihm auch die Bedeutung und Tragweite eventueller Beschwerden oder früherer Krankheiten gar nicht bewußt, oder er hält sie für unwesentlich. Eine beginnende Hepatitis, alle Anfallsleiden, aber auch eine Koronarinsuffizienz lassen sich ohne entsprechende Angaben nicht eruieren und können sich damit, wie viele andere Krankheiten, bei einmaliger Untersuchung dem Nachweis entziehen. Der Glaube, der Arzt könne eine komplette Gesundheit allein durch die körperliche Untersuchung und einige Leistungsprüfungen sicher feststellen, ist weit verbreitet. Das Tauglichkeitszeugnis bestärkt dann oft das Gefühl, absolut gesund zu sein. Es ist daher unerläßlich, den zu Untersuchenden nochmals auf diese oder jene Punkte des Fragebogens anzusprechen und unklare Angaben zu ergänzen. Die Angaben über die bisherigen sportlichen Betätigungen können dem Untersucher schon einen Eindruck über die Persönlichkeit des Tauchers vermitteln.

Absolute Kontraindikationen

Es versteht sich von selbst, daß alle schweren Erkrankungen oder akute und chronische Infektionskrankheiten eine Tauglichkeit von vornherein ausschließen. Eine absolute Kontraindikation zum Tauchen bilden weiter folgende Krankheiten, die schon bei Erhebung der Vorgeschichte bekannt werden:

Alle chronischen Erkrankungen der Lunge, die mit einer Störung oder Einschränkung der Atemfunktion verbunden sind, weiter auch Angaben über einen früheren Spontanpneumothorax; chronisch-rezidivierende Nasennebenhöhlenentzündungen und chronische Ohrenerkrankungen; bestimmte chronische Erkrankungen des Bewegungsapparates (habituelle Luxationen); Zustand nach Herzinfarkt, Angina pectoris-Anfälle, paroxysmale Tachycardien und Adam-Stockessche Anfälle; chronische Erkrankungen des Verdauungstraktes (Colitis, Hepatitis, Pankreatitis, Cholecystitis) und des Urogenitaltraktes (Nephritiden, Nierenkelchsteine, rezidivierende Harnwegsinfekte); alle Arten von Anfallsleiden wie Epilepsie, Absenzen, Narkolepsie, Carotis-Sinus-Komplex und syncopale Anfälle; eine Lues, deren Ausheilung nicht gesichert ist; chronischer Alkoholismus und andere

Suchtneigungen. Ergeben sich derartige Erkrankungen nach der Anamnese, so erübrigt sich meist eine körperliche Untersuchung.

Die Untersuchung

Im Teil B des Vordrucks sind die Elementaruntersuchungen rot gedruckt. Sie sind in jedem Falle durchzuführen. Die im Schwarzdruck aufgeführten Untersuchungen sind entsprechend dem klinischen Bild oder je nach vorgesehener Tätigkeit unter Wasser, wie z. B. bei Tauchlehrern, Wettkämpfern, Berufstauchern, sowie bei Erstuntersuchungen im Alter über 40 Jahre erweitert anzuwenden. Eine Untersuchung des Urins auf Eiweiß und Zucker ist wie immer bei Erstuntersuchungen zu empfehlen. Eine Röntgenuntersuchung des Thorax mit Durchleuchtung und Aufnahme ist in jedem Falle wertvoll. Sie darf nur unterlassen werden, wenn anamnestisch und klinisch Erkrankungen der Thoraxorgane weitgehend ausgeschlossen werden können. Bei Berufstauchern wird sie von der Berufsgenossenschaft gefordert. Ein EKG ist in allen kardiologischen Zweifelsfällen und bei Erstuntersuchungen im Alter über 40 Jahre erforderlich.

Allgemeinzustand

Bei der Untersuchung selbst sind zunächst der Allgemeinzustand, der Körperbau und das Körpergewicht zu berücksichtigen. Eine Adipositas schränkt nicht nur wegen der damit verbundenen Kreislaufbelastung und der körperlichen Untüchtigkeit eine Tauglichkeit ein, sondern auch weil das Fettgewebe etwa fünfmal soviel Stickstoff absorbiert wie fettfreies Gewebe und dadurch die Gefahr von Dekompressionskrankheiten größer ist. Das Körpergewicht soll deshalb das Durchschnitts- und Idealgewicht (Documenta Geigy, Wissenschaftliche Tabellen, 7. Auflage, Seite 701) um nicht mehr als 20% übersteigen. Nach den praktischen Erfahrungen von *A. A. Bühlmann* kommt es dennoch bei Übergewichtigen sehr viel seltener zu Dekompressionserkrankungen als zu erwarten. Sie scheinen damit nicht mehr gefährdet als schlanke Taucher.

Haut und Skelettsystem

Hauterkrankungen bilden eine Kontraindikation, wenn sie durch den Kontakt mit Wasser oder Tauchanzügen verschlimmert werden. Für den Bewegungsapparat gelten im wesentlichen die gleichen Anforderungen wie für andere Berufe oder Sportarten. Behinderungen durch Amputationen, Mißbildungen oder Lähmungen (z. B. nach Poliomyelitis) bilden dann keine grundsätzliche Gegenindikation, wenn sie den Umgang mit dem Gerät sowie den normalen Ablauf eines Tauchgangs nicht beeinträchtigen.

Augen

Besondere Anforderungen an das Sehvermögen oder den Farbensinn sind nicht notwendig. Brechungsfehler lassen sich durch entsprechende Gläser korrigieren (s. S. 97). Über Augenerkrankungen wie Myopia maligna, Glaukom oder Netzhautablösung siehe Seite 97 und 98.

Nase und Nasennebenhöhlen

Nasenscheidewandverbiegungen oder Muschelhypertrophien können die Belüftung der Nebenhöhlen behindern. Entscheidend sind aber nicht die anatomischen Veränderungen, sondern die erhaltenen Funktionen, d. h. die Möglichkeit, den Druck in den Nebenhöhlen und dem Mittelohr beim Druckwechsel auszugleichen (weiteres siehe im Kapitel «Kompressionsphase», S. 136). Bei klinischem Verdacht einer Nebenhöhlenentzündung (Klopfempfindlichkeit, eitriges Nasensekret) ist unbedingt eine Röntgenuntersuchung oder fachärztliche Untersuchung zu empfehlen. Bei Vorliegen einer vasomotorischen oder allergischen Rhinitis, eines habituellen Nasenblutens, bei Hasenscharten und Wolfsrachen ist eine Eignung fraglich. Eine Ventilationsbehinderung der Nasennebenhöhlen läßt sich klinisch schwer kontrollieren. Hier wie auch für die Prüfung der Tubendurchgängigkeit kann eine Belastung in der Druckkammer Aufschluß geben.

Ohren

Eine Otoskopie ist immer erforderlich, schon alleine um einen Ceruminalpfropf auszuschließen. Bei perforierten Trommelfellen oder einer chronischen Otitis media besteht Tauchuntauglichkeit. Trommelfellnarben bilden keine Kontraindikation, wenn sie sich beim Valsalva-Versuch nicht vorwölben. – Eine der wichtigsten Voraussetzungen zum Tauchen ist die Fähigkeit zum Druckausgleich im Mittelohr (s. S. 145 ff.). Die Tubendurchgängigkeit läßt sich folgendermaßen kontrollieren: Ein Gummischlauch mit zwei Ohroliven verbindet – wie bei der Kontrolle des Politzer-Verfahrens – das zu untersuchende Ohr mit dem eigenen Gehörgang. Tritt beim Valsalva-Versuch Luft durch die Tube in das Mittelohr ein, dann hört man deutlich ein zischendes oder knackendes Geräusch. Ebenso ist eine optische Kontrolle der Tubendurchgängigkeit möglich, indem im Otoskop während des Valsalva-Versuchs sich eine leichte Vorwölbung des Trommelfells feststellen läßt. Besteht ein Katarrh der oberen Luftwege oder der Verdacht einer Nasennebenhöhlenentzündung, soll diese Prüfung wegen der Gefahr der Keimverschleppung in das Mittelohr nicht durchgeführt werden. Jede organisch bedingte Tubenundurchgängigkeit, meist durch Katarrh im Nasen-Rachen-Raum oder in den Nebenhöhlen verursacht, schließt eine Tauglichkeit aus. Die meisten Tubenverschlüsse sind aber passagerer Natur. Eventuell können sie durch korrigierende Operationen beseitigt werden (s. S. 147). Ein dauernder Tubenverschluß ist selten. – Prüfungen des Hörvermögens dienen vor allem späteren Vergleichsuntersuchungen.
Besteht Verdacht auf Störungen der Gleichgewichtsorgane, so sind entsprechende Untersuchungen anzustellen (Nystagmusprüfung, Finger-Finger- und Finger-Nasen-Versuch, Prüfungen nach *Romberg*). In Zweifelsfällen sollen kalorische oder rotatorische Gleichgewichtsprüfungen von fachärztlicher Seite veranlaßt werden.

Mundhöhle

Bei der Inspektion der Mundhöhle geben eine stark belegte Zunge und ein geröteter Rachenring Hinweise für einen Katarrh im Nasen-Rachen-Raum. Die Tonsillen sollten nicht nur inspiziert, sondern auch durch Druck beurteilt werden, um eine chronische Tonsillitis auszuschließen. Sie bildet oft den

Ausgangsherd für Katarrhe im Nasen-Rachen-Raum mit Verschluß der Tuben. – Das Gebiß muß das Halten eines Mundstücks garantieren können. Schlechtsitzende Teilprothesen oder Vollprothesen erschweren Sitz und Halten eines Schnorchels oder eines Gerätemundstücks. Plombierte Zähne können Anlaß zu barotraumatischen Schäden geben (s. S. 154). Ob es bei solchen Zähnen zum Barotrauma kommt, ist aber auch für einen Zahnarzt schwer zu entscheiden.

Lungen

Vor der Auskulation der Lungen soll zunächst die Elastizität des Thorax festgestellt werden. Die Umfangdifferenz in Höhe der Mamillen darf 5 cm nicht unterschreiten. Bei Pyknikern mit vorwiegender Bauchatmung wird dieser Wert manchmal nur knapp erreicht. Entscheidend für die Beurteilung bleibt dann die Vitalkapazität, die den Sollwert, bezogen auf die Körperoberfläche, nicht unterschreiten darf. Menschen mit ausgeheilten Lungenprozessen tuberkulöser oder anderer Natur, die zu cirrhotischer Vernarbung oder umschriebener Emphysembildung geführt haben, sind vom Tauchen auszuschließen; ebenso solche mit Pleuraschwarten, die die Lungenausdehnung einschränken. Bei diesen besteht, wie auch bei obstruktiven Ventilationsstörungen (bronchitisches Syndrom), die Gefahr eines Lungenrisses beim Auftauchen. Deshalb sollte bei jeder Tauchuntersuchung neben der Vitalkapazität unbedingt die Sekundenkapazität (Tiffeneau) bestimmt werden, mit der obstruktive Ventilationsstörungen leicht zu erfassen sind. Sie darf 75% der Vitalkapazität nicht unterschreiten.
Auch durch ein Asthma bronchiale besteht eine vermehrte Gefährdung für einen Lungenüberdruck-Unfall. Nur wer ohne Medikamente seit Jahren erscheinungsfrei ist, ist tauglich.
Durch keine Lungenfunktionsprüfung läßt sich aber eine umschriebene Obstruktion, die zu einem *air trapping* führen könnte sicher ausschließen. Als air trapping werden Ventilationsstörungen bezeichnet, bei denen die inspirierte Luft aus umschriebenen Lungenbezirken aus mechanischen Gründen nur zeitweise expiriert wird. Bei forcierter Ausatmung kann sich dies im Spirogramm durch einen Knick oder Treppen in der Expirationskurve darstellen. – Hier scheint eine neuere relativ einfache Methode von *M. Patte* u. a. mehr Aufschluß zu geben. Mit einem Szintigramm kann die Elimination des

Inertgases Xenon 133 (intravenös injiziert) sichtbar gemacht werden. Stellen mit pathologischer Elimination, ob durch obstruktive oder interstitielle Veränderungen, lassen sich dabei besser lokalisieren als mit den sonst gebräuchlichen Isotopenmethoden, auch ihr Schweregrad läßt sich besser beurteilen.

Herz

Die Untersuchung muß zum Ziel haben, alle organischen Herzerkrankungen auszuschließen. In Zweifelsfällen darf auf die Durchführung eines EKG nicht verzichtet werden. Banale Extrasystolen und ein inkompletter Rechtsschenkelblock bedingen keine Untauglichkeit. Gegebenenfalls entscheiden das EKG und eine fachärztliche Beurteilung. Funktionelle, meist situationsbedingte Tachycardien finden sich öfter bei Jugendlichen. Durch Kontrollen nach einigen Minuten Liegen und durch die Belastungsprobe läßt sich eine organische Ursache meist ausschließen. Auch sympathikotone Blutdrucksteigerungen, die über Werte von 150 Torr systolisch und 100 Torr diastolisch hinausgehen, sind bei Jugendlichen nicht selten. Sie können situativ bedingt sein und sind im Rahmen der vegetativen Störungen zu beurteilen. Ausgeprägte Hypertonien und arterielle Durchblutungsstörungen schließen eine Tauglichkeit aus. Labile und Grenzwerthypertonien sollten mit Belastungen am Fahrradergometer untersucht werden. Nur wenn dabei die diastolischen Blutdruckwerte nicht über 100 Torr steigen, kann eine Tauglichkeit ohne Bedenken ausgesprochen werden. Bei medikamentös eingestellten Hypertonien muß nach Persönlichkeit und unter Berücksichtigung des Medikamentes entschieden werden (s. S. 82). Die Bedingungen des Tauchens begünstigen ein Infarktgeschehen. Deshalb sollte bei jedem Verdacht einer Koronarinsuffizienz und bei allen Erstuntersuchungen über 40 Jahren ein Belastungs-EKG am Fahrradergometer durchgeführt werden.

Leistungs- und Funktionsprüfungen

Eine einfache Funktionsprobe, die eine bindende Aussage über die Leistungsbreite von Atmung und Kreislauf zuläßt, gibt es nicht. Die im Untersuchungsbogen angeführten Leistungs- und Funktionsprüfungen genügen aber meist, eine unzulängliche Leistungsfähigkeit zu erkennen.

Der Atemanhalte- oder Apnoetest hat zwar keinerlei spezifische Aussage, ist aber schon wegen der einfachen Durchführung ein wertvolles screening zur Eliminierung von gravierenderen Lungen- oder Herzerkrankungen.
Der Flacktest, der Kliniker und Physiologen wegen seiner komplexen Auswirkungen immer wieder beschäftigt hat, ist nach *Rossier* als Funktionsprüfung für Lungen und Kreislauf zu komplex und undurchsichtig. In der Praxis hat er sich jedoch zur Aussiebung von vegetativen Kreislaufregulationsstörungen ausgezeichnet bewährt. Zudem kommt der damit verbundene Preßdruck (s. S. 82) den Bedingungen beim Tauchen am nächsten. Der Flacktest stellt eine Modifikation der Bürgerschen Preßdruckprobe dar, wobei zur Beurteilung nicht der Blutdruck, sondern die Pulszahl verwertet wird. Für diesen Test läßt sich ein Blutdruckapparat mit Quecksilbermanometer verwenden, an dem anstelle der Manschette ein Gummischlauch mit Glasmundstück angeschlossen ist. Nach tiefer Inspiration wird bei stehendem Probanten gegen den Druck dieses Manometers exspiriert und dabei ein Druck von 40 Torr so lange wie möglich gehalten. Gleichzeitig wird die Pulsfrequenz laufend, jeweils für einen Zeitraum von 5 Sekunden gezählt. Liegen die Pulszahlen höher als 10 Schläge pro 5 Sekunden, so ist der Untersuchte als untauglich anzusehen. Das gleiche gilt, wenn der exspiratorische Druck von 40 Torr weniger als 40 Sekunden gehalten werden kann. Nach rein praktischen Erfahrungen wurde die Dauer des Preßdrucks für Frauen auf 30 Sekunden und für Jugendliche unter 15 Jahren auf 20 Sekunden begrenzt. Experimentelle Untersuchungen für diese Begrenzungen liegen noch nicht vor. Nach *Bürger* und eigenen Erfahrungen bietet der Test die Möglichkeit, unter den Untersuchten die sogenannten synkopotropen Typen zu erkennen. Die synkopotropen Typen entsprechen im wesentlichen den orthostatischen Regulationsstörungen (s. S. 67). Bei dieser standardisierten Anwendung des Valsalva-Versuches kommt es zu einer erheblichen Kreislaufbelastung- und Umstellung. Der wesentliche Faktor dabei ist der verminderte venöse Rückstrom. Kann die dadurch bedingte Abnahme des Herzminutenvolumens nicht über einen gesteigerten Sympathikotonus ausgeglichen werden, kommt es zum Kollaps. Das ist, außer bei organischen Herz- und Kreislauferkrankungen, der Fall bei vegetativen Kreislaufregulationsstörungen. Unter Wasser kommt es zwar nicht zum Orthostasesyndrom mit Kollaps. Vegetative Regulationsstörungen, gleich ob durch einen Infekt oder psychisch bedingt, bilden aber aus vielfachen Gründen eine Kontraindikation für das Tauchen. Auch der Test nach *Ruffier* (s. S. 338) kann die in der Klinik durch-

führbaren ergometrischen Funktionsprüfungen nicht ersetzen, er gibt aber dennoch einen in der Praxis leicht durchführbaren Test mit genügender Aussagefähigkeit. Für die Tauchertauglichkeit genügt der Index 5–10, der einer ausreichenden Leistung. Für Wettkämpfer, Tauchlehrer und Berufstaucher sollte der Index 3–5 gefordert werden. Dieser Test hat nicht zuletzt – besonders bei Wettkämpfern – einen Wert bei vergleichenden Untersuchungen.

Abdomen

Die Untersuchung des Abdomens soll krankhafte Veränderungen der Bauchorgane, vor allem eine Vergrößerung von Leber und Milz ausschließen und nach Eingeweidebrüchen fahnden. Für alle Hernien besteht bei Druckentlastung die Gefahr der Einklemmung. Nur operierte Hernien, deren Narben genügend belastbar sind (im allgemeinen sechs Monate nach der Operation) bilden keine Einschränkung der Tauglichkeit. Hydrocelen und Varicocelen sind keine Kontraindikation.

Zentralnervensystem

Bei der Beurteilung des Zentralnervensystems ist auf alle Zeichen cerebraler Anfallsleiden zu achten. Frühere Schädeltraumen bedürfen einer besonderen, kritischen Prüfung. Für die ärztliche Entscheidung wäre es am einfachsten, wenn sich jede Tauglichkeitsuntersuchung auf ein Elektroenzephalogramm (EEG) stützen könnte. Dadurch ließen sich Epilepsien und andere Anfallsleiden erkennen, und man könnte wertvolle Hinweise bei Folgen hirntraumatischer Prozesse oder bei Medikamenten-, Schlafmittel- und Alkoholabusus gewinnen. Auch vegetative Störungen lassen sich oft mit dem EEG objektivieren. *P. Cabarrou* hat in einer Untersuchungsreihe mit EEG-Ableitungen vor dem Tauchen unter erhöhtem Druck auch prognostische Hinweise auf die Tauglichkeit und das Verhalten unter Wasser erhalten können. Dagegen zeigten Beobachtungen von *M. S. Malhotra* und *C. M. Kismar* bei Berufstauchern über die Dauer von 5 Jahren, daß sich keine Beziehungen zwischen den Aussagen des EEG's und den beruflichen Leistungen ableiten ließen. Eine Routineuntersuchung mit EEG bei der Tauglichkeitsuntersuchung wird als wenig nützlich angesehen.

Vegativum

Die entscheidende Rolle einer psychischen und vegetativen Ausgeglichenheit für das Tauchen wurde in diesem Buch immer wieder hervorgehoben. Für die Beurteilung des Vegetativums kann neben den Leistungs- und Funktionsproben, insbesondere dem Flacktest, ein Hyperventilationstest angezeigt sein. Wird über drei Minuten tief ein- und ausgeatmet (etwa 25mal in der Minute), so treten bei latenten Tetanien, nervösem Atemsyndrom oder vegetativen Dystonien Schwindel, Parästhesien, Tremor, Spasmen bis zu manifesten tetanischen Zeichen, Herzschmerzen und Engegefühl auf. Dieser Test und klinische Hinweise, wie vermehrte Transpiration, Tachycardie, verstärkter Dermographismus, Fingertremor und ähnliche Zeichen, geben Aufschluß über vegetative Funktionsstörungen. Jede ins Gewicht fallende vegetative Regulationsstörung, gleich welcher Ursache, macht zum Tauchen ungeeignet. Sie ist meist psychogener Natur, manchmal auch überwiegend konstitutionell bedingt, oder tritt vorübergehend im Wachstumsalter auf. Oft sind vegetative Störungen aber durch einen Fokus (Tonsillen, Nasennebenhöhlen, Zähne usw.) verursacht, oder sie sind Begleiterscheinungen von Infektionskrankheiten. Mit der Ausheilung dieser Ursachen verschwinden auch die vegetativen Erscheinungen.

Nachuntersuchung

Der Zeitpunkt der Nachuntersuchung ist vom Arzt festzusetzen. Bei völlig normalen Untersuchungsbefunden genügt ein Intervall von 2–4 Jahren. Bei Tauchern über 40 Jahre und bei Wettkämpfern ist jährlich nachzuuntersuchen. Der Untersuchte muß aber darauf hingewiesen werden, daß nach jeder ernstlichen Erkrankung, besonders aber nach Infektionskrankheiten, eine Nachuntersuchung erforderlich ist.

Mit dem Vermerk der Tauchtauglichkeit übernimmt der Arzt eine große Verantwortung. Die Untersuchung ist eine entscheidende ärztliche Handlung; sie ist keine Formalität, die rasch erledigt werden kann, und darf nie ein Akt der Gefälligkeit oder der Verpflichtung sein.
Für die Untersuchung von Sporttauchern hat der Arzt eine beratende und keine Gutachter-Funktion. Er sollte die Ergebnisse seiner Untersuchung mit

dem Untersuchten besprechen und ihm zum Tauchen raten oder davon abraten.

Von 5000 Untersuchten in Australien wurde 10% vom Tauchen abgeraten. Bei weiteren 10% wurden spezielle Einschränkungen gemacht.

Anhang

Austauchtabellen

Die vorliegenden Dekompressionstabellen beruhen auf Koeffizienten und Oberflächenpausen, die von Prof. Dr. A. A. Bühlmann, Zürich, bestimmt wurden (A. A. Bühlmann, Dekompression – Dekompressionskrankheit, Springer-Verlag, Berlin, Heidelberg, New York, Tokyo, 1983).
Sie sind für den Gebrauch durch Sporttaucher in Meer- und Süßwasser bei 1013 mbar (± 5%) Luftdruck (~ 0 m üb. N.N.) und einer *höchstzulässigen Aufstiegsgeschwindigkeit von 10 m/min* berechnet. Vor Ablauf der unter jeder Tiefe in Minuten (') angegebenen Nullzeit kann ohne Dekompresssionspause aufgetaucht werden. Liegt die Tauchtiefe zwischen zwei Tiefen der Tabelle, wird bei der größeren Tiefe abgelesen (s. Beispiel hiernach). Liegt die tatsächliche Grundzeit (Zeit für Abstieg + Aufenthalt in der Tiefe) zwischen zwei Grundzeiten der Tabelle, gilt auch hier die längere Grundzeit für die Ablesung der Dekompressionspausen. Nach einem Tauchgang muß die in Stunden angegebene Zeit bis zu einem eventuellen Flug gewartet werden.
Folgt einem Tauchgang ein weiterer innerhalb eines in der Oberflächenpausen-Tabelle enthaltenen Zeitraums, handelt es sich um einen Wiederholungstauchgang. Zur Ermittlung des Dekompressionsplans für einen Wiederholungstauchgang sucht man zunächst in der Zeile der Oberflächenpausen-Tabelle, die zum Buchstaben der Wiederholungsgruppe des Erst-Tauchgangs gehört, das Zeitintervall, in das die tatsächliche Oberflächenpause fällt. Dann folgt man dem Pfeil nach unten in die entsprechende Spalte der Zeitzuschlag-Tabelle. In der Zeile, die zur Tiefe des Wiederholungstauchgangs gehört, steht dort die Zahl der Minuten, die der tatsächlichen Grundzeit des Wiederholungstauchgangs zugeschlagen werden müssen, um den richtigen Dekompressionsplan für den Wiederholungstauchgang aus der Dekompressionstabelle abzulesen.
Liegt die Tiefe des Wiederholungstauchgangs zwischen zwei Werten der

Zeitzuschlag-Tabelle, wird unter der *geringeren* Tiefe nachgesehen, d. h. der größere Zeitzuschlag verwendet. Folgt nach dem Wiederholungstauchgang ein Flug, ist *nicht* die in der Dekompressionstabelle angegebene Wartezeit maßgebend, sondern die in der letzten Spalte der Oberflächenpausen-Tabelle zur Wiederholungsgruppe des Wiederholungstauchgangs gehörende Anzahl von Stunden (s. Beispiel).

Beispiel:
Nach 22 min Tauchen auf 31 m Tiefe muß in 6 m 1 min und in 3 m 5 min dekomprimiert werden. Die Gesamtaufstiegszeit beträgt (3,1 + 1 + 5) min = 9 min 6 sec. Vor Ablauf von 3 Stunden dürfte kein Flug angetreten werden. Der Luftbedarf beträgt bei einem Atemminutenvolumen (AMV) von 20 l/min ca. 2600 barl.
Nach einer Oberflächenpause von 40 min soll noch einmal für 18 min auf 25 m getaucht werden. Die Wiederholungsgruppe F des ersten Tauchgangs führt über die Oberflächenpause (0.30–0.45) in der 24 m-Zeile (!) auf den Zeitzuschlag von 24 min. Es muß entsprechend einem Aufenthalt von 42 min in 27 m Tiefe dekomprimiert werden, also 1 min in 6 m und 12 min in 3 m. Die Mindestwartezeit bis zu einem Flug ist jetzt 8 Stunden (gemäß Wiederholungsgruppe F).

A. Dekompressions-Tabelle

Tauchtiefe (in m) – Nullzeit (in min)	Grundzeit (in min)	Dekompressionspausen (in min) in … m Tiefe						Wiederholungsgruppe	Luftbedarf (in bar · m³)	Zeit bis Flug (in Stunden)
		18m	15m	12m	9m	6m	3m			
9 m	20							B	0,8	0
	40							C	1,6	0
	60							D	2,4	0
653′	80							D	3,1	1
	100							E	3,9	3
	120							E	4,7	4
	15							B	0,7	0
	30							C	1,4	0
12 m	45							D	2,1	0
	60							E	2,7	1
192′	75							F	3,4	3
	90							F	4,1	4
	105							F	4,8	5
	15							C	0,8	0
15 m	30							D	1,6	0
	45							E	2,4	1
99′	60							F	3,1	3
	75							G	3,9	4
	90							G	4,7	5
	10							B	0,7	0
	20							C	1,2	0
18 m	30							D	1,8	1
	40							E	2,4	2
65′	50							F	2,9	3
	60							F	3,5	4
	70						2	G	4,1	5
	80						6	G	4,8	6

Tauch-tiefe (in m) – Null-zeit (in min)	Grund-zeit (in min)	Dekompressionspausen (in min) in … m Tiefe						Wiederholungs-gruppe	Luftbedarf (in bar · m³)	Zeit bis Flug (in Stunden)
		18m	15m	12m	9m	6m	3m			
	10							B	0,7	0
	20							D	1,4	0
21 m	30							E	2,0	1
	40							F	2,6	3
40′	50						2	F	3,3	4
	55						4	G	3,7	5
	60						8	G	4,1	5
	65						10	G	4,5	6
	70						14	G	4,9	6
	10							C	0,8	0
	20							D	1,5	1
24 m	30						1	E	2,2	2
	40						3	F	3,0	4
27′	45						6	F	3,4	5
	50						10	G	3,9	5
	55						13	G	4,3	6
	60						18	G	4,8	6
	10							C	0,9	0
	20							D	1,7	1
27 m	25						1	E	2,1	1
	30						3	F	2,5	3
21′	35						5	F	2,9	4
	40						8	F	3,4	5
	45					1	12	F	3,9	5
	50					2	16	G	4,4	6
	55					4	20	G	4,9	7

Tauchtiefe (in m) – Nullzeit (in min)	Grundzeit (in min)	Dekompressionspausen (in min) in … m Tiefe 18m	15m	12m	9m	6m	3m	Wiederholungsgruppe	Luftbedarf (in bar · m³)	Zeit bis Flug (in Stunden)
30 m 17′	5							B	0,6	0
	10							C	1,0	0
	15							D	1,4	1
	20						1	D	1,8	1
	25						3	E	2,3	2
	30					1	5	F	2,8	4
	35					2	8	F	3,3	5
	40					3	13	G	3,9	6
	45					5	17	G	4,4	6
33 m 15′	5							B	0,6	0
	10							C	1,1	1
	15							D	1,5	1
	20						3	E	2,0	2
	25					1	5	F	2,6	3
	30					3	7	F	3,1	4
	35					4	13	G	3,7	5
	40				1	5	18	G	4,4	6
36 m 9′	5							B	0,7	0
	10						1	C	1,2	0
	15						2	D	1,7	1
	20					1	4	E	2,2	2
	25					3	6	F	2,8	4
	30				1	4	11	G	3,5	5
	35				2	6	16	G	4,2	6
	40				3	8	23	G	5,0	7
39 m 7′	5							C	0,8	0
	10						1	D	1,3	0
	15						4	E	1,9	1
	20					3	4	F	2,5	3
	25				1	4	8	G	3,1	4
	30				3	5	14	G	3,9	6
	35			1	3	8	21	G	4,7	7

Tauch-tiefe (in m) – Null-zeit (in min)	Grund-zeit (in min)	Dekompressionspausen (in min) in … m Tiefe						Wiederholungs-gruppe	Luftbedarf (in bar · m³)	Zeit bis Flug (in Stunden)
		18 m	15 m	12 m	9 m	6 m	3 m			
	5							C	0,8	0
42 m	10						1	D	1,4	1
	15					1	4	E	2,0	2
6′	20				1	3	6	F	2,7	4
	25				3	4	12	G	3,5	5
	30			1	4	6	18	G	4,3	6
	3							B	0,7	0
	6						1	D	1,0	0
45 m	9						1	E	1,4	1
	12						4	E	1,8	1
5′	15					3	4	E	2,2	2
	18				1	4	5	F	2,6	4
	21				3	4	9	G	3,2	5
	24			1	3	5	14	G	3,7	5
	27			2	3	6	18	G	4,2	6
	3							C	0,7	0
	6						1	D	1,1	0
48 m	9						2	E	1,5	1
	12					1	4	E	1,7	1
4′	15					4	5	F	2,4	3
	18				2	4	7	F	2,9	4
	21			1	3	5	12	F	3,5	5
	24			2	4	5	17	G	4,0	6
	3							C	0,8	0
	6						1	D	1,1	0
51 m	9						3	E	1,6	1
	12					3	4	F	2,1	2
4′	15				2	4	5	F	2,6	3
	18				4	4	9	F	3,2	5
	21			2	4	5	15	G	3,8	6
	24		1	3	3	8	20	G	4,5	7

Tauchtiefe (in m) – Nullzeit (in min)	Grundzeit (in min)	Dekompressionspausen (in min) in … m Tiefe 18 m	15 m	12 m	9 m	6 m	3 m	Wiederholungsgruppe	Luftbedarf (in bar · m³)	Zeit bis Flug (in Stunden)
	3						1	C	0,8	0
	6						1	D	1,2	1
54 m	9					1	4	E	1,7	2
	12					4	4	F	2,2	3
3′	15				3	4	7	F	2,8	4
	18			2	3	5	12	F	3,5	5
	21		1	3	3	7	17	G	4,1	6
	24		2	3	5	8	24	G	4,9	7
	3						1	D	0,9	0
	6						1	D	1,3	1
57 m	9					2	4	E	1,9	1
	12				2	3	5	E	2,4	3
3′	15			1	3	4	9	F	3,0	4
	18			3	4	5	15	F	3,8	6
	21		2	3	4	8	21	G	4,5	7
	24		3	4	5	11	26	G	5,3	8
	3						1	D	0,9	0
	6						3	D	1,5	1
60 m	9					3	4	E	2,0	2
	12				3	4	5	F	2,6	4
3′	15			2	4	4	12	F	3,3	5
	18		1	3	4	6	17	F	4,1	6
	21		3	3	5	9	24	G	4,9	7
	24	2	3	3	6	14	28	G	5,8	8
	3						1	D	1,0	0
	6						4	E	1,6	1
63 m	9				1	3	4	F	2,1	2
	12			1	3	4	7	F	2,8	4
2′	15		1	3	3	5	14	G	3,6	6
	18		3	3	4	8	21	G	4,5	7
	21	2	3	3	5	12	27	G	5,4	8

Tauchtiefe (in m) – Nullzeit (in min)	Grundzeit (in min)	Dekompressionspausen (in min) in … m Tiefe								Luftbedarf (in bar · m^3)	Zeit bis Flug (in Stunden)
		24m	21m	18m	15m	12m	9m	6m	3m		
	3								1	1,1	0
	6							1	4	1,7	1
66 m	9						2	3	5	2,3	3
	12					2	3	4	9	3,0	5
2′	15				2	3	3	5	16	3,9	6
	18			1	3	3	5	9	24	4,9	7
	21			3	3	3	6	14	28	5,7	8
	3								1	1,1	0
	6							2	4	1,8	1
69 m	9						3	4	5	2,5	3
	12				1	2	4	4	12	3,3	5
2′	15				3	3	3	8	18	4,2	6
	18			2	3	3	6	11	26	5,2	7
	21		1	3	3	4	7	16	30	6,2	9
	3								1	1,2	1
	6							3	4	1,9	2
72 m	9					1	3	4	6	2,7	4
	12				1	3	4	5	14	3,6	5
2′	15			1	3	3	4	8	22	4,6	7
	18		1	2	3	4	6	13	28	5,6	8
	21		2	3	3	5	8	17	32	6,6	9
	3								2	1,3	1
75 m	6						1	3	4	2,0	2
	9					2	3	4	8	2,9	4
2′	12				2	3	4	6	15	3,8	6
	15			2	3	3	5	10	24	4,9	7
	18		2	3	3	4	7	15	29	6,0	8

Tauchtiefe (in m) – Nullzeit (in min)	Grundzeit (in min)	Dekompressionspausen (in min) in … m Tiefe								Luftbedarf (in bar · m³)	Zeit bis Flug (in Stunden)
		24 m	21 m	18 m	15 m	12 m	9 m	6 m	3 m		
	3								3	1,4	1
78 m	6						1	4	4	2,2	3
	9				1	2	3	4	10	3,1	5
2′	12			1	2	3	4	7	18	4,1	6
	15		1	2	3	3	6	11	27	5,3	8
	18	1	2	3	3	5	7	16	32	6,4	9
	2								2	1,3	1
	4							2	4	1,8	1
81 m	6						2	4	5	2,3	3
	8					2	4	4	8	2,9	4
2′	10				2	3	4	5	15	3,7	6
	12			2	2	4	4	8	21	4,5	7
	14		1	2	3	4	5	12	26	5,2	8
	16	1	1	3	3	4	7	15	30	6,0	9
	2								3	1,4	1
	4							3	4	1,9	2
84 m	6					1	3	3	6	2,5	3
	8				1	2	4	4	11	3,2	5
2′	10			1	2	3	4	6	16	3,9	6
	12		1	1	3	4	4	9	24	4,8	7
	14		2	2	3	4	6	13	28	5,6	8
	16	1	2	3	3	5	8	16	31	6,4	9
	2								4	1,5	1
87 m	4						1	3	4	2,0	2
	6					1	3	4	6	2,6	4
	8				2	2	4	5	12	3,4	5
1′	10			1	3	3	4	7	19	4,2	6
	12		1	2	3	4	5	10	26	5,1	7
	14	1	2	3	3	4	7	15	29	6,0	8

Tauchtiefe (in m) – Nullzeit (in min)	Grundzeit (in min)	Dekompressionspausen (in min) in … m Tiefe								Luftbedarf (in bar · m³)	Zeit bis Flug (in Stunden)
		24 m	21 m	18 m	15 m	12 m	9 m	6 m	3 m		
	2								5	1,6	1
	4						2	3	4	2,1	2
90 m	6					2	3	4	8	2,8	4
	8			1	1	3	4	5	15	3,6	6
1′	10		1	1	3	3	4	8	22	4,5	7
	12		2	2	3	4	5	13	27	5,4	8
	14	1	2	3	3	5	8	15	31	6,3	9

B. Tabelle für Oberflächenpausen und Wiederholungstauchgänge

Wiederholungsgruppe	Oberflächenpause (Stunden.Minuten)							
G		0.25	0.45	1.00	1.15	1.40	2.10	12.00
F			0.20	0.30	0.45	1.15	1.30	8.00
E				0.10	0.15	0.25	0.45	4.00
D					0.10	0.15	0.30	3.00
C						0.10	0.25	3.00
B							0.20	2.00
Tiefe des Wiederholungstauchgangs (m)	**Zeitzuschlag zur tatsächlichen Zeit des Wiederholungstauchgangs (min)**	↓	↓	↓	↓	↓	↓	
9		305	211	116	75	56	25	
12		111	81	57	33	24	19	
15		88	61	42	28	19	16	
18		69	44	34	25	17	14	
21		54	37	28	23	15	12	
24		44	30	24	20	13	11	
27		37	26	21	18	12	10	
30		31	22	19	16	10	9	
33		27	20	17	14	9	8	
36		24	18	15	13	8	7	
39		21	16	14	11	8	7	
42		19	15	12	10	7	6	
45		18	14	11	9	6	6	
48		16	13	11	8	6	6	
51		15	12	10	7	5	5	
54		14	11	9	7	5	5	
57		13	10	9	6	5	5	
60		12	10	8	6	4	4	
63		12	9	8	5	4	4	

Behandlung der Dekompressionskrankheit
nach A. A. Bühlmann, Zürich

Allgemeine Regeln

Bei der Behandlung eines Tauchunfalles hat sich folgendes Prozedere bewährt:

Reanimation und Versorgung äußerer Verletzungen.
Fehlt die Spontanatmung, kann erst nach Intubation und mit künstlicher Beatmung rekomprimiert werden.

Kälteschutz.

Hypovolämie. Bei jeder schweren Dekompressionskrankheit besteht die Gefahr einer Hypovolämie. Zur Prophylaxe des hypovolämischen Schocks 500–1000 ml (8–10 ml/kg Körpergewicht) Humanalbumin intravenös.

Hirnödem. Bei Bewußtlosigkeit zur Behandlung des Hirnödems 100 mg Prednisolon intravenös.
Benachrichtigung des Behandlungszentrums und Organisation des Transportes.

Rekompression. Bei zerebralen und/oder spinalen Symptomen oder bei starken Gelenkschmerzen *muß* rekomprimiert werden.
Bei einem Pneumothorax und Spannungspneumothorax *ohne* Symptome einer Gasembolie in das Zentralnervensystem: Entlastungspunktion und Saugdrainage, keine Rekompression.

Während der Behandlung in der Überdruckkammer kann während der Dekompression ein Lungenriß mit Gasembolie in das Zentralnervensystem entstehen, so daß zerebrale oder spinale Symptome auftreten. In diesem Fall wird auf den vollen Druck der benutzten Therapietabelle rekomprimiert und der Druck während 3 Stunden konstant gehalten. Anschließend wird entsprechend einem Sättigungstauchgang dekomprimiert. Erfolgt der Lungenriß bei Atmung von 100% O_2, so treten keine Symptome einer arteriellen Gasembolie auf.

Therapietabellen*

Tabelle I: Behandlung bei zerebralen und/oder spinalen Symptomen

Erkrankung nach Lufttauchgängen, Tauchtiefe bis 12 m

Rekompression in wenigen Minuten mit 1,9 bar (19 m)

bar	Atemgas Luft min		100% O_2 min
1,9	15		
1,5	30		
1,2	60	oder	30**
0,9	60	oder	60
0,7	90	oder	60
0,5	120	oder	60
0,3	120	oder	30
0			

8 Std. 15 Min. mit Luft
4 Std. 45 Min. mit 100% O_2 ab 12 m

**Die Atmung von 100% O_2 wird jede Stunde mit Luftatmung während 5 Minuten unterbrochen.

*Mit freundlicher Genehmigung des Springer-Verlages, Berlin/Heidelberg/New York/Tokyo, aus: A. A. Bühlmann, Dekompression – Dekompressionskrankheit, 1983.

Tabelle II: Behandlung bei zerebralen und/oder spinalen Symptomen

Erkrankung nach Lufttauchgängen, Tauchtiefe 13 bis 50 m

Rekompression in wenigen Minuten
mit 5,0 bar (50 m)

A

Nach 30 Minuten praktisch symptomfrei

bar	Atemgas Luft min		Atemgas 100% O_2 min
5,0	30		
4,5	10		
4,0	15		
3,5	15		
3,0	15		
2,5	30		
2,1	60		
1,8	90		
1,5	120		
1,2	120	oder	60*
1,0	120	oder	60
0,8	120	oder	60
0,6	180	oder	30
0,4	180	oder	30
0,2	120	oder	15
0			

20 Std. 25 Min. mit Luft
10 Std. 40 Min. mit 100% O_2 ab 12 m

B

Nach 30 Minuten gebessert, aber noch Symptome

bar	Atemgas Luft min		Atemgas 100% O_2 min		Atemgas Luft min
5,0	90				
4,5	20				
4,0	30				
3,5	30				
3,0	45				
2,5	60				
2,1	120				
1,8	180				
1,6	240				
1,4	240	oder	60	+	30
1,2	300	oder	60	+	30
1,0	300	oder	60	+	60
0,8	300	oder	60	+	60
0,6	300	oder			240
0,4	240	oder			240
0,3	240	oder			240
0,2	120	oder			120
0					

47 Std. 35 Min. mit Luft
34 Std. 35 Min. mit 100% O_2 ab 14 m

*Bei II A wird die Atmung von 100% O_2 jede Stunde mit Luftatmung während 5 Minuten unterbrochen.

Tabelle III: Behandlung bei zerebralen und/oder spinalen Symptomen

Erkrankung nach Lufttauchgängen, Tauchtiefe mehr als 50 m

Rekompression mit Sauerstoff-Helium
mit 9,0 bar (90 m)
Atemgas bei vollem Druck: 8–10% O_2, 82–84% He*

	Atemgas			Atemgas				
bar	min	% O_2	bar	min	% O_2		min	% O_2
9,0	180	8**	3,0	90	20**			
8,5	10	8	2,8	120	20			
8,0	10	8	2,5	120	20			
7,5	15	8	2,2	120	20			
7,1	15	8	1,9	120	20			
6,7	15	8	1,6	120	20			
6,4	20	8						
6,1	20	8	1,4	60	100	+	30	20**
5,8	20	8	1,1	60	100	+	30	20
5,5	20	8	0,8	60	100	+	30	20
5,2	20	8	0,6	60	100	+	60	20
5,1	20	8	0,3				120	20
			0					
5,0	20	15**						
4,8	30	15	32 Std. 25 Min.					
4,6	60	15						
4,2	60	15						
3,8	60	15						
3,5	60	15						
3,3	90	15						

*Es ist nicht notwendig, die Druckkammer vor Beginn der Rekompression mit O_2 und He zu spülen.

**Die O_2-Konzentration in der Druckkammer muß regelmäßig gemessen werden. Abweichungen von ± 2% sind tolerabel.
Die Kammertemperatur soll 28–30 °C betragen.

Die Therapietabelle III kann für Lufttauchgänge bis 50 m die Therapietabelle II B ersetzen: Rekompression mit 5,0 bar. Nach einem Aufenthalt bei 5,0 bar während 120 bis 180 Minuten Druckreduktion auf 4,8 bar (48 m) und weitere Dekompression entsprechend Tabelle.

Tabelle IV: Behandlung bei zerebralen und/oder spinalen Symptomen

Sind seit dem Auftreten der neurologischen Symptome mehr als 48 Stunden verstrichen, so haben sich die Gasblasen weitgehend zurückgebildet. Die Rekompression mit 5,0 bar bringt keine schnelle Rückbildung der Symptome.
In diesen Fällen läßt sich die Erholung des geschädigten Nervengewebes mit einer hyperbaren Sauerstofftherapie beschleunigen.

Rekompression in wenigen Minuten mit 1,5 bar (15 m)

bar	Atemgas 100% O_2 min
1,5	60*
1,0	60
0,8	30
0,6	30
0,4	30
0,2	30
0	

4 Stunden

*Die Atmung von 100% O_2 wird jede Stunde mit Luftatmung während 5 Minuten unterbrochen.
Diese Behandlung kann mit einem Intervall von 4 Stunden 2mal pro 24 Stunden durchgeführt werden.

Tabelle V: Behandlung bei Schmerzen in den Gelenken, «Bends»

Erkrankung nach Lufttauchgängen oder Druckluftexpositionen/Beschwerden bei Dekompressionsende oder später

Rekompression in wenigen Minuten mit 1,0 bar (10 m)

A

Nach 10 Minuten deutlich gebessert

bar	Atemgas: Luft min		Atemgas: 100% O_2 √min
1,0	10		
0,9	60	oder	60*
0,7	90	oder	60
0,5	120	oder	60
0,3	120	oder	30
0			

6 Std. 40 Min. mit Luft
3 Std. 40 Min. mit 100% O_2 ab 9 m

B

Nach 10 Minuten keine oder nur geringe Besserung

Zusätzliche Rekompression mit 1,5 bar

bar	Atemgas: Luft min		Atemgas: 100% O_2 min
2,5	10		
1,9	15		
1,5	30		
1,2	60	oder	30*
0,9	60	oder	60
0,7	90	oder	60
0,5	120	oder	60
0,3	120	oder	30
0			

8 Std. 35 Min. mit Luft
5 Std. 5 Min. mit 100% O_2 ab 12 m

*Die Atmung von 100% O_2 wird jede Stunde mit Luftatmung während 5 Minuten unterbrochen.

Formular «Sportärztliche Tauglichkeitsuntersuchung für den Unterwassersport»

nach den Grundsätzen der Commission médicale et de prévention der C.M.A.S.

Untersuchender Arzt oder Dienststelle: ....

Teil A ist vom Untersuchten selbst auszufüllen (Druckschrift oder Schreibmaschine). Alle Angaben und die ärztlichen Feststellungen unterliegen der ärztlichen Schweigepflicht, von der nur der Untersuchte den Arzt befreien kann. Die Schweigepflicht besteht auch über den Tod des Untersuchten hinaus. Dieser Untersuchungsbogen verbleibt deshalb beim Arzt. Er kann aber auch dem Untersuchten selbst ausgehändigt werden. Die Bescheinigung über die Tauglichkeit wird auf einem gesonderten Bogen gegeben. Es liegt im ausschließlichen Interesse des Untersuchten, die Fragen wahrheitsgemäß zu beantworten. Durch eigenhändige Unterschrift wird dies bestätigt.

TEIL A. PERSONALIEN

Name: .... Vorname: ....
geb.: .... Wohnort: ....
Beruf: .... Tauchclub: ....

SPORTLICHE BETÄTIGUNG

Schwimmen: (seit wann) .... als Sport: (seit) .... Tauchen: (seit wann) .... Schnorcheltauchen: (seit) .... durchschnittliche Tauchtiefe .... m Gerätetauchen: (seit) .... durchschnittliche Tauchtiefe: .... m Sporttauchschein: Jahr .... Deutsches Tauchsportabzeichen: Bronze .... Silber .... Gold .... Welche anderen Sportarten wurden früher, welche werden jetzt noch ausgeübt: ....
Hatten Sie jemals einen Tauchunfall? (Wenn ja, welcher Art?) ....

KRANKHEITSVORGESCHICHTE

Jede Frage ist zu beantworten, entweder mit nein oder mit Angaben der Erkrankung und ihres Datums.

1. Hatten Sie größere Verletzungen, Unfälle, Operationen, Krankenhaus- oder Heilstättenbehandlungen? ....
2. Haben oder hatten Sie Beschwerden oder Erkrankungen:
   a) der Nase oder Nasennebenhöhlen (Stirn- und Kieferhöhlen), z. B. häufige Katarrhe, Heuschnupfen, häufig Nasenbluten nach Tauchen, Stirn- oder Kieferhöhlenentzündungen? ....
   b) der Ohren, z. B. Mittelohrentzündungen, Ohrenlaufen, Trommelfellrisse, Ohrensausen, Gleichgewichtsstörungen, Hörstörungen? ....
   c) des Kopfes, Gehirns oder Nervensystems, z. B. Schädelverletzungen, Gehirnerschütterungen, Schwindel, häufige Kopfschmerzen, Krämpfe, Epilepsie, Neigung zu Bewußtlosigkeiten oder Ohnmachten, zur Seekrankheit? Bekommen Sie Angstgefühle in engen, geschlossenen Räumen oder auf Plätzen? ....
   d) der Atmungsorgane, z. B. Tuberkulose, Rippenfellentzündungen, Asthma, länger dauernde Bronchitis, Atemnot nach leichten Anstrengungen? ....

e) des Herzens oder Kreislaufs, z. B. Herzklappenfehler, Herzmuskelentzündungen, Engegefühl und Schmerzen in der Herzgegend, erhöhten Blutdruck, Venenentzündungen? ....

f) der Verdauungsorgane, z. B. Magen- oder Zwölffingerdarmgeschwüre, Koliken, Gelbsucht, Leistenbrüche? ....

g) der Nieren, Harn- oder Geschlechtsorgane, z. B. Nierenentzündungen, Nierenbecken- oder Blasenentzündungen, Nierensteine, Syphilis? ....

h) der Haut, Knochen oder Gelenke, z. B. allergische Hauterkrankungen, Gelenkrheumatismus, gewohnheitsmäßige Luxationen, Krampfadern? ....

i) mit Stoffwechselstörungen, z. B. Über- oder Unterfunktion der Schilddrüse, Tetanie, Gicht oder Zuckerkrankheit? ....

k) der Augen, z. B. Herabsetzung der Sehschärfe? ....

l) oder an sonstigen Krankheiten, Fehlern und Beschwerden, nach denen nicht ausdrücklich gefragt ist? ....

3. Hatten Sie in den letzten Monaten eine fieberhafte Erkrankung? ....
4. Bei Frauen: Erkrankung der weiblichen Organe? Besteht Schwangerschaft? In welchem Monat? ....
5. Was trinken Sie an Alkohol? ....
6. Wieviel rauchen Sie? ....
7. Nehmen Sie irgendwelche Medikamente? ....
8. Wann wurde zuletzt eine Röntgenaufnahme der Lunge und wann ein EKG gemacht?

...................., den ....

Unterschrift

TEIL B. UNTERSUCHUNGSBEFUNDE

Die Elementaruntersuchungen sind *rot* gedruckt. Sie sind in jedem Falle durchzuführen. Die Untersuchung ist zu erweitern entsprechend dem klinischen Bild (in Zweifelsfällen) und je nach der vorgesehenen Tätigkeit unter Wasser wie z. B. bei Tauchlehrern, Wettkämpfern und bei Berufstauchern sowie bei Erstuntersuchungen im Alter über 40 Jahre.

SPEZIELLE UNTERSUCHUNGEN

Harn: Protein: .... Sacch: .... Urobilinogen: .... Sediment: .... Sulkowitsch: .... BKS: .... Hb: .... Ery: .... Leuco: .... Blutzucker: .... Blutgruppe: .... Rh-Faktor: .... Serum Calcium: ....

Rö-Thorax: ....

Eine Röntgenuntersuchung des Thorax mit Durchleuchtung und Aufnahme ist in jedem Falle empfehlenswert. Sie darf nur unterlassen werden, wenn anamnestisch und klinisch Erkrankungen der Thoraxorgane weitgehend auszuschließen sind.

EKG: ....

Erforderlich in allen cardiologischen Zweifelsfällen und bei Erstuntersuchungen im Alter über 40 Jahre.

EEG: ....

Bei allen Verdachtsfällen hirnorganischer Krampfleiden.

KÖRPERLICHE UNTERSUCHUNG

Größe: .... cm *Gewicht:* .... kg

Allgemeinzustand: ....

(Amputationen, Mißbildungen, Skoliose usw.)

Kopf

Augen: ....

(Pupillenreaktionen, bei Brillenträgern Dioptriezahl.)

Nase und Nasennebenhöhlen: .... NAP: ....

(Freie Durchgängigkeit für die Atmung? Anhalt für purulente oder allergische Rhinitis?)

Ohren und Eustachische Röhre: ....

(Freie Gehörgänge? Bei Narben Prüfung der Belastbarkeit während Valsalva Preßversuch. Akustische oder visuelle Kontrolle der Tubendurchgängigkeit. In Zweifelsfällen fachärztliche Untersuchung.)

Hörvermögen: Re: .... Li: ....

(Flüstersprache aus über 1 m Entfernung.)

Mundhöhle: .... *Gebiß:* ....

(Plombierte Zähne können unter Umständen zu Barotraumen führen.)

Rachenring: .... *Tonsillen:* ....

(Hinweise für Katarrhe der oberen Luftwege?) (Anhalt für chronische Tonsillitis?)

Thorax: ....

(Die Umfangdifferenz in Höhe der Mamillen darf 5 cm nicht unterschreiten!)

Lungen: .... Vitalkapazität: .... ml

(Perkussion und Auskultation.)

Sekundenkapazität: (Tiffeneau-Test) .... Atemgrenzwert: ....

Herz: ....

(Auskultation und Perkussion.)

RR (im Liegen): .... *Puls (im Liegen):* ....

(Der Blutdruck darf 160/100 mm Hg, der Puls nicht 100 Schläge/min übersteigen. Hierbei sind emotionale situationsbedingte Momente mit einkalkuliert.)

RR (im Stehen): ....

Abdomen: ....

(Palpation. Leber- oder Milzvergrößerung? Hernien?)

ZNS: ....

(Fingertremor? Reflexdifferenzen? Romberg?)

Vegetativum: ....

(Vermehrte Schweißneigung? Dermographismus?)

Besonderheiten: ....

LEISTUNGS- UND FUNKTIONSPRÜFUNGEN

Atemanhaltetest: ....

(In sitzender Stellung bei lockerer Haltung. Es darf vor dem Versuch 3–4mal tief durchgeatmet werden.)

Nach tiefer Inspiration (nicht weniger als 40"): ....

Nach völliger Exspiration (nicht weniger als 20"): ....

Flacktest: ....

(Einfach auszuführen mit Hilfe eines Quecksilberblutdruckapparates, an dem ein Schlauch mit Mundstück angeschlossen wird. – Nach tiefer Einatmung bläst der Proband gegen den Druck einer Quecksilbersäule von 40 mm Hg. Der Druck wird so lange als möglich gehalten und dabei der Puls laufend über 5 sec gemessen. Die Pulszahl darf nicht höher als 10 Schläge pro 5 sec liegen. Die Dauer des Preßdrucks darf 40 sec, bei Frauen 30 sec, bei Jugendlichen unter 15 Jahren 20 sec nicht unterschreiten.)

Test nach Ruffier:

1. Nach 1 min Ruhe im Liegen wird die Pulsfrequenz pro Minute bestimmt = P.
2. Dann 30 Kniebeugen in 45 Sekunden.
3. Sofort anschließend Pulsfrequenz/min im Liegen (über 15 sec) = P^1.
4. Pulsfrequenz nach 1 Minute = P^2.

Index: $$\frac{P + P^1 + P^2 - 200}{10}$$

Normal: 0 — < 10

P	P^1	P^2	Index

(0–2 sehr guter Leistungszustand, 3–5 gute Leistungsfähigkeit, 5–10 ausreichende Leistung, 10–15 unzureichende Adaptation.)

UNTERSUCHUNGSERGEBNIS

Tauglich für Unterwassersport mit und ohne Gerät. Nicht tauglich.
(Zutreffendes unterstreichen.)

Nachuntersuchung empfohlen: ....

NACHUNTERSUCHUNGEN

Nachuntersuchungen bei unauffälligen Befunden sollen in der Regel wenigstens alle 2 Jahre durchgeführt werden, bei Tauchern über 40 Jahre jedes Jahr. Für Wettkämpfer und Taucher, die in häufigeren Einsätzen stehen (Tauchlehrer und Berufstaucher) sind kurzfristigere Intervalle zu empfehlen, bei denen besonders der Hals-Nasen-Ohrenbereich und das Herz-Kreislaufsystem zu überprüfen sind. Die Untersuchten sollen darauf hingewiesen werden, daß nach zwischenzeitlichen Erkrankungen, besonders nach Infekten, eine Nachuntersuchung erforderlich ist.

Zwischenzeitliche Erkrankungen: ....
Befunde: ....
Ruffier-Index: .... Flacktest: ....
Tauglich: .... Nicht tauglich: .... Nachuntersuchung empfohlen: ....
Datum: ....
Stempel und Unterschrift

Zwischenzeitliche Erkrankungen: ....
Befunde: ....
Ruffier-Index: .... Flacktest: ....
Tauglich: .... Nicht tauglich: .... Nachuntersuchung empfohlen: ....
....
Datum: ....
Stempel und Unterschrift

Zwischenzeitliche Erkrankungen: ....
Befunde: ....
Ruffier-Index: .... Flacktest: ....
Tauglich: .... Nicht tauglich: .... Nachuntersuchung empfohlen: ....
Datum: ....
Stempel und Unterschrift

Formular «Tauglichkeitsattest»

Club: ....

Name: .... Vorname: ....

geb.: .... aus: ....

ist auf Grund meiner ärztlichen Untersuchung vom .... nach den Grundsätzen der Commission médicale et de prévention der C.M.A.S. *tauglich für Unterwassersport mit und ohne Gerät.*

Nachuntersuchung empfohlen in: ....

Datum: .... Stempel: .... Unterschrift: ....

Fragebogen zur Erfassung von Tauchunfällen

Der Fragebogen soll dazu beitragen, das Zustandekommen von Tauchunfällen besser zu klären. Die Bögen werden von der Sachabteilung «Ärztliche Betreuung» im Verband Deutscher Sporttaucher e. V. gesammelt und ausgewertet. Die Angaben dienen ausschließlich medizinischen Zwecken und werden von der Sachabteilung als Arztgeheimnis betrachtet. Eine Entbindung von der Schweigepflicht kann nur durch die dazu berechtigten Personen erfolgen.

Name und Vorname des Verunglückten: ....

Alter: .... Wohnort: ....
(evtl. Wohnort der Angehörigen)

Unfallort: ....

Zweck des Tauchganges: ....
(Erkundung, Jagd, Photographieren, Bergung)

ALLGEMEINE VERHÄLTNISSE

Wetterlage: ....
(windig, stürmisch, Seegang, Föhn, Lufttemperatur)

Sicht unter Wasser: unter 1 m: .... bis zu 3 m: .... über 3 m: ....

Wassertemperatur in den entsprechenden Tauchtiefen: ....

SCHILDERUNG DES UNFALLHERGANGES

Zur ausführlichen Schilderung bitte Separatbogen benutzen und beiheften.

Vorgeschichte: (unter evtl. Berücksichtigung von Anmarsch, Übermüdung, anderen körperlichen Anstrengungen, reichlichen Mahlzeiten oder Alkoholgenuß, Wohlbefinden oder Klagen über Beschwerden, psychische Auffälligkeiten) ....

....

Vorgänge beim Unfall: (mit Berücksichtigung evtl. Druckausgleichschwierigkeiten, Tätigkeit unter Wasser (größere Anstrengung), Verhältnisse des Unfallortes, Sprungschichten, Einwirkungen durch Giftfische, Verletzungen) ....

....

Maximale Tauchtiefe: .... Tauchtiefe beim Unfall: ....

Gesamtdauer des Tauchganges: ....

Waren Dekompressionszeiten erforderlich, wurden sie eingehalten: ....

Wievielter Tauchgang in den letzten 36 Stunden: ....

Welches Atemgerät wurde benutzt: ....
(Fabrikat, Alter, Zustand)

Preßluftflaschen: .... Prüfdatum: ....

Wo letzte Füllung: ....
(evtl. Ergebnis der Luftanalyse)

Welche Ausrüstung wurde mitgeführt: ....
(Bleigürtel, Tauchanzug, Tauchzubehör, Film- oder Photoapparatgehäuse)

Welche Sicherheitsmaßnahmen waren getroffen: ....
(Leinen, Bojen, Beobachtungsboote, Verständigungsvereinbarungen)

Was ist über die gesundheitliche und tauchsportliche Eignung des Verunglückten bekannt: ....

Wo und wann wurde die Tauchertauglichkeitsuntersuchung durchgeführt: ....
(Anschrift des Arztes)

Beobachtungen an dem Verunglückten: ....
(Gesichts- und Hautfarbe, Blutungen aus Nase, Ohren oder Mund, Schaumbildung vor dem Mund, Krämpfe, Angaben des Verunglückten über Schmerzen oder Beschwerden)

Welche Behandlungen wurden durchgeführt: ....
(manuelle künstliche Beatmung; nach welcher Methode, Mund-zu-Mund-Beatmung, Sauerstoffbeatmung, evtl. Maßnahmen eines Arztes und dessen Anschrift, Transportverhältnisse (Transportmittel und -dauer), Dekompressionskammerbehandlung? Evtl. wo?)

Sektionsprotokoll: ....
(Anschrift der durchführenden Stelle)

Name und Anschriften der Tauchkameraden und evtl. Zeugen: ....

....

(Ort und Datum) (Name und Unterschrift des Berichterstatters)

Bibliographie

II. Kondition, Training, Ernährung und Medikamente

Astrand K. P. O.: Sportphysiologie. Das Med. Prisma (Boehringer), 6, 196..
Barthélémy, L.: La femme et l'hyperbarisme – Comptes rendus de la Société Française de gynécologie. Heft 5, Mai 1965.
Beickert, P.: Reisekrankheiten. Therapiewoche, 22.Jhrg., 20/1972, S. 1677–1681.
Currens, J. H., P. D. White: Half a Century of Running. The New Engl. J.Med., Nov. 1961, S. 988–993.
Deutsch, E., Geyer, G.: Laboratoriumsdiagnostic. 2.Aufl. Berlin: Hartmann 1975.
Ehm, O. F.: Einwirkungen des Tauchens auf den menschlichen Organismus, Neptun, 1964, S. 120.
Ehm, O. F.: Etude préliminaire pour définir la limite d'âge dans les activités subaquatiques chez les jeunes. Vortrag, I. Int. Colloquium d. Tauchmedizin. Santiago de Chile, Sept. 1971
Ehm, O. F.: Tetanus und Tauchen. Delphin, 10, 1967, S. 21.
Ehm, O. F.: Tauchen und Schwangerschaft. Delphin, 5, 1967. S. 26–27.
Eigler, E. und M. Fürer: Grenzprobleme zwischen Sport und Medizin. Tagungsbericht. Ärztl. Praxis, XXIV. Jhrg., 94, 1972, S. 4663–4664.
Geyer, S. und W. DeHaas: Tauchschulung – Tauchtraining. Albert Müller Verlag, Rüschlikon, 1965.
Goff, L. G., R. G. Bartlett jun.: Elevated End-Tidal Co_2 in Trained Underwater Swimmers. J. of appl. Physiol., 10, 1957.
Heiperts, W.: Sportmedizin. G. Thieme Verlag, Stuttgart, 1968.
Holtmeier, H. J.: Diät bei Übergewicht und gesunde Ernährung. G. Thieme Verlag, Stuttgart, 1965.
Jokl, E.: Körperliches Training und Altern. Boehringer, Mannheim, Vortrag Kongreß «Sport in unserer Welt», München, 21.–25. Aug. 1972.
Klimesch, R., Treuwuth, I.: Frauen im Tauchsport – sicher wie Männer? Sporttaucher, 1, 1982, S. 14–15.
Kroneberg, G.: Pharmakologie und Toxikologie des Tabakrauchens. Ärztl. Praxis, XXIII. Jhrg., 95, 1971, S. 4423–4428.
Lederer, R. J.: Le Rachis dans la Plongée Sous-Marine. Méd. Sport., 44, S. 31–34.
Lindemann, H.: Allein über den Ozean. 6.Auflage, Societäts-Verlag, Frankf./M., 1972.
Mellerowicz, H.: Ergometrie. Urban und Schwarzenberg, München-Berlin, 1962.

Mellerowicz, H.: Grundlagen von Training und Leistungssteigerung. Sportarzt u. Sportmed., 6, 1972, S. 124–129.
Nöcker, J.: Physiologie der Leibesübungen. 3.Aufl.Stuttgart: Enke 1976.
Prokop, L.: Dopingkontrolle. Diagnostik. 5. Jhrg., 10, 1972, S. 441–443.
Razvodovski, V.S.: À propos des limites d'âge, charges physiques et méthodes du contrôle medical dans les sports subaquatiques pour les jeunes. Protokoll Commission médicale CMAS, Monaco 6.1.1979.
Robin, E., K.G. Ravens, R.J. Bing: Die Wirkung von Alkohol, Nikotin und Zigarettenrauchen auf das Herz. Dtsch. Med. J. 20.Jhrg., 1, 1969, S. 19–29.
Stegemann, J,: Leistungsphysiologie. G. Thieme Verlag, Stuttgart, 1965.
Stucke, K., V. Fischer, H. Feldmeier, L. Henn: Förderung des Trainingsniveaus durch hochkonzentrierte Eiweißzufuhr. Münchn. Med. Wschr., 11, 1972, S. 496–503.
Szabo, S.: Vergleich zwischen Körperdichte-Messungen und Kaliber-Messungen bei Leistungsschwimmern. Sportarzt u. Sportmed., 7, 1972, S. 140–144.
Wirths, W.: Ernährung und Leistungssport. Dtsch. Zschr. für Sportmed., 1 (1980), S. 28; 2 (1980), S. 68; 3 (1980), S. 100.

IV. Physiologie des Tauchens

Barnard, E.E.P.: Visual Problems under Water. Proc. R. Soc., 1961, S. 755–756.
Böning, D., Ulmer, H.V., Meier, U., Skipka, W., Stegemann, J.: Effects of a Multi-Hour Immersion on Trained and Untrained Subjects: I. Renal Function and Plasma Volume. Aerospace Med., 43, 3, 1972, S. 300–305.
Böning, D., Ulmer, H.V. Meier, U., Stegemann, J.: Effects of a Multi-Hour Immersion on Trained and Untrained Subjects: II. Blood Protein and Electrolyte Concentrations. Aerospace Med., 43, 4, 1972, S. 415–418.
Bühring, M., Spies, H.F.: Sympatho-adrenale Aktivität bei akutem Kältestreß. Z. Rechtsmed., 83 (1979), S. 121–127.
Campbell, L.B., B.A. Gooden and J.D. Horowitz: Cardiovascular responses to partial and total immersion in man. J. Physiol., 202, 1969, S. 239–250.
Carey, C.R., K.E. Schaefer and H.J. Alvis: Effect of Skin Diving on Lung Volumes, J. of appl.Physiol., 8, 1965, S. 519.
Comroe, J.H., R.E. Forster, A.R. Dubois, W.A. Briscoe and E. Carlsen: Die Lunge. 2.Aufl., F.K. Schattauer-Verlag, Stuttgart, 1964.
Corriol, J.H.: Physiologie et Physiopathologie de la Plongée en Apnée. Masson et Cie, Paris 1967.
Corriol, J.H.: Profondeur limite de la Plongée en Apnée. Press. méd., 74/13, März 1966, S. 657–658.
Corriol, J.H., Lavaivre, M.: Variations de la fréquence cardiaque au cours de l'apnée. Méd. Sport, 50, 4, S. 29–32.
Corriol, J.H. and J. Rohner: New facts about bradycardia in breath holding divers. Revue Physiol. subaquatique Nr.1, 1969, S. 24–27.
Craig, A.B. : Loss of Consciousness Underwater. Proceedings, Second World Congress of Underwater Activities. London, 1963 , S. 70.

Craig, A.B.Jr. and William L. Medd: Oxygen consumption and carbon dioxide production during breath-hold diving. J. of appl. Physiol., 24, 1968, S. 190–202.
Craig, A.B.Jr. and William L. Medd: Alveolar gas exchanges during breath-hold diving. J. of appl. Physiol., 24/2, 1968, S. 182–189.
Donald, K.W. and W.M. Davidson: Oxygen Uptake of «Booted» and «Fin» Swimming Divers. J. of appl. Physiol., 5, 1954, S. 31–37.
Ehm, O.F.: Bewußtlos unter Wasser. Delphin, 5, 1961, S. 1227.
Ehm, O.F.: Tauchen und Schwangerschaft. Delphin, 5, 1967, S. 26.
Ehm, O.F.: Hypoxie unter Wasser durch Hyperventilationssyndrom. Z. Allg. Med., 55, 1, 1979, S. 70–74.
v. Eiff, A.W.: Zur Physiologie des emotionellen Streß. Therapiewoche, 26 (1976), S. 7–21.
Fischer, W.M.: Die O_2-Versorgung der fetalen Gewebe unter hypoxischen Bedingungen. Arch. Gynaek., 204, 1967, S. 243–244.
Gooden, B.A., Feinstein, R., Skutt, H.R.: Heart rate responses of scuba divers via ultrasonic telemetry. Undersea Biomed. Res. , 2, 1, 1975, S. 11–19.
Guillerm E.: Anaerobe Lebensmöglichkeiten bei höheren Wirbeltieren. Sandorama, 4, 1970, S. 18–20.
Heistadt, D.D., F.M. Abboud and J. Eckstein: Vasoconstrictor response to simulated diving in man. J. appl. Physiol., 25/5, 1968, S. 542–549.
Hong, S.K., P. Cerretelli, J.C. Cruz and H.Rahn: Mechanics of respiration during submersion in water. J. of appl. Physiol. 27, 1969, S. 535–538.
Hong, S.K., Song, S.H., Kim, P.K, Sub, C.S.: Seasonal observations on the cardiac rhythm during diving in the Korean ama. J. appl. Physiol., 23, 1976, S. 18–22.
Hong, S.K. and H. Rahn: The diving women of Korea and Japan. Scientific American, May 1967, S. 34–43.
Jung, K., Stolle, W.: Herzfrequenzverhalten und Arrhythmiehäufigkeit beim Schwimmen und Tauchen. Herz-Kreislauf, 9 (1981), S. 435–441.
Krastev, K.B. Priova, D. Dobrev, P. Bogdanov:: Gasaustausch bei Unterwasserschwimmern. Med. u. Sport, Berlin Ost, 4, 1964, S. 77–80.
Kylstra, J.A.: Liquid breathing: an experimental approach to deep diving without inert gas narcosis and decompression hazards. Revue de Physiol. subaquatique, 1, 1969, S. 45–49.
Kylstra, J.A.: Experiments in Water-breathing, Scientific American, 219, 1968, S. 66–72.
Lanphier, E.H. and H. Rahn: Alveolar Gas Exchange during Breath-Hold Diving. J. of appl. Physiol., 18, 1963, S. 471.
Lartigue, G.: Bemerkungen zu den amerikanischen Rekorden der Atemanhaltezeiten unter Wasser. Der Sportarzt, 15/8, 1964, S. 251–252.
Madsen, J. and U. Henriques: Fluorocarbon Liquid Breathing. A preliminary report. Revue de Physiol. subaquatique, 1/3, 1969, S. 171–174.
Meythaler, F.: Der tote Punkt (second wind). Med. u. Ernährung, 7, 1966, S. 113–116.
Morrison, J.B., Florio, I.T., Butt, W.S.: Observation after loss of consciousness under water. Underwater Biomed. Res., 5, 2, 1978, S. 179.

Otis, A. B., H. Rahn and O. W. Fenn.: Alveolar Gas Exchanges during Breath Holding. Amer. J.Physiol., 152, 1948, S. 674–686.
Paulev, P.-E.: Impaired consciousness during breath-hold diving and breath-holding in air. Revue de Physiol, subaquatique, 1, 1969, S. 16–20.
Plum, F., J. B. Posner and W. W. Smith: Effect of hyperbare hypoxie hyperventilation on blood, brain and CSF lactate. Amer. J. Physiol., 215/5, 1968, S. 1240–1244.
Poulet, G. und R. Barincou: Das große Buch vom Tauchsport. Nymphenburger Verlagsanstalt, München, 1972.
Rossier, P. H., A. Bühlmann und K. Wiesinger: Physiologie und Pathologie der Atmung. 2. Aufl., Springer Verlag, Berlin, 1958.
Schaefer, K. E.: Physiologische Anpassung bei Meeressäugetieren. Überleben auf See. II. Marine med.-wiss. Symp. in Kiel, Mai 1968.
Schaefer, K. E., E. R. Allison, J. H. Dougherty Jr., C. R. Carey, R. Walker, F. Yost and D. Parker: Pulmonary and circulatory adjustment determining the limits of depths in breath-hold diving, Science, 162, 1968, S. 1020–1023.
Schaefer, K. E. and C. R. Carey: Alveolar Pathways during 90-feet Breath-Hold Dives. Science, 137, 1962, S. 1051–1052.
Schieck, F.: Grundriß der Augenheilkunde. Springer Verlag, Berlin, 1949.
Scholander, P. F., H. T. Hammel, H. Le Messurier, E. Hemmingsen and W. Garey: Circulatory Adjustment in Pearl Divers. J. of appl. Physiol., 17, 1962, S. 184–190.
Sciarli, R.: Pathologie de la plongée libre. Gaz. Méd. de France, 78/25, Juli 1971, S. 4051.
Sciarli, R.: Aspects physiologiques de la plongée libre. Gaz. Méd. de France, 78/25, Juli 1971, S. 4043–4048.
Seemann, K.: Vorsicht bei Hyperventilation, Delphin, 4, 1965, S. 29.
Simon, D. R., Mark, Bradly: Adverse effects of contact lens wear during decompression. Jama, Sept. 12, (1980), 244, 11, S. 1213.
Song, S. H., D. H. Kang, B. S. Kang and S. K. Hong: Lung Volumes and Ventilatory Responses to High CO_2 and Low O_2 in the Ama. J. of appl. Physiol., 18, 1963, S. 466.
Stegemann, J.: Leistungsphysiologie. G. Thieme Verlag, Stuttgart, 1971.
Stehle, R.: Sehen unter Wasser. Tauchen (Int. Unterwasser Magazin), 12, 1978, S. 16–18; 1, 1979, S. 28–30; 2, 1979, S. 23-26.
Strømme, S. B. D. Kerem and R. Elsner: Diving bradycardia during rest and exercise and its relation to physical fitness. J. of appl. Physiol., 28, 1970, S. 614–621.
Weinmann, G.: Das Hyperventilationssyndrom. Urban und Schwarzenberg, München-Berlin, 1968.

V. Physikalische Grundlagen

Ruff, S., K. G. Müller: Experimentelle und theoretische Untersuchung des Druckfallproblems. DVLR, Bad Godesberg (DLR - FB - 71-48).
Scheer, Georg: Bemerkungen über die Strahlungsverhältnisse und über Helligkeitsmessungen im Wasser. Jenaer Rundschau, 11/4, 1966.
Tauchen: Herausgeber Ing. H. Reusch, Dtsch. Milit. Verlag (DDR).

VI. Die Auswirkungen des Druckes beim Tauchen

Kompressionsphase:

Anderson, B. et al.: Migraine-like phenomena after decompression from hyperbaric environment. Sonderdruck aus Neurology, 15, 1965, S. 1035–1040.

Delonca, G.: Considérations sur les manœuvres dites d'équilibration de l'oreille chez les plongeurs. Gazette des hôpitaux, 143, 1971, S. 1024–1027.

Le Doucen, J.: L'odonto-stomatologie et les activités subaquatiques. I. Stage Int. d. Méd. de Plongée, C. M. A. S., Cadaques, 1968.

Dubs, R.: Sporttauglichkeit und ORL-Krankheiten. Schweiz. Zeitschr. für Sportmed., 5/09, 1968.

Ebbecke, U.: Lebensvorgänge unter Einwirkung hoher Drucke. Ergebnisse der Physiologie, 45, 1944, S. 34.

Ebbecke, U.: Über die Wirkung hoher Drucke auf Herzschlag und Elektrocardiogramm. Pflüg. Arch. ges. Physiol., 236, 1935, S. 416–426.

Fagan, P., Mc. Kensie, B., Edmondes, C.: Sinus barotrauma in divers. Ann. Otol. Rhinol. Laryngol. 85, 61–64 (1976).

Farmer, jr. I. C.: Otology and paranasal sinus problems in diving, in: Bennett P. B. u. Elliot D. H., The physiology and medicine of diving, III. edition, Baillère-Tindall, London, 1982.

Flottes, L., R. Riu und R. Le Den: Les accidents de la plongée. Maroc médical, 433, 1961, S. 575.

Frenzel, H.: Nasen-Rachendruckversuch zur Sprengung des Tubenverschlusses. Luftfahrtmed. Abhd. 2, 1938, S. 203–205.

Grinda, M.: Etude clinique des barotraumatismes de l'oreille moyenne. Revue de physiol. subaquatique, 1, 1968, S. 123-126.

Guillerm, R., R. Riu, R. Badre et al.: Exploration fonctionelle de la trompe d'Eustache. Revue de physiol. subaquatique, 1, 1969, S. 262–268.

Harris, J. D.: Hearing Loss in Decompression. In: Underwater Physiol., ed. C. J. Lambertsen, Academic Press, New York-London, 1971.

Hong, S. K., Y. C. Lin, D. A. Lally, B. J. B. Yim, N. Kominami, P. W. Hong and T. O. Moore: Alveolar gas exchanges and cardiovascular functions during breathholding with air. J. of appl. Physiol., 30/4, 1971, S. 540–547.

Johnson, L. F., Lin, Y. C., Hong, S. K.: Gastrooesophageal dynamics during immersion in water to the neck. J. of. app. Physiol., 38, 3, 1975, S. 449-454.

Lehnhard, E.: Druckluftschaden des Ohres, Arbeitsmed., Sozialmed. u. Arbeitshygiene, 7, 1967, S. 248–251.

Lehnhard, E.: Archiv Nasen-, Ohren- und Kehlkopfheilkunde, 185, 1965, S. 21.

Macfie, D. D.: ENT-Problems of Diving. Medical Service Journal Canada, 20/12, 1964, S. 845–861.

Matzker, J.: Gutartige Tumoren des Kehlkopfes. Laryngocelen. Handbuch HNO-Heilkunde, S. 947. G. Thieme Verlag, Stuttgart, 1963.

Mc Nikoll, W. D.: Remediable eustachian tube dysfunction in diving recruits: assessment, investigation, and management. Undersea Biomed. Res. 9, 1, März 1982, S. 37.

Meyer, H.K.: Über den Einfluß des Badens auf die Exostosenbildung im äußeren Gehörgang. Zeitschr. Laryngo-, Rhino-, Otologie, 28/10, 1949, S. 480–492.
Planté-Longchamp, G., P. Meastracci, H. Nicolai-Harter: Deux cas de destruction labyrinthique après plongées. Bulletin Medsubhyp., Décembre 1970, S. 12–14.
Planté-Longchamp, G.: Une redoutable contre-indication à la plongée sous-marine: La laryngocèle. VII. Weltkongreß CMAS, Cancun, Mexiko, Dezember 1980.
Riu R., L. Flottes, R. Guillerm et al.: La trompe d'Eustache dans la plongée. Revue de physiol. subaquatique, 1, 1969, S. 194–198.
Roydhouse, N.: The ear in water sports. The Australian Journal of sports medicine, 3, 1970, S. 11–27.
Sasso, M.: Tauchen trotz empfindlichen Ohren. Neptun 11, 1965, S. 335.
Schubert, H.: Über die Widerstandsfähigkeit der Außenluft. Z. Hals-Nasen-Ohrenheilk., 1, 1949, S. 357–358.
Schwaar, R.: Prévention des barotraumatismes des plongeurs. Schweiz. Z. f. Sportmed., 2, 1965, S. 35–44.
Seemann, K.: Das Barotrauma des Innenohrs. Wehrmed. Monatsschrift, 10/8, 1966, S. 241–242.
Stigler, R.: Die Kraft unserer Inspirationsmuskulatur. Pflüg. Arch. ges. Physiol., 139, 1911. S. 234–254.
Tecucianu, J.F.: Algies dentaires et Plongée. I. Stages Int. Med. Plongée C. M. A. S., Cadaques, 1968.
Tecucianu, J.F.: Effets vasculaires des hypoxies brutales sur la pulpe du rat. Gazette des Hôpitaux, 143/35, 1971, S. 1053 –1055.
Wagemann, W.: Barotrauma und Taucherkrankheiten. Z. f. Laryngologie, 45/6, 1966, S. 370–383.
Wilke, M. und M. Steffe: Hörstörungen bei Tauchsportlern. Das Deutsche Gesundheitswesen, 20/25, 1964, S. 1149–1155.
Wilke, M.: Über Hörstörungen bei Tauchsportlern. Poseidon, 55, 1966, S. 326–327.
Wustrow, F.: Kehlkopf, Ohr-Hals-Fisteln, Halszysten, Laryngocelen. Handbuch HNO-Heilkunde, S. 741. G. Thieme Verlag, Stuttgart, 1963.

Isopressionsphase:

Beau, J.-W.: Trispuffer, CO_2 und sympathoadrenales System bei Reaktion auf O_2-Überdruck. Amer. J. Physiol., 210, 1961.
Bennett, P.B and A. Glass: High Partial Pressure of Nitrogen and Abolition of Blocking of the Occipital Alpha Rhythm. J. Physiol., 138, Suppl. 2, 1957, S. 18–19.
Bennett, P.B.: Rauschzustände durch komprimierte Luft. Umschau, 22, 1968, S. 696.
Bennett, P.B.: The narcotic effects of air. Science J., 1968, S. 53.
Bennett, P.B.: The action of inert gases at hyperpressure. Med. Sport., Torino, 1968, 6, S. 237–242.
Bieber, R.T.: Undine's Fluch: Insuffizienz der automatischen Atemregulation. Atemwegs- und Lungenkrankheiten, 3, 2, 1977, S. 51 –59.

Boycott, A.E., G.C. Damat and J.S. Haldane: The prevention of Compressed Air Illness. J. Hygien., 8, 1908, S. 432.
Brendel, W.: Höhenkrankheit und Höhentod. Med. Klin. 77, 22, 1982, S. 6.
Brousolle, B., E. Bensimon, A. Michaud, C. Vegezzi: Comparaison des réponses ventilatoires et des pressions partielles alvéolaires de CO_2 de plongeurs sous-marins entrainés et de témoins non plongeurs au cours du travail musculaire en atmosphère hyperbare. Persönl. Mitteilung.
Brousolle, B., E. Bensimon, A. Michaux et J. Lonjon: Sensibilité ventilatoire au gaz carbonique des plongeurs sous-marins. J. Physiol., 60, Suppl. 2, 1968, S. 410.
Brue, F., J.L. Morcellet, P. Revelat, P. Burtin: Modifications précoces du mode d'oxydation du glucose par l'hyperoxie. Journées internationales d'hyperbarie et de physiol. subaquat., 8–11 Juin 1970.
Brue, F., J.L. Morcellet, P.P. Grassé: Physiologie cellulaire. – Voies du métabolisme du glucose et concentration en ions sodium et potassium des globules rouges humains, incubés sous oxygène hyperbare. C.R. Acad. Sc. Paris, 264, 1967, S. 2025–2027.
Brue, F., C.H. Belouet, R. Joly: Prévention des accidents convulsifs hyperoxyques de la souris par l'hydroxybutyrate de sodium et par l'association insulin-glucose-chlorure de potassium. Comptes rendus des séances de la Société de Biologie. 160, 1966, S. 1901 ff.
Bücherl, E.S.: Säure-Basen- und Elekrolytstoffwechsel, Kreislauf und Ventilation während «Kohlensäureatmung». Der Anaesthesist, 9, 1960, S. 67–70.
Bucklitsch, W.: Tiefenrausch, O_2- und CO_2-Vergiftung. Med. und Sport, 4/126, 1964.
Büsing, C.M.: Pathoanatomische Aspekte der Sauerstoffintoxikation (normobare Hyperoxie). Fortschritte der Med. 6, 13, 1978, S. 673–679.
Cabarrou, P.: L'ivresse des grandes profondeurs lors de la plongée à l'air. La presse médicale, 72, 1964, S. 793.
Cabarrou, 2: L'ivresse des grandes profondeurs, Théories et recherches personnelles. Revue de physiol. subaquatique, 1, 1969, S. 177–180.
Cara, M., A. Goldberg, M. Piosvert, G. Cara: Etude de l'action d'un vasodilatateur sur les convulsions dues à l'oxygène hyperbare. Comptes rendus des séances de la Société de Biol., 163, 1969, S. 1360.
Chalazonitis, N., G. Romey: Effets hyperoxyques normo et hyperbares sur les propriétés électriques de la neuromembrane (neurones d'Aplysio et d'Helix). Revue de physiol. subaquatique, 1, 1969, S. 203–211.
Chouteau, J., L. Barthélémy, G. Bertharion: Données récentes sur les mécanismes de la narcose aux gaz inertes (ivresse des profondeurs). Compte rendu d'une communication présentée au colloque international de rééducation et de médecine sportive, Nice, 27. Jan. 1968.
Donald, K.W.: Oxygen Poisoning in Man. Admiralty Experimental Diving Unit. Report XVI., 1945.
Ehm, O.F. und E. Nusser: Der Tiefenrausch. Neptun, 1962, S. 122.
Ehm, O.F.: Gefahren des Tauchens. Neptun, 1962, S. 214, 298 , 366; 1963, S. 49.
Frey, R. und R.G. Schriever: Narkotische Wirkung von Stickstoff? Dtsch. Med. Wschr., 87, 1962, S. 157.

Goff, I.G. und R.G. Bartlett Jr.: Elevated End-Tidal CO_2 in Trained Underwater Swimmers. J. of appl. Physiol., 10, 1957, S. 203.

Goulon, M., A. Barois, J. Labrousse: Applications cliniques de l'O.H.B. Revue de physiol. subaquatique, 1, 1969, S. 59–68.

Lenfant, C.: Measurement of Factors Impairing Gas Exchange in Man with Hyperbaric Pressure. J. of appl. Physiol., 19, 1964, S. 189.

L'Huillier, J.-R.: Action de la thérapeutique hyperbare sur l'intoxication éthylique aigue expérimentale. Etude polygraphique et histopathologique. Revue de physiol. subaquatique, 1, 1968, S. 81–87.

Lobenhoffer, H.P., Zink, R.A., Brendel, W.: Höhenbedingte Erkrankungen. Z. Allg. Med., 58, 1982, S. 1494–1502.

Mead, J.: Resistance to Breathing at Increased Ambient Pressures. Proceedings. Underwater Physiol. Sympos. Washington, 1955, S. 112.

Moeschlin, S.: Klinik und Therapie der Vergiftungen. G.Thieme Verlag, Stuttgart, 1956.

Niemöller, H., K.E. Schaefer: Development of Hyaline Membranes and Atelectases in Experimental Chronic Respiratory Acidosis. Proceedings of the Society for Experimental Biology and Medicine, 110, 1962, S. 804–808.

Pietri, P.: Sauerstofftherapie unter Überdruck. Sandorama, 3, 1966, S. 6–8.

Rashbass, C.: The Unimportance of Carbon Dioxide as a Cause of Nitrogen Narcosis. Report for Underwater Physiol. Sub-Committee, 153, London, 1955.

Ricci, G.C.: Plongées et Hypercapnie. Ier Stage international de médecine de plongée. Cadaques, 1968.

Schaefer, K.E.: Oxygen Toxicity Studies in Underwater Swimming. J. of appl. Physiol., 8, 1965, S. 524.

Schaefer, K.E.: Experiments with Submarine Atmospheres. J. Aviat. Med. 30, 1959, 350.

Schaefer, K.E.: Pathophysiologische Wirkungen der Kohlensäure im Überdruck. II. Marine med.-wiss. Sympos., Kiel, Mai 1968.

Schaefer, K.E.: Beeinflussung der Psyche und Erregungsabläufe im peripheren Nervensystem unter langandauernder Einwirkung von 3% CO_2. Pflügers Archiv, 251, 1949, S. 716.

Schaefer, K.E.: Respiratory Adaption to Chronic Hypercapnia. Ann. New York Academ. of Sciences, 109, 1963, S. 772.

Schaefer, K.E.: Respiratory Pattern and Respiratory Responses to CO_2. J. of appl. Physiol., 1, 1958, S. 1.

Schaefer, K.E., G. Nichols Jr. and C.R. Carey: Acid-base Balance and Blood and Urine Electrolytes of Man during Acclimatization to CO_2. J. of appl. Physiol., 19, 1964, S. 48.

Schaefer, K.E., B.J. Hastings, C.R. Carey and G. Nichols Jr.: Respiratory Acclimatization to Carbondioxide. J. of appl. Physiol., 18, 1963, S. 1071.

Seemann, K.: Das Problem der Inertgasnarkose beim Tauchen. II. Marine med.-wiss. Sympos., Kiel, Mai 1968.

Seusing, J. und H.C. Drube: Der Tiefenrausch und andere Gefahren des Tauchens. Dtsch. Med. Wschr., 87, 1962, S. 2580–2584.

Shalit, M.N. et al.: Carbon dioxide and cerebral circulatory control. 1: The extravascular effect. 2. The intravascular effect. 3. The effects of brain stem lesions. Arch. Neurol., 17, 1967, S. 298–303, 337–341, 342–353.

Talley, M.C.: Hyperbaric oxygen as a medical therapy. Neuere Zusammenfassung über HBO-Therapie. Pressure, 11, 3, S. 7.

Utz, G., G. Schlierf, P. Barth, P. Linhart u. J. Wollenweber: Prophylaxe der akuten Höhenkrankheit mit Acetazolamid. Münch. Med. Wschr., 112/23, 1970, S. 1122–1124.

Wirkungsmechanismus der Sauerstofftoxizität. Med. Tribune World Wide Report. Medical Tribune. Beiheft zu Nr. 38, Sept. 1968, S. 6.

Zink, R.A., Lobenhoffer, H.P. Brendel, W.: Pathophysiologische Grundlagen höhenbedingter Erkrankungen. Z. Allg. Med. 58, 1982, S. 1487–1493.

Dekompressionsphase:

Bennett, P.B.: Physiologische Probleme beim Tieftauchen. Meerestechnik, 3/5, 1972, S. 177–216.

Bond, G.F.: Medical Aspects of Undersea Living. Überleben auf See. II. Marine med.-wiss. Sympos., Kiel, Mai 1968.

Brendel, W., J. Reulen, K. Meßmer: Die Kälteschwellung des Gehirns und die Begrenzung der Überlebenszeit in Hypothermie. Klin. Wschr., 43, 1965, S. 515–516.

Bühlmann, A.A, Schibli, R.A., Gehring, H.: Experimentelle Untersuchungen über die Dekompression nach Tauchgängen in Bergseen bei vermindertem Luftdruck. Schweiz. med. Wschr. 103, 1973, S. 378–383.

Bühlmann, A.A.: Physiologie und Pathophysiologie des Tauchens. Schweiz. Zschr. Sportmed. 29, 1981, S. 5–11.

Bühlmann, A.A.: Experimentelle Grundlagen der risikoarmen Dekompression nach Überdruckexpositionen. Schweiz. med. Wschr. 112, 1982, S. 48–59.

Bühlmann, A.A.: Dekompression – Dekompressionskrankheit. Springer-Verlag, Berlin-Heidelberg-New York-Tokyo, 1983.

Cabarrou, P.: L'ivresse des grandes profondeurs, théories et recherches personnelles. Revue de physiol. subaquatique, 1, 1969, S. 177–180.

Cabarrou, P.: Der Dekompressionsunfall und seine Behandlung. Münch. Med. Wschr., 108, 1966, S. 1552–1556.

Cockett, A.T.K.: A New Concept in the Treatment of Decompression Sickness (dysbarism). Lancet, 1, 1964, S. 1102.

Cockett, A.T.K., L.E. Swanson, R.T. Kado: Location of pulmonary emboli following decompression by radio-isotopic lung scanning. Revue de physiol. subaquatique, 1, 1969, S. 283–288.

Cockett, A.T.K., R.M. Nakamura: Treatment of decompression sickness employing low molecular weight dextran. Revue de physiol. subaquatique, 1, 1968, S. 133–134.

Cockett, A.T.K; R.T. Kado, R.M. Nakamura: The patho-physiology of decompression sickness. Revue de physiol. subaquatique, 1, 1969, S. 199–202.

Durst, J., W. Heller: Prophylaxe und Therapie der posttraumatischen Fettembolie. Dtsch. Med. Wschr., 96, 1971, S. 210–212.
Ehm, O.F.: Die Caissonkrankheit aus neuen Gesichtspunkten. Delphin, Jan. 1970, S. 11–12, 15.
Ehm, O.F.: Gerinnungsveränderungen bei der experimentellen Dekompressionskrankheit. Ärztl. Praxis, XXIV. Jhg., 52, 1972, S. 2753–2755.
Ehm, O.F., A. Piechotta, K.E. Schimpf: Altérations de la coagulation et moyens de les influencer dans la maladie de décompression expérimentale. Gazette des hôpitaux, 143, 1971, S. 1027–1030.
Ehm, O.F.: Panik als Ursache des Lungenüberdruckunfalles. Tauchmedizin, 2, S. 133. Kongreßbericht: 2. Symposium für Tauchmedizin. Medizinische Hochschule Hannover. Schlütersche Verlagsanstalt, 1981–1983.
Elliot, D.H.: Recompression schedules. Revue de physiol. subaquatique, 1, 1969, S. 269.
Fructus, X.: Le Syndrome Nerveux des Hautes Pressions. IIe Stage International de Médecine de Plongée. Cargese, 30. Mai – 6. Juin 1971.
Gollan, F. et al.: Prevention of bends by breathing an organic liquid. Trans. Ass. Amer. Physicians, 80, 1967, S. 102–110.
Goodman, M.W.: Decompression Sickness Treated with Compression to 2–6 Atmospheres Absolute. Aerospace Med., 35, 1964, S. 1204–1212.
Hartmann, H.: Blutgerinnungsuntersuchungen nach Dekompression. Int. Z. angew. Physiol. einschließl. Arbeitsphysiol., 18, 1961, S. 439.
Hartmann, H.: Druckfallkrankheit und intravasale Gasblasen. Int. Z. angew. Physiol. einschließl. Arbeitsphysiol., 19, 1961, S. 67.
Hartmann, H.: Pathogenese und Therapie der Luftembolie im Hinblick auf die Problematik der Behandlung im Überdruck. Der Anaesthesist, 15/11, 1966, S. 359–369.
Hartmann, H. und K.G. Müller: Mechanische Belastung der Lunge beim Druckfall. Z. Flugwiss. 10, Heft 4/5, 1962.
Holzknecht, F.: Die Verbrauchskoagulopathie. Dtsch. Med. Wschr., 95, 1970, S. 1275.
Lasch, H., G. Heidelberg: VIIth International Congress of International Medicine, 1962., G. Thieme Verlag, Stuttgart, 1963.
Laures, F.F.: Wenig bekannte Möglichkeit eines Dekompressionsunfalls. Delphin 2, 1972, S. 15.
Liebow, A.A., J.E. Stark, J. Vogel and E. Schaefer: Intrapulmonary Air Trapping in Submarine Escape Training Casualties. US. Armed. F. Med. J. X., 1959, S. 265.
McElroy, W.D., A.H. Whiteley: Relation of Gas Tension and Hydrostatic Pressure to Intravascular Bubble Formation. Amer. J. Physiol., 147, 1946, S. 19–27.
Padelt, H.: Physiologische und pathophysiologische Fragen bei Arbeiten unter erhöhtem barometrischem Druck und beim Tauchen. Zschr. Militärmed., 2, 1968, S. 100–108.
Philp, R.B., P.G. Schachmann, W. Gowdey: Platelets and Microthrombi in Decompression Sickness. Aerospeace Med., 42/5, 1971, S. 494.

Philp, R.B.: A review of blood changes associated with compression-decompression: relationship to decompression sickness. Undersea Biomed. Res. Vol. 1, No. 2, June 1974, S. 117.
Schaefer, K.E: Pathophysiol. Wirkungen der Kohlensäure im Überdruck. II. Marine med.-wiss. Sympos., Kiel, Mai 1968.
Schimpf, Kl., A. Piechotta, O.F. Ehm, H. Fritsch.: Experimentelle Dekompressionskrankheit des Kaninchens. Gerinnungsveränderungen und therapeutische Beeinflussung. Sonderdruck aus Verhandlungen der Dtsch. Gesellsch. f. innere Med., 77. Band, Bergmann, München, 1971.
Schreiner, H.R.: Ein kritischer Überblick über den gegenwärtigen Stand der angewandten Tieftauchphysiologie. Int. Z. angew. Physiol., 27, 1969, S. 76–98.
Seemann, K.: Das Problem des Austauchens. Wehrmed. Mittlg., 8/9, 1961, S. 113.
Seemann, K.: Gefahren des Tieftauchens, Delphin, 1964, S. 20.
Seemann, K.: Das Problem der Inertgasnarkose beim Tauchen. II. Marine med.-wiss. Sympos., Kiel, Mai 1968.
Seemann, K.: Probleme der U-Boot-Rettung. Sonderdruck aus Wehrdienst u. Gesundheit, Band XIV.
Seemann, K. und A. Wandel: Der Taucherunfall mit Überdehnung der Lunge und Luftembolie. Münch. Med. Wschr., 42, 1967, S. 2168–2175.
Sicardi, F.: La coagulation au cours de la plongée profonde. Bulletin Medsubhyp, Décembre 1970, S. 15–16.
Smith, F.R.: Air Embolism as a Cause of Death in Scuba Diving in the Pacific Northwest. Official Journal of the American College of Chest Physicians. 52/1, 1967.
Tailleur, J.: Les accidents de décompression et leurs traitements. Anesth. Anal. Réan., 24, 1967, S. 415–429.
Tenev, K., D.Dorrosiev: Treatment of decompression sickness employing hyperbaric oxygen. Revue de physiol. subaquatique, 1, 1969, S. 270.
Wandel, A.: Das Tauchen, seine Gefahren und die Behandlungsmöglichkeiten bei Taucherzwischenfällen. Information Draeger-Technik, März 1972.
Webster, D.P.: Skin and scuba diving fatalities in the United States. Public Health Reports, 81, 1966, S. 703–711.
Wünsche, O.: Die Druckfallkrankheiten des Höhenfliegers. Wien. Med. Wschr., 106, 1955, S. 868.
Zimmermann, M.: II. Physiolog. Institut Univ. Heidelberg, Persönl. Mitteilung.

Tieftauchen:
Behnke, A.R.: Some Early Studies of Decompression. In: The Physiology and Medicine of Diving and Compressed Air Work. Baillière Tindall and Cassell. London, 1969, S. 226.
Bennett, P.B., D.H. Elliott: The Physiology and Medicine of Diving and Compressed Air Work. Baillière Tindall and Cassell, London, 1969.
Böni, M., Schibli, R., Nussberger, P., Bühlmann, A.A.: Diving at diminshed atmospheric pressure: air decompression tables of different altitudes. Undersea Biomed. Res., Vol. 3, No. 3, Sept. 1976, S. 189.

Buckles, R.G.: The Physics of Bubble Formation and Growth. Aerospace Med., 39, 1968, S. 1062–1069.
Chouteau, J.: Saturation Diving: The Conshelf Experiments. In: The Physiology and Medicine of Diving and Compressed Air Work. Baillière Tindall and Cassell, London, 1969, S. 491.
Chouteau, J., J.-Y. Cousteau, J. Alinat: Zukünftige Entwicklung und Möglichkeiten des Tieftauchens (Précontinent-Programm). II. Marine med.-wiss. Sympos., Kiel, Mai 1968, S. 55.
Eichhorn, J.: Die Kunst des Notaufstiegs lernen. Tauchen 5/78, S. 63–64.
Harvey, E.N., A.H. Whiteley u.a.: The Effect of Mechanical Disturbance on Bubble Formation in Single Cells and Tissues after Saturation with Extra High Gas Pressure. J. Cell. a. Comp. Physiol., 28, 1946, S. 325–338.
Hempleman, M.V.: The British Decompression Theory and Practice. In: The Physiology and Medicine of Diving and Compressed Air Work. Baillière Tindall and Cassell, London, 1969, S. 291.
Hester, R.: Criteria for Bubble Growth. In: Underwater Physiol., ed. Lambertsen, J.C., Academic Press, New York-London, 1971.
Hills, B.A.: A thermal analogue for the optimal decompression of divers: Theory. Phys. Med. Biol., 12, 1967, S. 437–444.
Hills, B.A.: Thermodynamic Decompression: An Approach Based upon the Concept of Phase Equilibration in Tissue. In: The Physiology and Medicine of Diving and Compressed Air Work. Baillière Tindall and Cassell, London, 1969, S. 319.
Hills, B.A.: Decompression Sickness: A Study of Cavitation at the Liquid-liquid Interface. Aerospace Med., August 1967, S. 814.
Hills, B.W.: Concepts of Inert Gas Exchange in Tissues During Decompression. In: Underwater Physiol., ed. Lambertsen, J.C., Academic Press, New York-London, 1971.
Keller, H., A.A. Bühlmann: Probleme der Dekompressionsberechnung. Helvetia Med. Acta, 6, 1961, S. 764–774.
Le Messurier, D.H. and B.A. Hills: Decompression Sickness. A Thermodynamic Approach Arising from a Study of Torres Strait Diving Techniques. Hvalradets Skrifter, 48, 1965, S. 54–84.
Liebermann, L.: Air Bubbles in Water. Journal of appl. Physiol., 28/2, 1957.
Manley, D.M. u.a.: Change of size of air bubbles in water containing a small dissolved air content. Dep. of Mathem. and Phys., The Polytechnic, London, 1959.
Normand, Yves: Calcul et utilisation des tables de plongée. Médecine du sport. Nr. 4, (1969), S. 1/187, 50/236.
Rashbass, C.: Investigation into the Decompression Tables. Report for Underwater Physiol. Sub-Committee, 139, 151, London, 1954/55.
Schreiner, H.R.: Physical Limits of Manned Underwater Activity. Advances in Med. Physics, Sec. Int. Con. Med. Phys., Massachusetts, 1971, S. 232–254.
Schreiner, H.R.: The Design of Decompression Schedules. Marine Technolog. Prog. into the Sea, 1970, S. 145.
Van Liew, H.D. and M.P. Hlastala: Influence of Bubble Size and Blood Perfusion on Absorption of Gas Bubbles in Tissues. Respiration Physiol., 7, 1969, S. 111-121.

Workman, R.D.: American Decompression Theory and Practice. In: The Physiology and Medicine of Diving and Compressed Air Work. Baillière Tindall and Cassell, London, 1969, S. 252.

VII. Temperatureinwirkungen

Ahnefeld, F.W., Klingebiel. H., Mehrkens, H.H.: Pathophysiologie und Therapie von Kälteschäden. Med. Klin. 74, 49, 1979, S. 1833–1841.

Aschoff, J. und R. Wever: Kern und Schale im Wärmehaushalt des Menschen. Die Naturwissenschaften, 45, 1958, S. 477.

Badtke, G.: Probleme der Wärmeregulation beim Tauchsport. Med. Sport., 8, 1968, S. 182–184.

Beckmann, E.L., E. Reeves, R.F. Goldman: Current Concepts and Practices Applicable to the Control of Body Heat Loss in Aircrew Subjected to Water Immersion. Aerospace Med., 37/4, 1966, S. 348–357.

Beckmann, E.L.: Thermal Protection During Immersion in Cold Water, U.S. Naval Med. Research Inst. Research Report 1. Bethesda, Md., 1964.

Benzinger, Th.: Thermostat im Menschen. Bild der Wissenschaft, 3/4, 1965, S. 232.

Brendel, W.: Temperaturregulation des Menschen. 21. Dtsch. Sportärztekongreß; Verlag f. Gesamtmedizin, Berlin, 1963, S. 247.

Brendel, W., J. Renlen, K.Messmer: Die Kälteschwellung des Gehirns und die Begrenzung der Überlebenszeit in Hypothermie. Klin. Wschr., 43/9, Mai 1965, S. 515–517.

Brück, K.: Thermoregulation. Hippokrates, 41/1, S. 46-61.

Craig, A.B.: Heat Exchange Between Man and the Water Environment. In: Underwater Physiol., ed Lambertsen, J.C., Academic Press, New York-London, 1971, S. 425–433.

Daubert, K., F. Aichinger: Wetter – Klima – Haut. Dermatologie u. Venerologie, I/2, 1962, S. 905–954.

Donnegger, M.: Zur Behandlung örtlicher Erfrierungen. Münch. Med. Wschr., 106, 1964, S. 411.

Ehm, O.F.: Gefahren des Tauchens. Neptun, 1963, S. 140.

Ehm, O.F.: Sonnenbrand – Sonnenschutz. Delphin, 7/1966.

Friedrich, Fr.: Erythema solare – Sonnenbrand. Dtsch. Med. Wschr., 79. Jhrg., S. 1346.

Gierschner, N.: Die Wärmeregulation von Naßtauchanzügen. Delphin, 11/1972, S. 24–25.

Gottron, H.A. und W. Schönfeld: Dermatologie und Venerologie. III/1, 1959, S. 108–109. I/2, 1962, S. 905–918. G.Thieme Verlag, Stuttgart.

Guillerm, E.: L'homme, l'eau, le froid. Cinesiologie, Paris, 15, 60, 1976, S. 145–161.

Hayward, M.G., Keatinge, W.R.: Progressive symptomless hypothermia in water: possible cause of diving accidents. British Medical Journal, 1979, 1.

Ippen, H.: Lichtbeeinflußte Arzneimittelnebenwirkungen an der Haut. Dtsch. Med. Wschr., 87. Jhrg., S. 480 u. 580.

Jung, E.: Univ. Hautklinik Heidelberg, Pers. Mitteilung.

Kang, D.H., P.K. Kim, B.S. Kang, S.H. Song, S.K. Hong: Energy metabolism and body temperature of the Ama. J. of appl. Physiol., Washington, 20, 1965, S. 46–50.

Kang, B.S., S.H. Song, C.S. Sub, S.K. Hong: Changes in body temperature and basal metabolic rate of the Ama. J. of appl. Physiol., 19, 1963, S. 483–488.

Keatinge, W.R. and M. Evans: Effect of Food, Alcohol and Hyoscine on Body Temperature and Reflex Responses of Men Immersed in Cold Water. Lancet, 2, 1960, S. 176–178.

Kühlmann, D.H.H.: Temperaturverhältnisse der Gewässer. Delphin, 1960, S. 841, 821, 925.

Kühlmann, D.H.H.: Kälteschäden. Neptun, 1962, S. 80.

Le Blanc, J., J.A. Hildes, O. Héroux: Tolerance of Gaspé fishermen in cold water. J. of appl. Physiol., 15, 1960, S. 1031– 1034.

Molnar, G.W.: Survival of Hypothermia by Men Immersed in the Ocean. J.Amer. Med. Ass., 131, 1946, S. 1046–1050.

Mühlbauer, W.D.: Unterkühlung und Erfrierungen. Fortschritte der Medizin, 91, 1973, S. 405–454.

Padbury, E.H., Hayes, P.A.: The differing response to mild sustained cooling and severe transient cold water exposure. 8.Jahreskongreß/European Undersea Biomedical Society (EUBS). Lübeck-Travemünde, 5.-8.Oktober 1982, S. 332.

Piriova, B., D. Dobrev, K. Kastev und P. Bogdanov: Diurese und spez. Harngewicht beim Unterwasserschwimmen. Med. u. Sport, Berlin Ost, 4, 1964, S. 80.

Pugh, L.G.C., O.G. Edholm: The Physiology of the Channel Swimmers. Lancet, Okt. 1955, S. 761–768.

Rawlins, J.S.P., J.F.Tauber: Thermal balance of depth. In: Underwater Physiol., ed. Lambertsen, J.C., Academic Press, New York-London, 1971, S. 435–442.

Reiserer, P.A.: Tauchanzüge. Neptun, 1964, S. 286.

Schmidt, Ludwig: Neuere physiologische Erkenntnisse zur Wiedererwärmung Unterkühlter. Überleben auf See. I. Marine med.-wiss. Sympos., Kiel, 1965.

Schmitz, R.: Welche Textilien schützen vor Sonnenbestrahlung am besten? Dtsch. Med. Wschr., 79 Jhrg., S. 1883.

Schoen, H.: Schäden durch elektromagnetische Schwingungen. Klinik der Gegenwart, Bd. III, Urban und Schwarzenberg, München-Berlin, 1956, S. 241.

Skreslet, S., F. Aarefjord: Acclimatization to cold in man induced by frequent scuba diving in cold water. J. of appl. Physiol. 24, 1968, S. 177–181.

Thauer, R.: Unterkühlung im Wasser. Bundesarbeitsblatt 5, 1956, S. 153.

Thauer, R.: Physiologie und Pathophysiologie der Auskühlung im Wasser. Überleben auf See. I. Marine med.-wiss. Sympos., Kiel, 1965, S. 25–43.

Tidow, R.: Die Überwindung der Gefahren bei akzidenteller Unterkühlung auf See. Überleben auf See. I. Marine med.-wiss. Sympos., Kiel, 1965, S. 49–65.

Wenzel, H.G.: Temperaturregulation des Menschen. 21. Dtsch. Sportärztekongreß Münster. Verlag für Gesamtmedizin, Berlin, 1963 , S. 255.

VIII. Schädigungen durch Meerestiere

Barnes, J.H.: Chironex fleckeri. Image (Roche) 3, 1969, S. 24 .

Couet, G. de, Moosleitner, H., Naglschmid, F.: Gefährliche Meerestiere. Jahr-Verlag, Hamburg, 1981.

Davies, D.H.: About Sharks and Shark Attack. Routledge & Kegan, London, 1965.

DeHaas, W. und F. Knorr: Was lebt im Meer an Europas Küsten? Franckh'sche Verlagshandlung, Stuttgart, 1965.

Ehm, O.F.: Gefahren des Tauchens. Neptun, 1963, S. 346.

Gilbert, P.W.: Sharks and Survival. Heath, Boston, 1963.

Herald, E.S.: Fische. Droemersche Verlagsanstalt Th. Knaur, München, 1961.

Janus, H.: Achtung Quallen! Neptun, 1961, S. 12.

Opfermann, K.H.: Das Gift des Rotfeuerfisches – tödlich? Neptun, 1964, S. 180.

Sachs, W.B.: Unfälle durch Fische und durch Insekten. München. Med. Wschr., 106, 1964, S. 402.

Velimirovic, B.: Gifttierverletzungen und ihre Behandlung mit Corticoiden. Med. Mitteilungen (Schering) 1/1962.

v. Wahlert, G.: Die Haigefahr im Mittelmeer – Sensationshascherei und Wirklichkeit. Neptun, 1962, S. 362.

Weyers, H.: Indisches Lebenselixier nach Biß- und Stichverletzungen. Selecta, 50, 1969, S. 4130.

Wiener, S.: Gift im Riff. Image (Roche), 2, 1965, S. 20.

IX. Ertrinken und Badetod

Doerr, W.: Über den plötzlichen Tod aus natürlicher Ursache bei der Truppe. Wehrmed., 4, 1964, S. 109.

Ehm, O.F.: Gefahren des Tauchens. Neptun, 1963, S. 292.

Flottes, L., R. Riu und R. Le Den: Considérations sur les noyades et le traitement des noyés. Maroc médical, 433, 1961, S. 615.

Fournier, L.: Les noyades au cours des plongées libres avec scaphandre. Maroc médical, 40, 1961, S. 602–606.

Goethe, H., Zorn, E.: Erste Hilfe bei Unterkühlung. Materia Medica Nordmark, 33, 1981, S. 76.

Hohorst, W. und B. Enders: Bade-Dermatitis. E. v. Bering. Die Gelben Hefte 12/1, 1972, S. 8–13.

Jost, U.: Das «Beinahe»–Ertrinken: Sofortmaßnahmen am Unfallort. Münch. med. Wschr., 41, 123, 1981, S. 1529–1532.

Klaus, E.J.: Zusammenbrüche beim Baden, Schwimmen, Tauchen und Wasserspringen. Med. Welt, 29/30, 1961, S. 1493.

Maury, M., M. Lacombe und J. Dumur: A propos de 20 cas de tétraplégies par plongeon. Revue de l'Appareil Moteur, Paris, 52/1 , 1966, S. 13–28.

Missfeldt, S.: Der pathophysiologische Mechanismus und die versicherungsmedizinische Problematik des Badetodes. Lebensvers. Med., Verlag G.Braun, Karlsruhe, 22. Jhrg., Jan. 1970.

Quambusch, P.: Der Tod im Wasser. Lebensretter, Lübeck, 36/5 , 1971, S. 12–13.

Reb, Herbert: Der Ertrinkungstod. Med. Monatsschrift, 19, 1965, S. 487–492.

Servettaz, P.-L.: Rapport sur les noyades. Revue de physiol. subaquatique, 1, 1969, S. 3–10.

Simpson, K.: Death from Vagal Inhibition. Lancet, 1949, S. 558.

Swann, H.C.: Mechanism of Circulatory Failure in Fresh and Seawater Drowning. Circulation Research, 4, 1956, S. 241.

Thomas, F.W. van Hecke und J.Timpermann: Ciba Sympos., 9, 1961, S. 154.

X. Tauchunfälle

Childs, C.M.: Loss of consiciousness in divers; a survey and review. European Undersea Biomedical Society-Congress, Oktober 1981, Luxembourg.

König. H.J., Krähling, K.H., Brandt, M.: Intrakranielle Blutungen beim Tauchen. Dtsch. Zeitschr. f. Sportmedizin, 7, 1981, S. 190–191.

Lauschner, E.: Wie gesund müssen Fluglotsen sein? Ärztliche Praxis, XXV, 74, 1973, S. 3213–3214.

Margreiter, R., Unterdorfer, H., Margreiter, D.: Das positive Barotrauma des Magens. Zbl. Chir., 1977, S. 226–230.

XI. Wiederbelebung als Erste Hilfe

Ahnefeld, F.W.: Neue Entwicklungen in der kardiopulmonalen Reanimation. Dtsch. med. Wschr. 106, 1981, S. 827–828.

Ahnefeld, F., R. Frey, M. Malmagqi, H.v. Lutzki, H. Nolte: Die lebensrettenden Sofortmaßnahmen. Ciba Sympos, 16/1, 1968.

Böhm, E.: Über die Gefährlichkeit einer Mund-zu-Mund-Beatmung bei bestimmten akuten Vergiftungen. Z. prakt. Anästh., 1, 1966.

Bushart, W. und P. Rittmeyer: Die Kriterien des Todes unter Berücksichtigung der modernen Möglichkeiten der Wiederbelebung und der Intensivbehandlung. Mat. Med. Nordm. XXI/1, Januar 1969, S. 22–29.

Dorossiev, D., St. Saev, D.Venov, K.Tenev: Organisation d'une chaîne de sauvetage. Revue de physiol. subaquatique, 1, 1969, S. 13–15.

Ehm, O.F.: Wiederbelebung durch Atemspende. Neptun, 1964, S. 288, 313; Delphin, 1964, S.20.

Eichler, J.: Manuelle Wiederbelebung oder Atemspende bei Ertrunkenen? Sonderdruck 5502, Draegerwerk, Lübeck.

Frey, R., J. Jude und P. Safar: Die äußere Herzwiederbelebung. Dtsch. Med. Wschr., 87, 1962, S. 857.

Frey R., E. Kolb und U. Henneberg: Gefahren der äußeren Herzwiederbelebung. Dtsch. Med. Wschr., 89, 1964, S. 630.

Friese, G.: Die Behandlung des Kreislaufstillstands innerhalb und außerhalb des Krankenhauses. Mat. Med. Nordm. XVIII/5, Mai 1966, S. 282–290.

Gögler, E.: Chirurgische Erstversorgung Verletzter am Unfallort – Aufgaben, Organisation, Ergebnisse. Mat. Med. Nordm. XVIII/6, Juni 1966, S. 333–349.

Janner, J. und A. Celion: Spätresultate nach Wiederbelebung durch sogenannte transthorakale Herzmassage. Dtsch. Med. Wschr., 87, 1962, S. 863.

Krietemeyer, H. J.: Ärztliche Erstmaßnahmen am Unfallort und im Katastropheneinsatz. K.F. Haug Verlag, Heidelberg, 1967.

Kügler-Podelleck, I., G. Rodewald, K. Horatz, S. Kügler und P. Müller-Brunotte: Erfolgreiche Wiederbelebung bei Ertrinken im Eiswasser. Dtsch. Med. Wschr., 90, 1965, S. 74.

Neuhof, H., Lasch, H.G.: Schock, Pathophysiologie, Überwachung, Klinik, Therapie. Klin. der Gegenwart, Bd. XI, Neufassung 1981. Urban und Schwarzenberg, München, Wien, Baltimore.

Nolte, H., R. Frey: Welche einfachen Beatmungsmethoden sind bei der Reanimation am Unfallort empfehlenswert? Münchn. Med. Wschr., 35, 1965.

Ruben, A. and H. Ruben: Artificial respiration flow of water from the lung and the stomach. Lancet, 1, 1962, S.780.

Tailleur, J.: La réanimation du noyé par l'homme de la plage. Revue de physiol. subaquatique, 1, 1969, S. 11–12.

Thin, B.: Moderne und praktische Erste-Hilfe-Leistung bei Tauchunfällen. IIe Stage Int. de Méd. de Plongée. Cargese, 30. Mai–6.Juni 1971.

Ulmer, W.T., D. Herberg, W. Ey, G. Reichel und W. Schwab: Untersuchungen über die Wirksamkeit manueller Beatmungsmethoden. Dtsch. Med. Wschr., 85, 1960, S. 58.

Ulmer, W.T., H.P. Harrfeldt und G. Reichel: Die Durchführung der verschiedenen Mund-zu-Mund-Beatmungsmethoden. Atemspende. Dtsch. Med. Wschr., 85, 1960, S. 67.

Ulmer, W.T., W. Ey, D. Herberg, G. Reichel und W. Schwab: Untersuchungen über die Wirksamkeit der Mund-zu-Mund-Beatmung. Dtsch. Med. Wschr., 85, 1960, S. 63.

Ulmer, W.T., H.P. Harrfeldt, E. Reif und G. Reichel: Erfahrungen und Versuchsergebnisse mit der Atemspende in atypischer Lage. Dtsch. Med. Wschr., 86, 1961, S. 2367.

Wedinger, H.: Allgemeine physiologische und pathophysiologische Betrachtung über den Herzstillstand und die Herzwiederbelebung. Mat. Med. Nordm. XVIII/5, Mai 1966, S. 257–267.

Wieners, K. und E. Kern: Die Reanimation von Unfallverletzten. Dtsch. Med. Wschr., 90, 1965, S. 1011.

Zapp, H.: Verhüte Unfälle, lerne helfen! Carl Hanser Verlag, München, 1958.

XII. Tauglichkeitsuntersuchungen

Bickmore, G.H.: Some aspects of sub-aqua-diving, Practitioner, 197, 1966, S. 204–206.

Cabarrou, P.: Utilisation de l'électro-encéphalogramme pour la sélection des plongeurs. Sogetram, 1964.
Chailley-Bert, P., Plas, F.: Les épreuves cardiaques fonctionnelles. Etude clinique, physiologique et électrocardiographique. Médecine, éducation physique et sport, 30, N.III, 1956 .
Curel, J.M.: Cœur et sport sous-marin. Maroc Médical, 433, 1961, S. 632.
Ehm, O.F.: Gefahren des Tauchens bei Augenfehlern. Der Taucher, Heft 2/75, S. 19–20.
Gorlin, R., J.H. Knowles and C.F. Storey: The Valsalva Maneuver as a Test of Cardiac Function. Pathologic Physiology and Clinical Significance. Amer. J. Med., 22, 1957, S. 197–212.
Hamm, J.: Praktikable Lungenfunktionsprüfungen. Lebensvers. Med., 18, 1966, S. 53–58.
Herrlinger, R.: Der willkürliche Atemstillstand als Funktionsprüfung. Z. ges. exp. Med., 109, 1941, S. 357 ff.
Kalthoff, H., John, S., Scholz, V.: Probleme des Augeninnendrucks beim Sporttauchen mit Gerät. Klin. Mbl. Augenheilkunde, 166, 1975, S. 488–493.
Kirchhoff, H.W.: Funktionsprüfungen des Kreislaufs in der Flugmedizin. Therapiewoche, 36, 1970, S. 1948.
Lescure, R.: L'examen médical des plongeurs. Commentaires sur l'utilisation de la fiche C.M.A.S. d'Examen Médico-Physiologique des Plongeurs. Maroc Médical, 51, 1971, S. 260–263.
Lungenfunktionsprüfungen. Dr.Karl Thomae GmbH, Biberach an der Riß, 1966.
Malhotra, M.S, Kumar, C.M.: Electroencephalography in naval divers. Aviation, Space and Environmental Medicine, August 1975, No. 46, S. 1000.
Mechelke, K. und P. Christian: Valsalvascher Versuch (Bürger'sche Preßdruckprobe). Handbuch der inneren Med., 4.Aufl., Bd. IX, 4, Springer Verlag, Berlin, 1960.
Merer, P.: L'aptitude physiologique à la plongée. Revue de physiol. subaquatique, 1, 1968, S. 94–102.
Patte, M., Schmerber, J., Verhas, M.: Intérêt de la méthode au xenon 133 I. V. dans la mise en évidence d'anomalies fonctionnelles pulmonaires locorégionales. Medsubhyp, 1, 4, 1982, S. 141–150.
Palem, R.M. et L: Que peut apporter L'EEG à l'examen médical des plongeurs? Gazette des hôpitaux, 143, 1971, S. 1050– 1052.
Rossier, P.H., A. Bühlmann, K.Wiesinger: Physiologie und Pathophysiologie der Atmung. Verlag Springer, Berlin, 1958.
Sala Matas, J.: Importance de l'électroencéphalogramme dans l'examen médical des plongeurs. Gazette des hôpitaux, 143, 1971, S. 1056–1057.
Studer, P.: Die ex- und inspiratorischen Apnoezeiten. Diss. Zürich, 1946.
Thin, B.: Neue Aspekte der tauchsportärztlichen Untersuchung. Delphin, 17, 1970, S. 6–7.
Williamson, D.E.: Medical standards for sport scuba diving. The Journal of the Florida Medical Ass., 52, 1965, S. 712–713.

Übersichtswerke und allgemeine Tauchliteratur

Alnor, P.C., R. Herget und J. Seusing: Drucklufterkrankungen. J. Ambr. Barth Verlag, München, 1964.

Bennett and Elliott: The Physiology and Medicine of Diving and Compressed Air Work. Baillière, Tindall and Cassell, London 3. Aufl. 1982.

Bert, P.: La pression barométrique. G. Masson, Paris, 1878 .

Bohnenkamp, H.: Die Gefahren unter hohen Drucken in Caissons oder beim Tauchen. 18. Dtsch. Sportärztekongreß, 1957, S. 180.

Documenta Geigy: Wissenschaftliche Tabellen. 7. Aufl., 1968.

Edmonds, C., Lowry, Ch., Pennefather, J.: Diving and Subaquatic Medicine. Diving medical Centre. Mosman, Australia 2088, 2. Aufl., 1982.

Fructus, X., Sciarli, R.: La plongée, santé, sécurité. Editions Maritimes et d'Outre-Mer, 1980.

Guillerm, E.: La vie et la plongée en apnée. Edition Diméo, 1969.

Haux, G.: Tauchtechnik Band I. Springer Verlag, Berlin, 1969 .

Haux, G.: Tauchtechnik Band II. Springer Verlag, Berlin, 1970 .

Kenyon, L. und W. De Haas: Tauch mit! 4. Aufl., Albert Müller Verlag, Rüschlikon-Zürich, 1973.

Lambertsen, C.J., Editor of Underwater Physiology. Proceedings of the III. Symposium on Underwater Physiology 1966. The Williams and Wilkins Company, Baltimore.

Lambertsen, C.J., Editor of Underwater Physiology. Proceedings of the IV. Symposium 1971, Academic Press, New York and London .

Proceedings of the V. Symposium 1976. FASEB, Bethesda, Maryland.

Marine Nationale. Groupe d'études et de recherches sous-marines La plongée. Arthaud, Paris, 1961.

Mattes, W.: Das große Taucherbuch. Franckh'sche Verlagshandlung, Stuttgart, 1968.

Matthys, H.: Medizinische Tauchfibel. Springer Verlag, Berlin, 1971.

Matthys, H.: Medizinische Tauchfibel. 2. Auflage, Springer-Verlag, Heidelberg, 1978.

Miles, S.: Underwater medicine. Staples Press, London, 1969.

Moslener, C.D.: Tauchen mit Verstand. Antäus Verlag, Lübeck, 1962.

National Academy of Science – National Research Council: Proceedings, Underwater Physiology Sympos., Washington, 1955.

National Academy of Science – National Research Council: Proceedings, Second Sympos. on Underwater Physiology, Washington, 1963.

Poulet, G. und R. Barincou: Das große Buch vom Tauchsport. Nymphenburger Verlagshandlung, München, 1972.

Renemann, H.: Tauchmedizin verständlich gemacht. Franckh, Stuttgart, 1966.

Schenk, H.V., Mc Aniff, JJ.: United States Underwater Fatality Statistics 1974, Report No. URI-SSR-75-10 (April 1979) U.S. Department of Commerce. National Oceanic and Atmospheric Administration and U.S. Department of Transportation.

Seemann, K.: Ergebnisse und Probleme moderner Tauchforschung. Wehrmed., 1, 1965, S. 17.
Seemann, K.: Prophylaxe und Therapie der Taucherkrankheiten. Sportarzt und Sportmed., 8, 1964, S. 242.
Strauss, Richard H.: Diving Medicine. Grune and Stratton, New York 1976.
IIes Journées Internationales d'Hyperbarie et de Physiologie Subaquatique. Doin Editeurs, Paris, 1972.
Undersea Biomedical Research Vol. 1 (1974) bis Vol. 10 (1983). Undersea Medical Society, Inc. Bethesda.
US Navy Diving Manual. Newsea 0994-LP-001–9010–Dee 1975 distributed by: Best Bookbinders, 23005 1/2 South Avalon. Boulevard Carson, California 90745.

Bildnachweis

S. 26	*Mellerowicz, H.*: Grundlagen von Training und Leistungssteigerung. Sportarzt und Sportmed., 6, 1972, S. 124.
S. 28	Nach *Hollmann,* in *Stegemann, J.*: Leistungsphysiologie. G. Thieme Verlag, Stuttgart, 1971.
S. 44	The British Sub-Aqua-Club Diving Manual, Editor: B.S.A.C., London, 1972
S. 50–54	(Abb. der verschiedenen Lungenautomaten.) The new science of skin and scuba diving. Associated Press, New York, 1968.
S. 56	*Rein, H. und M. Schneider*: Einführung in die Physiologie des Menschen. 11. Aufl., Springer Verlag, Berlin, 1955.
S. 59	Mod. nach *C.F. Schmidt* in *Bard, P.*: Medical Physiology. Mosby, St. Louis 1956.
S. 60, 62	*Comroe, J.H., R.E. Forster, A.R. Dubois, W.A. Briscoe und E. Carlsen*: Die Lunge. Schattauer Verlag, Stuttgart, 1964.
S. 65	*Lerris, O.*: Teorie for Sportsdykkere. C. Lerris Forlag, Nordborg, Danmark 1965.
S. 79	*Weinmann, G.*: Das Hyperventilationssyndrom. Urban und Schwarzenberg, München, 1968.
S. 80	*Craig, A.*: Loss of consciousness underwater. Proc. 2nd World Congr. of Underwater Activities. London, 1963, S. 70.
S. 84	*Corriol, H.*: Physiologie et Pathophysiologie de la Plongée en Apnoe. Masson et Cie., Paris, 1967, S. 9.
S. 86	*Corriol, H.*: a.a.O., S. 18.
S. 90	*Strømme, S.B., D. Kerem and R. Elsner*: Diving bradycardia during rest and exercise and its relation to physical fitness. J. of appl. Physiol., 28, 1970, S. 614–621.
S. 94	*Schieck, F.*: Grundriß der Augenheilkunde. Springer Verlag, Berlin, 1949.
S. 95	*Keidel, W.D.*: Kurzgefaßtes Lehrbuch der Physiologie. G. Thieme Verlag, Stuttgart, 1967.
S. 96	*Barnard, E.E.P.*: Visual Problems under Water. Proc. Royal Soc. Med., 54, 1961, S. 755–756.
S. 122	*Oser, H.*: Tauchmedizin, ein neuer Forschungszweig mit Zukunft und weltweitem Interesse. Mat. Med. Nordmark, 23, 1971, S. 196.
S. 125, 137, 138	*Flottes, L., R. Riu et R. Le Den*: Les accidents de la plongée. Maroc Médical, 33, 1961, S. 575.
S. 127	*Moslener, C.D.*: Tauchen mit Verstand. Antäus, Lübeck, 1962.
S 129	Mod. nach *v. Mauntz* aus *Alnor, P.C., R. Herget und J. Seusing*: Druckluftерkrankungen. J. Ambr. Barth Verlag, München, 1964.
S. 134	*Schaefer, K.E. and C.R. Carey*: Alveolar Pathways during 90-Feet Breath-Hold Dives. Science, 137, 1962, S. 1051.
S. 141	*Fowler, E.P.*: Loose-Leaf Medicine of the Ear. Thos. Nelson and Sons, New York, 1947.
S. 143	*Delonca, G.*: Persönliche Mitteilung.
S. 146, 149	*Delonca, G.*: Considérations sur les manœuvres dites d'équilibration de l'oreille chez le plongeur. Gaz. des hôpitaux, 143/35, 1971, S. 124.
S. 148	Mod. nach *Frenzel, H.*: Nasen-Rachendruckversuch zur Sprengung des Tubenverschlusses. Luftfahrtmed., Abhd. 2, 1938, S. 203.
S. 150	Mod. nach *Taylor, G.D.*: Laryngoscope. St. Louis, 69, 1959, S. 809.
S. 160, 162	Mod. nach *Wood, J.D.* in «The Physiology and Medicine of Diving and Compressed Air Work», edited by *Bennett, P.B. and D.H. Elliot.* Baillière Tindall and Cassell, London, 1969, S. 113.
S. 163	Mod. nach *U.S. Navy Diving Manual.* Navy Dep., Washington, 1970.
S. 169	*Rein, H. und M. Schneider*: Einführung in die Physiologie des Menschen. 11. Aufl., Springer Verlag, Berlin, 1955.
S. 187, 188	*U.S. Navy Diving Manual,* Navy Department, Washington D.C., 1970.
S. 190	*Tailleur, J. et P. Merer*: Physiopathologie de la plongée sous-marine. Cahiers d'Anesthésiologie, 15/4, 1967, S. 501.

S. 193	*Mattes, W.*: Das große Taucherbuch. Franckh'sche Verlagshandlung, Stuttgart, 1968.
S. 201	Mod. nach *Ricci, G. C. et X. Fructus*: Nouvelles conceptions physiopathogéniques et approche de nouvelles possibilités thérapeutiques concernant la maladie de la décompression à l'air. Rapport préliminaire. Commission médicale et de prévention de la CMAS, 1968.
S. 214	*Corriol, H.*: Physiologie et Physiopathologie de la Plongée en Apnoe. Masson et Cie, Paris, 1967.
S. 224, 229	*Chouteau, J., J. Y. Cousteau, J. Alinat*: Zukünftige Entwicklung und Möglichkeiten des Tieftauchens (Précontinent-Programm). Überleben auf See, II. Marine med.-wiss. Sympos. in Kiel, 1968, S. 55.
S. 226	Mod. nach *Bennett, P. B.*: Physiologische Probleme beim Tieftauchen. Meerestechnik, 3/5, 1972, S. 177.
S. 231	*Padelt, H.*: Physiologische und pathophysiologische Fragen bei Arbeiten unter erhöhtem barometrischem Druck und beim Tauchen. Ztschr. f. Militärmed., Berlin, 2, 1968, S. 100.
S. 241	*Aschoff, J. und R. Wever*: Kern und Schale im Wärmehaushalt des Menschen. Die Naturwissenschaften, 45, 1958, S. 477.
S. 243	nach *Steinbuch* in *Keidel, W. D.*: Kurzgefaßtes Lehrbuch der Physiologie. G. Thieme Verlag, Stuttgart, 1967.
S. 253	Mod. nach *Kühlmann, D. H. H.*: Neptun, 1962, S. 126.
S. 255	*Corriol, H.*: Physiologie et Pathophysiologie de la Plongée en Apnoe. Masson et Cie, Paris, 1967.
S. 275	Mod. nach *Servettaz, P. L. und J. Tailleur*: La noyade en surface et en plongée. Lab. Fraysse, Nanterre.
S. 292	*Zapp, H.*: Verhüte Unfälle, lerne helfen! Carl Hanser Verlag, München, 1958.
S. 296, 298	Nach Prospekten der Draegerwerke, Lübeck.

Entwürfe der Abbildungen: Paule Ehm.

Sachverzeichnis